Beiträge zur Theorie der öffentlichen Ausgaben

Von

Clemens-August Andreae, Herbert Geyer,
Karl Heinrich Hansmeyer, Karl Häuser, Günter Hedtkamp,
Lore Kullmer, Karl-Konrad Littmann, Jürgen Pahlke,
Kurt Schmidt, Wilhelm Weber

Herausgegeben von Herbert Timm und Heinz Haller

VERLAG VON DUNCKER & HUMBLOT
BERLIN 1967

Schriften des Vereins für Socialpolitik

Gesellschaft für Wirtschafts- und Sozialwissenschaften

Neue Folge Band 47

SCHRIFTEN
DES VEREINS FÜR SOCIALPOLITIK
Gesellschaft für Wirtschafts- und Sozialwissenschaften
Neue Folge Band 47

Beiträge zur Theorie der öffentlichen Ausgaben

VERLAG VON DUNCKER & HUMBLOT
BERLIN 1967

Beiträge zur Theorie der öffentlichen Ausgaben

Von

Clemens-August Andreae, Herbert Geyer,
Karl Heinrich Hansmeyer, Karl Häuser, Günter Hedtkamp,
Lore Kullmer, Karl-Konrad Littmann, Jürgen Pahlke,
Kurt Schmidt, Wilhelm Weber

Herausgegeben von Herbert Timm und Heinz Haller

VERLAG VON DUNCKER & HUMBLOT
BERLIN 1967

Gedruckt 1967 bei Berliner Buchdruckerei Union GmbH., Berlin 61
Printed in Germany

Vorwort

Der vorliegende Band enthält die Referate, die auf den Tagungen des Ausschusses für Finanzwissenschaft der „Gesellschaft für Wirtschafts- und Sozialwissenschaften — Verein für Socialpolitik“ in Freiburg (1963), München (1964), St. Gallen (1965) und Mainz (1966) zum Themenkreis „Öffentliche Ausgaben“ gehalten und diskutiert worden sind.

Die Referate sind in der Reihenfolge aufgenommen, wie sie zeitlich aufeinander folgten. Wie schon in den früheren Bänden, die als Früchte der Tagungen des Ausschusses vorgelegt wurden, sind auch diesmal keine Diskussionsbeiträge beigefügt worden, weil es untunlich erschien, nur einzelne Beiträge zu berücksichtigen, und die Aufnahme aller den Band zu stark hätte anschwellen lassen.

Obwohl die durch die öffentlichen Ausgaben aufgeworfenen Probleme nur lückenhaft behandelt werden konnten, darf doch der Hoffnung Ausdruck gegeben werden, daß der Band mancherlei Anregungen vermittelt und diesen oder jenen Zusammenhang in einer neuen Sicht erscheinen läßt. Zweifellos bleibt auf dem Sektor der Staatsausgaben für die Finanzwissenschaft und die angrenzenden Wissenschaften noch genug zu tun; die Analyse der öffentlichen Ausgaben und der Ausgabenpolitik hat im Vergleich zur Lehre von der Besteuerung erst geringe Fortschritte gemacht. Vielleicht können die Beiträge dieses Bandes sie etwas vorantreiben.

Die Herausgeber

Inhaltsverzeichnis

Kriterien der Abgrenzung öffentlicher Ausgaben

Von Prof. Dr. *Lore Kullmer* (Regensburg/Frankfurt/M)

1. Die Aufgaben der öffentlichen Hand haben in den letzten hundert Jahren in allen Kulturstaaten nicht unwesentlich zugenommen. Mit der Erhöhung der Aktivität der öffentlichen Wirtschaften war zwangsläufig eine Vergrößerung ihrer Einnahme- und Ausgabetätigkeit verbunden; öffentliche Einnahmen und Ausgaben sind längst zu volkswirtschaftlichen Größen geworden, die entscheidenden Einfluß auf die Einkommensbildung und Einkommensverteilung besitzen und über die Einkommensverwendung maßgeblich den Konsum, das Sparen und die Investitionen beeinflussen. Diese Zusammenhänge haben neben dem Phänomen der öffentlichen Einnahmen auch das der öffentlichen Ausgaben in das Blickfeld theoretischer Überlegungen gerückt. Dabei werden verschiedene Fragenkomplexe untersucht: sie reichen von der grundsätzlichen Beurteilung der (wachsenden) Staatstätigkeit über die Analyse der Wirkungen der öffentlichen Ausgaben bzw. einzelner Ausgabengruppen bis hin zum normativen Problem der Bestimmung von Art und Umfang einer optimalen Ausgabetätigkeit zur Erreichung bestimmter Ziele.

Mit diesen wenigen Worten ist die Situation gekennzeichnet, die den Ausschuß veranlaßte, das Problem „öffentliche Ausgaben" auf seine Tagesordnung zu setzen. Der theoretischen Erfassung der öffentlichen Aktivität im Sinne eines zielgerechten Verhaltens der öffentlichen Finanzwirtschaft stellt sich nun ein besonderes Erschwernis entgegen; die staatliche Aktivität strebt nach Zielen, die durch *politische* Erwägungen mitbeeinflußt und durch einen politischen Mechanismus verwirklicht werden. Die öffentlichen Ausgaben können demnach nicht als ein rein ökonomisches Phänomen begriffen werden.

Als Ausgangspunkt und Einleitung der Überlegungen und Diskussionen des Finanzauschusses ist eine Darstellung der Abgrenzungskriterien der öffentlichen Ausgaben an Hand der Literatur vorgesehen. Es fragt sich zunächst, was abgegrenzt werden soll, nämlich öffentliche Ausgaben gegenüber privaten Ausgaben oder verschiedene öffentliche Ausgaben gegeneinander. Beide Aspekte finden sich — allerdings nicht streng getrennt — in den nachfolgenden Ausführungen. Eine strenge Trennung erscheint nicht möglich. Des weiteren ist davon auszugehen, daß die Wahl der Abgrenzungskriterien und Untergliederungen der öffentlichen Ausgaben konkreten Zielen folgt, spezifischen Fragestellungen entspricht oder bestimmten Erfordernissen dient. Diese können in grober Einteilung (1) administrativer, (2) fiskalischer, (3) ökonomischer Art sein oder (4) eine Synthese der beiden letztgenannten Gesichtspunkte bilden.

Schließlich ist auch der Inhalt der ökonomischen Gliederungskriterien vielfältig. Wir wollen hier — im Anschluß an eine kurze Darstellung der aus administrativen Gründen und fiskalischen Erwägungen vorgenommenen Gliederung der öffentlichen Ausgaben — eine Subsumierung unter wenige Gesichtspunkte, nämlich (1) nach den volkswirtschaftlichen Wirkungen der einzelnen Ausgaben, (2) im Zusammenhang mit der Aufstellung von Theorien einer optimalen staatlichen Ausgabengebarung, (3) im Zusammenhang mit den theoretischen Erklärungsversuchen des Phänomens der wachsenden Staatsausgaben, vornehmen. Dabei sind wir uns darüber im klaren, daß die Unterteilung nach (1) und (2) einen sachlich unlösbaren Zusammenhang auseinanderreißt, halten eine getrennte Behandlung aber trotzdem für erforderlich, da wir den Darstellungen der einschlägigen Autoren folgen wollen.

Hier interessieren die Sinngebung der Abgrenzungskriterien selbst sowie der Inhalt und die Eigenart einzelner Ausgabengruppen, weil sie geeignet erscheinen, die im Zusammenhang mit der Diskussion der öffentlichen Ausgaben bereits geprägten Vorstellungen durchsichtig werden zu lassen und darüber hinaus eventuell Ansatzpunkte für die Weiterentwicklung der Theorie der Ausgabenpolitik zu bieten. Die vom Ausschuß vorgesehene Betonung der *finanztheoretischen* Problematik und die Vernachlässigung der Erfassung und Diskussion des Prozesses der *politischen* Willensbildung bestimmen unsere weiteren Ausführungen.

2. Die auf die äußere Ordnung des Finanzwesens zielenden *administrativen* Abgrenzungskriterien sollen, da sie von geringerem Interesse sind, hier nur der Vollständigkeit halber kurz erwähnt werden. Die Entscheidung für eine Einteilung der öffentlichen Ausgaben nach dem *Funktional*- oder nach dem *Ministerialprinzip* wird durch die Vorstellungen vom Aussagewert des Budgets (bzw. seiner Ausgabenseite) geprägt; das (ältere) Ministerialprinzip, bei dem die öffentlichen Ausgaben nach den Ministerien und Ämtern, die zur Vornahme der Ausgaben berechtigt sind, gegliedert werden, erinnert einmal an das Zustandekommen des Budgets in Einnahmen und Ausgaben aus den Plänen der einzelnen Ämter; zum anderen stellt es auf den Budgetvollzug ab. Das Funktionalprinzip, bei dem die Gesamtheit der Ausgaben unter eine relativ begrenzte Zahl von Ausgaben zusammengefaßt ist, gestattet dagegen einen Überblick über die finanzielle Seite der

beschlossenen politischen Programme der öffentlichen Hand und erleichtert außerdem das Verständnis der sachlichen Zusammenhänge verschiedener Ausgaben durch das Aufzeigen aller „Querverbindungen". Entsprechend sind die gegenwärtigen Budgetreformbestrebungen nicht auf ein Entweder-Oder, sondern vielmehr auf ein Sowohl-als-auch abgestellt, und schlagen eine Lösung vor, bei der ein Budget, dessen Gliederung auf dem Funktionalprinzip basiert, im Mittelpunkt der Budgetvorbereitung, -planung und -votierung steht, also die zentrale Stellung einnimmt (im Gegensatz zur noch bestehenden Gepflogenheit), während das nach dem Ministerialprinzip gegliederte Budget dem Vollzug dienen soll.

Auf die Darlegung weiterer, die äußere Ordnung des Finanzwesens betreffende Gliederungen der Ausgaben, die in jedem Einzelhaushalt wiederkehren und für statistische Vergleichszwecke wichtig sein können, wie die in Personal- und Sachbedarf, resp. -ausgaben, wird verzichtet.

3. Das Abgrenzungskriterium, dem vor allem im Hinblick auf die Budgetierung und die Art der Deckung des öffentlichen Bedarfs Bedeutung zukommt, kann als *fiskalisches Ausgabenkriterium* bezeichnet werden. Hier entsteht die Frage, ob diese oder jene Aufgaben seitens Privater oder einer öffentlichen Körperschaft (und wenn ja, von welcher) ausgeführt bzw. finanziert werden sollen. Ist bei solchen Überlegungen auch vornehmlich der Gesichtspunkt der finanzwirtschaftlichen Tragfähigkeit richtunggebend, und im Zweifelsfall für die Durchführungsentscheidung maßgebend, so ist in diesem Zusammenhang auch eine andere Betrachtungsweise wichtig, die weniger finanzwirtschaftlichem Denken, als staats- und verwaltungswirtschaftlicher Überlegung entspricht. Gemeint ist die besonders im deutschen Finanzwesen traditionelle Gliederung nach *ordentlichen* und *außerordentlichen* Ausgaben, für die als Unterscheidungsmerkmale namentlich zwei formale Kennzeichen, das der *Periodizität*[1] und der *Vorhersehbarkeit*, und ein materiales Kennzeichen, als *Produktivität* oder auch als *Rentabilität* formuliert, genannt werden. Diese Kennzeichen werden in der einschl. Literatur sowohl verschieden gedeutet als auch in unterschiedlicher Kombination verwendet. Im Grunde ist nur das der Rentabilität eindeutig zu fassen. Seine Bedeutung für die Beurteilung typisch staatswirtschaftlicher Verschuldungsfragen kann aber nur gering sein, und dieser Umstand trug wohl mit zur Aufweichung des

[1] Die auch im Haushaltrecht kodifizierte Einteilung öffentlicher Ausgaben nach ordentlichen und außerordentlichen wird durch eine weitere Unterscheidung in „fortdauernde" und „einmalige" ordentliche Ausgaben durchbrochen, die letzten Endes nur der Rechtfertigung bestimmter Finanzierungsarten dient.

Rentabilitätsbegriffs bei: Lassen sich unter dem aus Rentabilitätsvorstellungen abgeleiteten Begriff der „sich selbst tragenden Anlagen" (self liquidating assets) Ausgaben für öffentliche Anlagen subsumieren, deren Einnahmen aus Gebühren oder Verkaufserlösen ausreichen, um die zur Finanzierung des Projekts aufgenommene Schuld zu bedienen, so werden darüber hinaus auch Ausgabenprojekte, die als Anlaß dafür angesehen werden können, daß zu einem späteren Zeitpunkt (via Wachsen des Sozialprodukts und damit der Besteuerungsbasis bei gleichbleibenden Einnahmeparametern) eine Bedienung der aufgenommenen Kredite erfolgen kann, als (umwegs- oder indirekt) rentabel bezeichnet[2]. Ist schon hier die strenge Abfolge, sowohl was den zeitlichen, wie u. U. auch den sachlichen Zusammenhang anlangt, gelockert, so wird sie mit der Ausdeutung der „Ausgaben zu werbenden Zwekken", einem weiteren Abkömmling der Rentabilitätsidee, so gut wie ganz aufgegeben bzw. durch Vorstellungen ersetzt, die mit der ursprünglichen Rentabilitätsidee nicht mehr viel gemein haben[3].

Andererseits deckt sich diese Auslegung der Ausgaben „zu werbenden Zwecken" vollständig mit dem Inhalt des Produktivitätsmerkmals, das neben dem der Rentabilität und oft sogar synonym als Unterscheidungsmerkmal für ordentliche und außerordentliche öffentliche Ausgaben verwendet wird. Sein Inhalt ist umfassender, das Prinzip der Berechenbarkeit der Wirkungen praktisch aufgegeben, so daß hier nahezu alle möglichen Konsequenzen, selbst im Zeitpunkt der Verausgabung nicht oder sogar überhaupt nicht rechenmäßig erfaßbare Wirkungen subsumiert werden können. Letzten Endes ist die Beurteilung der Staatsausgaben im Rahmen dieses Unterscheidungsmerkmals auf konkrete *politische* Zielsetzungen bezogen: Ausgaben, die den gesetzten Zielen genügen, werden als produktiv, alle anderen hingegen als unproduktiv angesehen. Derartige Kennzeichnungen von Ausgaben „für werbende Zwecke" bzw. „produktive Ausgaben sprengen den Rahmen finanzwirtschaftlicher und finanzwissenschaftlicher Überlegungen. Das Einteilungskriterium „Produktivität" wird daher in der neueren finanzwissenschaftlichen Diskussion nicht mehr verwendet, das der Ausgaben

---

2 Beispiele für derartige umwegsrentable Ausgaben sind solche für Meliorationen, Gesundheitsfürsorge, Bildungspolitik usw.

3 Vgl. K. F. *Vialon:* Kommentar zum Haushaltsrecht, Berlin und Frankfurt 1959, S. 236. „zu werbenden Zwecken soll heissen, daß der Aufwand, der zunächst aus Schuldaufnahme bestritten wird, tunlichst im weiteren Verlauf aus dem Objekt herausgewirtschaftet werden kann. Damit ist nicht gesagt, daß es in sich rentierlich sein soll. Ein werbender Zweck ist nach der heutigen Auffassung ein Park, eine Lesehalle mit freiem Eintritt, ein Freibad. Auch Aufwendungen zur Behebung von Konjunkturflauten fallen unter werbende Zwecke (s. Erl. zu der Frage des Haushaltsgleichgewichts in Art. 110)".

„zu werbenden Zwecken“, sofern benutzt, nur im engeren Sinn der vollständigen Erwirtschaftung von Zins- und Tilgungslasten verstanden.

4. „Qualitative“ Überlegungen zur Bedeutung und den Wirkungen einzelner öffentlicher Ausgabengruppen im Prozeß der volkswirtschaftlichen Einkommensbildung und -verwendung wurden in den zwanziger Jahren von Pigou[4] und Colm[5] angestellt. Beide Autoren kamen dabei zu einer Unterscheidung der öffentlichen Ausgaben nach dem Kriterium der *Einkommensbeanspruchung* gegenüber einer bloßen *Einkommensumverteilung*. Pigou bezeichnet die erste Ausgabengruppe zunächst als „exhaustive government expenditures“, die zweite als „transfer expenditures“. In der zweiten Auflage benennt er die erste Ausgabengruppe mit „real expenditures“, um schließlich in der dritten Auflage „non-transfer expenditures“ und „transfer expenditures“ zu unterscheiden. Colm spricht von (1) Verwaltungsleistungen mit a) Personal- und b) Sachausgaben einerseits, (2) Geldleistungen andererseits.

Der analytische Wert dieser Gruppierung der öffentlichen Ausgaben nach dem Merkmal des Entzugs oder der Umverteilung von Produktivkräften in der Volkswirtschaft leidet, unbeschadet des Fortschritts, den die Überlegungen von Colm und Pigou darstellen, unter dem formalen Charakter des Einteilungsprinzips. Pigou selbst erkennt die Schwierigkeiten bei der Zuordnung einzelner Ausgaben und erwähnt als Beispiel den Kauf bereits bestehender Vermögensgegenstände, der an sich den non-transfer expenditures zuzurechnen wäre, da er jedoch keine Inanspruchnahme von Produktivkräften darstellt, von den non-transfer expenditures ausgeschlossen werden muß. Des weiteren zeigt er auf, welche Besonderheiten sich bei Zahlung an das Ausland im Zusammenhang mit Kreditgewährung sowie bei der Subventionierung von Exportgütern ergeben[6]. Schließlich weist er auch darauf hin, daß eine Reihe von Aufgaben, die der Staat übernimmt, andernfalls (und eventuell mit höheren Kosten) von den Privaten geleistet werden müßten, so daß eine Reduktion der staatlichen Aufgaben und Ausgaben dieser Art den Privaten keinen Zuwachs an Produktivkräften zur freien Verwendung bringen würde. Er gibt ferner zu, daß möglicherweise durch die staatliche Aktivität Produktionsfaktoren eingesetzt werden, die sonst brach lägen.

U. K. Hicks[7] zeigt, daß nicht alle der von Pigou als Transferausgaben bezeichneten öffentlichen Ausgaben in diese Kategorie fallen, wenn

---

[4] A. C. *Pigou:* A Study in Public Finance, London 1947[3] (1928), S. 19 ff.

[5] G. *Colm:* Volkswirtschaftliche Theorie der Staatsausgaben, Tübingen 1927.

[6] Vgl. a.a.O., S. 20.

[7] U. K. *Hicks:* The Finance of British Governments 1920—36, London 1938, S. 36 ff.

man für die mittels Transferzahlungen erfolgende Umverteilung des Realeinkommens eine *bestimmte Zwecksetzung* annimmt. Der Begriff der Transferausgaben dient in ihrer Untersuchung zur Anzeige des Ausmaßes, in dem Realeinkommen durch staatliches Handeln *zugunsten der Bedürftigen* umverteilt wird. Entsprechend gehören in ihrer Untersuchung der Hauptteil der Unterrichtskosten zu den Transferausgaben, die Zinsen für die Bedienung der Staatsschuld hingegen nicht.

Ähnlich weist Pfleiderer[8] darauf hin, daß eine *bestimmte Verwendung der* öffentlichen *Mittel*[9] eine andere als die Colm-Pigousche Zuordnung verlange. Außerdem zeigt er am Beispiel bestimmter Gruppen von Pensionen, die er als Ergänzung des in der Vergangenheit gezahlten Arbeitsentgelt ansieht, die Gliederungsprobleme auf, die sich bei Verzicht auf die strengen Anforderungen an den zeitlichen Zusammenhang von Leistung und Gegenleistung ergeben. Seine Ausführungen stellen damit eine im Hinblick auf die ökonomischen Wirkungen einzelner Ausgabengruppen nicht unwichtige Ergänzung dar. Darüber hinaus sind sie geeignet, den bereits betonten formalen Charakter der Colm-Pigouschen Einteilung und die sich daraus ergebenden Nachteile wiederum deutlich werden zu lassen.

Die Versuche, diese Nachteile auszugleichen, gehen verschiedene Wege; entweder benutzen sie die Kriterien der Einkommensverwendung und Einkommensübertragung als Grundeinteilung und bauen die beiden großen Ausgabengruppen weiter aus, oder sie suchen ergänzende oder sogar ersetzende Abgrenzungsmerkmale für ihre Gliederungsschemata. So unterscheidet Terhalle[10] den öffentlichen Bedarf, die Grundeinteilung in einkommensverwendende und einkommensübertragende Ausgaben verfeinernd, entsprechend der *„artbedingten Wirkung“* in sechs Kategorien:

(1) den staatsfinanzwirtschaftlichen Eigenbedarf zur Ermöglichung der Leistung des Staatsapparates[11],

---

[8] O. *Pfleiderer:* Die Staatswirtschaft und das Sozialprodukt, Jena 1930.

[9] So will er den Konsumtivkrediten eine Sonderstellung einräumen und sie zu den einkommensübertragenden Staatsausgaben zählen. Subventionen werden dagegen als einkommensverwendende Staatsausgaben angesehen, weil uno actu mit ihrer Gewährung auch über die Verwendung des Kaufkraftbetrages im Gefüge der volkswirtschaftlichen Versorgung entschieden werde, im Gegensatz zu anderen Unterstützungszahlungen, bei denen die Verwendung der Mittel freigestellt ist, und die daher zu bloßen einkommensübertragenden Ausgaben gerechnet werden sollen.

[10] F. *Terhalle:* Die Finanzwirtschaft des Staates und der Gemeinden, Berlin 1948, S. 62 ff.

[11] Also Ausgaben für Beamtengehälter, Verwaltungsgebäude, Büromaterial sowie Straßen- und Brückenbau, Bildungs- und Gesundheitsfürsorge, Kriegs- und Rüstungsbedarf.

(2) den Subventionierungsbedarf als zweckorientierte Zuwendung an private Finanz- oder Erwerbswirtschaften[12],

(3) den volkswirtschaftlichen Ablieferungsbedarf als im Zeitpunkt der Ablieferung oder überhaupt wertlose Einbuße an Volkseinkommen[13],

(4) den inländischen Versorgungsbedarf, bei dessen Befriedigung Ausgaben entstehen, die eine Zuwendung von Vermögen oder Einkommen an Privatpersonen bezwecken[14],

(5) den finanzierungstechnischen Bedarf: Ausgaben zur Erstattung einst güter- und dienstleistungsmäßig in der heimischen Volkswirtschaft von anderen Einzelwirtschaften vorgelegter Geldmittel, also Ausgaben zur Deckung inländischen Übertragungsbedarfs[15],

(6) den Vermögensbildungsbedarfs: Geldausgaben zur Begründung von Einlagen oder sonstigen (echten) Darlehensforderungen, zum Erwerb von ertragbringenden Real- oder Wertpapiervermögen[16].

Da diese weitgehende Klassifikation jedoch nicht nutzbar gemacht wird, vermag sie uns wenig für die volkswirtschaftliche Analyse der einzelnen Ausgabengruppen zu bieten.

Etwa zur gleichen Zeit bringt Koulis[17] ein Ausgabenschema, in dem er — gleichfalls der Grundeinteilung in einkommensverwendende und einkommensübertragende Ausgaben folgend —

(1) Ausgaben, durch die keine neuen wirtschaftlichen Werte entstehen und die nur zum Zustandekommmen des Volkseinkommens beitragen[18],

(2) Ausgaben, durch die neue Einkommen geschaffen werden[19],

(3) Ausgaben, die eine Neuverteilung des Volkseinkommens bewirken, ohne dieses in seiner Höhe zu verändern[20],

(4) Ausgaben, die eine Übertragung von inländischem Volkseinkommen an das Ausland ohne gleichzeitige wirtschaftliche Gegenleistung darstellen[21],

abgrenzt.

---

[12] Subventionen an Wohlfahrtsverbände, Schulen, Krankenhäuser oder einzelwirtschaftliche Kalkulationskorrektur im Dienste der Konsum- und Produktionssteuerung.

[13] In Gestalt von Reparationen, Tributen und Schuldendienst auf Auslandsanleihen.

[14] Pensionszahlungen, Wohlfahrtsunterstützungen und dgl.

[15] D. h. Schuldendienst im Inland.

[16] D. h. Investitionen mit Kapitalbildungscharakter, nicht dagegen Erstellung und Erwerb von Verwaltungsgebäuden usw., einschl. Einlagen und echte Darlehen sowie Anlage in ertragbringendem Realvermögen oder Wertpapieren.

[17] J. *Koulis:* Die öffentlichen Ausgaben als volkswirtschaftliche Erscheinung, Frankfurt a.M. 1948, S. 21.

[18] Verwaltung, Verteidigung, Polizei, Rechtspflege, Reinvestition.

[19] Allgemeine und Fachausbildung, Ausgaben der öffentlichen Anstalten, Neuinvestitionen.

[20] Unterstützungen, Pensionen, Subventionen, Zinszahlungen und Kauf von Realkapital im Inland.

[21] Bedienung wirtschaftlicher und politischer Auslandsschulden.

Neben der Herausstellung der *unterschiedlichen ökonomischen Wirkungen* bei dieser Gruppenbildung liegt die praktische Bedeutung einer derartigen Gliederung vor allem darin, daß für eine längere Reihe von Jahren und für verschiedene Staaten die Entwicklungstendenzen einzelner Ausgabenarten geprüft und daraus Schlußfolgerungen für die Handhabung der Ausgabenpolitik gezogen werden können.

Sowohl Colm wie auch Koulis lösen sich in ergänzenden Darlegungen von der Grundaufteilung Transferausgaben — Realausgaben und versuchen die Analyse der öffentlichen Ausgaben durch eine Einteilung nach einem anderen Gesichtspunkt, nämlich dem des *Inhalts der Beziehungen zwischen Staats- und Marktwirtschaft,* zu bereichern. Sie zeigen dabei, ob und ggf. in welcher Weise der Staat durch seine Aktivität die Produktion der Volkswirtschaft beeinflußt. Colm[22] unterscheidet unter diesem Gesichtspunkt:

1. Ausgaben für Leistungen *ohne* mittelbare *Beziehung zur Marktwirtschaft* (d. s. Ausgaben, „die um der staatlichen Existenz willen erfüllt werden müssen und die zu allen anderen Staatstätigkeiten erst die Voraussetzungen schaffen")[23],
2. Ausgaben für Leistungen, die eine *Bedingung für den Ablauf der Marktwirtschaft* darstellen[24],
3. Ausgaben für Leistungen, die *neben oder in Ergänzung der Marktwirtschaft* bestimmte Versorgungsaufgaben auf den verschiedensten Kulturgebieten erfüllen[25],
4. Ausgaben für Leistungen, die *einen Eingriff in die marktwirtschaftliche Versorgung* darstellen. Dabei werden unterschieden Maßnahmen a) zur Förderung des Produktionsablaufs und b) zur Erhaltung der Produktionsgrundlagen.

Der *Förderung* oder Ermöglichung *der Marktwirtschaft* dienen öffentliche Ausgaben demnach in jenen Fällen, wo marktwirtschaftliche Gesichtspunkte versagen[26] oder wo politische Macht Voraussetzung des Erfolges ist; *neben die Marktwirtschaft,* sie ergänzend und zum Wettbewerb herausfordernd, treten die öffentlichen Ausgaben dann, wenn Kollektivbedürfnisse befriedigt werden oder die freiwillige Nachfrage fehlt. *Gegen die Marktwirtschaft* schließlich richten sich diejenigen Ausgaben, die der Erhaltung von Werten und der Verhinderung jeglicher Art von Raubbau, gegebenenfalls auch gegen den Willen der privaten Eigentümer, dienen.

Daß sich diese Unterscheidungen nicht ohne Schwierigkeiten auf die staatswirtschaftliche Praxis anwenden lassen, und daß die Leistungs-

---

22 G. *Colm,* a.a.O., S. 18 ff.

23 Staatliche Willensbildung, Machtsicherung nach innen und außen.

24 Verkehrssicherheit, Marktpolizei, Ordnung des Geldwesens, Aktienrecht usw.

25 Öffentlicher Verkehr, Schulen, Volksgesundheit.

26 Unrentable Eisenbahnlinien, Straßenbahn usw.

gruppen wiederum keine eindeutige Abgrenzung zulassen, sondern vielmehr ineinander übergreifen, ist nicht zu verkennen. Colm spricht deshalb von einem „unlösbaren Leistungszusammenhang" der beiden Systeme öffentliche Wirtschaft und Marktwirtschaft[27].

Der der vorstehenden Gruppierung Colms entsprechende Gliederungsversuch Koulis[28] stellt den *Inhalt der Beziehungen* von *Staats- zu Marktwirtschaft* gemäß dem Beitrag dar, den der Staat zur wirtschaftlichen Produktion erbringt. Dabei nimmt er zusätzlich eine Abgrenzung nach zeitlichen Gesichtspunkten vor[29].

Er unterscheidet vier Ausgabengruppen:

1. Ausgaben, die der *gegenwärtigen* Produktion dienen
   a) und subsumiert darunter solche, die zum Entstehen des Sozialprodukts beitragen[30],
   b) solche, die die Marktwirtschaft lenken und fördern und schließlich
   c) Ausgaben für die öffentliche Gesundheitspflege.
2. Ausgaben, die der *zukünftigen* Produktion dienen
   a) öffentliche Nettoinvestitionen, die die Produktion der Wirtschaft in der Zukunft steigern,
   b) Ausgaben für das Bildungswesen.
3. Ausgaben zur direkten Steigerung des Volkswohlstandes
   a) Armen- und Erwerbslosenunterstützungen
   b) Pensionen
   c) staatlicher Beitrag zur Sozialversicherung
   d) Nettoausgaben der öffentlichen Leistungsorgane, der öffentlichen Anstalten und öffentlichen Unternehmungen.
4. Verrechnungsausgaben für den Inlandsschuldendienst[31] und für den Ankauf von Realkapital seitens der öffentlichen Hand[32].

---

[27] G. *Colm*, a.a.O., S. 34.

[28] J. *Koulis*, *J.*, a.a.O., S. 17 ff.

[29] Der Unterschied zu der oben (S. 15) dargelegten Abgrenzung der öffentlichen Ausgaben liegt darin, daß dort eine systematische *Darstellung der Inanspruchnahme des Volkseinkommens* (Güter und Dienste — Geldzahlungen) gebracht wird. Der Umstand, daß dort auch schon Ausgaben, durch die neue wirtschaftliche Werte entstehen, von denen getrennt werden, durch die keine derartigen Werte entstehen, verbindet beide Einteilungen.

[30] Allgemeine Verwaltung und Finanzverwaltung, Landesverteidigung, Polizei, Rechtspflege, Ersetzung bzw. Instandhaltung von öffentlichen Kapitalanlagen.

[31] „Hier handelt es sich weder um die Durchführung von Staatsinvestitionen noch um die Förderung der gegenwärtigen Produktion, noch um die Unterstützung der Armen, sondern ... lediglich darum, die Last aus der Ausführung von öffentlichen Ausgaben in der Vergangenheit zu obigen Zwecken unter die privaten Einzelwirtschaften endgültig zu verteilen. Daher dürfen die Ausgaben für die Bedienung von Schulden, welche früher etwa zur Durchführung von Investitionen aufgenommen wurden, nicht als Ausgaben für Investitionszwecke registriert werden, sondern ... müssen als Durchgangsposten eingetragen werden, wenn nicht ein Trugbild der öffentlichen Betätigung gegeben werden soll." J. *Koulis*, a.a.O., S. 19.

[32] „Bei dem Ankauf von Realkapital seitens des Staates handelt es sich ebenfalls um die steuerliche Fortnahme von privaten Einkommensteilen und ihre Weiterleitung an andere Private, eben die Verkäufer des vom Staate erworbenen Realkapitals." J. *Koulis*, a.a.O., S. 20.

Daß die zeitliche Abgrenzung hier zu unrealistischen Konstruktionen führt, gesteht Koulis ein, wenn er anmerkt, daß diese Gliederung insofern nicht einwandfrei sei, als Ausgaben für die Produktion der Gegenwart gleichzeitig auch der Zukunftsproduktion dienen können[33]. Die Ausgaben für innere Sicherheit, zur Verteidigung und Aufrechterhaltung der Geldordnung tragen ja nicht nur zum Entstehen des derzeitigen Sozialprodukts bei, sondern fördern gleichzeitig insoweit auch die zukünftige Produktion, als sie z. B. die Gewinnerwartungen der Unternehmer und damit auch deren Investitionsbereitschaft steigern. Sie können außerdem zur Kontinuität des technischen Fortschrittes beitragen. Andererseits dienen Investitionsausgaben der öffentlichen Hand in Depressionszeiten, die zur Produktionsförderung der Zukunft bestimmt sind, insofern auch schon der gegenwärtigen Produktion, als sie via Ausnutzung bisher ungenutzter Produktionsfaktoren in der Gegenwart einen Einkommenseffekt auslösen.

Die hier noch zu erwähnende Untersuchung Dues[34] bringt die Beziehungen zwischen Staats- und Volkswirtschaft bei der Abgrenzung der öffentlichen Ausgaben in der Weise zum Ausdruck, daß ausgehend von der grundlegenden Unterscheidung in Faktorkäufe und Transferzahlungen die drei Primäreffekte der öffentlichen Ausgaben:

1. Änderung des Volkseinkommensniveaus
2. Änderung der Einkommensverteilung
3. Änderung der Allokation der Ressourcen und damit der Zusammensetzung des Sozialprodukts

herausgestellt werden. Zur Analyse der allokativen Wirkungen wird dabei eine — wie Due selbst sagt — „etwas willkürliche" Klassifizierung der öffentlichen Ausgaben vorgenommen:

1. Ausgaben zur Herstellung „individueller" Güter (Wasserkraft oder Elektrizität), die sonst in mehr oder weniger gleichem Umfang durch Privatunternehmen hergestellt würden,
2. Ausgaben zur Produktion spezieller öffentlicher Güter (Verteidigung und Schulwesen), die — wegen ihrer Unteilbarkeit oder ihres geringen individuellen, verglichen zum sozialen Nutzen — durch private Unternehmungen nur in sehr begrenzten Mengen hergestellt und verkauft werden könnten,
3. Ausgaben, die speziell dazu bestimmt sind, die Ausbringung von Teilen des privaten Sektors der Wirtschaft zu ändern. Einige sind Transferausgaben, wie Unterstützungen an Produzenten, um deren Ausbringung

---

[33] J. *Koulis*, a.a.O., S. 20.

[34] J. *Due:* Government Expenditures and their significance for the Economy, in K. E. *Poole:* Fiscal Policies and the American Economy, 3. Aufl., New York 1953, S. 201 ff.

zu beschneiden (s. USA) oder zu erhöhen; andere sind Real-Ausgaben, wie solche zur Regulierung der öffentlichen Versorgungsbetriebe,

4. Alle Transferausgaben außer den unter 3. genannten.

Dieser Einteilung, die sich in mancher Beziehung mit der 2. Gliederung von Colm (oben S. 16) deckt, fehlt es an Eindeutigkeit, ganz abgesehen davon, daß es — wie oben schon erwähnt — schwierig ist, bestimmte Sachverhalte einzuordnen.

Schließlich ist Lindholms[35] Abgrenzung der öffentlichen Ausgaben gleichfalls an der *Beziehung von Staats- und Marktwirtschaft* ausgerichtet. Im Hinblick auf die Allokation der Ressourcen, auf die Effekte der Ausgaben der öffentlichen Hand auf Preise, Beschäftigung, Konsum und Einkommensverteilung unterscheidet er:

1. kompensatorische Ausgaben (Staatsausgaben zur Ergänzung der privaten Ausgaben),
2. Sozialausgaben (Ausgaben zur Verminderung der Armut in der Gegenwart, die zugleich die wirtschaftlichen Grundlagen für die Ausschaltung künftiger Sozialausgaben legen),
3. Ausgaben zur Vermehrung der natürlichen Ressourcen (Ausgaben zur Verbesserung verfügbarer und Erschließung und Entwicklung neuer natürlicher Produktivkräfte),
4. Ausgaben für Kriege, Kriegsfolgen, äußere und innere Sicherheit und die Verwaltung.

Die letztgenannte Ausgabengruppe steht, wie Lindholm selbst zugibt, nur in losem sachlichem Zusammenhang mit den übrigen; die dort aufgeführten Ausgaben ergänzen die ihn interessierenden konjunkturpolitischen, sozial- und wirtschaftspolitischen (i. e. S.) Ausgaben sowohl in der Praxis der öffentlichen Haushalte als auch im Hinblick auf die von ihm untersuchten Wirkungen.

Abschließend ist festzustellen, daß alle hier aufgezeigten — und darüber hinaus andere, ähnliche — Gliederungsversuche der öffentlichen Ausgaben nach „qualitativen" Gesichtspunkten wohl wertvolle Einblicke in die vielfältigen ökonomischen Wirkungen einzelner Ausgabengruppen zu gewähren vermögen, andererseits aber immer wieder auf die komplexe Natur der finanziellen Aktivität der öffentlichen Hand in sachlicher und zeitlicher Beziehung hinweisen.

5. Im Gegensatz zu den obigen Erörterungen, bei denen — bei gegebener Größe des Gesamtaufwandes — einzelne Ausgabenkategorien in ihren ökonomischen Auswirkungen untersucht wurden, geben wir nun Überlegungen wieder, die sich mit dem Problem des optimalen Um-

---

[35] R. W. *Lindholm:* Public Finance and Fiscal Policy, New York, Toronto, London 1950 insbes. S. 57 ff.

fangs der Staatstätigkeit befassen. Es wird also die finanzielle Aktivität unter quantitativem Aspekt betrachtet und im Zusammenhang damit die Frage erörtert, was grundsätzlich zum öffentlichen Bereich gerechnet werden soll.

Argumentiert wird unter dem Gesichtspunkt der Wohlfahrtsmaximierung, zunächst im Sinne des Benthamschen Grundsatzes der größten Glückseligkeit, dann der Individualnutzenvorstellungen der Grenznutzenlehre und schließlich im Sinne der Paretianischen Wohlfahrtsökonomik.

Abgrenzungskriterien öffentlicher Ausgaben ergeben sich dabei im Zusammenhang mit der Bestimmung des optimalen Umfangs der öffentlichen Leistungen zunächst als Ergebnis einer auf Gerechtigkeitsvorstellungen basierenden Abwägung von Vorteilen und Belastungen bei grundsätzlich größtmöglicher Einschaltung des Marktes zur individuellen Bedürfnisbefriedigung und Anpassung der öffentlichen Hand an ein System der natürlichen Freiheit. Es werden Ausgaben für teilbare und unteilbare, zurechenbare und nicht zurechenbare Leistungen abgegrenzt; es wird ferner unterschieden zwischen Ausgaben für Leistungen, die jedem Individuum zugute kommen und solchen, für die das Ausschlußprinzip gilt, d. h. bei denen die Möglichkeit besteht, Individuen vom Genuß der öffentlichen Leistung auszuschließen.

Als Ausgangspunkt dieser Betrachtungen kann auf Ausführungen Adam Smiths[36] verwiesen werden, mit denen er die Aufgaben des Sovereigns oder common wealth im Dienste des Allgemeinwohls der Nation umreißt; von drei Aufgabengruppen[37] wird eine gekennzeichnet als Aufgabe "of erecting and maintaining those public institutions and those public works, which, though they may be in the highest degree advantageous to a great society, are, however, of such a nature, that the profit could never repay the expence to any individual or small number of individuals, and which it therefore cannot be expected that any individual or small number of individuals should erect or maintain."

Diese Charakterisierung geht weit über alles hinaus, was vordem über das Problem der Abgrenzung staatlicher und individueller Aktivität gesagt worden ist[38], selbst wenn sie noch sehr allgemein gehalten ist. Der Inhalt der zeitlich nachfolgenden Arbeiten besteht zum großen

[36] A. *Smith:* An Inquiry into the Nature and the Wealth of Nations, Bd. 2, Ausgabe Cannan London 1920, S. 214, ähnl. auch a.a.O., S. 184 f.

[37] Die beiden anderen Aufgaben bestehen im Schutz nach außen und dem inneren Schutz (Gerichtsbarkeit).

[38] Vgl. dazu G. *Marchet:* Studien über die Entwicklung der Verwaltungslehre in Deutschland von der zweiten Hälfte des 17. bis zum Ende des 18. Jahrhunderts, München 1885.

Teil in nichts anderem, als den von Smith gesteckten Rahmen auszufüllen.

So argumentiert v. Jakob[39] gleichfalls unter dem Aspekt der Erreichung des Allgemeinwohls, wandelt die Profit- und Kostenbetrachtung Smithens allerdings in der Weise ab, daß eine mit *öffentlichen* Mitteln zu finanzierende *Ausgabe* so beschaffen sein muß, daß sie *durch Privatkräfte* entweder *gar nicht oder* doch *nicht* so *„wohlfeil"* erstellt werden kann wie das seitens der öffentlichen Hand geschieht. Dieses Kriterium taucht auch im folgenden immer wieder auf.

Konkrete Erläuterungen hinsichtlich der Maßstäbe, die an die öffentlichen Leistungen im Anschluß an dieses Ausgabekriterium zu legen sind, glaubt Eiselen in der von ihm besorgten zweiten Auflage des v. Jakobschen Lehrbuchs — „wegen des besonderen Verhältnisses von privaten und öffentlichen Kräften bei jedem Volk und der von Land zu Land unterschiedlichen Vorstellungen und Gesinnungen der Einzelnen, die die Verwendung der Privatkräfte bedingen" — nicht geben zu können. Es werden jedoch bereits bemerkenswerte grundsätzliche Ausführungen zur Abstimmung der öffentlichen Bedürfnisse gemacht, die sich wie folgt zusammenfassen lassen: 1. Die *Gesamt*bedürfnisse sind den *gesamten* Mitteln gegenüberzustellen und 2. Die Bedürfnisse müssen untereinander nach ihrer Wichtigkeit gruppiert werden. Erst in diesem doppelten Zusammenhang kann die Entscheidung über die Befriedigung eines bestimmten Bedürfnisses getroffen werden. Als Grund für diese Abstimmung der Bedürfnisse wird angegeben, daß der durch die Bedürfnisbefriedigung der öffentlichen Hand für die Privaten entstehende Nachteil sich nur rechtfertigen lasse, wenn der unmittelbare Nachteil durch einen mittelbaren, in anderer Form erscheinenden Vorteil mehr als aufgewogen werde[40]. Es *entscheidet einmal das Übergewicht des beabsichtigten verglichen zum aufgehobenen Vorteil für die Privaten über die Notwendigkeit eines Aufwandes, zum anderen der überwiegende Vorteil über das Bedürfnis, dessen Befriedigung vorzugsweise als notwendig angesehen werden muß.* Die Schwierigkeit des Vergleichs von Vorteilen und Nachteilen und der subjektive Charakter der Nutzenbewertung werden in diesem Zusammenhang betont.

Rau[41] macht im ersten, den Ausgaben gewidmeten Buch seiner Finanzwissenschaft die Frage nach dem notwendigen und möglichen

---

39 L. H. *v. Jacob:* Die Staatsfinanzwissenschaft, Halle 1821, S. 708 ff.; 2. Aufl., hrsg. v. *Eiselen*, 1837.

40 Ein Vergleich von Vorteil und Opfern wird auch von Malchus angeregt. Vgl. C. A. *v. Malchus:* Handbuch der Finanzwissenschaft, Theil II, Stuttgart und Tübingen 1830, S. 13.

41 K. H. *Rau*, Grundsätze der Finanzwissenschaft, Heidelberg, 3. Aufl. 1850 (1832).

Ausmaß des öffentlichen Aufwandes und der öffentlichen Ausgaben zum Leitgedanken aller den staatlichen Finanzbedarf betreffenden Überlegungen.

Wiederum stellt das Gemeinwohl, auch als gemeinnütziger Erfolg bezeichnet, die Rahmenbedingung für die Beurteilung der Richtigkeit und damit auch Zulässigkeit öffentlicher Aufwendungen dar.

Rau versucht nun, dieser Formel „Gemeinwohl" in der Weise Inhalt zu geben, daß er als Merkmal für das Gemeinwohl und damit als *Ausgabenkriterium* den *meßbaren wirtschaftlichen Effekt* der öffentlichen Ausgaben bezeichnet. Daß diese einseitige und damit unzulängliche Interpretation ihn nicht weit führt[42], zeigen seine folgenden Ausführungen, die ihn nötigen, den wirtschaftlichen Effekt sowohl als unmittelbaren Erfolg der öffentlichen Ausgaben, wie auch als mittelbaren Nutzen zu definieren[43] und den wirtschaftlichen Nutzen sehr breit auszulegen[44]. Im Sinne dieser weitgefaßten Nutzenkonzeption haben auch schon kostende öffentliche Aufgaben zur Überwindung einer schlechten Konjunkturlage[45] „bloß zur Beschäftigung nahrungsloser Menschen" Platz, doch wird mit ihrer Durchführung die Auflage verbunden, daß die auf Staatskosten angeordneten Arbeiten „zugleich Werke von dauerndem Wert" zustande bringen sollten[46], eine Forderung, die als Reaktion auf die merkantilistische Auffassung von der Nützlichkeit *jedweden* Geldumlaufs, der Absatz und Beschäftigung mit sich bringe, zu verstehen ist.

Mit der abschließenden Feststellung, daß „das Mehr oder Weniger dieses Einflusses auf die Stoffarbeiten ... übrigens nicht allein über die Nützlichkeit der Staatsausgaben (entscheidet), weil der Staat nicht bloß wirtschaftliche Zwecke hat"[47], wird der Wert seines Ausgabenkriteriums noch stärker eingeschränkt, wenn nicht aufgehoben. Andererseits läßt diese Feststellung, an die Rau keine weiteren Überlegungen knüpft,

---

[42] Vgl. dazu oben S. 11 ff. (Darstellung des Rentabilitätskriteriums).

[43] Dieser „gemeinnützige Erfolg ... wird

a) *unmittelbar* bewirkt, wenn sie (die Ausgaben) geradezu irgend einen in den Staatszwecken liegenden *Vortheil für die Staatsbürger* zu Wege bringen" oder

b) *mittelbar*, wenn die Ausgabe zunächst nur einen *Vorteil für die Regierungswirtschaft* gewährt, also zur Erlangung von Staatseinkünften dient.

[44] „Fast jeder wahrhaft nützliche, von irgendeiner Seite die Wohlfahrt des Staates erhöhende Staatsaufwand (äußert) auch einen näheren oder entfernteren mittelbaren Einfluß auf die Gütererzeugung ..., weil hier Alles organisch zusammenwirkt und der Bürger nur in einem gut eingerichteten Staate seine Nahrungsgeschäfte mit Lust und vollständigem Erfolg betreiben kann." K. H. *Rau*, a.a.O., § 27.

[45] Rau spricht hier von einer „Theuerung oder großen Stockung von Gewerben", a.a.O., § 31.

[46] K. H. *Rau*, a.a.O., § 31.

[47] K. H. *Rau*, a.a.O., § 27.

den — befriedigenden — Schluß zu, daß Rau auch der politische Charakter der öffentlichen Ausgaben bewußt gewesen ist.

Der außerökonomische, politische Charakter der Aktivität der öffentlichen Wirtschaft, bei Rau nur angedeutet, steht bei Umpfenbach im Mittelpunkt der Erörterungen. Die *Erfüllung politischer Ziele* ist nach Auffassung Umpfenbachs die *allein zulässige Verwendung öffentlicher Mittel;* „dem Staatswirtschaften sind seine Ziele durch die politische Idee und durch die sozialen Ideen als wirtschaftlich zu erfüllende Ziele vorgezeichnet"[48]. Der Satz: „Die Finanzpolitik will wissen, was die Volkswirtschaft verträgt, wenn ihr Mittel zur Bestreitung der politischen Zwecke entzogen werden"[49], enthält die grundsätzliche Begrenzung für den öffentlichen Aufwand.

Ausgangspunkt für die Bestimmung der Aktivität der öffentlichen Hand und damit oberstes Kriterium für die Ausgabetätigkeit ist abermals das „Wohl des Ganzen", im Sinne des Wohls der Angehörigen des Staates in ihrer Gesamtheit". Wie von Adam Smith und v. Jakob gefordert, sollen nur solche Leistungen von der öffentlichen Hand erbracht werden, für deren Erstellung sich keine Privatinitiative anbietet. Nur was vom privaten Wirken und von der Tätigkeit sogenannter Sozialpersönlichkeiten[50], die Umpfenbach zwischen Privatwirtschaft und öffentliche Wirtschaft als Aufgaben- und Ausgabenträger eingeschaltet sehen will, nicht erfaßt wird, bleibt der Staatsgewalt als spezifisch politische Aufgabe überlassen.

In Weiterführung der v. Jakobschen Überlegungen zur Dringlichkeitsabstufung der Bedarfe wird dann, ausgehend von der regelmäßig „ins Unbegrenzte denkbare(n) Verwendung" einerseits, der „Beschränkung der Mittel" andererseits, eine Ordnung der einzelnen politischen Bedürfnisse, für die Ausgaben zu tätigen sind, nach ihrer Dringlichkeit verlangt. Diese Ordnung ergibt sich als Folge einer Gegenüberstellung des aus der Verwirklichung eines Bedürfnisses entspringenden Vorteils mit dem Gewicht des dafür zu bringenden Opfers. Der Vergleich von Vorteil und Opfer oder Nutzen und Kosten wird im Hinblick auf seine Folgerungen für die öffentliche Ausgabetätigkeit folgendermaßen präzisiert: „Mit der Erreichung dieses Punktes (sc. der Punkt, bei dem das Element des Opfers das des Vorteils der öffentlichen Leistungen überwiegt), schließt die Größe des Finanzbedarfs ab und hört die Berechtigung der höchsten Gewalt zu jeder weiteren Verwendung auf"[51].

---

[48] K. *Umpfenbach:* Lehrbuch der Finanzwissenschaft, 2. Aufl. 1887 (1859/61), S. 12.

[49] K. *Umpfenbach,* a.a.O., S. 18.

[50] Kirchen, Gemeinden und „auf das mannigfaligste abschattierte und gruppierte Stände des Volkes", a.a.O., S. 2.

[51] K. *Umpfenbach,* a.a.O., S. 48.

Wenn Umpfenbach aus diesen Überlegungen den Umkehrschluß zieht, daß „auf der anderen Seite ... in der Berechtigung zu einer Ausgabe die Notwendigkeit von deren Vornahme (liegt). Dürfen ist hier Müssen, weil eben das Dürfen ausspricht, daß durch die Verwendung ein das Opfer mehr als vergütender Vorteil entsteht, den die höchste Gewalt nur mit Verleugnung ihrer Pflichten ungenützt lassen könnte"[52], so löst er sich mit dieser Auslegung des Nutzen-/Kostenkriteriums für die Bestimmung der öffentlichen Aktivität erstmals von den ausgabenpolitischen Abstinenzvorstellungen seiner Vorgänger und begründet eine Auffassung von der öffentlichen Hand als Träger von Aufgaben, die, über die notdüftige Ausübung der klassischen Grundfunktionen hinausgehend, die Gesamtwirtschaft in die Erfüllung politischer (und sozialer) Zwecke einbezieht.

Gleichfalls von dem an sich unbegrenzten öffentlichen Bedarf einerseits und der durch die wirtschaftlichen Mittel bestimmten Begrenzung der öffentlichen Aktivität andererseits ausgehend, hat Lorenz *von Stein* den Versuch unternommen, im Rahmen seiner Reproduktionstheorie ein *wirtschaftliches Kriterium* für die Höhe des Finanzbedarfs und der öffentlichen Ausgaben zu begründen[53]. Die bis dahin vorherrschende Behauptung der einseitigen Abhängigkeit der Grenzen des öffentlichen Aufwands von der ausschließlich privatwirtschaftlich bedingten Leistungsfähigkeit der Wirtschaft ersetzt er durch die Feststellung einer *gegenseitigen Bedingtheit* von *Staatstätigkeit und volkswirtschaftlicher Leistungsfähigkeit*. Der Kerngedanke seiner Reproduktionstheorie liegt darin, daß die aus den Erträgen der Wirtschaft über die Steuerleistung finanzierte Staatstätigkeit der Entwicklung und Hebung der volkswirtschaftlichen Produktivität zugute kommt, wodurch dem Staat wiederum erhöhe Einnahmen zufließen, die eine Erweiterung und Intensivierung seiner Leistungen ermöglichen. In diesem Rahmen stellt sich das Problem der Beurteilung öffentlicher Ausgaben anders als bisher gewohnt: solange das *Kriterium* zu ihrer Vornahme, die *Reproduktivität*, gegeben ist, braucht sich der Staat keine Beschränkungen aufzuerlegen, vielmehr vermittelt die Ausgabentätigkeit dank der unauflöslichen Beziehung zwischen der Entwicklung des Staates und der der Einzelpersönlichkeit allen Staatsangehörigen wirtschaftliche Entfaltungsmöglichkeiten, die „Ausgaben enthalten stets die materiellen Bedingungen der Entwicklung des einzelnen durch das Ganze"[54].

An der Übertragung der Begriffe Produktion und Reproduktion auf den Vorgang der Mittelbeschaffung und ihrer Verwendung durch die

---

[52] Ebd.

[53] L. *von Stein:* Lehrbuch der Finanzwissenschaft, 3. Aufl., Leipzig 1875 (1860).

[54] L. *von Stein,* a.a.O., S. 95.

öffentliche Hand entzündet sich die Kritik. Es genüge nicht schon das Bestehen nur allgemein vager Erwartungen, „daß ja bei dem innigen Zusammenhang aller Seiten des Staatslebens jeder an sich richtige Finanzbedarfsposten nicht verfehlen werde, schließlich doch günstige ökonomische Rückwirkungen zu äußern", um einen quantitativ faßbaren wirtschaftlichen Zusammenhang zu fingieren, aus dem ein exakter Maßstab für die Beurteilung der Zulässigkeit oder Unzulässigkeit eines öffentlichen Aufwandes zu gewinnen wäre, argumentiert beispielsweise Umpfenbach[55]. Schäffle wendet gegen Steins Lehre ein, daß sie für die Steuerpraxis dazu verleite „maßlose Besteuerung für maßlosen Aufwand zu beschönigen und allen aus Steuern bestrittenen Staatsaufwand ohne Maß und Ziel als vollen Ersatz bringend zu rechtfertigen". „Die aus Steuern bestrittenen öffentlichen Ausgaben könn(t)en (thatsächlich) Vergeudungen sein; und auch die nützlichsten Steuerausgaben (sind) für die Regel ... in ihrem größten Betrage nicht reproduktiv im strengen Wortsinne[56]."

Die Behauptung einer Äquivalenz von individueller Steuerleistung und Nutzen der Staatstätigkeit, die Schäffles Kritik annimmt, liegt Steins Reproduktionslehre wohl auch fern; vielmehr legt sie eine ungenaue, das Verhältnis von Staat und Volkswirtschaft vereinfachende Vorstellung zugrunde. Zur Anwendung des von ihm aufgestellten Prinzips der Reproduktivität fehlt ein exakter Maßstab. Steins Berufung auf die Entscheidung des Staatsmannes, die „staatsmännische Anschauung der gesamten Finanzwirtschaft" bei der praktischen Anwendung seiner Lehre[57], deutet darauf hin, daß ihm dieser Mangel bewußt war.

Das Problem der Gegenüberstellung und Abstimmung von Nutzen und Kosten der öffentlichen Aktivität für eine Volkswirtschaft — von Jakob und Umpfenbach bereits aufgezeigt — hat Schäffle in das Problem der Ermittlung des jeweils „staatlich und volkswirtschaftlich gebotenen Gleichgewichts zwischen öffentlichem und nichtöffentlichem Bedarfe" umgewandelt; die richtige Abschätzung und die Einhaltung des Umfangs, in dem die Leistung einer Volkswirtschaft durch den Staat beansprucht werden kann, ohne die ausreichende Bedarfsdeckung der Wirtschaftssubjekte zu beeinträchtigen, stellt für ihn die entscheidende Aufgabe der öffentlichen Finanzwirtschaft dar.

Maßstab für die *Höhe des öffentlichen Finanzbedarfs* ist demnach das Sozialprodukt, für dessen Aufteilung auf den öffentlichen und

---

[55] K. *Umpfenbach,* a.a.O., S. 42.

[56] A. *Schäffle:* Die Steuern, Allgemeiner Theil, Leipzig 1895, S. 149/150.

[57] Von Sax in seiner Kritik der Steinschen Konstruktion als bedenklich bezeichnet, weil entweder zur Aufhebung der Theorie führend oder die Entscheidung in die „Subjectivität irgendwelcher Individuen" stellend; E. *Sax:* Grundlegung der theoretischen Staatswirtschaft, Wien 1887, S. 102.

privaten Sektor das *Kriterium der proportionalen Befriedigung öffentlicher und privater Bedürfnisse* gilt. Diese Gedankengänge schärfer formulierend stellten Pigou[58] und Dalton[59] zwei Kriterien zur Aufteilung der Bedarfsbefriedigung zwischen öffentlichem und privatem Sektor auf:

(1) die Produktivkräfte der Volkswirtschaft sollen auf die öffentlichen Leistungen so verteilt werden, daß ihr Grenzertrag für jede Ausgabenart gleich ist,

(2) öffentliche Ausgaben sollen bis zu dem Umfang geleistet werden, bei dem die durch die letzte ausgegebene Geldeinheit erzielte Befriedigung gleich dem entgangenen Nutzen der letzen grade noch von der Steuer erfaßten Geldeinheit ist.

Dadurch wird der Grenznutzen in den öffentlichen Sektoren dem der privaten Sektoren angeglichen.

Daß das Kriterium (2) zur Bestimmung des Umfangs der öffentlichen Ausgaben ergiebiger aussieht, als es in Wirklichkeit sein kann, zeigt Musgrave beim Versuch einer diagrammatischen Darstellung dieses Postulats[60]. Abgesehen davon, daß die durch die Steuern verursachte Nutzeneinbuße einerseits, die in Geldeinheiten gemessenen Einheiten öffentlicher Leistungen andererseits externe Gewinne und externe Verluste enthalten, die vom Marktmechanismus nicht erfaßt werden, besteht die grundlegende Schwierigkeit darin, die Präferenzen zu bestimmen, auf die die durch die Steuererhebung verursachte Nutzeneinbuße und die in Geldeinheiten gemessenen Grenznutzen öffentlicher Ausgaben zu beziehen sind. Das wiederum setzt voraus, daß die Nutzen der öffentlichen Leistungen und die Verluste des Entzugs von Ressourcen aus der privaten Verwendung bewertet und daß Nutzen und Verluste zueinander in Beziehung gesetzt werden können.

Eine solche Bewertung kann entweder von den individuellen Präferenzen abgeleitet oder mit Hilfe einer gesellschaftlichen Nutzenfunktion autoritär vorgenommen werden. Die erstgenannte Methode der Präferenzbestimmung steht im Mittelpunkt der Darlegungen Wicksells und Lindahls[61]. Ihre Beiträge stellen mit der Konstruktion eines norma-

---

[58] A. C. *Pigou:* A Study in Public Finance, 3. Aufl., London 1947 (1928), S. 31 ff.

[59] H. *Dalton:* Principles of Public Finance, 9. Aufl., London 1936 (1923), Kapitel 2.

[60] R. A. *Musgrave:* The Theory of Public Finance, deutsche Ausgabe: Finanztheorie, übersetzt von L. *Kullmer* unter Mitarbeit von H. *Fecher,* Tübingen 1966, S. 87 ff.

[61] K. *Wicksell:* Finanztheoretische Untersuchungen und das Steuersystem Schwedens, Jena 1896.

E. *Lindahl:* Die Gerechtigkeit der Besteuerung, Lund 1919, sowie: Einige

tiven Modells der öffentlichen Wirtschaft, die sich auf der Basis freiwilliger Beiträge finanziert, den Höhepunkt spezifisch neuer, — von Pantaleoni, Mazzola, de Viti de Marco[62] und Sax[63] ausgehende — theoretischer Vorstellungen über die Bewertung öffentlicher Leistungen und privater Nutzen dar. Zugleich bilden sie den Ausgangspunkt der modernen Ausgabentheorie, in der die Übereinstimmung öffentlicher Leistungen und privater Nutzen nicht mehr als Gerechtigkeitsproblem, sondern als Gleichgewichtsbedingung behandelt wird. Sie erklären den Einnahmen- und Ausgabenprozeß der öffentlichen Hand als Phänomen des ökonomischen Wertes und Preises, der denselben Grundsätzen unterliegt, denen der Marktpreis in der privaten Wirtschaft unterworfen ist.

Entsprechend den Grundgedanken, daß (1) der Ursprung des Staates in den Individuen begründet, (2) die Ziele des Staates mit den Zielen des Individuums identisch und (3) die Entscheidungen des Staates Kollektiventscheidungen der Individuen sind, stellen die von Regierung und Parlament gefaßten Beschlüsse über die Höhe der Gesamtausgaben, einzelner Ausgabenposten und über die Verteilung der Steuerlast Entscheidungen der Individuen dar. Die Theorie der öffentlichen Ausgaben ergänzt demnach die Lehre vom einzelwirtschaftlichen Verhalten, sie soll eine Wahlhandlungstheorie der Einkommensverwendung (bzw. der Aufteilung der Einkommen auf die Befriedigung privater und öffentlicher Bedürfnisse) sein.

Die Präferenzen der Individuen und damit der Volksvertreter[64] sind ausgerichtet am Nutzen der *öffentlichen Leistungen für den einzelnen* sowie an den von ihm zu übernehmenden Kosten dieser Leistung. Wicksell unterstellt nun sowohl, daß eine neue öffentliche Ausgabe im allgemeinen auf eine für die gesamte Gesellschaft vorteilhafte Aktivität abziele, als auch, daß jeder einzelne in der Lage sei, den Nutzen einer geplanten öffentlichen Ausgabe mit dem damit verbundenen Steueropfer zu vergleichen und richtig einzuschätzen, so daß die Staatsleistungen genauso bewertet werden können wie die Güter und Dienstleistungen auf dem privaten Markt. Aus der Fülle aller Möglichkeiten der Kostenverteilung öffentlicher Maßnahmen muß eine Lastenver-

---

strittige Fragen der Steuertheorie, in H. *Mayer* (Hrsg.) Wirtschaftstheorie der Gegenwart, Wien 1928, Band IV.

[62] M. *Pantaleoni:* Contributo alla teoria del riparto delle spese pubbliche, 1883; wiederabgedruckt in Scritti varii di economia, 1904; Mazzola, U., I dati scientici delle finanza publica, Rom 1880; A. *de Viti de Marco:* Il carattere teorico dell' economia finanziaria, Rom 1888.

[63] E. *Sax*, a.a.O. und Derselbe, Die Wertungstheorie der Steuer. „Zeitschrift für Volkswirtschaft und Sozialpolitik", N.F. Band IV, 1924/25.

[64] Die in der Wirklichkeit immer wieder auftauchenden Interessendivergenzen der Individuen und der für sie handelnden Abgeordneten sind für Wicksell lediglich in den Mängeln des bestehenden Wahlsystems begründet.

teilung ausgewählt werden, bei der für jedes Individuum der Nutzen größer als Null ist, der es also zustimmen kann. Die getroffene Auswahl beweist dann, daß die zu finanzierende Maßnahme der Befriedigung eines echten Kollektivbedürfnisses dient, und die Ausgabe getätigt werden kann. Das Kriterium für die Bestimmung der Aktivität der öffentlichen Hand liegt also im Vorhandensein eines Nutzens bei den Individuen. Die Vorteile seiner Theorie der Bestimmung der öffentlichen Ausgaben sieht Wicksell darin, daß (1) nur diejenigen Aufgaben erfüllt und diejenigen Ausgaben getätigt werden, die für jeden Bürger vorteilhaft sind, daß (2) durch diese Methode die Minderheiten vor Steuerüberlastungen geschützt werden und daß (3) alle Bürger mit der auf sie entfallenden Steuerlast einverstanden sind und deshalb freiwillig zahlen werden, woraus sich erhebungstechnisch Erleichterungen insoweit ergeben, als Steuervermeidungen und täuschungen entfallen.

Lindahl hat sowohl eine andere Darstellung der im wesentlichen gleich verstandenen Zusammenhänge geboten, als auch den Katalog der Voraussetzungen erweitert. Er nimmt die Präferenzskala der einzelnen Kollektivbedürfnisse als gegeben an und reduziert das zu lösende Problem auf die *Verteilung* der Gesamtkosten der öffentlichen Güter auf die Parteien A (relativ vermögend) und B (relativ arm). Die Lösung wird analog einem Preisbildungsprozeß am Markt aufgezeigt: der Marshallschen Aufteilung der Gesamtkosten zweier gemeinsam hergestellter Produkte auf die Käufer.

Die unrealistische Annahme einer gegebenen Rangordnung für die Befriedigung der Kollektivbedürfnisse sucht Lindahl mit der Behauptung zu rechtfertigen, die Wertschätzung der einzelnen Ausgabenposten sei simultan mit der Wertschätzung der Gesamtausgaben bestimmt. Das bedeutet, daß die Parteien A und B nur dann bereit sind, einer bestimmten Ausgabenmenge und deren Kostenverteilung zuzustimmen, wenn sie gleichzeitig die Zusammensetzung der Ausgaben billigen. Abweichend von Wicksell weist er auf zwei Tatbestände hin, die den Bewilligungsvorgang einseitig beeinflussen können; es handelt sich einmal um die Ungleichheit der Machtverteilung, die die gleichmäßige Wahrnehmung der Interessen der Steuerzahler hindert und einzelnen Gruppen durch Anwendung verschiedener Taktiken und Strategien Vorteile verschafft, und zum anderen um die Unzulänglichkeit der Information. Letztere trägt dazu bei, die Ungleichheiten der Machtpositionen zu verstärken und die damit einhergehenden Unzuträglichkeiten zu verschärfen. Sie ruft darüber hinaus Schwierigkeiten bei der Schätzung und Bewertung der Kollektivbedürfnisse hervor, die sich noch verschärfen, wenn die (unrealistische) Annahme, daß die Präferenzskala dieser Bedürfnisse bekannt sei, aufgegeben wird.

Bowens[65] Ansatz zur theoretischen Bestimmung des Optimums der öffentlichen Ausgaben stellt nicht mehr als eine Variante grenznutzentheoretischer Überlegungen dar und läßt sich in den wesentlichen Gedanken auf Lindahl zurückführen. Der Wert der Untersuchung für die Entwicklung des Problems der Bestimmung des öffentlichen Ausgabenoptimums liegt insbesondere darin, daß die Prämissen explizit dem Modell vorangestellt werden.

Mit dem Hinweis auf die Unzulänglichkeiten, die aus den partiellen Gleichgewichtsbedingungen des Lindahlschen Modells resultieren[66], in dem die Befriedigung der öffentlichen Bedürfnisse als unabhängig von der der privaten Bedürfnisse angesehen wird, fordert Samuelson[67] die Diskussion des Problems unter allgemeinen Gleichgewichtsbedingungen. Er führt auf zwei Wegen eine streng theoretische Analyse der öffentlichen Ausgaben im Rahmen der Fragestellung nach der optimalen Verteilung der Produktivkräfte einer vollbeschäftigten Wirtschaft auf die Privat- und Staatswirtschaft durch.

Die erste (aus der Grenznutzentheorie übernommene) Grundvoraussetzung seiner Theorie liegt in der scharfen Trennung privater und öffentlicher Konsumgüter, bedingt durch die physische Teilbarkeit der ersteren und die Unteilbarkeit der letzteren. Diese Eigenschaften haben zur Folge, daß öffentliche Güter allen gemeinsam zugute kommen, und die Inanspruchnahme solcher Güter nicht zu einer Einschränkung des Konsums bei anderen Individuen führt. Die Variierbarkeit der Gesamtmenge der Kollektivgüter bewirkt, daß die Menge eines jeden öffentlichen Gutes der Konsummenge jeden beliebigen Individuums entspricht. Die zweite Grundvoraussetzung liegt in der Annahme einer bestimmten ordinalen Präferenzskala des Individuums im Hinblick auf den Verbrauch aller privaten und öffentlichen Güter; sämtliche subjektiven Vorstellungen des Individuums finden ihren Ausdruck in einem Indifferenzkurvensystem. Drittens wird eine gleichmäßig konvexe Kurve des Produktionspotentials angenommen, deren Verlauf der üblichen Annahme steigender Grenzkosten genügt. Sie gibt die in einer vollbeschäftigten Wirtschaft insgesamt mögliche Ausbringung öffentlicher und privater Güter wieder. Viertens wird das Vorhandensein einer gesellschaftlichen Wohlfahrtsfunktion unterstellt.

---

65 H. R. *Bowen:* Toward Social Economy, New York 1948.

66 Vgl. dazu im einzelnen R. A. *Musgrave,* a.a.O., S. 61 ff.

67 P. A. *Samuelson:* The Pure Theory of Public Expenditures, The Review of Economics and Statistics, Band 36, 1954, S. 387—389, sowie Diagrammatic Exposition of a Theory of Public Expenditure, ebd., Band 37, 1955, S. 350 bis 356, und Aspects of Public Expenditure Theories, ebd., Band 40, 1958, S. 332—338.

Sowohl das Gleichungssystem, als auch die Darlegungen in diagrammatischer Form ermöglichen auf den ersten Blick eine exakte Ermittlung der optimalen Höhe der öffentlichen Ausgaben. Die Bedeutung des Ergebnisses steht und fällt mit der Existenz der Wohlfahrtsfunktion, mit der der gesellschaftliche Gewinn oder Verlust, der sich aus Verbesserungen der Position eines Individuums auf Kosten eines anderen ergibt, erfaßt, und somit aus einer Reihe von Lösungen (entstanden gemäß Lindahls Fiktion der freiwilligen Beiträge), die alle der einfachen Wohlfahrtsbedingung entsprechen, die optimale Aufteilung der Ressourcen (bei gegebenem Verteilungsstand)[68] eindeutig bestimmt wird. Diese Betonung der Notwendigkeit des Vorhandenseins der Wohlfahrtsfunktion gilt selbst dann, wenn die echten Präferenzen bewußt sind und auch bekannt gegeben werden. Ist das nicht der Fall, weil das Ausschlußprinzip bei spezifisch öffentlichen Gütern nicht gilt, und unterstellt man, daß es im selbstsüchtigen Interesse jeden Individuums liegt, falsche Angaben hinsichtlich seiner Präferenzen für öffentliche Leistungen zu machen, so müssen dem Staat Informationen zur Ableitung der Nutzengrenze zugänglich sein. Musgrave[69] weist darauf hin, daß der Marktmechanismus, wie schon das Lindahlsche System zeige, hier versage, sich also nur die schon von Wicksell aufgezeigte andere Lösung der Verwendung des politischen Mechanismus, verbunden mit dem Durchführungszwang, anbiete, der die Individuen veranlasse, ihre wahren Präferenzen bekanntzugeben. Dementsprechend nehmen die Behandlung der verschiedenen Abstimmungsmechanismen sowie wahltaktische und strategische Überlegungen bei Musgrave einen breiten Raum ein.

Im Gegensatz zu den erörterten normativen Ansätzen bietet Downs[70] eine positive Theorie dar: es werden die Faktoren aufgezeigt, die realiter — natürlich im Rahmen der in seinem Modell gesetzten Prämissen — Umfang und Art der Staatsausgaben bestimmen. "By positing that democratic government acts rationally to maximize political support"[71] wird der im wesentlichen politisch verstandene Abstimmungsprozeß über die staatliche Aktivität — wiederum — als eine Entscheidung auf der Grundlage individueller Nutzen interpretiert[72].

---

[68] Die zusätzlichen Schwierigkeiten der Verteilungsproblematik werden nicht nur hier, sondern bereits bei den Grenznutzentheoretikern (s. o.) mit der Annahme einer bestehenden „richtigen" Verteilung ausgeklammert.

[69] R. A. *Musgrave,* a.a.O., S. 70.

[70] A. *Downs:* An Economic Theory of Democracy, New York 1957.

[71] Ebd. S. 20.

[72] Auf eine etwa zur gleichen Zeit erschienene, im Ansatz ähnliche Studie von *Harding* wird hier nicht näher eingegangen, da sie Gegenstand eines besonderen Referates ist.

In Downs Theorie der Staatsform, deren Besonderheit darin liegt, daß der Verfasser die Staatsbürger mit Wirtschaftssubjekten vergleicht, dient das uns interessierende Problem der Ausgabenbestimmung allerdings nur als Illustration für die Auswirkungen seiner Prämissen und Hypothesen auf die Theorie vom gesamten Verhalten der öffentlichen Hand. Auf der Grundlage der Schumpeterschen Definition der Demokratie[73] entwickelt der Verfasser den Konkurrenzkampf zwischen Politiker und Wähler, die er wie Unternehmer und Verbraucher gegenüberstellt. In Anlehnung an das Gewinnmaximierungsprinzip und in Abwandlung der Nutzen- und Kostenbetrachtung ist das Handeln der Politiker nicht mehr von einer Maximierung der sozialen Wohlfahrt, sondern vom eigensüchtigen Streben nach Einkommen, Prestige und Macht bestimmt. Ihr Motiv zeigt sich konkret in dem Streben nach Gewinnmaximierung; die Politiker gleichen Unternehmern, die ihre Politik für Stimmen verkaufen. Die Grenzen des Wettbewerbs werden dabei durch die Verfassung gezogen. Entsprechend versuchen die Wähler ihren Nutzen zu maximieren und vergleichen am Wahltage den ihnen bekannten Nutzen der Regierungspartei mit dem, den die Oppositionspartei ihnen gebracht hätte, wäre sie an der Regierung gewesen. Der Nutzen selbst umfaßt materielle und psychische Vorteile; den Maßstab für die letzteren findet Downs in einer vorgegebenen Größe, die er als „Vorstellung von einer idealen Gesellschaft" bezeichnet.

Auf der Basis dieser Nutzenbewertungen von Politikern und Wählern erörtert Downs die Frage nach der Bestimmung der öffentlichen Ausgaben. Rationales Handeln des Staates vorausgesetzt, ist die *Stimmenmaximierung ausgabenbestimmendes Prinzip*. Die öffentlichen Ausgaben (die einen Nutzen für die Wähler und damit Stimmengewinn für die Politiker bedeuten) werden solange erhöht, bis der Stimmengewinn, der durch die letzte ausgegebene Geldeinheit erzielt wird, gleich dem Stimmenverlust der letzten eingenommenen Geldeinheit (aus Steuermitteln, die wegen der Belastung der Wähler als Stimmenverlust für die Politiker in Rechnung zu stellen sind) ist. Dabei erfordert das Stimmenmaximierungsziel von der Regierung auch eine Beachtung der Strategie der Opposition. Im Stimmenwettbewerb entsteht aufgrund der relativ geringen Anzahl von Konkurrenten eine

---

[73] Vgl. J. *Schumpeter:* Kapitalismus, Sozialismus und Demokratie, Bern 1946. Der entscheidende Satz lautet: „Aber um zu verstehen, wie die demokratische Politik dem sozialen Ziel dient (wie also bei parlamentarischer Tätigkeit Gesetze und z. T. auch Verwaltungsmaßnahmen entstehen) müssen wir vom Konkurrenzkampf um Macht und Amt ausgehen und uns klar werden, daß die soziale Funktion, so wie die Dinge nun einmal liegen, nur nebenbei erfüllt wird — im gleichen Sinne wie die Produktion eine Nebenerscheinung beim Erzielen von Profiten ist." (448).

Art Oligopolsituation, bei der die Oppositionsparteien den zusätzlichen Vorteil haben, bei jeder politischen Streitfrage die Entscheidung der Regierung abwarten zu können.

Hinsichtlich des Budgetierungsprozesses ergeben sich aus dem Kriterium der Stimmenmaximierung die folgenden Überlegungen:

Der Haushaltsplan wird in Einnahmen und Ausgaben aufgestellt und von einer Koordinationsstelle in bezug auf die Ausgaben und deren Finanzierung so geändert, daß das Stimmenmaximierungsprinzip erfüllt ist, d. h. daß die Nutzenvorstellungen der Wähler und die Strategien der Opposition berücksichtigt worden sind.

Dieses Verfahren wird in der Realität allerdings nicht zu Anfang einer jeden Regierungsperiode neu durchgeführt; vielmehr übernimmt jede Regierung von ihrer Vorgängerin eine ganze Reihe von Ausgabenposten, die nicht ohne Stimmenverlust gestrichen werden können. Treten neue Ereignisse auf und entstehen neue Aufgaben, so wird bei jeder Entscheidung eine hypothetische Wahl vorgenommen.

Da angenommen werden muß, daß zu Beginn der Regierungsarbeit, also bei gegebenem Budget, schon eine bestimmte Nutzenvorstellung bei jedem Wähler vorhanden ist, so bringt das und auch jedes weitere Handeln der Regierung eine Nutzen- und Kostenänderung für den Wähler mit sich. Die Differenz von Nutzen- und Kostenänderung wird als Nettonutzen bezeichnet. Der Wähler wird nun bei seiner Entscheidung, welcher der beiden Parteien[74] er seine Stimme geben will, nicht die Gesamtnutzen von Regierung und Opposition vergleichen, sondern nach Auffassung Downs' nur die beiden Nettonutzenveränderungen vergleichen, die durch das Handeln der Regierung in einer einzigen Angelegenheit einerseits und durch das Verhalten der Opposition in der gleichen Situation andererseits entstehen. Er denkt also in Grenzgrößen. Diese Vermutung ist für das Downssche Modell sowohl logisch als auch nützlich, da sie zu einer relativ einfachen Verhaltensregel für eine rational handelnde Regierung führt.

Das bei Lindahl bereits erwähnte Informationsproblem wird in der Form einer Nutzen- und Kostenrechnung in der Downsschen Theorie berücksichtigt. Die speziellen Ergebnisse der Downsschen Untersuchung für die Bestimmung der öffentlichen Ausgaben liegen darin, daß hier die Ausgaben *nicht* Entscheidungen *der* Individuen, sondern Entscheidungen der Parlamente und Regierungen *für die* Individuen sind. Wünsche und Verhalten der Individuen sind höchstens indirekt bedeutsam, insofern nämlich, als die Regierungen versuchen, die politische Unterstützung durch die Individuen als Wähler zu maximieren. Die Wicksellsche These von den altruistischen Volksvertretern wird ersetzt durch die Auffassung, daß mit zwei Arten von Interessen, den Vertreter (Abgeordneten-)- und den Vertretenen (Wähler-)-interessen zu rechnen ist. Dabei entstehen Diskrepanzen dadurch, daß die politischen Entscheidungen bei den Wählern, aber auch bei den Gewählten von

---

[74] Der Einfachheit halber wird ein Zweiparteiensystem unterstellt.

deren Eigeninteresse bestimmt werden, das durch ihre Stellung und ihre Aufgaben in der Gesellschaft geformt wird.

Eine ökonomische Erklärung für die Bestimmung der Aktivität der öffentlichen Hand geben auch Buchanan und Tullock[75]. Die Besonderheit — und gleichzeitig ein Nachteil — ihrer Untersuchung liegt in der stark ideologischen Ausrichtung, durch die die objektive Bedeutung der meisten der vorgetragenen Thesen eingeschränkt wird, wenn auch zuzugeben ist, daß die extrem liberale Anschauung der beiden Autoren andererseits den Vorzug hat, eine ungewöhnliche Perspektive zu bieten, aus der sich manche neue Einsicht ergibt.

Die Verfasser wenden — wie Downs — die in den ökonomischen Theorien übliche Unterstellung einer nutzenbestimmten rationellen Verhaltensweise auf ihre Untersuchung an. Sie erfassen weiterhin die staatliche Aktivität in der ökonomischen Form der externen Gewinne und Verluste. Die Beurteilung der staatlichen Aktivität seitens der Individuen wird, ausgehend von gelegentlichen nachteiligen Erfahrungen unter laisser faire Bedingungen, als Abwägung der Nachteile/Kosten des Fehlens staatlicher Interventionen gegenüber den mit der Intervention und ihrem speziellen Vorteil stets verbundenen externalities dargestellt. Die Existenz von externen Verlusten führt die Autoren zur Anregung des Zusammenschlusses privater Organisationen und zur Ablehnung des Handelns der öffentlichen Hand in einer Reihe von Fällen, für die Beispiele gegeben werden. Die ungebräuchliche Interpretation der externalities seitens der Verfasser ist allerdings nicht geeignet, die These der Autoren vom Ersatz der öffentlichen Hand durch freiwillige Organisationen einleuchtend erscheinen zu lassen, abgesehen davon, daß die Unmöglichkeit, nicht-interessierte und nicht-zahlende Individuen von den Früchten der Tätigkeit dieser Organisationen auszuschließen, gegen eine solche Empfehlung spricht.

Für die Entscheidung über die der öffentlichen Hand verbleibende Tätigkeit entwickeln die Autoren ein Modell, mit dem sie zu zeigen versuchen, daß eine demokratische Regierung bei Anwendung der Mehrheitsprinzip systematisch dahin tendiert, ineffiziente oder nicht Pareto-optimale Entscheidungen herbeizuführen. Andererseits argumentieren sie, daß eine Regierung, die eine einmütige Zustimmung zu ihren Maßnahmen fordert, nur solche Maßnahmen durchführen wird, die durch das einfache Pareto Welfare Kriterium gerechtfertigt werden, bei dem die Gewinner die Verlierer entschädigen, weil nur Maßnahmen, die jedermann mindestens genau so gut belassen wie zuvor, einmütiger Zustimmung sicher sind. Diese Überlegungen werden im weiteren so-

---

[75] J. M. *Buchanan* and G. *Tullock:* The Calculus of Consent: Logical Foundations of Constitutional Democracy, Ann Arbor, 1962.

wohl zur Erklärung und Rechtfertigung des Kontrollsystems im politischen System der USA als auch zu Vorschlägen zur Verbesserung des Entscheidungsprozesses in diesem Land verwendet.

6. Die abschließend vorzunehmende Betrachtung der Abgrenzungskriterien öffentlicher Ausgaben, aufgestellt im Zusammenhang mit den theoretischen Erklärungsversuchen des Phänomens wachsender Staatsausgaben, nimmt ihren Ausgang vom Wagnerschen „Gesetz der wachsenden Ausdehnung der öffentlichen, insbesondere der Staatstätigkeiten"[76], das er unter Verwendung einiger weniger statistischer Unterlagen über die Entwicklung der Staatsausgaben Preußens, Bayerns und Englands aufstellte, und in der Entwicklung insbesondere der Ausgaben auf den Gebieten des „Rechts- und Machtzwecks", des „Kultur- und Wohlfahrtszwecks" sowie der „Produktion" begründet ansah.

Wenn auch in der Folgezeit die Formulierung von Entwicklungstendenzen der öffentlichen Ausgaben als „Gesetz" angegriffen wurde, und darüber hinaus die Wagnerschen Unterlagen als unzulänglich selbst für die Aufstellung derartiger Tendenzen angesehen, und seine Aussagen somit als „wishful thinking" abgestempelt worden sind, so zeigen doch neuere Untersuchungen unter Verwendung umfangreichen und besseren statistischen Materials[77] oder auch in der Form einer nachträglichen Voraussage[78], daß eine Ausdehnung der Staatstätigkeit und ein Anwachsen der öffentlichen Ausgaben in den letzten achtzig Jahren — und zwar sowohl absolut, als auch bezogen auf Volkseinkommen und Kopf der Bevölkerung — festzustellen ist. Unterschiede zur Wagnerschen Auffassung ergeben sich allerdings im Hinblick auf den Verlauf und die Grenzen dieser Entwicklung[79], wie auch im Hinblick auf die Bedeutung einzelner Ausgabengruppen.

---

[76] Vgl. A. *Wagner:* Finanzwissenschaft, Leipzig 1877, 1. Teil, sowie Art. „Staat" im Handwörterbuch der Staatswissenschaften, 3. Aufl., Jena 1911.

[77] z. B. *Peacock* und *Wiseman:* The Growth of Public Expenditures in the United Kingdom, Princeton 1961; *Musgrave* und *Culbertson:* The Growth of Public Expenditure in the US 1890—1948, National Tax Journal, Band VI, Nr. 2, Juni 1953, S. 97 ff.; S. *Fabricant:* The Trend of Government Activity in the US since 1900, New York 1952; H. C. *Recktenwald:* Die Entwicklung der öffentlichen Ausgaben in der Bundesrepublik, Schriften des Vereins für Socialpolitik, N.F., Band 26, Berlin 1962, S. 199 ff.; *Andiç* und *Veverka:* The Growth of Government Expenditure in Germany since the Unification. Finanzarchiv, N.F., Band 23, H. 2, S. 169—278.

[78] H. *Timm:* Das Gesetz der wachsenden Staatsausgaben. Finanzarchiv N.F., Band 21, H. 2, 1960, S. 201 ff.; *Colm* und *Helzner:* Rapport americain, in: l'Importance et la structure des recettes et des dépenses publiques. Institut International de Finances Publiques, Congrès de Bruxelles, Brüssel 1960, S. 58 ff.

[79] Vgl. dazu insbes. H. C. *Recktenwald,* a.a.O.

Während aus den Wagnerschen Ausführungen die Stetigkeit der Aufwärtsentwicklung zu entnehmen ist, zeigen die neueren Untersuchungen Entwicklungssprünge, die von Peacock-Wiseman als durch sogenannte „displacement effects“ und „concentration effects“ verursacht, im wesentlichen auf Kriegsereignisse (als äußere Anlässe) zurückgeführt werden. Wagner hat Kriegssituationen bewußt aus seiner Betrachtung herausgenommen, weil er ihnen keinen besonderen Einfluß auf die säkulare Entwicklung der Ausgabentätigkeit zuschrieb. In allen neueren Untersuchungen werden die Kriegsereignisse dagegen als mitbestimmend für die sakuläre Ausgabenentwicklung angesehen. Allerdings erscheint es kaum möglich zu dieser Frage eindeutig Stellung zu nehmen, weil infolge der politischen und ökonomischen Verflechtung auch die Ausgabenentwicklung der nicht an den letzten beiden Kriegen beteiligten, nach Struktur und Entwicklungsstand vergleichbaren Länder Europas (z. B. Schweiz, Schweden) als durch die Kriegsereignisse beeinflußt anzusehen sind, praktisch also keine Unterlagen über eine von Kriegseinflüssen unberührte Entwicklung der öffentlichen Ausgabentätigkeit zur Auswertung verfügbar sind.

Neben der unterschiedlichen Gewichtung von Kriegs- und Zivilausgaben im Wagnerschen Gesetz einerseits, den neueren Untersuchungen andererseits, werden von Peacock und Wiseman — wiederum z. T. ausgehend von Kriegsereignissen als äußerem Anlaß — Ausgabesteigerungen als zwangsläufige Folge der Zentralisierung der Aufgaben- und Ausgabentätigkeit beim Oberverband (s.c. „concentration effects“) aufgezeigt. Andiç und Veverka sehen schließlich in einem „productivity lag“ der öffentlichen Hand verglichen zur privaten Wirtschaft einen weiteren Kausalfaktor für das Ansteigen der Ausgabeziffern.

Im übrigen variieren und ergänzen einige der neueren Arbeiten[80] die von Wagner aufgezeigten drei bedeutsamsten Ausgabengruppen des Rechts- und Machtzweckes, des Wohlfahrtszweckes und der Produktion im Hinblick auf neue Ausgabenzwecke (Ausgaben zur Reduktion privatwirtschaftlich nicht zurechenbaren externer Verluste, Ausgaben für Entwicklungshilfe pp.) wie auch in Ausrichtung der Ausgabentätigkeit auf gesamtwirtschaftliche Zielsetzungen, also Redistributions-, Wohlfahrts- und Wachstumsvorstellungen, und tragen damit dem Bedeutungswandel der öffentlichen Aufgaben und Ausgaben seit Wagners Zeiten Rechnung.

---

[80] Vgl. H. *Timm,* a.a.O., *Colm-Helzner,* a.a.O. und *Musgrave-Culbertson,* a.a.O.

Über Ansätze zur Theorie der Staatsausgaben

Von Prof. Dr. *Karl Häuser* (Frankfurt/M)

Einleitung

Wenn der Autor eines so bekannten und mit den höchsten Ansprüchen verfaßten Werkes wie der „Theory of Public Finance" — Richard A. Musgrave — im Vorwort seines Buches bekennt, daß er sich vor allem um eine Theorie der Staatsausgaben bemüht habe und daß ihn dieses Problem seit ungefähr dreißig Jahren beschäftige, so sollte eigentlich das Äußerste an theoretischem Wissen zu unserem Thema dort zu finden sein. Dennoch konnte Musgraves Buch, bei aller Bewunderung, die man ihm zollen muß, gerade für die Theorie der Staatsausgaben weder eine praktikable noch eine theoretisch neuartige Lösung gewinnen. Wenigstens scheint ein gewisser Konsensus in der Beurteilung zu bestehen, denn in etlichen Rezensionen über das Musgravesche Werk werden seine Bemühungen zwar als eine bewundernswerte intellektuelle Leistung gewürdigt, aber zugleich mit dem Hinweis versehen, daß es sich im Hauptteil, eben in der Theorie der Staatsausgaben, um ein höchst artifizielles, elfenbeinernes Gebilde handele, das dem Luftzug der Realität nicht ausgesetzt werden dürfe[1]. Wenn also einer der renommiertesten und besonders auf dem Gebiet der Staatsausgaben ausgewiesener Nationalökonom zwar Anerkennung, aber zugleich auch Skepsis und Resignation erntet, dann wird man hoffentlich von mir nicht eine neue oder gar perfektere Theorie der Staatsausgaben erwarten.

Ich werde stattdessen versuchen,

I. einige prinzipielle Hindernisse und Schwierigkeiten zu beschreiben, die einer Theorie der Staatswirtschaft im Wege stehen,

II. die bis jetzt vorliegenden Lösungsansätze nach einigen wenigen Kategorien zu ordnen und zu klassifizieren, um zugleich zu zeigen, welche Ansatzmöglichkeiten überhaupt in Frage kommen können, und

---

[1] Vgl. u. a. G. *Colm:* "The Journal of Finance", Vol. XV (1960); U. K. *Hicks:* „Finanzarchiv", Bd. 20 (1959/60); A. R. *Prest:* "The Economic Journal", Vol. LXIX (1959); C. S. *Shoup:* "The American Economic Review", Vol. LXIX 1959.

III. einige der neuesten Lösungsversuche selbst vorzuführen und zu kritisieren.

Zu I

Zunächst bedarf es einer Erklärung darüber, was wir von einer Theorie der Staatsausgaben erwarten. Eine Theorie der Staatsausgaben sollte folgendes leisten: Sie sollte die Höhe des Staatsbedarfs nach Umfang und Art der Verwendung bestimmen, wobei die verfügbaren Ressourcen eines Landes einerseits und der private Bedarf der einzelnen Wirtschaftssubjekte andererseits die begrenzenden Bedingungen bilden.

Man wird für die folgenden Ausführungen von der Tatsache ausgehen dürfen, daß wir bis heute noch keine derartige Theorie besitzen, die wenigstens von einer Reihe von Vertretern unseres Faches anerkannt und von ihnen als verbindlich betrachtet und gelehrt wird. Auf kaum einem anderen Gebiete der Nationalökonomie scheint die Theorie so wenig Überzeugendes bieten zu können wie auf dieser Parzelle der theoretischen Staatswirtschaftslehre. Vielleicht ist es notwendig, die Behauptung durch ein paar Hinweise zu rechtfertigen:

Wir besitzen heute für die anderen Wirtschaftssubjekte, z. B. für die Unternehmungen, eine zwar vielleicht nicht immer befriedigende und sicherlich verbesserungswürdige, aber doch weitgehend als verbindlich erachtete Kosten- und Preistheorie und mit ihr eine in vielen Fällen bereits recht brauchbare Erklärung sowohl für viele Erscheinungen auf den Märkten als auch für das Verhalten der Unternehmungen selbst. Ebenso können wir für den Bereich der privaten Haushalte auf einen weitgehend rezeptierten und akzeptierten Bestand theoretischer Kenntnisse zurückgreifen. Ja, es gibt sogar auf einigen Gebieten, die in den Bereich der Staatswirtschaft hineinragen, wie z. B. der Zinstheorie oder der Lehre von der Steuerüberwälzung und den Steuerwirkungen, immerhin schon einige planierte Flächen, auf denen in weitreichender Übereinkunft eine konventionelle Theorie errichtet und gelehrt werden kann.

Im Vergleich dazu hat sich die Theorie der Staatsausgaben nur in unbedeutendem Umfange entwickelt. Natürlich hat es an Versuchen, die Staatswirtschaft in einem zutreffenden und realitätsrelevanten Modell abzubilden, nicht gefehlt. Aber die verschiedenen Ansätze dazu — ich nenne stellvertretend nur einige der hervorragendsten Namen: Sax, Wicksell, Lindahl, Samuelson, Musgrave — haben kaum eine Anhängerschaft und kaum eine Rezeption, d. h. keine Aufnahme in die traditionellen Lehrbücher finden können. Sie sind zwar dogmengeschichtlich, aber nicht wirtschaftsgeschichtlich wirksam geworden.

So stehen wir noch immer vor der nicht eben glorreichen Situation, daß man mit der theoretischen Behandlung der Wirtschaft des mächtigsten Wirtschaftssubjektes, des Staates, nicht viel mehr anzufangen weiß als etwa die Klassiker, die in ihrer Verlegenheit dem Staat eine metaökonomische Rolle zugewiesen haben und die Staatswirtschaft daher außerhalb der normalen, soll heißen der Privatwirtschaftslehre, abhandelten. Der Staat war sozusagen in eine besondere Schachtel gepackt, sorgfältig etikettiert und rubriziert, aber im übrigen gut verwahrt beiseite gestellt worden. Diese Behandlung ist um so verwunderlicher, als die Nationalökonomie — schon ihr Name deutet dies an — z. B. in Österreich, in der Schweiz und in Deutschland mit dem Studium der Staatswirtschaft ihren Anfang nahm und die Staatswirtschaftslehre, die Finanzwissenschaft, daher für sich in Anspruch nehmen kann, älter als die Privatwirtschaftslehre und insofern die Stammutter der Nationalökonomie zu sein. Aber wie so oft in der Geschichte der menschlichen Gesellschaft sind die Erfolgreicheren — hier die Vertreter der Privatwirtschaftslehre — weniger mit der Bürde der Vergangenheit belastet als die Alteingesessenen — die Finanzwissenschaftler. Freilich braucht eine Stagnation keineswegs das natürliche Los einer langen und großartigen Tradition zu sein.

Warum sind die Bemühungen, auf dem Gebiet der Bestimmung der Staatsausgaben voranzukommen, so ergebnislos geblieben? Welches sind die Schwierigkeiten, die einer Theorie der optimalen Gestaltung des Budgets im Wege stehen?

Es erscheint mir zweckmäßig, ganz grundsätzlich zu beginnen und nach den elementarsten Aufgaben des Wirtschaftssubjektes „Staat" zu fragen. Wir unterscheiden bekanntlich vier Kategorien von Wirtschaftssubjekten: die privaten Haushalte, die öffentlichen Haushalte, die Unternehmungen und, als eine besondere Spezies von Unternehmungen, die Banken. Man unterscheidet diese vier Typen offenbar deshalb, weil für sie jeweils andere Maximen des ökonomischen Verhaltens gelten.

Wir dürfen als Regel feststellen, daß die beiden zuletzt Genannten, die Unternehmungen und die Banken, a priori ökonomisch determinierte Gebilde sind, deren Zweck und Dasein der Verfolgung eines bestimmten ökonomischen Zieles zuzuschreiben ist. Da es sich um ganz und gar ökonomisch orientierte Einheiten handelt, fällt es im allgemeinen nicht schwer, bei diesen Gebilden eine bestimmte Form ökonomischen Verhaltens zu unterstellen und sich für theoretische Zwecke darauf zu einigen, daß die oberste Maxime des Verhaltens dieser Wirtschaftssubjekte etwa das erwerbswirtschaftliche Prinzip sei. Wir sagen und lehren z. B. heute, das Ziel einer Unternehmung bestehe darin, den Gewinn zu maximieren, möglicherweise mit gewissen Nebenbedingungen, oder etwa ein bestimmtes Umsatzziel mit den geringsten

Aufwendungen zu erreichen, was wiederum auf die Maximierung des Gewinns unter diesen Umständen hinausläuft. M. a. W., wir sind uns über das Grundsätzliche des Verhaltens insofern einig, als wir Gewinnmaximierung, Kostenminimierung, bestes Resultat angesichts gegebener Mittel und dgl. als unternehmerische Ziele akzeptieren. In den einfachsten Fällen haben wir es daher bei der theoretischen Bewältigung der Unternehmensprobleme mit einem Maximierungsproblem (z. B. der Hypothese der Gewinnmaximierung) oder mit einem Minimierungsproblem (Kostenminimierung angesichts eines gegebenen Produktionszieles) zu tun. In formaler Hinsicht offenbaren sich das Problem und die Theorie der Unternehmung in diesen einfachen Fällen also als ein reines Extremwertproblem, dessen formale Lösung verhältnismäßig einfach ist: Im Falle der Gewinnmaximierung haben wir z. B. die Gewinnfunktion zu maximieren, im Falle der Kostenminimierung haben wir das Minimum der Kostenfunktion zu suchen. Auch für kompliziertere Fälle, d. h. wenn bei dem Extremwertproblem noch Nebenbedingungen zu berücksichtigen sind, können wir heute mit Hilfe der Methode des linearen Programmierens die formale Lösung des Problems bewältigen und vielfach nicht nur sie, sondern sogar die rein rechnerische, konkrete Lösung einer solchen Aufgabe ausführen.

Wenden wir uns nun den beiden anderen Wirtschaftssubjekten, den beiden Typen von Haushalten zu. Im Gegensatz zu den Unternehmungen handelt es sich hier im Regelfalle nicht um ökonomisch determinierte Wirtschaftseinheiten, denn sie verdanken nicht oder doch nur in selteneren Fällen (private Haushalte) ökonomischen Motiven ihre Existenz. Da die Ziele eines Haushalts nicht ausschließlich ökonomischer Art sind, besteht im allgemeinen Übereinkunft darüber, daß für die Haushalte die gleiche ökonomische Zielsetzung wie für die Unternehmungen, d. h. das erwerbswirtschaftliche Prinzip, nicht unterstellt werden darf. So stehen wir plötzlich vor der überaus wichtigen Frage: Welches ist die ökonomische Maxime, die für eine theoretische Behandlung des Wirtschaftssubjektes „Haushalt" im allgemeinen gilt?

An dieser Stelle unserer Betrachtung wird es notwendig, die öffentlichen und die privaten Haushalte, für die wir bis jetzt gemeinsame Charakteristika gefunden haben, einzeln weiter zu behandeln. Wenden wir uns zunächst dem privaten Haushalt zu.

Da die Ziele eines privaten Haushalts nicht ausschließlich ökonomischer Natur sind, werden üblicherweise jene Größen, die für die Unternehmung als Ziel gelten, nämlich der Gewinn, der Ertrag oder auch das Einkommen, im Falle des Haushalts nicht als eine Variable behandelt, sondern als Datum gesetzt. Das Kardinalproblem des Wirtschaftens für den privaten Haushalt besteht dann darin, wie er sich angesichts eines gegebenen Einkommens verhalten soll, d. h. wie er sein Einkommen verwenden und es nach Art und Menge für die Güter, die in seinen Begehrkreis fallen, ausgeben soll. Zumindest herrscht weitgehende Übereinstimmung unter den Mitgliedern der doch recht heterogen zusammengesetzten Familie der Nationalökonomen darüber, daß es für die Theorie des privaten Haushalts zweckmäßig und einigermaßen realistisch sei, von einem gegebenen Einkommen auszugehen, um dann im Hinblick auf die jeweiligen Präferenzen ein Maximum an Ophelimität oder an Nutzen anzustreben, wie es von Pareto zuerst in dieser allgemeinen Weise dargestellt und heute durch Hicks, Samuelson u. a. im Grunde nur noch befestigt worden ist[2].

Wiederum ist die Lösung des Problems in formaler Hinsicht verhältnismäßig einfach. Es handelt sich um ein Maximierungsproblem, das mit Hilfe der Differentialrechnung gelöst werden kann. Viele unserer modernen Lehrbücher führen die Theorie des privaten Haushalts in dieser Weise vor, indem sie zeigen, wie aus einem gegebenen Einkommen die Mittel disponiert werden müssen, damit sie der Rangordnung der Bedürfnisse gerecht werden und dadurch ein Höchstmaß an Nutzen oder Welfare abwerfen. In formaler Hinsicht kann also die Theorie des privaten Haushalts als ein durchaus gelungener Lösungsversuch betrachtet werden. Problematisch an dieser Lösung ist weniger der Gang bzw. der Ansatz zur Lösung als das durchaus nicht immer solide Fundament der Hypothesen, insbesondere dasjenige der Nutzentheorie. Während einige Teile davon allen Erschütterungsversuchen einer unablässigen und unnachsichtigen Kritik standzuhalten vermochten, mußten andere, für die Theorie des Haushalts nicht ganz unwesentliche Stücke wieder entfernt werden oder können zumindest noch nicht als gesicherter Bestand der Nutzentheorie behandelt werden. Es ist nicht meine Absicht, und ich bin auch nicht darauf vorbereitet, in jene Klüfte der Nutzentheorie hinabzusteigen, in denen sozusagen noch keine elektrische Beleuchtung installiert werden konnte.

Wenigstens eines der noch offenen Probleme der Theorie des Haushalts kann hier erwähnt werden, weil es nicht nur für die Theorie des privaten Haushalts, sondern eigentlich noch mehr für die Theorie des Staatshaushalts wichtig erscheint. Wir können weder den Nutzen messen und interpersonell vergleichen noch ihn addieren und damit für eine Gruppe von Menschen etwa im Sinne der Welfare-Theorie als Gesamtnutzen verwenden. M. a. W., die Nutzenanalyse heutiger Prägung ist in ihrer Anwendung auf die einzelnen Individuen begrenzt und kann nicht in gleicher Manier für eine Gruppe von Menschen, seien sie zusammengeschlossen in einem privaten Haushalt oder in

---

[2] Vgl. u. a. J. R. *Hicks:* Value and Capital, Oxford 1946; ders.: A Revision of Demand Theory, Oxford 1956; P. A. *Samuelson:* Foundations of Economic Analysis, Cambridge 1955.

einem Staat, gelten. Es ist z. B. nicht möglich, oder sogar nicht erlaubt oder nicht gerechtfertigt, außer in einigen ganz singulären und irrealen Fällen, mit sogenannten sozialen Indifferenzkurven zu arbeiten, d. h. gesamtwirtschaftliche Nutzenniveaus nach Art der Indifferenzkurvenanalyse anzunehmen, wenn es sich um mehr als eine Person handelt. Fragen wir nicht, was dann von der Theorie des privaten Haushalts noch brauchbar erscheint, sondern wenden wir uns nunmehr dem uns hier allein interessierenden Wirtschaftssubjekt, dem Staate, zu.

Wir sagten zuvor, daß die privaten und die öffentlichen Haushalte — im Gegensatz zu den Unternehmungen und Banken — keine primär ökonomisch determinierten Gebilde seien, sondern daß sie außerökonomischen Motiven und Überlegungen ihre Existenz verdanken. Das oberste Ziel dieser Wirtschaftseinheiten wird daher in der Regel nicht ökonomischen Inhalts sein, sondern allenfalls bei seiner Verwirklichung ökonomische Probleme aufwerfen. Aber während für den privaten Haushalt diese Probleme noch in eine einfache Form gegossen werden konnten, nämlich die Maximierung des Nutzens des verfügbaren Einkommens anzustreben, können wir für den öffentlichen Haushalt nicht von einem gegebenen Einkommen ausgehen. Wir sagten, daß eine Theorie der Staatsausgaben gerade erklären sollte, welchen Umfang das Budget für eine Gesellschaft haben darf, d. h., wieviel der verfügbaren Mittel dem Staat überlassen werden sollen. Was wir für den privaten Haushalt als Datum setzen, nämlich das Budgetvolumen, erscheint in einer umfassenden Theorie des öffentlichen Haushalts als gesuchte Größe.

Es ist nun freilich nicht notwendig, daß wir uns beim privaten Haushalt nur an der Theorie des Konsumentenverhaltens orientieren, zumal es durchaus legitim erscheint, darüber hinaus zu fragen, wie denn der private Haushalt zu seinem Einkommen gelangt. Gehen wir, um die Analogien und Möglichkeiten auszunutzen, die uns die Privatwirtschaftslehre bietet, einmal davon aus, daß der private Haushalt sich erst sein Einkommen beschaffen muß. Wie handelt er dann, welche theoretischen Ausblicke eröffnen sich dabei? Die Antwort kann nur lauten, daß sich der Haushalt darum bemüht, ein im Hinblick auf seine Präferenzen maximal mögliches Einkommen zu erzielen. Der Nutzen des Arbeitseinkommens einerseits und die Nutzenschätzung der Freizeit — leisure — andererseits bilden die für die Ermittlung des optimalen Einkommens ausschlaggebenden Funktionen. M. a. W., der Haushalt handelt im Hinblick auf sein Einkommen nach dem erwerbswirtschaftlichen Prinzip, er ist sozusagen beim Erwerb seines Einkommens eine Unternehmung. Wir haben daher in formaler Hinsicht wieder ein Extremwertproblem, und zwar in der Version der Optimierung des Einkommens vor uns, wobei all das, was damit zusammenhängt (Familie, Freizeit, Gesundheit, Erholung, Hobby usf.) den begrenzenden Faktor, sozusagen den Aufwand, bilden.

Aber gerade das erwerbswirtschaftliche Prinzip und insbesondere die Optimierung des Einkommens kann und darf es für den öffentlichen Haushalt nicht geben. In den meisten Fällen kann der Staat seine Dienste nicht verkaufen. Soweit er es kann, ist er Quasi-Unternehmer und eigentlich nicht oder fast nicht mehr „Staat" mit hoheitlicher Befugnis und Bestimmung. Man würde es also nicht gutheißen können, wenn sich der Staat nach dem Extremwertprinzip verhielte und seine Einnahmen, seine Steuern, Gebühren usw. zu maximieren trachtete. Selbstverständlich verhält es sich anders bei jenen Einnahmen, d. h. in der Staat aus Unternehmungen oder aus Vermögen bezieht, d. h. in jenen Fällen, in denen der Staat als Unternehmer auftritt und handelt. Dabei treten aber gerade die uns interessierenden Eigenschaften in den Hintergrund, denn nicht der Staat als Unternehmer interessiert uns hier, sondern der Staat als öffentlicher Haushalt. Sogar wenn ein erheblicher Teil der Einnahmen oder der Gesamtbetrag der Einnahmen eines Budgets aus den Erträgen des Erwerbsvermögens fließen würde, bliebe für uns noch immer das theoretische Problem zu lösen, wofür im Einzelfall und wieviel insgesamt an Staatsausgaben zu leisten wären, wenn ein irgendwie definiertes Optimum des Staatshaushalts erreicht werden soll.

Die Staatswirtschaft gehorcht also weder dem erwerbswirtschaftlichen Prinzip — Kosten, Gewinne, Verlust und Erfolg sind ihr wesensfremde Kategorien — noch dem Grundsatz der Nutzenmaximierung in der herkömmlichen Art; sie ist weder Unternehmung noch Haushalt in privatwirtschaftlichem Sinne. Unsere Sprache deutet zwar mit dem Ausdruck Staatshaushalt an, daß die Staatswirtschaft gewisse Merkmale einer Haushaltswirtschaft erkennen läßt, aber wir werden einsehen müssen, daß trotz des gleichen Familiennamens nur noch eine recht weitläufige Verwandtschaft zwischen privaten und öffentlichen Haushalten besteht. Gerloff hat mit seiner Vorliebe für Paradoxien den Unterschied zwischen privatem und öffentlichem Haushalt gerne so formuliert: Beim privaten Haushalt bestimmen die Einnahmen die Höhe der Ausgaben, beim Staat ist es umgekehrt.

Die Staatswirtschaft gehorcht also ganz andersartigen wirtschaftlichen Prinzipien als ein privater Haushalt oder eine Unternehmung. Welches sind diese Prinzipien? Vorläufige Antwort: Es sind staatswirtschaftliche, nicht privatwirtschaftliche. Aber damit haben wir zunächst nur einen neuen Namen, noch nicht die Sache selbst gefunden. Wir müssen weiter fragen, welches die spezifisch staatswirtschaftlichen Kriterien sind oder was die Staatswirtschaft in ihrem Verhalten von der Privatwirtschaft unterscheidet. Das Wesentliche an der Privatwirtschaft scheint mir das auf Gegenseitigkeit der Leistung beruhende Handeln der Wirtschaftssubjekte zu sein. Für die drei Wirtschaftssubjekte der Privatwirtschaft, die Unternehmungen, die Banken und die Haushalte, kann man davon ausgehen, daß ihre ökonomischen Beziehungen zueinander durch Leistungen und Gegenleistungen geregelt werden, während für viele typischen Einnahmen und Ausgaben des Staates dieses Prinzip der Remuneration nicht mehr gilt, nicht mehr gelten kann. Damit fehlt zugleich das Regulativ, das in der Sphäre der Privatwirtschaft dafür sorgt, daß dieser Teil der Wirtschaft von selbst läuft. Weil das Prinzip der Remuneration dem Selbstinteresse seinen Spielraum beläßt, werden die handelnden Wirtschaftssubjekte veranlaßt zu produzieren, was gewünscht wird, und zu tauschen, was gemäß den Nutzenschätzungen der einzelnen Wirtschaftssubjekte mit Vorteil getauscht werden kann.

Nichts sorgt jedoch im Bereich der Staatswirtschaft dafür, daß sich die wirtschaftlichen Probleme von selbst regeln und daß die Entscheidung über Ausmaß und Allokation der Ressourcen und die Verteilung des Produktionsergebnisses nach immanenten Gesetzmäßigkeiten erfolgt. Die Staatswirtschaft kann nicht das perpetuum mobile der Privatwirtschaft benützen. Für Staatsleistungen gibt es weder einen Markt noch einen Marktpreis und für die Staatswirtschaft weder Ertrag noch Gewinn. Obwohl es technisch möglich wäre, den Staat als Monopolisten für gewisse Staatsleistungen auftreten zu lassen, so müssen wir doch für die meisten und gerade für die typischen Staatsdienste fordern, daß es für sie keinen Marktpreis geben darf. Gerechtigkeit, Polizei und öffentliche Verwaltung dürfen nicht käuflich sein. Wenn Staat und Staatsleistungen somit zu den im wahrsten Sinne des Wortes unveräußerlichen Gütern gehören, entfällt jene Einnahmebeschaffung, die ein Charakteristikum der Marktwirtschaft bildet, wo Produktion und Einkommen zwangsläufig miteinander entstehen und im Grunde nur zwei verschiedene Erscheinungsformen des gleichen Prozesses sind. Da die Staatswirtschaft auf den Kompaß der Marktwirtschaft verzichten muß, kennt sie weder das Äquivalent der mit der Veräußerung von Produktionsleistungen verbundenen Einnahmen noch die kosten- und preisorientierte Steuerung der Produktion. Daraus ergeben sich die eigenartigen Probleme und die besonderen Schwierigkeiten für die Formulierung der Grundlagen einer Theorie der Staatswirtschaft.

Natürlich könnte man daran denken, daß es irgendwie möglich sein müßte, die fehlenden Hypothesen zu gewinnen, etwa dadurch, daß man irgendeine Formel findet, deren Sinn ungefähr dem entspricht, was man im Englischen „to make the best of it" nennt, zumal sich die Verhaltenshypothesen der Privatwirtschaftslehre gleichfalls unter diesen Grundsatz subsumieren lassen. Die zentralen Probleme der Theorie der Privatwirtschaft lassen sich ja, wenn wir von ihrem verschiedenen materiellen Inhalt abstrahieren, als eine Maximierungs- oder als eine Minimierungsaufgabe formulieren, gegebenenfalls mit Berücksichtigung gewisser Nebenbedingungen. Aber im Grunde gilt es, sowohl beim privaten Haushalt wie bei der Unternehmung das gleiche Problem zu lösen, nämlich entweder angesichts gegebener Umstände ein Maximum an Erfolg oder wenigstens ein Minimum an Mißerfolg zu erzielen, oder aber einen gewünschten Erfolg mit einem Minimum an Aufwand zu ermöglichen. Das ist der Inhalt des Prinzips der Wirtschaftlichkeit, und es bildet zugleich die einzige Gemeinsamkeit, die es zwischen privater und öffentlicher Wirtschaft in prinzipieller Hinsicht geben kann.

Aber mit diesem gemeinsamen Prinzip haben wir für die öffentliche Wirtschaft noch nicht viel gewonnen. Denn während wir in der Privatwirtschaftslehre davon ausgehen durften, daß es sich um ein Maximierungs- oder aber um ein Minimierungsproblem handelt, weil entweder die vorhandenen Mittel gegeben sind und allein der erzielbare Erfolg gesucht wird, oder aber weil der gewünschte Erfolg bekannt ist und das Minimum an Aufwand zu ermitteln ist, stellt sich für die öffentliche Wirtschaft das Dilemma, beide Probleme zugleich lösen zu müssen: Wir möchten ein Maximum an Wirkung und Erfolg bei einem Minimum an Aufwand. Dabei dürfen wir jedoch nicht unterstellen, daß die Mittel oder der Erfolg als feste Größen vorgegeben sind, denn das Kardinalproblem der Finanzwissenschaft besteht ja gerade darin, zu bestimmen, wieviel unter den gegebenen Produktionsbedingungen und bei bestimmten Präferenzen und entsprechenden Einnahmen und Ausgaben der Mitglieder eines Gemeinwesens auf den kollektiven Bedarf entfällt und wieviel von wem oder in welcher Weise an den Staat in Gestalt von Steuern, Gebühren oder Beiträgen zu transferieren ist.

Nach allem, was bisher hier vorgebracht worden ist, könnte der Eindruck entstehen, als ob nie Versuche unternommen worden seien, Hypothesen für die Wirtschaftsweise des Staates zu formulieren oder als ob die bisher unternommenen Versuche nicht respektabel genug erschienen. Das soll jedoch keineswegs behauptet werden. Im Gegenteil, wir brauchen nur daran zu erinnern, daß es eine Reihe von Theorien der Staatswirtschaft gibt, die jeweils von bestimmten, genau definierten Verhaltenshypothesen des Wirtschaftssubjekts Staat ausgehen. Es liegt deshalb nahe, die bisherigen Theorien über die Staatswirtschaft auf die darin enthaltenen Maximen ökonomischen Verhaltens zu untersuchen und den Aussagewert dieser Theorien selbst zu analysieren und zu charakterisieren.

Zu II

A. Normative Ziele der Staatswirtschaft

Die bis jetzt unternommenen Lösungsversuche lassen sich danach einteilen, welche Annahmen über die Maxime der Staatswirtschaft gemacht worden sind. Im Grunde kann es sich dabei nur handeln entweder um normative Ziele, d. h. solche, die nach den Vorstellungen des jeweiligen Theoretikers sinnvollerweise vom Staates gefordert werden müssen, oder aber um pragmatische Ziele, d. h. um solche, die vielleicht nicht immer als zweckmäßig und gut anerkannt, wohl aber als realistisch und wirklichkeitsnah bezeichnet und aus diesem Grunde als realitätsadäquat unterstellt werden können.

Den normativen Zielsetzungen, um mit ihnen zu beginnen, liegen zwangsläufig irgendwelche Wertvorstellungen zugrunde. Wir beabsichtigen mit dieser Aussage keineswegs, Theorien dieses Typs zu diskreditieren, zumal es sich bei normativen Zielen dieses Typs in der Regel um Postulate handelt, die unseren Idealvorstellungen entgegenkommen und daher meistens kaum Widerspruch finden. Normative Regeln spielen überdies in der Finanzwissenschaft seit eh und je eine große Rolle. Wir kennen sie auf dem Gebiet der Besteuerung — etwa die vier Grundsätze von Adam Smith — ebenso wie für die formelle und materielle Gestaltung und Gliederung des Budgets — z. B. die Budgetgrundsätze —, und es kann eigentlich nicht überraschen, daß wir bei der Formulierung der Ziele der Staatswirtschaft ebenfalls auf Forderungen normativer Art stoßen[3]. Vielleicht ist es gar nicht anders möglich, als für die Staatswirtschaft von solchen ideelen Vorstellungen und Zielsetzungen auszugehen, sofern man nicht den anderen Weg wählt und rein pragmatisch festzustellen versucht, welche Ziele die Inhaber der Staatsgewalt üblicherweise verfolgen oder möglicherweise anstreben bzw. angestrebt haben.

Von den normativen Zielen wird nach dem Ende des Zeitalters der absoluten Monarchie heute in der westlichen Welt eigentlich nur noch ein Ziel allgemein respektiert, nämlich die Maximierung der Wohlfahrt oder des Nutzens der Gesellschaft. Da Nutzen oder Wohlfahrt an die Existenz natürlicher Personen gebunden ist, ergeben sich nolens volens

---

[3] Bekanntlich hat schon G. *Myrdal* in seinem Buch „Das politische Element in der nationalökonomischen Doktrinbildung“, Berlin 1932, den Versuch unternommen, nachzuweisen, daß die nationalökonomischen Theorien allgemein und die finanzwirtschaftlichen im besonderen, voll von derartigen auf Wertvorstellungen beruhenden Axiomen stecken, deren wir uns häufig nicht bewußt werden und mit denen wir arbeiten, ohne uns über die subjektiven Grundlagen dieser Art Wissenschaft immer Rechenschaft zu geben.

das Staatsziel und der Staatszweck aus der Summe der Willen und der Wertschätzungen seiner Mitglieder. Das trifft auch zu, wenn man eine irgendwie geartete social welfare function unterstellt, denn auch sie kann nur als eine aggregierte Nutzen- oder Wohlfahrtsfunktion für alle Mitglieder der Gesellschaft interpretiert werden. Es handelt sich also bei allen welfare-theoretischen Ansätzen, soweit sie auf den Nutzenschätzungen der einzelnen Staatsbürger aufbauen, um eine auf utilitaristische Vorstellungen zurückgreifende Motivierung der Ziele für die Staatswirtschaft. Es ist daher auch kein Zufall, daß diese Art von Verhaltensmaxime der öffentlichen Wirtschaft, sieht man von den aus den Anfängen der Grenznutzenschule herausgewachsenen Ansätzen bei Sax und den frühen Italienern ab, vor allem dort angestrebt worden ist und noch weiter anzustreben versucht wird, wo die nationalökonomische Theorie allgemein in einer Tradition wurzelt, die bis auf Mill und auf die anderen großen Namen der liberalistischen Schule zurückreicht, nämlich vor allem in Großbritannien, in den USA und in den skandinavischen Ländern. Ich nenne für Großbritannien aus der nachklassischen Zeit vor allem die Namen Edgeworth, Sidgwick, Pigou, für die USA die Namen Seligman, Baumol, Musgrave, Samuelson und für Skandinavien die Namen Wicksell, Lindahl. Auf dem europäischen Kontinent konnte dagegen die utilitaristische Begründung der Staatswirtschaft kaum auf einen aufnahmebereiten Boden fallen, zumal der erste Aufschwung durch die Grenznutzenlehre bald vorüber war und noch in die Epoche des Staatsidealismus fiel.

Alle neueren, insbesondere die von den oben erwähnten Vertretern entwickelten Theorien, die eine normative Bestimmung der Ziele des Wirtschaftssubjektes Staat zu geben versuchen oder implizieren, werden aus den erwähnten Gründen, d. h. im Hinblick auf die heute herrschenden Überzeugungen, nur im Gewande der Welfare-Theorie, d. h. mit dem Ziel maximum welfare, formuliert. Dieses Ziel der Staatswirtschaft, so selbstverständlich es uns Heutigen auch erscheinen mag, ist jedoch keinesfalls das allein mögliche oder schlechthin richtige. Es beruht auf einer ganz bestimmten, der naturrechtlich-utilitaristischen Vorstellung vom Wesen des Staates, auf der sogenannten Vertragstheorie, die sich wiederum auf die Lehren von Bodin, Hobbes, Locke, Pufendorf, Montesquieu, Rousseau bis zu den Anfängen des Zeitalters der Aufklärung zurückführen läßt. Der Staat existiert dabei lediglich als eine Einrichtung zur besseren Wahrnehmung der Interessen seiner Bürger, deren Ziele und Nutzenschätzungen die Ausgaben des Staates nach Höhe und Umfang bestimmen. Der Staatsbedarf wird letztlich erklärt und begründet als ein Individualbedarf, und zwar als jener Individualbedarf, der nicht oder nur unvollkommen auf privatwirtschaftliche Weise befriedigt werden kann.

Diese Vorstellung, den Staatsbedarf als eine besondere Spezies des Individualbedarfs zu betrachten, führt konsequenterweise dazu, auch die Staatsleistungen nach den Prinzipien der Privatwirtschaft zu behandeln und ihnen die Steuern als eine remunerative Gegenleistung gegenüberzustellen. Zwar muß das Äquivalenzprinzip nicht notwendigerweise in seiner strengsten Form angewendet werden, nach der die Besteuerung für jeden Bürger lediglich das Entgelt für die empfangenen Kollektivgüter darstellt, aber für die Gesamtwirtschaft müssen in jedem Fall der Nutzenentgang durch die Steuern und Abgaben und der Nutzenzuwachs durch die von seiten des Staates offerierten Kollektivgüter ein Optimum ergeben. Das Optimum wird erreicht, wenn die Bedingung «Grenznutzen der Staatsleistungen gleich marginaler Nutzenentgang infolge Besteuerung» erfüllt ist. In dieser eingeschränkten Form gilt die Anwendung des remunerativen Prinzips auf die Bemessung der Höhe und der Richtung der Staatsausgaben für alle hier zu erwähnenden normativen oder welfare-theoretischen Lösungen gemeinsam.

Trotz der erwähnten Gleichartigkeit lassen sich freilich die utilitaristisch orientierten Theorien und die einzelnen Lösungsversuche von Sax, Pantaleoni, De Viti de Marco, Wicksell, Lindahl, Bowen, Samuelson, Musgrave nicht einfach alle über einen Kamm scheren. Sie unterscheiden sich z. B. durch die gewählte Form des Remunerationsprinzips, durch die technische Gestaltung des Abstimmungsverfahrens, durch eine mehr partielle oder mehr gesamtwirtschaftliche Betrachtung und noch durch manche andere Kriterien. Allerdings gleichen sich alle sowohl in der utilitaristischen Begründung als auch in der Koppelung von Ausgabenbestimmung und Finanzierung, denn die Versuche, eine welfare-theoretische Bestimmung der Staatsausgaben zu geben, sind ohne eine Lösung des Problems der Leistung nach dem empfangenen Nutzen nicht möglich. Der welfare-theoretische Ansatz verlangt also eine simultane Bestimmung von Einnahmen und Ausgaben. Die eigens behandelte formale Schwierigkeit einer Theorie der Staatsausgaben, nämlich ein Maximierungs- und Minimierungsproblem gleichzeitig lösen zu müssen — die Maximierung des Nutzens der Kollektivgüter bei einer Minimierung des Nutzenentgangs durch die Steuer —, dieses Problem kann nur gelöst werden, indem der Nutzen der Kollektivgüter dem Nutzenentgang durch die Besteuerung gegenübergestellt wird, d. h. indem das Problem der Staatsausgaben und der damit verbundene Nutzenzuwachs einerseits und das Problem der Besteuerung und der damit zusammenhängende Nutzenentgang andererseits simultan gelöst wird.

Die welfare-theoretischen Lösungsversuche der Bestimmung der Staatsausgaben besitzen damit den unbestreitbaren Vorteil, eine umfassende Lösung zu bieten, d. h. das Problem optimaler Besteuerung und optimaler Ausgabengestaltung in einem Zuge zu klären. Insofern mag dieser Ansatz dem theoretischen Bedürfnis, die Wirtschaft des Staates in ein System der Gesamtwirtschaft zu inkorporieren, am besten genügen. Für diese imposante Geschlossenheit und Vollständigkeit der Theorie muß jedoch insofern ein hoher Preis bezahlt werden, als die Theorie, die wir damit erworben haben, äußerst unpraktisch und so gut wie unbrauchbar im Hinblick auf die Lösung realer Probleme ist. Sie besticht bei der ersten Begegnung durch ihre Eleganz und eignet sich vorzüglich, um sich damit bewundern zu lassen, aber für den Hausgebrauch ist sie nicht geeignet. Musgrave hat diesen Vorwurf vorausgesehen und dazu geschrieben: "I beg the reader not to discard this somewhat utopain scheme with the sterile objection of 'utterly impracticable'. Let its practicability be tested not by prospects for speedy enactment but by the contribution it has to make to orderly thinking about the basic issues of budget policy[4]."

B. Pragmatische Ziele der Staatswirtschaft

Wenden wir nun unsere Aufmerksamkeit jenem anderen, im Hinblick auf die theoretische Vollkommenheit möglicherweise weniger prätentiösen Typ zu, den wir zuvor als den pragmatischen bezeichnet haben. Er orientiert sich von vornherein nicht an einem Ideal, an einem Sein-Sollen, sondern an dem was ist oder was sein kann. Jedenfalls wird dabei nicht von dem Wunschbild ausgegangen, das Budget müsse, dem Beispiel des Marktes folgend, durch ein permanentes Plebiszit den Präferenzen der Konsumenten staatlicher Leistungen unterworfen werden, sondern von der Erfahrung, daß der Haushaltsplan von einer Exekutivkörperschaft nach deren Vorstellungen und den erhaltenen politischen Direktiven entworfen und von den gesetzgebenden Körperschaften beschlossen wird. Man geht also nicht mehr von der Vorstellung aus, Staat und Staatswirtschaft nur als eine Art Verein oder Kooperative zu betrachten und durch einen marktanalogen Mechanismus regulieren zu lassen, vielmehr wird der Staat als ein Subjekt sui generis respektiert, dessen Ziele nicht mehr nur unmittelbar jenen der Individualsphäre entsprechen. Man steht deshalb auch nicht mehr notwendigerweise auf dem Boden der naturrechtlichen Vertragstheorie, sondern glaubt zur Kenntnis nehmen zu müssen, daß Staat und öffentliche Körperschaften aus eigener Rechtspersönlichkeit und aus eigenem Willen zu handeln vermögen.

---

[4] R. A. *Musgrave:* The Theory of Public Finance, New York 1959, S. vii.

Die Verhaltensmaxime des Wirtschaftssubjektes Staat kann infolgedessen nicht mehr nur in altruistischer Weise und nur im Hinblick auf eine unmittelbare Bedürfnisbefriedigung für die Staatsbürger festgelegt werden. Willen und Ziele des Staates lassen sich nicht mehr als Optimierungsproblem zwischen Nutzenentgang durch Besteuerung und Abgaben einerseits und Nutzenzuwachs durch die Versorgung mit Kollektivgütern andererseits interpretieren. Eine eindeutige Lösung des Problems der Bestimmung der Staatsausgaben in Höhe und Richtung wird daher nur ermöglicht, wenn andere begrenzende Annahmen über die mit Hilfe der Staatsausgaben anzustrebenden Ziele gemacht werden. Im Hinblick auf die Realität, an der man sich ja orientieren möchte, wird das bedeuten müssen, daß die ökonomischen Aufgaben der Staatswirtschaft durch politische Entschlüsse der Staatsleitung festgelegt werden. Das widerspricht keineswegs der häufig zu machenden Erfahrung, daß es sich bei den politischen Entschlüssen auch um ökonomische Ziele handeln kann. Da jedoch die politischen Ziele nicht leicht in einer allgemeingültigen Formel zu erfassen sind, geraten Theorien des pragmatischen, nicht-normativen Typs leicht in die Gefahr, sich in eine weit auseinanderlaufende Kasuistik zu verlieren.

Es gibt, soweit ich die Literatur zu überblicken vermag, nur drei Theorien, welche diese Gefahr, ein kasuistisches Vielerlei an Motiven und Zielen anzubieten, ganz vermieden haben. Es handelt sich um die Theorien von F. O. Harding, „Ein politisches Modell zur Wirtschaftstheorie“[5], um die Theorie von A. Downs, „An Economic Theory of Democracy“[6], und um eine der Varianten der Theorien De Viti de Marcos, angedeutet in seinen „Grundlehren der Finanzwirtschaft“[7]. Zwei dieser Theorien sind auf die Annahme eines einzigen definitiven Ziels für die Staatsführung gegründet. Es handelt sich dabei jedoch nicht um Postulate oder Ideale des Verhaltens, sondern um mögliche, — leider — vielleicht sogar als normal zu betrachtende Verhaltenshypothesen, nämlich um die staatsmonopolistische Verhaltensweise in der Theorie De Viti de Marcos einerseits und die Hypothese der Stimmenmaximierung bei F. O. Harding und A. Downs andererseits, wobei das System von Downs freilich ein Bündel möglicher Verhaltensweisen berücksichtigt. Das geschieht dadurch, daß er die politischen Parteien und deren Absichten und Verhaltensweisen für die Gestaltung des Budgets verantwortlich macht. Die von Downs entworfene Lösung beruht infolgedessen auf einer simultanen Bestimmung der Variablen eines Systems von Gleichungen, in dem die Zahl der Unbekannten der Zahl der Gleichungen entspricht.

[5] F. O. *Harding:* Politisches Modell zur Wirtschaftstheorie, Freiburg im Breisgau 1959.

[6] A. *Downs:* An Economic Theory of Democracy, New York 1957.

[7] A. *De Viti de Marco:* Grundlehren der Finanzwirtschaft, Tübingen 1932.

Zu diesen drei umfassenden, geschlossenen Theorien kommt eine fast unübersehbar große Zahl von Lösungsversuchen für ganz spezielle, partielle Probleme der Bemessung der Staatsausgaben. Ich erinnere nur an die Literatur über öffentliche Ausgaben im Hinblick auf gesamtwirtschaftliche Aktivität und Beschäftigung, im Hinblick auf die Erzielung eines bestimmten wirtschaftlichen Wachstums, im Hinblick auf Distribution und Redistribution des Einkommens, im Hinblick auf Inflation und Deflation und dergleichen mehr. Da jedoch eine Theorie der Staatsausgaben nach unserer Definition sowohl den gesamten Umfang des Budgets als auch die Verwendung der Mittel bestimmen sollte, können diese partiellen Lösungsversuche für einzelne gesamtwirtschaftliche Probleme hier ausgeschlossen werden.

Fassen wir zusammen: Die bis jetzt vorliegenden Lösungsversuche für eine Theorie der Staatsausgaben lassen sich unterscheiden nach den Annahmen über das Wesen und die Verhaltenshypothesen für das Wirtschaftssubjekt Staat. Danach sind die sogleich unter a) und b) zu erwähnenden beiden grundsätzlich verschiedenen Standpunkte möglich.

a) Im Hinblick auf die Staatszwecke wird der Staat lediglich als ein Interessenverband betrachtet und versucht, seine wirtschaftlichen Aufgaben dementsprechend aus den Interessen der einzelnen Mitglieder (Staatsbürger) abzuleiten. Ob ausgesprochen oder unausgesprochen, man wird sich dabei stets auf dem Boden der Vertragstheorie des Staates und der utilitaristischen Vorstellungen staatsphilosophischer Art befinden. Der Staatsbedarf wird lediglich als eine besondere Spezies des Individualbedarfs erscheinen. Ausmaß und Richtung der Staatsausgaben müssen sich in marktanaloger Weise nach den Wünschen der Staatsbürger regeln. Oberstes Kriterium bildet dabei die erzielbare Wohlfahrt, gemessen an dem Nutzen oder Grad der Bedürfnisbefriedigung, den die Staatsleistungen den Staatsbürgern zu stiften vermögen. Da dieser Nutzen jedoch nicht isoliert und unabhängig von der Art und dem Ausmaß der damit verbundenen Aufwendungen (Steuern und Abgaben) behandelt werden kann, ist gleichzeitig auch der Nutzenentgang zu berücksichtigen, der mit der Finanzierung der jeweiligen Ausgaben verbunden ist. Diese Auffassung von einer Theorie der Staatsausgaben verlangt eine welfare-theoretische Lösung, wobei das Problem der Bestimmung der Staatsausgaben und das Problem der Steuerbemessung in einem einzigen Zuge bewältigt werden muß. Die formalen Kriterien der Lösung entsprechen den Bedingungen des Pareto-Optimums oder anderen ähnlichen Optimalkriterien.

b) Der Staat wird als eine Institution betrachtet, deren Existenz nicht nur zur Ergänzung individueller Wünsche und Neigungen dient und dessen Wirtschaft nicht oder nicht nur auf individualwirtschaftliche Kategorien zurückgeführt werden kann. Ziele und Verhaltensmaximen des Wirtschaftssubjektes Staat finden ihre Erklärung, wenn auch nicht unabhängig von der Individualsphäre, so doch aus eigener Rechtspersönlichkeit und in politischer Absicht, d. h. zum Teil sogar im Gegensatz zum erklärten Willen einzelner Personen oder Personengruppen innerhalb dieses Staates. Die ökonomischen Ziele des Staates lassen sich in diesem Falle inhaltlich nicht mehr leicht a priori festlegen. Letztlich obliegt es der jeweiligen Repräsentanz des Staates, die allgemeinen politischen Aufgaben und damit zugleich auch den Umfang und die Verwendung der erforderlichen ökonomischen Mittel zu bestimmen. Eine eindeutige theoretische Lösung des Problems der Staatsausgaben ist nur möglich, wenn entweder die Maximen für politisches Handeln eindeutig definiert sind (vgl. die Theorien von Harding, Downs und die staatsmonopolistische Version der Theorie von De Viti de Marco) oder im konkreten Falle als gegeben vorausgesetzt werden können.

Zu III

A. Musgraves und Samuelsons normative Theorien

Es sollen zunächst die von Musgrave und von Samuelson vorgesehenen Lösungen kurz beschrieben werden[8]. Beide Darstellungen gleichen sich äußerlich nur wenig, aber im Hinblick auf die vorhin erwähnten Hypothesen und Kriterien und die gleichzeitige Lösung des Problems der Besteuerung und der Staatsausgaben beschreiten sie den selben Weg. In beiden Fällen wird zunächst versucht, das Optimum im Hinblick auf die Produktion privater und kollektiver Güter zu bestimmen. Der Ansatz dafür ist uns vertraut aus der üblichen Bestimmung des Pareto-Optimums im Hinblick auf alternative Produktionsmöglichkeiten für zwei Güterarten einerseits und die Präferenzen der Wirtschaftssubjekte für diese beiden Güter bei einer gegebenen Einkommensverteilung andererseits.

Figur 1 zeigt die Situation unter der Annahme, daß es zunächst nur die beiden Güterarten X und Y des privaten Bedarfs gibt, wobei AB die Transformationskurve, d. h. die alternativen Produktionsmöglichkeiten der Gesellschaft darstellt. Wir nehmen weiterhin an, es gäbe gesellschaftliche Indifferenzkurven — oder eine social welfare function —, die durch $I_0 I_0'$, $I_1 I_1'$, $I_2 I_2'$, usw. dargestellt werden. Dann würde

[8] R. A. *Musgrave* a.a.O. Vgl. ders.: "A Multiple Theory of Budget Determination". „Financearchiv", N.F., Bd. 17 (1956/57) und drei Aufsätze von P. A. *Samuelson* in The Review of Economics and Statistics, 1954, 1955 und 1958.

das Optimum beim Punkte P liegen. Diese überaus einfache formale Darstellung enthält jedoch keine Kollektivgüter und unterstellt die Möglichkeit einer Präferenzstruktur. Beide Annahmen sollen im folgenden korrigiert werden.

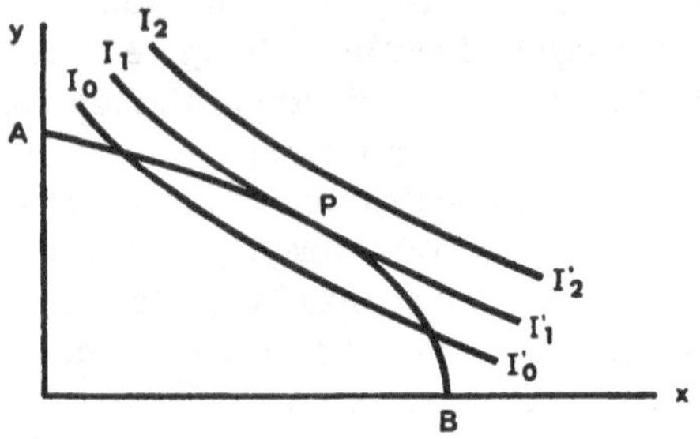

Figur 1

Die Tatsache, daß wir es mit der Produktion kollektiver Güter zu tun haben, macht einige Änderungen dieser Darstellung notwendig, und zwar dadurch, daß es sich nicht nur um die Alternative zwischen zwei Güterarten des privaten Bedarfs handelt, sondern um eine Alternative von Gütern des privaten Bedarfs einerseits und des kollektiven Bedarfs andererseits. Die theoretische Darstellung hilft sich hier auf einfache Weise, indem sie die Achsenabschnitte mit der Bezeichnung „Güter des privaten Bedarfs“ und „Güter des kollektiven Bedarfs“ versieht. Ebensogut könnte man natürlich die Darstellung auch jeweils auf ein einziges Gut dieser Art beziehen, z. B. auf Brot bestimmter Art und Güte (ziviler Bedarf) und Schule bestimmter Art und Güte (kollektiver Bedarf) und für alle übrigen Güter darauf verweisen, daß sie nur in einem der Zahl der betrachteten Güter entsprechenden n-dimensionalen System dargestellt werden können. Im Interesse der Einfachheit der Darstellung wollen wir jedoch auf die zweidimensionale Abbildung zurückkommen, da sie die für uns wesentlichen Elemente der Argumentation zu demonstrieren erlaubt. Diese Darstellung folgt zunächst derjenigen von Musgrave und Samuelson[9].

Der Verlauf der Transformationskurve kann im Falle alternativer Produktion zwischen Gütern des kollektiven Bedarfs und des privaten Bedarfs den in Figur 2a dargestellten Verlauf zeigen, weil ein ge-

[9] R. A. *Musgrave:* The Theory of Public Finance. Vgl. insbes. S. 81, Fig. 4—3, 4—4, 4—5.

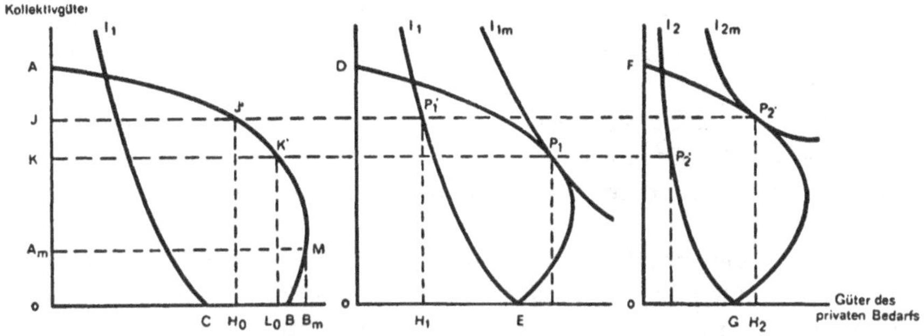

Figur 2 a Figur 2 b Figur 2 c

wisses Quantum an Staatsleistungen aus mancherlei Gründen eine höhere Produktion von Gütern des privaten Bedarfs ermöglicht, d. h. weil ein gewisses Maß an Sicherheit, Recht, Verkehr, Ausbildung geradezu die Voraussetzung für die Entwicklung der Privatwirtschaft bildet, mindestens aber deren Leistungsmöglichkeit zugute kommt. Werden in Figur 2a alle Ressourcen für die Produktion von Kollektivgütern verwendet, so ergäbe sich die maximal mögliche Menge OA, würden dagegen alle Produktionsmöglichkeiten für die Herstellung von Gütern privater Art eingesetzt, so bestünde das Produktionsergebnis aus der Menge OB an privaten Gütern. In den beiden Extremsituationen OA und OB könnte nur jeweils eine einzige Güterart produziert werden. Dabei würde jedoch ein Maximum für eine der beiden Güterarten nur im Falle von OA, d. h. nur bei den Kollektivgütern erreicht werden, während das Maximum der Produktion von Gütern des privaten Bedarfs nicht bei OB, d. i. bei ausschließlicher Verwendung der Produktionsfaktoren für die privaten Güter, sondern bei der Menge OB_m im Punkte M erreicht würde, wobei überdies noch eine Menge OA_m an Kollektivgütern erzeugt würde.

Welche Kombination für die Gesellschaft als optimal bezeichnet zu werden verdient, hängt nun einerseits von den Präferenzen der einzelnen Staatsbürger und andererseits von der jeweiligen Höhe ihres Einkommens ab. Bürger mit einer besonders hohen Wertschätzung für Güter des kollektiven Bedarfs können natürlich dieser Präferenz um so eher Geltung verschaffen, je höher ihr Einkommen ist.

Da sich unsere Argumentation zunächst nur innerhalb einer zweidimensionalen Darstellung bewegen soll, gehen wir von der simplen Annahme aus, daß die Gesellschaft nur aus zwei Individuen oder aus zwei Gruppen von Individuen besteht, deren Einkommen bereits festgelegt sei. Da das Gesamteinkommen identisch mit dem gesamten Produkt sein muß, kann sich das Einkommen beider Gruppen oder beider Individuen zusammen im Falle extremer Produktionen von Gütern des privaten bzw. des kollektiven Bedarfs nur auf die Mengen OB, OB_m oder OA belaufen. Erhält die Gruppe oder das Individuum 1 z. B. im Falle des Gesamteinkommens OB den Einkommensbetrag OC, dann bleibt notwendigerweise für die Gruppe 2 der Einkommensbetrag CB übrig. In diesem Falle beläuft sich also die Einkommensrelation zwischen der Gruppe 1 und der Gruppe 2 auf OC : CB, und wir wollen annehmen, daß diese Relation des Einkommens zwischen den beiden Gruppen bei der durch die Produktions-Transformationskurve möglichen alternativen Zusammensetzung der Produktion aus Gütern des privaten und des öffentlichen Bedarfs erhalten bleibt.

Beläuft sich das Einkommen für Individuum 1 auf OC, so können wir annehmen, daß im Falle ausschließlicher Produktion von Gütern des privaten Bedarfs bei der Menge OB seine Wahlmöglichkeiten durch den Punkt C festgelegt werden. Durch Punkt C wird daher eine Indifferenzkurve verlaufen, die wir mit I_1C bezeichnen wollen. Natürlich wird unser Staatsbürger Nr. 1 jede Wahlmöglichkeit vorziehen, die ihn auf ein höheres Indifferenzniveau zu bringen vermag, aber er braucht im Hinblick auf die Ausgangssituation und die gegebene Einkommensverteilung auch niemals weniger als das Niveau I_1C zu akzeptieren. Wählt Individuum 1 die durch die Indifferenzkurve alternativ gegebenen Möglichkeiten, so steht für Individuum 2 all das an Einkommen zur Verfügung, was als Differenz zwischen der Indifferenzkurve I_1C und der Transformationskurve AB an Produktionsmöglichkeiten verfügbar bleibt. Übertragen wir diese äußerstenfalls für das Individuum 2 verfügbaren alternativen Gütermengen in die Figur 2c, indem wir jeweils die horizontale Differenz zwischen I_1C und AB aus Figur 2a in Figur 2c übernehmen, so erhalten wir als Kurve maximaler Wahlmöglichkeiten für Individuum 2 dessen ökonomische Verfügungsmöglichkeit mit der Kurve FG (wobei OG = CB usf.). Zur Konstruktion dieser Kurve muß noch bemerkt werden, daß es sich bei den Kollektivgütern um typische Güter des kollektiven Bedarfs handelt, die allen Bürgern zugleich zur Verfügung stehen und von deren Nutzung niemand ausgeschlossen werden kann, so wie z. B. die Rechtsordnung, nationale Sicherheit, die Benutzung der Straßen, das öffentliche Gesundheitswesen, staatliche Bildungsanstalten usw. grundsätzlich jedermann zur Verfügung stehen. Würde z. B. in Figur 2a die Menge OA an Kollektivgütern gewählt, so stünden sie Individuum 1 und Individuum 2 gleichermaßen zur Verfügung.

Natürlich kann in unserem Beispiel mit den beiden Staatsbürgern auch in der umgekehrten Reihenfolge verfahren und zunächst Individuum 2 berücksichtigt werden. Wir gehen dann davon aus, daß durch den Punkt G eine Indifferenzkurve verläuft, die durch I_2G dargestellt wird und daß dies die Minimalposition für Individuum 2 bedeutet. Unterstellen wir, daß sich Individuum 2 entlang dieser ihm durch sein Einkommen OG = CB auf jeden Fall erreichbaren Wahlmöglichkeiten bewegt, dann stünden Individuum 1 die in Figur 2b durch die Kurve DE bezeichneten maximal möglichen Positionen zur Verfügung.

Individuum 1 könnte, wenn sich Individuum 2 mit den durch das Einkommen OG und die Indifferenzkurve I_2G begrenzten Wahlmöglichkeiten begnügt, auf ein viel höheres Nutzenniveau als das durch I_1E beschriebene gelangen, nämlich auf $I_{1m}P_1$ mit dem Optimum P_1. In diesem Falle müßte sich Individuum 2 mit der Position P_2' und dem Versorgungsniveau I_2G zufrieden geben. Würde stattdessen Individuum 2 auf seiner besten Position beharren, so könnte es das Nutzenniveau $I_{2m}P_2$ erreichen, während Individuum 1 dann mit der Position P_1' vorlieb nehmen müßte. In diesem Falle stünde für die Individuen 1 und 2, d. h. für die Gesellschaft insgesamt, an Kollektivgütern die Menge OJ zur Verfügung, während an Gütern des privaten Bedarfs für das Individuum 2 die Menge OH_2, für das Individuum 1 die Menge OH_1 und für die Gesamtwirtschaft die Menge $OH_0 = OH_1 + OH_2$ erreichbar wäre.

Die Position P_2 bezeichnet jedoch nur eine unter vielen möglichen Lösungen, denn ebenso gut ist z. B. auch die Maximalposition für Individuum 1 in P_1 und die Minimalposition für Individuum 2 in P_2' denkbar, wobei an Kollektivgütern lediglich die Menge OK, dafür aber an zivilen Gütern die Menge OL_0 produziert werden könnte. Beide Lösungen sind pareto-optimal. Sie unterscheiden sich nur dadurch, daß im einen Falle der Bürger Nr. 1, im anderen Nr. 2 seine beste, dafür aber dann Nr. 2 bzw. Nr. 1 jeweils seine relativ schlechteste Position verwirklicht sieht.

Neben diesen beiden Extrempositionen können aber auch Kompromisse zwischen Individuum 1 und 2 zu einem Optimum führen, wobei zwar weder Nr. 1 noch Nr. 2 seine absolut beste Möglichkeit realisiert, dafür aber jeweils eine Person ein höheres Versorgungsniveau als das durch I_1E (für Nr. 1) und durch I_2G (für Nr. 2) bezeichnete erreicht. Jede Lösung zwischen OK und OJ, sofern sie auf der Transformationskurve AB liegt, d. h. sofern die Kapazitäten voll ausgenutzt sind, kann als optimal bezeichnet werden. Eine eindeutige Lösung des Problems kann also nicht gegeben werden, vielmehr bleibt jede in Figur 2a auf der Transformationskurve AB zwischen J'K' liegende Lösung in dem hier dargestellten Falle optimal.

An dieser zunächst für zwei Personen und zwei Güterarten gegebenen Darstellung lassen sich bereits Aussagewert, Vorzüge und Nachteile dieses Modells abschätzen. Die mit dem Instrumentarium und den Vorstellungen der Individualwirtschaftslehre entwickelte Lösung läßt zunächst nur die Notwendigkeit erkennen, vorhandene Produktionsmöglichkeiten unter Berücksichtigung der gegebenen Begrenzungen vollständig auszunutzen und dabei die Präferenzen der Staatsbürger zu berücksichtigen. Musgrave hat daher konsequenterweise seine Theorie der Staatswirtschaft in eine Behandlung angemessener und möglicher Abstimmungs- und Wahlmodalitäten eingebettet[10].

Da nach unserer Auffassung innerhalb der hier zu behandelnden ersten Gruppe von Theorien Musgrave bisher am konsequentesten und weitesten vorgedrungen ist, läßt sich die Betrachtung dieses auf normativen Zielen staatlicher Aktivität gegründeten Typus einer Theorie der Staatsausgaben abschließen und kritisch würdigen.

Es ist möglich, mit Hilfe des Typus der normativen Theorie eine formale, wenn auch nicht eindeutig bestimmte Lösung des Problems zu geben und die Staatsausgaben nach Art und Umfang zu begrenzen. Art und Umfang staatlicher Ausgaben legen aber auch das Ausmaß der Besteuerung und — wie sich zeigen ließe — die Verteilung der Steuerlast fest. Dabei muß jedoch die vor der Besteuerung bestehende Einkommensverteilung entweder bereits als „gerecht" oder als im Ausmaß ihrer „Ungerechtigkeit" bekannt vorausgesetzt werden. Unter den Mängeln, die dieser Lösung anhaften, müssen neben den beiden, sogleich aufzuzählenden Unzulänglichkeiten a) und b) noch die unter c) bis f) rubrizierten erwähnt werden:

a) Eine eindeutig bestimmte Lösung existiert nicht oder kann nicht erwartet werden.

b) Die Einkommensverteilung bleibt — trotz der in Musgraves Theorie vorgesehenen Distributionsbehörde — ein Politikum und insofern unbestimmt und systemfremd.

c) Da eine Koppelung zwischen empfangenen Staatsleistungen und Höhe der individuellen Besteuerung beabsichtigt und unvermeidbar ist, können die potentiellen Steuerzahler ihre wahren Präferenzen verbergen, um die Steuerlast zu mindern; die Staatsleistungen stehen als quasi-freie Güter dennoch allen Bürgern gleichermaßen zur Verfügung.

d) Die Grundvorstellung, daß bei Staatsleistungen und staatlicher Aktivität vom Prinzip individueller Konsumwahl ausgegangen werden könne, ist anfechtbar[11].

---

[10] Vgl. R. A. *Musgrave:* The Theory of Public Finance, Chap. VI: Budget Determination through Voting.

[11] Vgl. dazu G. *Colm:* "Comments on Richard A. Musgrave's 'A Multiple Theory of Budget Determination' ". „Finanzarchiv, N.F., Bd. 18, (1957/58), S. 53.

e) Nutzen und Präferenzen können, auch wenn sie weder meßbar noch interpersonell vergleichbar sind, innerhalb des privaten Sektors der Wirtschaft beim Kauf und Verkauf sich äußern. Da Staatsleistungen in der Regel nicht verkauft werden, fehlt die beständige Äußerung von Nutzen- und Wertvorstellungen, die für die Gewinnung des Optimums unentbehrlich sind.

f) Diese Theorie ist untauglich für praktische Zwecke und ohne eine Chance, jemals operabel zu sein.

B. Downs' und Hardings pragmatische Theorie[12]

Für die Gruppe der pragmatischen Theorien können die beiden von Downs und Harding erarbeiteten modellartigen Darstellungen der Staatswirtschaft in einer Demokratie herangezogen werden. Die Anfänge dieser Theorien sind, wenn auch zunächst noch mit einem anderen, auf die damaligen Zeitverhältnisse bezogenen Inhalt, von De Viti de Marco und später in der heute vertretenen Version von J. A. Schumpeter[13] entwickelt worden. Sehen wir von den auf die politischen Verhältnisse vor dem ersten Weltkrieg bezogenen Vorstellungen De Viti de Marcos ab und konzentrieren unsere Darstellung auf die in unseren Tagen über das Budget und damit über Art und Umfang der Staatsausgaben sowie die dazu erforderlichen Steuern bestimmenden politischen Kräfte und Überlegungen.

Schumpeter, Downs und Harding stimmen darin überein, daß es in einer Demokratie heutigen Stils westlicher Prägung, nicht unmittelbar die Wähler sind, welche die politischen Ziele und damit zugleich den materiellen Inhalt des Budgets formulieren, sondern die politischen Parteien, die um die Macht konkurrieren. Gleichgültig, ob eine Partei bereits regiert oder in der Opposition die Macht anstrebt, in jedem Falle muß sie ein Programm befolgen oder vertreten, das den Vorstellungen und Wünschen entgegenkommt. Im Grunde handelt es sich bei den Versprechungen der Parteien oder bei den Maßnahmen der Regierung darum, möglichst viele Stimmen auf die eigene Seite zu ziehen. In einem formalen Sinne besteht demnach das Ziel jeder Partei darin, die Zahl der auf sie entfallenden Stimmen zu maximieren. Die Parteiführer innerhalb der einzelnen Parteien können daher auch nur insoweit ihrer eigenen Überzeugung folgen oder ihren Willen durchsetzen, als es dieses Ziel der Stimmenmaximierung zuläßt, vorausgesetzt, daß sie dem obersten Ziel, an die Macht zu kommen oder sich

---

12 A. *Downs*, a.a.O.; F. O. *Harding*, a.a.O.

13 J. A. *Schumpeter*, Kapitalismus, Sozialismus und Demokratie, Bern 1946, insbes. Kapitel 22.

an der Macht zu halten, alle anderen Ziele unterordnen. Das schließt nicht aus, daß sich eine Partei auch auf einen gewissen Stamm von Wählern stützen kann, der ihr aus Überzeugung oder aus traditionellen Gründen treu bleibt. Allerdings darf dieser immobile Teil nicht so groß sein, daß er die Majorität der Wähler stellt. Die Fluktuationsmöglichkeiten müssen groß genug sein, um wechselnde Majoritätsverhältnisse zu ermöglichen.

Sobald eine politische Partei an die Macht gelangt, muß sie versuchen, ihr Programm zu erfüllen und die Wähler zufrieden zu stellen. Das Regierungsprogramm, die politischen Maßnahmen und Entscheidungen, schlagen sich im Staatshaushalt einerseits als Ausgaben von besonderer Art und bestimmtem Umfang und andererseits auch als Steuern, d. h. als die dafür erforderlichen Mittel nieder. Jedes realisierte politische Programm fordert seinen Tribut, und im „Schicksalsbuch der Nation" (Heinig) erscheinen seine Kosten. Das Ziel der Stimmenmaximierung kann daher auch als die Aufgabe formuliert werden, ein Budget so zu gestalten, daß seine Ausgaben möglichst viele Wählerstimmen einbringen und die dafür erforderlichen Steuern möglichst wenige Wählerstimmen kosten. Bezeichnen wir die Wählerstimmen mit S, die verschiedenen Arten von Staatsausgaben (Sozialaufwendungen, Subventionen, Straßenbau, Bildungsaufwand usf.) mit $A_1, A_2, A_3, \ldots, A_m$ und stellen ihnen die zur Deckung dieser Ausgaben benötigten Steuern und Abgaben gegenüber (Einkommensteuer, Umsatzsteuer, Vermögensteuer, Verbrauchssteuern usf.), die wir mit $T_1, T_2, T_3, \ldots, T_n$ bezeichnen wollen, so gilt es, die Funktion $S = S(A_1, A_2, A_3, \ldots, A_m, T_1, T_2, T_3, \ldots, T_n) + K$ zu maximieren, wobei K den immobilen Wählerstamm repräsentiert, während die Größen A_1, A_2 usf. und T_1, T_2 usf. die Aktionsparameter einer Partei darstellen. Es versteht sich dabei am Rande, daß sich innerhalb der einzelnen Ausgabearten und bei den einzelnen Steuerarten das Problem jeweils von neuem stellt, die jeweilige Ausgabe oder die betreffende Steuer so zu gestalten, zu verteilen und zu modifizieren, daß sich die höchste Zahl an Wählerstimmen ergibt. Die Symbole $A_1, A_2, \ldots, T_1, T_2, \ldots$ stehen also nicht nur für eine Spezies von Ausgaben oder Steuern, sondern für einzelne differenzierte und in bestimmter Weise gestaltete Ausgaben und Einnahmen.

Diese von Downs und Harding vertretenen und von uns in einer freien Interpretation wiedergegebenen Zusammenhänge können weiter formalisiert und in eine graphische Darstellung übertragen werden. Wir messen dabei auf dem positiven Abschnitt der Ordinate die Stimmengewinne (+ V), auf dem negativen die Stimmenverluste (— V), während die Abszisse als Maßstab für die Höhe der Ausgaben und der erforderlichen Steuern, gemessen in Geldeinheiten (M) dient. In Figur 3 sind dann die mit den verschiedenen Ausgabenarten A_1, A_2, A_3 verbundenen Stimmengewinne eingezeichnet. Es muß dazu bemerkt werden, daß die Stimmengewinn-Kurve für die einzelnen Ausgabenarten durchaus in verschiedenartiger Weise verlaufen und sowohl zunehmende als auch abnehmende oder proportionale Zuwachsraten je zusätzlicher Geldeinheit aufweisen kann. Ähnlich verfahren wir mit den Steuern, bei denen mit zunehmenden Beträgen bei den einzelnen Steuerarten in zunehmendem Maße Stimmen verlorengehen.

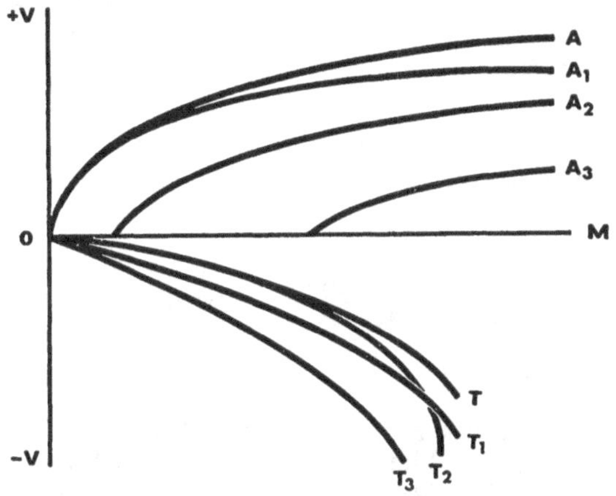

Figur 3

Für den Verlauf dieser Kurven wurde davon ausgegangen, daß die Zahl der verlorenen Stimmen bei zunehmender Steueranspannung steigt. Die in Figur 3 gezeichneten Kurven für verschiedene Steuerarten T_1, T_2, T_3 zeigen daher einen mit steigendem Steuerertrag beschleunigten Verlust an Stimmen. Aber das braucht freilich nicht immer so zu sein, denn wenn eine härtere Besteuerung nur einzelne wenige Bürger trifft und die übrigen Mitglieder der Gesellschaft, aus welchen Motiven auch immer, diese Maßnahme begrüßen, so könnte eine Steuer-Plebiszitkurve auch mit entgegengesetzter Krümmung verlaufen.

Soll die Zahl der zu gewinnenden Stimmen V maximiert und die Zahl der durch die Besteuerung abspenstig gemachten Wähler minimiert werden, so muß das Budget dergestalt festgelegt werden, daß unter den Ausgaben zunächst jene die oberste Priorität genießen, die den höchsten Stimmengewinn bringen und unter den Steuern jene, durch die am wenigsten Stimmen verlorengehen. Die unter plebiszitären

Überlegungen zunächst am vorteilhaftesten erscheinende Ausgabenart A_1 behält ihre Favoritenrolle solange, wie der Stimmenzuwachs je zusätzlich ausgegebener Geldeinheit größer als bei jeder anderen Ausgabeverwendung ist. Sobald jedoch ein marginaler Ausgabenbetrag bei der Ausgabenart A_2 mehr Wählerstimmen anzieht als bei einer Verwendung für A_1, erscheint im Budget auf der Ausgabenseite neben A_1 auch noch A_2. Schließlich wird eine dritte Ausgabenart A_3 ebenso viele oder mehr Stimmen für eine zusätzlich aufgewendete Geldeinheit einbringen als bei einer Verwendung für A_1 oder A_2. Für weitere Ausgabekategorien gelten die gleichen Überlegungen und Zusammenhänge. Die Mittel für die verschiedenen Ausgabearten müssen deshalb so verwendet werden, daß jeweils der höchste marginale Stimmenzuwachs damit erzielt wird und daß in Analogie zum 2. Gossenschen Gesetz der Stimmenzuwachs im Idealfall bei allen Verwendungsarten gleich sein, d. h. daß für die relevant werdenden Ausgabearten die Bedingung

$$\frac{dV}{dA_1} = \frac{dV}{dA_2} = \frac{dV}{dA_3} \ldots \text{usw.}$$

erfüllt sein muß.

Die gleiche Überlegung gilt, wenn auch mit negativen Vorzeichen, für die Besteuerung. Da hier der Stimmenverlust minimiert werden soll, müssen zunächst jene Steuern herangezogen werden, durch die am wenigsten Stimmen verlorengehen. Auch bei den einzelnen Steuerarten T_1, T_2, T_3 usf. muß deshalb die Bedingung erfüllt sein

$$\frac{dV}{dT_1} = \frac{dV}{dT_2} = \frac{dV}{dT_3} \ldots \text{usw.}$$

Die optimale Budgetstruktur kann dann für die Ausgabenseite durch die Kurve A, für die Besteuerung durch die Kurve T dargestellt werden (vgl. Figur 3). Um vor Fehlinterpretationen zu warnen, muß darauf hingewiesen werden, daß die Kurven A und T jeweils nicht aus Additionen der Kurven A_1, A_2, A_3 bzw. T_1, T_2, T_3 entstanden sind, sondern aus jener Kombination von Ausgabearten bzw. von Steuern, die bei einem bestimmten marginalen Ausgabenbetrag den höchsten Zuwachs an Stimmen verschafft bzw. bei einem marginalen Steuerbetrag den geringsten marginalen Stimmenverlust bedeutet.

Das Maximum des Stimmengewinns läßt sich danach vollends leicht ermitteln. Es liegt dort, wo die positive Differenz zwischen dem Stimmengewinn durch die Ausgabenseite und dem Stimmenverlust durch die Besteuerung am größten ist. Marginalanalytisch kann das Stimmenmaximum dadurch bestimmt werden, daß die Bedingung

$$\frac{dV}{dA} = \frac{-dV}{dT}$$

erfüllt sein muß, d. h. die Ausgaben werden solange gesteigert, bis der letzte Ausgabenbetrag einen Stimmenzuwachs erwarten läßt, der durch den Stimmenverlust des damit verbundenen zusätzlich erhobenen Steuerbetrages wieder aufgehoben wird.

Diese Überlegungen können graphisch veranschaulicht werden, indem wir den Grenzgewinn an Stimmen pro zusätzlichem Ausgabenbetrag, d. h. den Verlauf der Steigung der Geraden A, nämlich dV/dA, abbilden und ihm den Grenzverlust an Stimmen pro zusätzlichem Steuerbetrag, d. i. die Abbildung der Beziehung dV/dT, gegenüberstellen (vgl. Figur 4). Die Gleichgewichtsposition, das Maximum an Wählerstimmen, wird im Schnittpunkt beider Kurven, im Punkte P, erreicht, da dort der Grenzgewinn an Stimmen durch den Grenzverlust an Stimmen neutralisiert wird. Im Punkt P wird demnach das Optimum des Budgets festgelegt. Der Umfang des Budgetvolumens wird dabei durch die Strecke OM_p und die Budgetstruktur auf der Einnahmen- und Ausgabenseite durch die in den Kurven A und T enthaltenen Ausgabekategorien und Steuerarten eindeutig bestimmt.

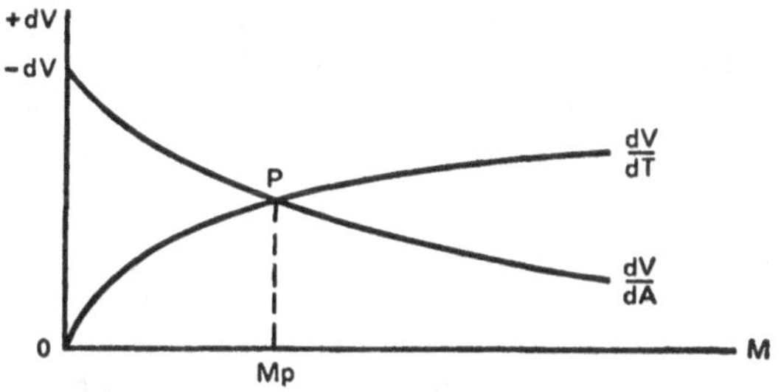

Figur 4

Eine ergänzende Bemerkung erscheint notwendig, um dem möglichen Einwand zu begegnen, es sei offenbar dabei unumgänglich, die gesamten Ausgaben durch Steuern zu decken. Tatsächlich ist es nicht erforderlich, ein voll durch Steuern gedecktes Budget vorauszusetzen. Wir sind der Einfachheit und Kürze der Darstellung halber zwar hier von dieser Annahme ausgegangen, aber es würde am Prinzip der formalen Lösung wenig ändern, wenn z. B. ein nicht ausgeglichenes, d. h. defizitäres oder überschüssiges Budget unterstellt oder etwa ein zum Teil aus erwerbswirtschaftlichen oder sonstigen Einkünften gedecktes Budget mit in die Betrachtung einbezogen würde.

Betrachten wir beispielshalber eine Situation, die sich bei einem nicht ausgeglichenen Haushalt ergeben könnte. Ein Budget mit niedrigen Steuern und hohen Ausgaben, in der Absicht des Stimmenfangs entworfen und verwirklicht, würde, wenn sich damit ein inflationistischer Effekt verbindet, von den Wählern in der Regel keineswegs nur günstig aufgenommen. Bei der Darstellung in Abb. 3 kann dieser Effekt dadurch berücksichtigt werden, daß anstelle der Steuern irgendeine andere Art von Deckungsmitteln in die Betrachtung mit einbezogen und unter den jeweils gegebenen oder angenommenen Bedingungen des Stimmengewinns oder Stimmenverlusts mit den in Frage kommenden Steuern kombiniert wird. Die optimale Einnahmestruktur und ihre Abbildung mit der Kurve T kann deshalb zugleich jene Einnahme- oder Deckungsmittel enthalten, die nicht aus Steuern stammen.

Mit dieser zugegebenermaßen von uns etwas modifizierten Art der Darstellung wird u. E. der Hauptinhalt der Theorie von Downs und Harding und im weiteren auch von Schumpeter und De Viti de Marco wiedergegeben[14]. Im Vergleich zu den früher erwähnten und zum Teil erläuterten normativen Theorien beginnt der hier behandelte pragmatische Typus einer Theorie der Staatsausgaben nicht mit dem Sein-Sollen, sondern mit einem der Realität nachgebildeten Muster von Verhaltensweisen der politischen Kräfte, die über das Budget bestimmen. Man wird die Hauptmaxime des Verhaltens der politischen Parteien, die im Prinzip einem Stimmenkauf gleichkommt, vielleicht nicht immer und überall als zutreffend anerkennen wollen oder können. Es hat nicht an Kritikern gefehlt, die diese Hypothesen als unzutreffend oder gar als zynisch charakterisiert haben[15]. Aber man wird vermutlich kaum bestreiten, daß der hier vorgeführte Lösungsversuch sich darum bemüht, Verhaltenshypothesen für das Wirtschaftssubjekt Staat zu finden, um daraus analog zur *Privatwirtschaftslehre der Unternehmung* oder des privaten Haushalts, eine eigene Wirtschaftstheorie für den Staat begründen zu können.

Der Versuch, die Ziele der Staatswirtschaft zu formulieren, und danach Art und Umfang der Ausgaben und Einnahmen nach dem Rationalprinzip bestimmen zu können, stößt begreiflicherweise von Anfang an auf die Schwierigkeit, zu begründen, daß der Grundsatz der Stimmenmaximierung und die daraus abgeleitete Folgerung des Stimmenkaufs eine verbindliche Hypothese für das Verhalten des Wirtschafts-

[14] In einer inzwischen erschienenen Dissertation von W. *Remy:* „Probleme rationaler Bestimmung der öffentlichen Ausgaben", Frankfurt a. M. 1965, werden die geschilderten Zusammenhänge in ähnlicher Weise dargestellt, allerdings unter Hinweis auf das Manuskript des von uns verfaßten Aufsatzes.

[15] Vgl. G. *Schmölders,* in: Schmollers Jahrbuch, Jg. 81 (1961), S. 621.

subjekts Staat ist oder sein darf. Das Urteil über diesen Typus der pragmatischen Theorie der Staatswirtschaft wird demnach durch die jeweilige Überzeugung des Betrachters bestimmt, ob es sich bei der Hypothese der Stimmenmaximierung um eine realistische oder eine weniger zutreffende, eine moralisch zu rechtfertigende oder eine verwerfliche Maxime handelt.

Sehen wir von unseren eigenen Überzeugungen ab, so läßt die Tatsache, daß die Theorien von Downs und Harding zwar viel beachtet, aber kaum als verbindliche Erklärung der Realität akzeptiert worden sind, darauf schließen, daß hier noch nicht die allgemein zutreffende oder als konventionell zu betrachtende Verhaltenshypothese für den Staat gefunden worden sein dürfte.

Zusammenfassung

In drei Abschnitten wurden die folgenden Themen behandelt:

I. Einige prinzipielle Hindernisse und Schwierigkeiten, die einer Theorie der Staatswirtschaft im Wege stehen.

II. Die Klassifizierung der bis jetzt vorliegenden Lösungsversuche.

III. Hauptlinien einiger neuerer Lösungsversuche und deren Kritik.

Zu I

Eine Theorie der Staatsausgaben sollte den Umfang und die Art der Verwendung der Budgetmittel unter Berücksichtigung des zivilen Bedarfs und der nationalen Ressourcen bestimmen. Wir besitzen jedoch bis heute noch keine derartige Theorie, die den theoretischen oder gar praktischen Bedürfnissen der Staatswirtschaftslehre genügen könnte. Wie erklärt sich die Erfolglosigkeit der Finanzwissenschaft auf diesem Gebiet?

Die Privatwirtschaft gehorcht einem sie automatisch regulierenden Mechanismus. Ihre elementarsten Probleme, nämlich die Entscheidung über Ausmaß und Richtung der Produktion, die daraufhin vorzunehmende Allokation der Ressourcen und die Verteilung des Produktionsergebnisses, lösen sich in selbsttätiger Weise.

Für die Staatswirtschaft gibt es dagegen kein sie automatisch regulierendes Prinzip. Sie gehorcht weder den Grundsätzen der Erwerbswirtschaft — Kosten, Gewinne, Verlust und Erfolg sind ihr wesensfremde Kategorien — noch dem einfachen Grundsatz der Nutzenmaximierung, wie wir ihn bei den privaten Haushalten kennen.

Im Gegensatz zur Unternehmung und zum privaten Haushalt konnten für das Wirtschaftssubjekt Staat bisher noch keine allgemein verbindlichen Verhaltenshypothesen formuliert werden. Ohne das Fundament brauchbarer Voraussetzungen, d. h. ohne allgemein akzeptable Annahmen über Verhalten und Ziele dieses Wirtschaftssubjekts, läßt sich eine realistische Theorie der Staatswirtschaft nicht begründen. Wir stehen daher vor der Situation, daß es eine allgemein respektierte Mikrotheorie für die Staatswirtschaft noch nicht gibt.

Die zentralen Probleme der Theorie der Einzelwirtschaften lassen sich, wenn wir von ihrem verschiedenen materiellen Inhalt abstrahieren, jeweils als eine Maximierungs- oder als eine Minimierungsaufgabe formulieren, gegebenenfalls mit Berücksichtigung gewisser Nebenbedingungen. Bei der öffentlichen Wirtschaft stehen wir jedoch vor dem Dilemma, beide Probleme zugleich lösen zu müssen: Wir möchten ein Maximum an Wirkung und Erfolg bei einem Minimum an Aufwand, wobei wir weder unterstellen dürfen, daß die Mittel gegeben sind, noch daß der Erfolg bekannt ist.

Schon das rein formale Problem einer Lösung stößt u. E. solange auf unüberwindliche Schwierigkeiten, als wir über keine zusätzlichen, allgemein akzeptablen, begrenzenden Annahmen verfügen.

Zu II

Typischerweise unterscheiden sich daher die bis jetzt vorliegenden Lösungsversuche vor allem dadurch, daß ihnen verschiedene Annahmen über das Wesen und die Maxime des Wirtschaftssubjekts „Staat" zugrundeliegen. Die Theorien über die Staatsausgaben lassen sich infolgedessen nach den Hypothesen einteilen, welche über die Ziele und Zwecke der Tätigkeit des Staates und die sich daraus ergebenden Konsequenzen für seine Wirtschaftsführung gemacht worden sind. Aufgrund der bisher entwickelten Theorien scheinen hauptsächlich zwei grundsätzlich voneinander verschiedene Annahmen über Charakter und Verhalten der Staatswirtschaft möglich:

1. Im Hinblick auf die Staatszwecke wird der Staat lediglich als eine Einrichtung zur besseren Wahrnehmung der Interessen seiner Bürger betrachtet und behandelt. Ziele und Aufgaben des Staates ergeben sich daher aus der Addition des Willens bzw. des Nutzens seiner Mitglieder (Vertragstheorie des Staates). Der Staat hat dann lediglich für jene individuellen Bedürfnisse zu sorgen, die nicht oder nicht so gut auf privatwirtschaftliche Weise befriedigt werden können. Staatsbedarf ist letztlich Individualbedarf. Ausmaß und Richtung der Wirtschaftstätigkeit des Staates können daher nur mit

Hilfe der individualwirtschaftlichen Vorstellungen, Ziele analysiert werden. Die ökonomische Maxime für die Staatswirtschaft kann in diesem Falle nur lauten: maximum welfare. Eine Theorie der Staatsausgaben muß unter diesen Annahmen eine spezielle Art der Welfare-Theorie sein. Als Beispiel für diesen Typus können die Lösungsversuche von Sax, Lindahl, Bowen, Samuelson, Musgrave u. v. a. dienen.

2. Der Staat bildet ein Subjekt sui generis. Seine Zielsetzung und sein Wille lassen sich nicht nur aus der Individualsphäre ableiten, sondern existieren, wenn auch nicht unabhängig davon, so doch selbständig, d. h. aus eigener Rechtspersönlichkeit und aus eigener Machtfülle (Organtheorie des Staates). Der Wille und die Verhaltensmaxime des Wirtschaftssubjektes Staat werden infolgedessen bestimmt durch die Staatsleitung bzw. die Inhaber der öffentlichen Gewalt. Eine eindeutige Bestimmung des Umfangs und der Verwendung des Budgets ist ohne weitere Annahmen, d. h. ohne spezifische Verhaltenshypothesen für das Wirtschaftssubjekt Staat, nicht möglich. Als Beispiel für solche politisch motivierten Theorien einer Bestimmung der Staatsausgaben können u. a. die Theorien von De Viti de Marco und neuerdings von A. Downs und F. O. Harding erwähnt werden.

Zu III

Als Beispiel für einen Lösungsversuch vom Typ 1 wurde die welfaretheoretische Behandlung des Problems der Staatsausgaben (Musgrave, Samuelson) in ihren Hauptlinien vorgeführt und kritisch beleuchtet. Als Beispiel für einen Lösungsversuch vom Typ 2 konnte die Behandlung des Problems in der Darstellung von F. O. Harding unter Berücksichtigung der Theorien J. A. Schumpeters und A. Downs vorgeführt werden.

Bestimmungsgründe für Umfang und Struktur der öffentlichen Ausgaben*

Von Prof. Dr. *Günter Hedtkamp* (Laubach/Giessen)

Für die Untersuchung des hier zu behandelnden Problemkreises bieten sich zwei Methoden an: wir können einmal in Anlehnung an die Kreislauftheorie die öffentlichen Ausgaben als makroökonomische Größe höchsten Aggregationsgrades betrachten, zum anderen können wir aber auch versuchen, in einer Strukturanalyse Åkermanscher Prägung[1] den verschiedenen Ausgabenkategorien und ihren Bestimmungsgründen näher nachzugehen, um von dort aus eventuell wieder zu Aussagen über die Entwicklung des Aggregates „öffentliche Ausgaben" zu gelangen. Beim ersten Verfahren kämen wir, wenn wir empirisch vorgehen, über die Feststellung stochastischer Zusammenhänge (dazu noch geringer Stärke) nicht hinaus, und Fragen, die an eine solche Analyse herangetragen werden, müssen ebenso umfassend sein und laufen etwa auf so vordergründige Überlegungen hinaus wie die, ob es sich bei den öffentlichen Ausgaben um einen organischen Wachstumsprozeß handeln könne wie wir ihn in der Natur finden, und ob mithin ein Größenwachstum in geometrischer Folge erwartet werden müsse[2].

Mit Formulierungen dieser Art ist natürlich wenig gewonnen, denn dem eigentlichen Problem, der Bestimmung des Ausgabenwachstums, ist man damit keinen Schritt näher gekommen, selbst dann nicht, wenn sich empirisch ein Ausgabenwachstum in der aufgezeigten Weise der Tendenz nach feststellen ließe, nachdem die Zeitreihen geglättet und über einen größeren Zeitraum untersucht wurden. Es bleibt zu klären, unter welchen Bedingungen die Ausgaben in geometrischer Folge wachsen.

---

* Korreferat zum Referat von K. Häuser: Über Ansätze zur Theorie der Staatsausgaben.

[1] Vgl. J. *Åkerman*, Structures et Cycles Economiques, Bd. 1, Paris 1955, S. 10 ff.

[2] Wenn wir die Staatsausgaben mit A und den Wachstumsfaktor mit w bezeichnen, so müßte ein „natürliches" Wachstum der öffentlichen Ausgaben folgender Regel folgen:

$$(1) \qquad \frac{\frac{\Delta A}{A}}{\Delta t} = w \quad \text{und}$$

Auch die Kreislaufanalyse, der ein solches Aggregat zugrundegelegt wird, kann über allgemeine Modelle nur endogener Interdependenz nicht hinausgelangen, die entweder simultan im Zeitpunkt t_0 bestimmt sind oder die in einem rekurrenten System versuchen, die Kausalität durch eine Folge von Sequenzen hineinzubringen, wobei die Sequenzen jedoch durch die Bedingung im Ausgangspunkt t_0, durch den eine ganz bestimmte Situation fixiert wird, wiederum eindeutig bestimmt werden[3], d. h. in Wirklichkeit enthält die Frage bereits die Antwort. Sodann wird die Berücksichtigung eines time-lag als dynamische, die ökonomische Entwicklung in der Zeit erklärende Theorie ausgegeben, obwohl im Grunde (im Hinblick auf die zeitliche Entwicklung) nicht viel mehr ausgesagt wird, als daß die Ausgaben der einen Periode aus dem Einkommen der vorangehenden Periode stammen. Die kreislauftheoretischen Ansätze zur Ausgabentheorie werden erst recht fragwürdig, wenn sie die fehlende Theorie der öffentlichen Ausgaben gar dadurch zu ersetzen suchen, daß die öffentlichen Ausgaben als negative Einnahmen definiert werden und die auch nicht überwältigenden Ergebnisse der Einnahmentheorie jeweils mit negativem Vorzeichen als solche der Ausgabentheorie ausgegeben werden. Dafür ist das Aggregat öffentliche Ausgaben zu komplex und zu verschieden von den öffentlichen Einnahmen. Durch die Kreislauftheorie wie sie bisher dargeboten wurde lassen sich nur die großen Zusammenhänge zeigen, wie sie sich aus der makroökonomischen Definition des ökonomischen Kreislaufs ergeben.

Da in dieser Untersuchung konkreteren Bestimmungsgründen der öffentlichen Ausgaben nachgegangen werden soll, kann auf die Dar-

---

(2) $$\frac{dA}{A dt} = w$$

Als Gesamtzuwachs ergibt sich daraus

(3) $$\int \frac{dA}{A dt} dt = \int w \, dt$$

Nun ist aber auch

(4) $$\int \frac{dA}{A} = \int w \, dt$$

Daraus ergibt sich

(5) $$ln\, A = w\, t + C \quad \text{, so daß}$$

(6) $$A = e^{(w\, t + C)} \quad \text{oder} \quad A = e^{C} \quad \text{für} \quad t = 0$$

In den letzten Gleichungen ist C eine Integrationskonstante, die als Anfangsbedingung gedeutet werden kann.

[3] Vgl. J. *Akerman:* L'aspect Structurel. „Revue Economique", 1954, S. 181 ff.

stellung der Ergebnisse des kreislauftheoretischen Ansatzes verzichtet werden. Aus dem gleichen Grunde soll auch nicht versucht werden, das komplexe Aggregat „öffentliche Ausgaben" wegen der offensichtlichen Korrelation mit verschiedenen makroökonomischen Größen in einem groben Funktionalzusammenhang darzustellen und als abhängige Variable zu deuten, z. B. als Funktion des Volkseinkommens oder irgendeiner anderen mehr oder minder stark aggregierten Größe, die ihrerseits wieder von der Höhe der Staatsausgaben mitbestimmt wird und sich daher als Maßstab nicht eignet.

Bei solchen globalen Analysen wird zudem regelmäßig auf die relativen Veränderungen der betrachteten Aggregate abgestellt, ein nicht unproblematisches Verfahren, haben doch bei der langfristigen Betrachtung unterschiedlicher Ausgabenniveaus die absoluten Zahlen einen größeren Aussagewert als die gebräuchlichen Relativzahlen.

Wenn die langfristige Entwicklung der öffentlichen Ausgaben analysiert werden soll, so ist naturgemäß auch das die kurze Periode betreffende Keynes'sche Modell ungeeignet. Die Wirkungen der öffentlichen Ausgaben auf das Wirtschaftswachstum dürfen dann natürlich nicht vernachlässigt werden, denn ein großer Teil der öffentlichen Ausgaben wird in einen direkten Zusammenhang mit der Entwicklung des technischen Fortschritts zu bringen sein, der sich nicht autonom, unabhängig von der staatlichen Aktivität entwickeln dürfte, und gäbe es nur die Wirkung, daß durch die staatliche Aktivität im Bereich des Bildungswesens der naturale Kapitaleinsatz effizienter gestaltet wird[4]. Wenn wir das akzeptieren, so werden die Staatsausgaben die Wachstumsrate des Bruttosozialprodukts und des aggregierten Konsums selbst dann langfristig determinieren, wenn wir im übrigen die Voraussetzungen neoklassischer Wachstumsmodelle unterstellen. Diese führen, wie z. B. bei E. S. Phelps zu dem Ergebnis, daß die langfristigen Wachstumsraten exogen, und zwar durch das Wachstum des Arbeitskräftepotentials und den autonomen technischen Fortschritt bestimmt werden[5]. Wenn wir die Annahme des autonomen technischen Fortschritts in Frage stellen[6], so wird das Ausmaß der öffentlichen Investitionen nicht nur für das Niveau des Wachstumspfads, sondern für die Höhe des Wirtschaftswachstums schlechthin von entcheidender Bedeutung[7].

---

[4] Vgl. H. *Correa* and J. *Tinbergen:* Quantitative Adaptation of Education to Accelerated Growth. „Kyklos", Vol. XV (1962), S. 776 ff. sowie die kritische Stellungnahme von T. Balogh Education and Economic Growth. „Kyklos", Vol. XVII (1964), S. 261 ff. und die Erwiderung von J. Tinbergen ebd. S. 274 f.

[5] E. S. *Phelps:* The Golden Rule of Accumulation. A Fable for Growthmen. Vol. LI (1961) S. 638 ff. und die daran anknüpfende Diskussion.

[6] Nicht nur für den Bereich der öffentlichen Ausgaben, sondern überhaupt für alle Investitionen.

[7] Dadurch ergibt sich wieder eine Verbindung zum Domar-Harrod-Modell. Vgl. H. *Riese,* Gleichgewichtswachstum und optimales Wachstum in der

Bei allen Globalanalysen kann das Resultat schließlich nur sehr grobe Zusammenhänge andeuten. Erst die Aufgliederung der Staatsaufgaben ermöglicht präzisere Aussagen über Ausmaß und Struktur der Staatstätigkeit. Daher muß das Aggregat „öffentliche Ausgaben" in homogenere Größen aufgespalten und nach den Bestimmungsgründen der verschiedenen Ausgabenkategorien gesucht werden, die oft außerhalb der allgemeinen Kalkulationsmodelle liegen, also im Sinne der herkömmlichen Theorien exogene Faktoren darstellen. Es sollte versucht werden, mit Hilfe empirischer Untersuchungen die Parameter möglichst wirklichkeitsnah zu fixieren. Dem großen Ziel einer theoretisch befriedigenden und auch wirtschaftspolitisch brauchbaren Ausgabentheorie, die darauf abzielen sollte, die simultan bestimmten Systeme durch konsekutive zu ersetzen, die ihren Inhalt also nicht aus der fiktiven Anfangsperiode t_0, sondern aus der Rekonstruktion tatsächlicher vorheriger Sequenzen[8] und/oder aus einer empirisch wohl fundierten Prognose zukünftig möglicher Abläufe beziehen, wird man auf diese Weise vielleicht etwas näher kommen.

Die Ausgabentheorie wirft aber nicht nur ökonomische Probleme im Sinne der „reinen" Theorie auf: wenn der Staat eine mit Herrschaftsmacht[9] ausgestattete Verbandseinheit ist, so werden Staatsautorität und Staatsgewalt zu den wesentlichen Merkmalen des Staates und der staatlichen Entfaltung. Typische Staatstätigkeiten sind dann solche, die sich auf Herrschaft stützen und darin begründet sind. Echte Staatsausgaben spiegeln also vom Staat angebotene Leistungen (Güter oder Dienstleistungen), die dieser außerhalb des Marktes (Zwang oder Geschenk) oder am Markt als absoluter Monopolist, also mit rechtlicher und faktischer Überlegenheit in der Regel mit Zwang zur Annahme des Angebots kostenlos oder gegen Entgelt zur Verfügung stellt[10].

Diese staatliche Aktivität vollzieht sich im Rahmen einer *politisch* fixierten Makroordnung. Jede allgemeine Theorie der öffentlichen Ausgaben wird auch diese politischen Aspekte der öffentlichen Ausgaben

---

neoklassischen Wachstumstheorie. „Kyklos", Vol. XVII (1964), S. 40 ff. und die dort zitierte Literatur.

[8] Vgl. J. *Åkerman:* Structures et Cycles Economiques, a.a.O., Bd. 1, S. 3: „L'analyse causale est une reconstruction objective et si possible quantitative du phénomène réel et temporel ..."

[9] G. *Jellinek:* Allgemeine Staatslehre, 5. Aufl., Berlin 1929. Zur Beziehung von Staatstheorie und Finanzwissenschaft vgl. W. *Gerloff:* Die Rechtfertigung der Besteuerung. In: Beiträge zur Finanzwissenschaft, hrsg. von H. *Teschemacher.* Festgabe für Georg von Schanz zum 75. Geburtstag. Tübingen 1928, Bd. 2, S. 141 ff.

[10] Vgl. hierzu auch die sehr kritische Analyse des ökonomischen Zwanges bei François *Perroux* in seinem Buch: Zwang, Tausch, Geschenk, Zur Kritik der Händlergesellschaft. (Übersetzung aus dem Französischen). Stuttgart 1961.

im Auge behalten müssen. Doch darf auch die politische Verknüpfung nicht zum Generalnenner einer allgemeinen Theorie der Staatsausgaben gemacht werden, da damit nur ein einzelner Aspekt des Gesamtproblems hervorgehoben und verabsolutiert würde. Dieser Monismus wäre ebenso problematisch wie eine rein ökonomische Erklärung mit Hilfe von Kategorien der ökonomischen Theorie; der Generalnenner müßte dann so weit definiert und mit soviel unrealistischen Voraussetzungen belastet werden, daß er für wirklichkeitsnahe Untersuchungen mehr oder minder unbrauchbar würde. Es handelt sich ja realiter immer um ein ganzes Bündel von Faktoren, die auf die öffentlichen Ausgaben im allgemeinen oder auf eine bestimmte Ausgabenkategorie einwirken; die spezielle Fragenstellung muß darüber entscheiden, welchen Einflußgrößen das größte Gewicht beizumessen ist und welche vernachlässigt werden können, d. h. erst aus der speziellen Fragestellung und für eine bestimmte Situation kann das System der Rahmenbedingungen sowie der abhängigen und unabhängigen Variablen bestimmt werden.

Wenn hier nach der Bestimmung der öffentlichen Ausgaben gefragt wird, so soll dem Wesen der öffentlichen Ausgaben als politischer und ökonomischer Größen dadurch Rechnung getragen werden, daß beide Aspekte berücksichtigt werden: Ein Teil der öffentlichen Ausgaben wird kaum in einen anderen als einen politischen Zusammenhang gebracht werden können, mehr oder minder unabhängig von der Veränderung bestimmter ökonomisch-technischer Größen, oder soziologischer Strukturen; die maximale Höhe auch vorwiegend politisch determinierter Ausgaben hängt natürlich von der relativen Höhe des Volkseinkommens ab, aber ohne daß so bestimmte öffentliche Ausgaben deshalb als abhängige Variable bestimmter rein ökonomischer Größen gedeutet werden könnten. Andere öffentliche Ausgaben sind „unmittelbar eingeschlossen in den dynamischen Bedingungen, nämlich in der industriellen Expansion und in der Bevölkerungsvermehrung“, und wieder andere sind abhängige Variablen bestimmter Größen der wirtschaftlichen Entwicklung[11].

Eine aussagefähige Theorie der Staatsausgaben wird daher einzelne Ausgabenkategorien untersuchen müssen, ein Verfahren, das ja auch in der neueren Literatur häufig angewendet wurde[12]. Ein solches Vorgehen setzt sich natürlich der Gefahr aus, den Gesamtzusammenhang aus dem Auge zu verlieren und die wesentlichen Fragen liegen zu lassen, denn

---

[11] H. *Timm:* Das Gesetz der wachsenden Staatsausgaben. „Finanzarchiv“, N.F. Bd. 21 (1961), S. 230.

[12] Vgl. z. B. H. *Timm:* Das Gesetz der wachsenden Staatsausgaben, a.a.O. für den Gesamtbereich der öffentlichen Ausgaben und K. H. *Hansmeyer:* Finanzielle Staatshilfen für die Landwirtschaft. Zur Theorie einer sektoralen Finanzpolitik. Tübingen 1963, für einen Teilbereich der öffentlichen Finanzwirtschaft.

die Zusammenfassung der Ergebnisse solcher Untersuchungen bereitet erhebliche Schwierigkeiten. Das gilt besonders dann, wenn von der Theorie verlangt wird, auch die drei folgenden Kernfragen der normativen Nationalökonomie zu beantworten, oder doch wenigstens kritische Argumente für alternative Lösungen zu liefern.

1. Welche Aufgaben sollen und müssen vom Staat in der Wirtschaft übernommen werden, woraus sich dann das Spektrum der staatlichen Aktivitäten ergibt.
2. In welche Rangordnung sind die einzelnen Aufgaben zu bringen. Es geht um die Frage, ob eine totale Präferenzskala aufgestellt und daraus die relative Ausgabenstruktur abgeleitet werden kann.
3. Welches Niveau soll die öffentliche Aktivität überhaupt erreichen; evtl. mit der Angabe einer Ausgabengrenze?

Diese Fragen können nicht aufgrund ökonomischer Kriterien i. e. S. beantwortet werden, ohne in diesen Kriterien politische Bestimmungsgrößen und (meist implizite) Wertungen[13] zu verbergen, wie es z. B. bei der Anwendung des Nutzen-Konzepts der Wiener Schule auf den sozialen Bereich geschieht, sei es, daß die irgendwie aggregierten individuellen Nutzenstiftungen und Nutzeneinbußen verglichen[14], oder daß auf einen zu maximierenden Sozialnutzen abgestellt wird[15]: Nutzenkriterium und die Definition des Nutzenmaximum-Theorems werden zum Angelpunkt der Theorie[16]. Dadurch wird das Problem freilich nur umgangen, aber nicht gelöst, da die politischen Entscheidungen als Daten gehandelt werden und in einer angenommenen Präferenzskala implizit eingeführt werden, ganz abgesehen von den unlösbaren Bewertungsproblemen und der unterstellten Wertfreiheit des Mitteleinsatzes[17]. Auch die auf Keynes zurückgehenden Abgrenzungsversuche

---

[13] Vgl. H. *Albert:* Ökonomische Ideologie und politische Theorie. Das ökonomische Argument in der ordnungspolitischen Debatte. Monographien zur Politik, Heft 4, Göttingen 1954, S. 101 ff.

[14] Namhafte Repräsentanten dieser Theorie sind E. *Sax:* Grundlegung der theoretischen Staatswirtschaft, Wien 1878 und A. C. *Pigou:* A Study in Public Finance, London 1928.

In neuerer Zeit haben R. A. *Musgrave* (The Theorie of Public Finance. A Study in Public Economy, New York, Toronto, London 1959, S. 42 ff., 61 ff.) und P. A. *Samuelson* (The Pure Theory of Public Expenditures. "Review of Economics and Statistics", Vol. 36 (1954), S. 387 ff., sowie: Diagrammtic Exposition of a Theory of Public Expenditures. "Review of Economics and Statistics", Vol. 32 (1955), S. 350 ff.) diesen Gedanken wieder aufgegriffen und weitergeführt.

[15] In dieser Weise umschreibt das Problem z. B. M. *Masoin* in seinem Beitrag: Die öffentlichen Ausgaben, in: Handbuch der Finanzwissenschaft, 2. Aufl., Tübingen 1956 ff., Bd. 2.

[16] So auch U. *Hicks:* Public Finance, 2. Aufl., Cambridge 1958, S. 106 ff.

[17] Für die wissenschaftstheoretische Problematik vgl. H. *Albert:* Ökonomische Ideologie und politische Theorie. Das ökonomische Argument in der ordnungspolitischen Debatte, Göttingen 1954.

von staatlicher und privater Aktivität, wie sie in der „Functional Finance“, im „Compensatory“ oder „Cyclical Budgeting“ aufgezeigt wurden, entbehren nicht der Plausibilität, doch sind auch sie schon wegen des zu speziellen theoretischen Ansatzes und der Verabsolutierung eines einzigen Ziels für eine *generelle* Klärung des Problem ungeeignet[18]. Bei allen diesen Ansätzen liegen die Lösungen bereits implizite in den Annahmen und die angebotenen Lösungen und ausgewiesenen Bedingungen eines sozialen Optimums bzw. eines optimalen Verhältnisses von staatlicher und privater Aktivität werden zu Leerformeln. Soll dagegen in einer Kausalanalyse den Bestimmungsgründen der öffentlichen Ausgaben nachgegangen werden und soll vermieden werden, daß die Ausgabentheorie wiederum empirisch leer bleibt, so wird mit einer Analyse des politischen Aspekts, vornehmlich des politischen Entscheidungsprozesses begonnen werden müssen. Diesen Problemkreis werden wir daher zunächst behandeln. Danach werden wir uns in einem zweiten Kapitel mit den ökonomisch-technischen Faktoren auseinandersetzen. Da die politischen Entscheidungen über Volumen und Struktur der öffentlichen Ausgaben auch von den ordnungspolitischen Vorstellungen in einem Lande abhängig sind, und die Staatsausgaben selbst nach Volumen und Struktur diese Wirtschaftsordnung wiederum entscheidend beeinflussen, werden wir diesen Zusammenhang abschließend behandeln.

Der politische Entscheidungsprozeß

Analog zur traditionellen Wirtschaftstheorie ist versucht worden, auch für den Staat das Rationalprinzip zu postulieren. Die Zwecke werden dabei als gegeben, empirisch bestimmbar oder als theoretisch a priori ableitbar angenommen. Das Problem der rationalen Finanzpolitik besteht dann nur noch darin, die im Hinblick auf das Zielsystem adäquaten (wertneutralen!) Mittel festzulegen[19]. Da der Anwendung des Rationalprinzips u. a. das Problem der Quantifizierung des Zielsystems entgegensteht, ist für ein demokratisches Staatswesen versucht worden,

---

[18] Vgl. F. *Neumark:* Grundzüge und Arten der Haushaltsführung und Finanzbedarfsdeckung, in: Handbuch der Finanzwissenschaft, 2. Aufl., a.a.O., Bd. 1, S. 606 ff.

[19] Auf die Tatsache, daß die Mittel nicht wertfrei sein können, wurde weiter oben schon hingewiesen. Diese Art der Betrachtung dominiert jedoch im modernen wirtschaftspolitischen Schrifttum. Für die allgemeine Wirtschaftspolitik sei auf H. Giersch, Allgemeine Wirtschaftspolitik, Bd. 1 Grundlagen. Wiesbaden 1960, S. 22 ff. und für die spezielle finanzpolitische Problematik auf: H. *Haller*, Finanzpolitik. Grundlagen und Hauptprobleme, Tübingen und Zürich 1957, S. 5 verwiesen, der in diesem Zusammenhang auf die analoge Stellungnahme von U. Hicks (Public Finance a.a.O., S. 103) hinweist.

die für die weitere Analyse relevante Makroordnung aus der politischen Wahl abzuleiten und mit Hilfe dieses Kriteriums ein Maximumproblem zu definieren: die Ausgabenpolitik hat rationaliter so zu erfolgen, daß eine maximale Übereinstimmung mit der Makroordnunng entsteht. Das Problem der Quantifizierung kann nun dadurch umgangen werden, daß anstelle der Zielerreichung eine meßbare Ersatzgröße, z. B. die Wählerstimmen, herangezogen werden. Das Maximum an Wählerstimmen ist dann das Erfolgskriterium der Ausgabenpolitik[20]. Dem Problem wie die politische Entscheidung der Wähler determiniert ist und auch der analytischen Ableitung einer wie immer gearteten sozialen Wohlfahrtsfunktion geht man mit diesem Kunstgriff geschickt aus dem Wege. Wenn auf einer solchen Theorie konkrete finanzpolitische Entscheidungen und Urteile über finanzpolitische Maßnahmen aufbauen sollen, so muß die Maximierung der Wählerstimmen (F. O. Harding) mit der Maximierung der kollektiven Wohlfahrt identifiziert werden. Wenn nicht, so handelt es sich lediglich um den Protokollsatz: die wirtschaftspolitischen Entscheidungen werden immer so gefällt, daß die Wählerstimmen maximiert werden. Beides ist bedenklich: gilt die erste Interpretation, so handelt es sich um einen unbeweisbaren Satz, gilt die zweite, so ist der Satz empirisch nicht zu belegen. So bestechend dieses theoretische Vorgehen auch deshalb erscheinen mag, weil nicht nur die Fixierung des Zielsystems, sondern darüber hinaus auch die Bewertung der eingesetzten bzw. einzusetzenden Mittel dem Wähler überlassen wird und damit die Problematik der oft als wertneutral geltenden wirtschaftspolitischen Mittel (Instrumentalismus) umgangen wird, so ist dieser Ansatz doch gerade deshalb völlig unbestimmt: Der unterstellte eindeutige Zusammenhang zwischen Wählerstimmen und Ausgabenpolitik ist theoretisch nicht zwingend und scheint auch empirisch nicht verifiziert werden zu können. Die Alternative zu diesem Lösungsversuch besteht darin, die Makroordnung unmittelbar aus den individuellen Präferenzordnungen abzuleiten. Dem steht der grundsätzliche Einwand gegenüber, daß sich die Mikroordnungen schwerlich in eine einzige Skala sozialer Wertungen einordnen lassen. Eine teleologische Ausgabenpolitik kann natürlich nur dann bestimmt werden, wenn es dennoch gelingt, eine dem demokratischen Leitbild entsprechende Ordnung aufzustellen[21].

Sollte sich das Aggregationsproblem lösen lassen, so ergibt sich die anschließende Frage, ob zu jeder konkreten sozialen Situation eine

---

20 So F. O. *Harding:* vgl. Darstellung und Kritik bei K. Häuser in diesem Band, S. 57 ff.

21 Vgl. hierzu auch K. J. *Arrow:* Social Choice and Individual Values. New York, 1951. R. A. *Musgrave,* The Theory of Public Finance, S. 116 ff., H. *Giersch:* Allgemeine Wirtschaftspolitik, a.a.O., S. 97 ff., F. *Perroux:* Zwang, Tausch, Geschenk, a.a.O., S. 120, 141 ff.

optimale bestimmt werden kann und wenn ja, ob genügend Informationen zur Verfügung stehen und die zur Realisierung des Optimums notwendigen Maßnahmen qualitativ und quantitativ festgelegt und politisch akzeptiert werden können. Wenn die theoretischen und technischen Fragen sich positiv beantworten lassen sollten, so bleibt schließlich der Zweifel an der politischen Realisierbarkeit, nicht zuletzt am Durchsetzungsvermögen des Staates gegenüber Interessengruppen, von denen unter dem Deckmantel der Makroordnung partiell aggregierte Mikroordnungen als Grundlage der öffentlichen Ausgabenpolitik angeboten werden.

Die mit der Forderung nach einem optimalen Einsatz finanzpolitischer Instrumente verknüpften wissenschaftstheoretischen[22] sowie die allgemeine ökonomische Theorie betreffenden Probleme müssen hier ausgeklammert werden. Auf der Suche nach Bestimmungsgründen der öffentlichen Ausgaben soll nur die Vorfrage nach einer analytischen Bestimmung und nach der praktischen Durchsetzbarkeit der totalen Präferenzordnung erörtert werden.

Die analytische Bestimmung der totalen Ordnung ist auf zweierlei Weise versucht worden: die eine geht vom generellen ökonomischen Gleichgewicht des Walras'schen Systems und dem wirtschaftlichen Optimum Paretos aus, die andere von der sozialen Wahlentscheidung. Der erste Weg führt zur Bestimmung spezifischer Bedingungen von Produktionsmaximum und Kostenminimum in einem System von Gleichungen allgemeiner Interdependenz. Der so definierte Zustand wird als optimal angenommen. Wie fragwürdig diese Unterstellung ist erhellt schon aus der Tatsache, daß die Einkommensverteilung dabei als indifferent gilt. Die Erfüllung der postulierten Bedingungen dieser totalen Ordnung, wie freie Konsumwahl, Beseitigung von Hemmnissen in der freien Einkommensverwendung, Fixierung bestimmter Preissetzungsregeln, das Verbot der Lagerhaltung bei Monopolen etc., kann bei Fehlen der vollständigen Konkurrenz nicht garantiert werden, denn dazu müßte ein besserer Anpassungsmechanismus gefunden oder ein allmächtiger Staat darum bemüht werden.

Der zweite Versuch, eine totale Ordnung zu konstruieren, geht nicht auf die sog. „reine" Wirtschaftstheorie zurück, die den Staat regelmäßig als exogenen Faktor betrachtet, ihn aber schließlich mit ihren Kategorien zu erklären versucht, sondern er besteht darin, unter vereinfachten Bedingungen die totale Ordnung aus den individuellen

---

[22] Für Einzelheiten sei für das Walras-Pareto'sche System auf die bekannten Quellen (Theorie Mathématique de la Richesse bzw. Manuel d'Economie Politique) sowie auf die resumierenden Darstellungen bei E. *Schneider:* Einführung in die Wirtschaftstheorie Bd. 4, Teil 1, Kapitel 5 und F. *Perroux,* Zwang, Tausch, Geschenk, a.a.O., S. 141 ff. verwiesen.

Präferenzskalen unmittelbar herzuleiten, oder, um es in der Terminologie der welfare economics auszudrücken: es ist versucht worden, eine soziale Wohlfahrtsfunktion des individualistischen Types zu bestimmen[23]. Es geht also um den Übergang von den Mikroordnungen zur Makroordnung, um das „problème de passage", dem vor allem die modernen französischen Nationalökonomen ihre besondere Aufmerksamkeit geschenkt haben.

Eine rationale Ausübung des staatlichen Zwanges ist in einem demokratischen Staatswesen streng genommen nur dann möglich, wenn alle Staatsbürger dieser Ordnung und dem einzusetzenden Instrumentarium zustimmen, wenn also alle eine gleiche Vorstellung vom Interesse des Kollektivs haben und das staatliche Handeln sich jedem gegenüber immer auf den auch von ihm gewünschten Kollektivvorteil berufen kann und die staatliche Aktivität „nicht Ausdruck herrschender Privatinteressen und Wirtschaftsmächte" ist[24]. Es ist deshalb nur folgerichtig, daß Wicksell die Zustimmung aller zum Staatshaushalt, also zum Zielsystem wie zu den finanzpolitischen Maßnahmen, fordert.

Wenn die Makroordnung in der Weise definiert werden soll, daß die von den einzelnen erstrebten und in eine Rangordnung gebrachten Ziele addiert, gleichwohl aber auch alle individuellen Präferenzen in der sozialen Wohlfahrtsfunktion zum Ausdruck kommen sollen, so setzt das voraus, daß es unter den Wählern keine Interessenkonflikte gibt, d. h. daß alle die Alternativen in dieselbe Rangordnung bringen. Ist diese Bedingung nicht erfüllt, fehlt also für bestimmte Alternativen diese Übereinstimmung, so müssen sie unberücksichtigt bleiben; das Verfahren führt so zu einer Halbordnung und gleichzeitig zu einer Überbewertung des status quo, der selbst dann als optimal erscheinen kann, wenn er nur von einer Minorität gewünscht wird. Eine soziale Wohlfahrtsfunktion des rein individualistischen Typs ohne Interessenausgleich ist daher als Wertmaßstab unbrauchbar und ein Widerspruch in sich[25].

Eine praktische Lösung kann nicht von Einstimmigkeit und absoluter Freiwilligkeit ausgehen. Es wäre schon ein großer Erfolg, wenn es den Demokratien gelingen würde, die Verknüpfung des Volkes mit der res publica so zu festigen, daß beim Staatsbürger zu den grundlegenden politischen Fragen überhaupt Präferenzen vorhanden sind, die seiner individuellen Wertordnung entspringen, und wenn es glücken würde, eine darauf basierende soziale Wohlfahrtsfunktion mit möglichst brei-

---

[23] Vgl. H. *Giersch*, Allgemeine Volkswirtschaftspolitik, a.a.O., S. 101 und die dazu (S. 133) angeführten Quellen.

[24] F. *Perroux*: Zwang, Tausch, Geschenk a.a.O., S. 120.

[25] Vgl. K. J. *Arrow*: Social Choice and Individual Values, a.a.O.

ter Zustimmung zu begründen, auch wenn der Gesamtnutzen nicht maximal wird.

Ein totalitärer Staat hat es da freilich leichter, da der Plan bzw. das Programm die soziale Wohlfahrtsfunktion diktatorisch festlegt und die dahinter stehende politische Macht dekretieren kann, was für den einzelnen Staatsbürger gut und was schlecht ist.

Wenn aus der Idee des demokratischen Staates als Minimalforderung eine möglichst breite Zustimmung der Staatsbürger zur öffentlichen Aktivität erhoben werden muß, so betrifft dieses Postulat vorzugsweise diejenigen öffentlichen Leistungen, Güter und Dienste, die für die Gemeinschaft en bloc zur Verfügung gestellt werden[26], so daß eine Zurechnung auf den einzelnen Konsumenten nicht möglich ist und wir von einem der Größe nach gleichem Konsum pro Kopf ausgehen müssen.

In der individuellen Nachfrage können die einzelnen daher ihre wahren Präferenzen im Hinblick auf diese Güter nicht zeigen. Es geht hier um die sog. kollektiven Bedürfnisse[27], die auf eine annähernd optimale Weise befriedigt, bzw. für deren Befriedigung alternative Wege mit allen ihren Implikationen in einer Möglichkeitsanalyse aufgezeigt werden sollen, um dadurch die Entscheidungen über den Mitteleinsatz zu rationalisieren[28]. Wenn eine Übereinstimmung von öffentlicher Aktivität und individuellen Präferenzen gefordert wird, so hat man sich damit auch staatstheoretisch festgelegt, denn das impliziert, daß die einzelnen Staatsbürger diese Kollektivbedürfnisse oder besser: diese durch kollektive Leistungen befriedigten Bedürfnisse überhaupt empfinden, daß solche Bedürfnisse in den individuellen Präferenzskalen überhaupt erscheinen. Wenn wir dagegen mit den Anhängern der organischen Staatstheorie[29] der Ansicht sind, daß dieser Bedarf keine

---

26 R. A. *Musgrave*, The Theory of Public Finance, a.a.O., S. 9 ff. spricht in diesem Zusammenhang von „social wants".

27 Zur Problematik dieses schillernden Begriffes vgl. K. *Schmidt:* Zur Geschichte der Lehre von den Kollektivbedürfnissen, in: Systeme und Methoden in den Wirtschafts- und Sozialwissenschaften. Erwin von Beckerath zum 75. Geburtstag, hrsg. von N. Kloten, W. Krelle, H. Müller, F. Neumark. Tübingen 1964, S. 335 ff.

28 Die Frage, ob bei dieser Entscheidung die Wissenschaft noch Antworten geben kann, die darauf hinauslaufen, ob synthetische Urteile a priori möglich sind, muß hier ausgeklammert werden.

29 Über das „Wesen" des Staates sind in der Staatstheorie die widersprüchlichsten und abenteuerlichsten Theorien vertreten worden, die vom Bilde eines lebenden höheren Organismus (Plato) über ide These, der Staat sei effektiv ein Lebewesen höherer, geistig-sittlicher Ordnung (Bp. Gierke) über die rein logische Betrachtung des Staates als Name für einen Kollektivbegriff (Richard Schmidt) bis zur Identifikation von Staat und Rechtsordnung (Kelsen) reichen. Vgl. Staat (Allgemeine Staatslehre), in: Handwörterbuch der Staatswissenschaften (Hrsg. L. Elsterer, A. Weber, F. Wieser), Bd. 7, Jena 1926, S. 751 ff.

individuelle, sondern nur eine kollektive Basis hat[30], daß er also nur von der Gruppe als solcher „empfunden" und geäußert wird, die kollektiven Güter also in den individuellen Präferenzskalen gar nicht erscheinen, so hat es keinen Sinn, eine normative Theorie der öffentlichen Finanzwirtschaft für ein demokratisches Staatswesen zu entwickeln, denn dann müssen die Staatsausgaben intuitiv oder anhand ökonomisch-technischer Kriterien von Organen des Staates autonom festgelegt werden, und in der so fixierten Wohlfahrtsfunktion überwiegt das diktatorische Element. Der soziale Nutzen ist dann der von einer Gruppe oder vom Staat als „Person" (Jellinek) dekretierte Nutzen des Kollektivs und unabhängig von den Nutzenerwägungen der einzelnen, die ihre Präferenzen der totalen Ordnung anzupassen haben. Eine Gegenüberstellung der mit der staatlichen Aktivität angeblich verknüpften individuellen „utilities" und „disutilities" ist dann sinnlos. Der Vergleich des kollektiven Nutzens der Staastausgaben mit den individuellen Nutzeneinbußen bei der Steuererhebung wird, abgesehen von der allgemeinen Problematik und der fehlenden Meßbarkeit des Nutzens, zu einem manipulierbaren Maßstab.

Wenn dagegen eine individuelle Basis der sog. Kollektivbedürfnisse unterstellt und postuliert wird, daß sich die Kollektivbedürfnisse im demokratischen System aus den Individualbedürfnissen nach kollektiv zu nutzenden Gütern und Dienstleistungen ergeben sollen, so reduziert sich das Problem auf die Beantwortung der Frage, wie dann eine im Pareto'schen Sinne optimale Wahl erfolgen muß. Wenn der Marktmechanismus und mit ihm das marktwirtschaftliche Ausleseprinzip, das „exclusion principle"[31] nicht zum Zuge kommt, diese oft als „natürlich" gerühmte Ordnung also nicht gefunden werden kann, so muß eine Technik der sozialen Wahl gefunden werden, durch die jeder einzelne seine politischen Präferenzen sichtbar macht, und aufgrund dieser Präferenzen müssen dann Volumen und Struktur der Staatsausgaben festgelegt werden können. Die von der Mehrheit festgelegte totale Ordnung muß schließlich auch gegen den Willen der Minorität durchsetzbar sein. Denn auf die beste Lösung, die volle Übereinstimmung mit allen individuellen Wertskalen, wird von den meisten Autoren verzichtet, d. h. sie geben sich mit einer bestmöglichen (second best) Lösung zufrieden. Dazu muß die Frage nach dem bestmöglichen Wahlverfahren beantwortet werden: wie groß darf die Minorität sein und welches Gewicht ist dem einzelnen Wähler beim Wahlgang zuzubilligen. Da solche Analysen der Wirklichkeit in der entwickelten Demokratie angenähert sein sollen, wird trotz unterschiedlicher ge-

---

[30] Vgl. R. A. *Musgrave:* The Theory of Public Finance, a.a.O., S. 11.
[31] R. A. *Musgrave:* The Theory of Public Finance, a.a.O., S. 9.

gebener Einkommen die gleiche Gewichtung jeder Sitmme vorausgesetzt, wodurch der Übergang von den individuellen Präferenzen zur Makroordnung jedoch problematisch wird. Wenn weiterhin gefordert wird, daß die Reihenfolge in der gewählt wird, ohne Einfluß auf die Ergebnisse sein muß und strategische Erwägungen bei der Stimmabgabe keine Rolle spielen dürfen, so befinden wir uns in dem bekannten Modell von Kenneth Arrow[32], der einzelne Wahlverfahren, insbesondere die Mehrheitswahl, daraufhin untersucht hat, ob und inwieweit durch solche Verfahren der soziale Bedarf „richtig" bewertet wird und ob schließlich der Gesamtnutzen einen dem Optimum nahekommenden Wert annimmt.

Wenn ein solches Wahlverfahren rational sein soll, muß es, wie K. Arrow gezeigt hat, folgende Minimalbedingungen erfüllen[33]:

1. Die aus der Wahl resultierende soziale Wohlfahrtsfunktion, d. h. das soziale Präferenzsystem, muß die zur Wahl stehenden Alternativen in *eine einzige Ordnung* bringen können, unabhängig davon, wie die einzelnen Mitglieder der Gruppe diese Alternativen einordnen mögen.
2. Diese soziale Ordnung der Präferenzen muß positiv oder doch wenigstens nicht negativ mit den individuellen Änderungen (in der Ordnung der sozialen Präferenzen) korrelieren.
3. Durch die Elimination einer einzelnen Alternative darf die Reihenfolge der anderen Alternativen in der Wohlfahrtsfunktion nicht berührt werden.
4. Die Wähler müssen unter den Alternativen frei entscheiden können. Gibt es nur zwei Alternativen, so ist die Mehrheitswahl die natürliche Wahlmethode; gibt es mehr als zwei, so muß zwischen Paaren von Alternativen gewählt werden mit sukzessiven Paarungen der ausgewählten Alternativen, bis die beste Lösung gefunden ist.

Auf den öffentlichen Haushalt angewendet, würde sich der Wähler zwischen verschiedenen Haushaltsvolumen sowie verschiedenen Kombinationen von Ausgaben und alternativen Finanzierungsmethoden zu entscheiden haben. Je mehr das Modell der Wirklichkeit angenähert wird, um so mehr wird, wie Arrow zeigt, die Mehrheitswahl willkürlich, denn wenn wir nicht nur einen, sondern mehrere öffentliche Leistungstypen annehmen, und das müssen wir realistischerweise, so wird es für den Wähler schwer, wenn nicht unmöglich werden, die Leistungen in eine klare Sequenz zu bringen (z. B. nach seinen Einkommensverhältnissen oder seiner politischen Überzeugung), so daß

[32] K. J. *Arrow:* Social Choice and Individual Values, a.a.O.
[33] Vgl. R. A. *Musgrave:* The Theory of Public Finance, a.a.O., S. 119 ff.

eine seine Präferenzen darstellende Kurve nicht mehr eingipflig ist. Dadurch werden die Wahlsequenzen und somit die ganze Mehrheitswahl willkürlich. Noch unvollkommener erscheint das Wahlverfahren, wenn mehrere Leistungstypen mit verschiedenen Steuerformen kombiniert werden. Dieses bekannte Wahlparadoxon legt den Schluß nahe, daß unter den herrschenden Wahlsystemen keine auch nur näherungsweise Anpassung der öffentlichen Haushalte in Einnahmen und Ausgaben an die individuellen Präferenzen der Wähler möglich ist. Dagegen ist vor allem von H. R. Bowen[34] eingewendet worden, daß die Präferenzen der Wähler in vielen Demokratien eine erstaunlich große Ähnlichkeit aufweisen; innerhalb bestimmter sozialer Gruppen seien sie sogar uniform, betont Musgrave[35] und beruft sich dabei auf empirische Untersuchungen, so daß für viele Alternativen eine eingipflige Präferenzordnung unterstellt werden könne, wenn es auch einige andere Fälle gebe, in denen die Entscheidung der einzelnen unvorhersehbar sei. Das Mehrheitswahlsystem arbeitet also um so befriedigender, je kleiner die Steuerung der Präferenzen ist, je größer als die Wahrscheinlichkeit ist, daß über bestimmte, von den Politikern zusammengestellte Kombinationen weitgehende Übereinstimmung erzielt werden kann. Das Verfahren wird auch dadurch weniger willkürlich, daß bei jeder Wahl nur relativ kleine Änderungen an den bereits eingefahrenen, zum Teil sehr unelastischen Haushaltsstrukturen zur Diskussion gestellt werden, während die Masse der Ausgaben praktisch festliegt. Dennoch ist die Mehrheitswahl weit davon entfernt, optimal zu sein. Das gilt schon deswegen, weil die Entscheidung der Minorität unbeachtet bleibt, so daß die Lösung nur optimal in dem Sinne sein kann, daß sie von mehr Leuten akzeptiert wird als jede andere. Wenn wir im demokratischen Staat jedem Staatsbürger gleiches Gewicht geben und damit gleichen Nutzen zumessen müssen, obwohl die Einkommensverteilung erhebliche Ungleichheiten aufweist, so ergibt sich bestenfalls größte aggregierte Nützlichkeit.

Effizientere Wahlsysteme, die ebenso wie die Mehrheitswahl von der Hypothese ausgehen, daß die kollektiv zu erstellenden Leistungen sich in der Bedürfnisstruktur der einzelnen spiegeln und nur von dort zu legitimieren sind, sind gesucht und gefunden worden, z. B. die plurality vote, in der jeder Wähler gezwungen wird, seine Präferenzen in eine Rangordnung zu bringen und in der diejenige Alternative gewonnen hat, die die höchste Rangzahl hat. In einem solchen System würde jede Wahlentscheidung, auch die der Minorität mitberücksichtigt werden; alle Präferenzen der Wähler kämen voll zum Ausdruck. Wenn

---

[34] H. R. *Bowen:* Toward Social Economy, New York 1948, S. 181, zit. nach R. A. *Musgrave:* The Theory of Public Finance, a.a.O., S. 125.

[35] R. A. *Musgrave:* The Theory of Public Finance, a.a.O., S. 125 f.

die Wahl weiter perfektioniert und selbst die Intensität der individuellen Präferenzen berücksichtigt werden soll, so könnte man den Wähler auch noch veranlassen Punktwertungen abzugeben. Mit solchen Vorschlägen entfernt man sich mehr und mehr von den realen Möglichkeiten. Hinzu kommt, daß diese zwar exakteren Wahlverfahren wesentlich anfälliger sind gegenüber *strategischen* Verhaltensweisen der Wähler. Gerade hier wird versucht werden, durch Über- und Unterbewertungen dazu beizutragen, daß die eigene wirkliche Präferenz sich schließlich im Budget niederschlägt. Die Mehrheitswahl ist gegen Wahlstrategien weitaus unempfindlicher. Die Theorie von der sozialen Wahl und den individuellen Wertungen soll hier nicht im einzelnen dargestellt werden, doch sei zu den Grundannahmen noch einiges gesagt:

Jedes Verfahren, das aus der Summe der Einzelbedürfnisse das Kollektivbedürfnis ableiten will, ist problematisch, denn damit wird eine politische Reife und Sachkenntnis der Wähler unterstellt, die empirisch nicht belegt werden kann. Die Zwischenschaltung eines Repräsentanten zwischen Wähler und Regierung hilft in der parlamentarischen Demokratie vielleicht das beim Wähler evtl. mangelhaft ausgebildete Verständnis für manche Belange der Gemeinschaft politisch zu ersetzen. Doch führt dies andererseits von der unmittelbaren Demokratie weg; die Bedingungen der rationalen Wahl im Arrow'schen Sinne sind nicht erfüllt, wenn der größere Sachverstand den fehlenden Willen der Wähler ersetzt oder sich gar über den Willen des Wählers hinwegsetzt. Das politische Konzept wird vollends in Frage gestellt, wenn sich selbst der Repräsentant auf Kollegen mit größerer Sachkenntnis oder sogar auf das Urteil der Exekutive verlassen muß.

Noch entscheidender und nicht minder problematisch ist, daß bei der Wahl eines Repräsentanten bewußt oder ahnungslos immer ein ganzes Bündel möglicher Entscheidungen des Abgeordneten oder der Partei bzw. der Parteielite[36] gewählt wird, eine in sich mehr oder minder geschlossene, meist nicht explizit gemachte und im Laufe der Legislaturperiode auch wandelbare Vorstellung von der sozialen Wohlfahrt, in der nicht nur die persönlichen Interessen des Wählers, sondern auch die des Ganzen enthalten sein sollen, bzw. wenn gleichzeitig oder sogar im wesentlichen über die in der vergangenen Legislaturperiode geleistete Arbeit, also über die Konkretisierung der heute angebotenen Wohlfahrtsfunktion mit Hilfe der tatsächlichen Ergebnisse wird. Hinsichtlich der angebotenen Wohlfahrtsfunktionen und der glo-
der abgelaufenen Periode in wenig differenzierter Weise abgestimmt
balen Bewertung politischer Aktivität als Ganzes gesehen, scheint aber unter den Wählern der modernen Massendemokratien eine gewisse Über-

[36] Vgl. H. *Kaack:* Die Parteien in der Verfassungswirklichkeit der Bundesrepublik, 2. Aufl., Bonn 1964, S. 98 ff.

einstimmung zu herrschen. Dafür sorgen nicht nur die Mittel der politischen Werbung, deren Wirkung meist überschätzt wird[37], sondern vor allem die sozialen Machtkämpfe innerhalb und außerhalb der Parteien, die damit die Funktionen übernommen haben, alternative totale Präferenzordnungen durch ihre Eliten[38] festzulegen und zur Wahl zu stellen[39]. Diese Funktion billigt F. Perroux auch den sozialen und politischen Gruppierungen und Interessengruppen zu[40], durch die das staatliche Monopol der bedingungslosen Zwangsausübung getragen und begrenzt wird, denn es sind nicht nur Selbstbegrenzung (Gesetze), Tradition, Mentalität der Bevölkerung u. ä. Faktoren, denen die Herrschaftsausübung Rechnung tragen muß und die auf das Kollektivinteresse hinwirken können, sondern auch die Bedrohung durch mögliche politische Gegner spielt eine entscheidende Rolle. „Die Regierenden, welche durch eine Einflußgruppe und einen bestimmten Typ der Legitimierung[41] in die Höhe getragen wurden, werden durch andere Einflußgruppen und andere Legitimierungstypen bedroht[42].“ Auch diese Herrschaftsausübung präsentiert sich nur nach außen als einheitliches Phänomen: sowohl bei der Festlegung des als optimale Rangordnung ausgegebenen Zielsystems als auch bei der Auswahl der einzusetzenden Methoden müssen innere Widerstände durch Kompromisse und Schiedssprüche überwunden werden, die dem Gesamtwohl förderlich sein mögen. Es wäre auch verfehlt, im modernen Staat von den Regierenden die Formulierung einer totalen Präferenzordnung maximalen Kollektivnutzens zu erwarten und von ihnen Neutralität gegenüber widerstreitenden Privat- oder Gruppeninteressen zu verlangen, denn einmal läßt sich eine solche Ordnung schwerlich überzeugend definieren, von allen politischen Schwierigkeiten abgesehen, und zum anderen kann die öffentliche Gewalt von der sozialen Gemeinschaft nicht getrennt werden: im idealen Falle wird sie ihre Wahl in Distanz von den „dominierenden Interessen und dauerhaften Hierarchien“ treffen[43]. Dabei

---

[37] Die Konzentration (ökonomisch wie politisch) im deutschen Zeitungsverlagswesen hat sich z. B. nur in geringem Umfang auf die politische Willensbildung der Wähler ausgewirkt.

[38] Die besonders starke Stellung der Eliten beschreibt H. Kaack: Die Parteien in der Verfassungswirklichkeit der Bundesrepublik, a.a.O., S. 104.

[39] So „korrigieren die sozialen Kämpfe recht und schlecht die staatliche Struktur, begrenzen und lenken die staatliche Zwangsanwendung“. F. *Perroux:* Zwang, Tausch, Geschenk. Zur Kritik der Händlergesellschaft, Stuttgart 1961, S. 120. Zur Rolle der Parteien vgl. H. *Kaack:* Die Parteien in der Verfassungswirklichkeit der Bundesrepublik, a.a.O.

[40] F. *Perroux:* Zwang, Tausch, Geschenk, a.a.O., S. 111 f.

[41] Herrschaft und Zwang sind in demokratischen Ländern nur dann unbedingt, wenn sie legitimiert sind (Perroux).

[42] F. *Perroux:* Zwang, Tausch, Geschenk, a.a.O., S. 138.

[43] F. *Perroux:* Zwang, Tausch, Geschenk, a.a.O. Perroux sieht im modernen Staat nicht die organisierte Gesamtheit von Mitbürgern, sondern vielmehr eine Konstellation von Wirtschaftsmächten.

zeigt sich die Stärke der Regierung im Durchsetzungsvermögen, in der Reversibilität eingefahrener Ausgaben, in ihren Schiedssprüchen und in der widerspruchsfreien Formulierung des Zielsystems; ihre Schwäche kommt in der Kompromißbereitschaft, in der sogenannten Irreversibilität[44] der Ausgaben, sowie in widersprüchlichen Maximalprogrammen zum Ausdruck. Dasselbe gilt mutatis mutandis für die großen Verbände, deren Stärke und damit auch deren Wirksamkeit als vorgelagerte, den Staat entlastende Interessenfilter unter diesem Aspekt beurteilt werden müssen. Soweit also eine Begrenzung des Monopols der Herrschaftsausübung besteht und regierende Parteien und Verbände als Interessenfilter und -koordinatoren wirken und ihre Aufgabe nicht darin sehen, die Gruppeninteressen zu summieren und zu maximieren, *besteht die Möglichkeit* der Formulierung einer totalen Rangordnung großen sozialen Nutzens bzw. großen Allgemeinwohls, über das, ohne synthetische Urteile a priori zuzulassen, praktisch jedoch nichts „Exaktes“ ausgesagt werden kann. Daß die genannten Kräfte tatsächlich auch nur tendentiell auf eine Vergrößerung des Gesamtwohls in jedem Falle hinwirken, ist mit den Mitteln der Theorie nicht zu beweisen. Ebensowenig kann über die Effizienz einer Maßnahme im Hinblick auf das Gemeinwohl mit den Mitteln der reinen Theorie ausgesagt werden.

Es wurde weiter oben schon kurz darauf hingewiesen, daß, von politischen Umwälzungen abgesehen, die Staatsausgabenstruktur in den entwickelten Demokratien nicht manipulierbar ist, daß praktisch nur relativ kleine Veränderungen zur Wahl stehen. Die große Masse der Ausgaben liegt demnach fest, und es erhebt sich dann gleich die konkretere Frage, wieweit die Ausgaben noch variabel sind, wie groß also der Freiheitsgrad im System der politischen Entscheidung ist.

Dazu wird es notwendig, die einzelnen Ausgabenkategorien näher zu untersuchen und anschließend zu prüfen, welche Grenzen von der herrschenden Wirtschaftsordnung gezogen werden.

Die Variabilität der öffentlichen Ausgaben im politischen Entscheidungsprozeß

A. Politische Determinierung der öffentlichen Ausgaben

Die sich aus der Existenz des Staates notwendig herleitenden und daher oft als „echte“ oder „eigentliche“ Staatsaufgaben bezeichneten staatlichen Aktivitäten dürften prima facie die größte Variabilität

---

[44] Vgl. K. H. *Hansmeyer*, Subventionen in der Bundesrepublik Deutschland. „Finanzwissenschaftliche Forschungsarbeiten“ (Hrsg. G. Schmölders), N.F. Heft 25, Berlin 1963, S. 27 ff.

aufweisen, denn Niveau und Struktur der sich daraus ableitenden Staatsausgaben werden von der Herrschaftsentfaltung des Staates nach innen und außen, von dessen Rechts- und Machtfunktion[45] bestimmt. Dazu gehört die Errichtung und Sicherung der inneren Staatsordnung und die Garantie seines Bestandes sowie Ausgaben für die Beziehungen des Staates zur übrigen Welt[46]. Wenn diese Ausgaben politisch begründet sind, so heißt das nicht, daß sie mehr oder minder willkürlich festgesetzt werden könnten. Es lassen sich für den „Mindestbedarf" vieler Ausgaben dieser Art wie Verwaltungs- und Polizeiausgaben wenigstens für die mittelfristige Planung innerhalb der bestehenden Strukturen und bei einer gegebenen Konsumnorm, also relativ zum jeweils gültigen, ökonomisch wie auch soziologisch und sozialpsychologisch fixierten Bezugssystem, mehr oder minder feste Relationen zu bestimmten damit korrelierenden, bzw. kausal verknüpften Größen, z. B. zur Bevölkerungszahl und -dichte, zum Industrialisierungsgrad, zur Verkehrsdichte etc. ermitteln, wobei zu berücksichtigen ist, daß der wachsenden staatlichen Aktivität automatisch auch diejenigen Dienstleistungen der Verwaltung folgen, die wiederum mit dem Ausgabevolumen unmittelbar verknüpft sind (z. B. Ausgaben für die Finanzverwaltung).

Oberhalb dieses Mindestbedarfs (inkl. Erneuerungsbedarfs) liegt mittelfristig der Manipulationsspielraum.

Naturgemäß bereitet die *langfristige* Determinierung eines solchen Mindestbedarfs erhebliche Schwierigkeiten, wenn es sich nicht gerade um so festliegende Ausgaben wie den sog. tributären Staatsbedarf (Terhalle) oder um die Bedienung der Altverschuldung handelt. Beinahe alle übrigen Ausgaben sind so stark mit den weltpolitischen, aber auch technischen und ökonomischen Entwicklungen verknüpft, daß vor allem ihre langfristige Bestimmung nur im Rahmen eines allgemeinen gesamtwirtschaftlichen Modells und nur mit der Wahrscheinlichkeit vorausbestimmt werden kann, mit der die in der Gesamtanalyse angenommene Konstanz der gewählten Daten, die unterstellte Veränderung der unabhängigen Variablen und die eingeführten Funktionalzusammenhänge sich im großen und ganzen als richtig im Sinne der Empirie erweisen. Wenn von Mindestbedarf und Mindestversorgungsniveau gesprochen wird, so geschieht das eingedenk der Tatsache, daß

---

45 Vgl. H. *Timm:* Das Gesetz der wachsenden Staatsausgaben, a.a.O., S. 203; vgl. auch die dort angeführten Stellen bei Ad. Wagner, Grundlegung der allgemeinen oder theoretischen Volkwirtschaftslehre, Leipzig 1893.

46 Daraus ergeben sich Ausgaben für Polizei, Justiz, auswärtige Angelegenheiten, Militär, tributäre Abgaben, Beiträge an internationale Organisationen und freiwillige Leistungen an fremde Staaten (Entwicklungshilfe). Auch die allgemeinen Verwaltungsausgaben gehören zum Teil hierher, doch sind sie weitgehend auch wieder eine Funktion dieser Ausgaben.

es sich hier um einen wesentlich sozialpsychologischen Begriff[47] handelt, dessen Inhalt sich im Laufe der Zeit ändert, so daß damit auch aus diesem Grunde nur kurz- bzw. mittelfristig operiert werden kann. In der *Erhöhung* des Versorgungsniveaus insgesamt oder schwerpunktmäßig bei einzelnen Ausgabekategorien, in der Änderung der Relationen liegt also der Freiheitsgrad der politischen Entscheidungen. Daß diese ihrerseits wiederum von einer Fülle von Faktoren, auch ökonomischen, abhängig sind, bedarf keines besonderen Beweises: ein Teil der sog. „echten" Staatsaufgaben für die Polizei und für Beziehungen zum Ausland, denken wir nur an Gewerbepolizei und Beiträge zu den europäischen Gemeinschaften, müssen vorwiegend wirtschaftlich begründet werden.

Doch ist die Trennung von politischen und ökonomischen Bereichen an sich problematisch, da fast jedes allgemeine politische Ziel auch wirtschaftspolitisch motiviert werden kann und umgekehrt. Das gilt um so mehr, je höher der Entwicklungsstand einer Volkswirtschaft ist und je mehr die wirtschaftspolitischen Ziele (Wachstum, Vollbeschäftigung) im politischen Zielsystem dominieren, so daß sogar die sog. „echten" Staatsausgaben wie Rüstungsaufwendungen — im Rahmen ihrer zeitlichen Manipulierbarkeit — in den Dienst der allgemeinen Wirtschaftspolitik, insbesondere der Konjunkturpolitik, gestellt werden[48].

Die Komplizierung des technischen Apparats, das steigende Risiko technischer Entwicklungen und das zunehmende Geheimhaltungsbedürfnis für immer zahlreicher werdende wirtschaftliche Aktivitäten lassen auch diese politisch determinierten Ausgaben über ihre ursprünglichen Grenzen wachsen; der Begriff der „echten Staatsausgaben" weitet sich, wobei der Staat auch in Bereiche vordringt, die vorher den Privaten vorbehalten waren[49].

B. Ökonomische Determinierung öffentlicher Ausgaben

Die Feststellung, daß eine Reihe von Staatsausgaben vorwiegend politisch determiniert sind, darf nicht zu der Folgerung verleiten, daß damit auch etwas über die ökonomische Seite des Problems ausgesagt

---

47 Vgl. die interessante Untersuchung uber die Ansprüche der Staatsbürger an den Staat von G. *Schmölders:* Das Irrationale in der öffentlichen Finanzwirtschaft. Probleme der Finanzpsychologie, Hamburg 1960, S. 58 ff.

48 Vgl. F. *Neumark:* Grundzüge und Arten der Haushaltsführung und Finanzbedarfsdeckung, a.a.O.

49 Gegen diese Gleichsetzung von öffentlichen Ausgaben und Konsum haben sich bereits C. *Dietzel,* L. *v. Stein,* A. *Schäffle und* A. *Wagner* gewandt.

sei; die Gleichsetzung von „ursprünglichen Staatsausgaben" und „öffentlichem Konsum" ist wenig sinnvoll[50]. Um öffentliche Investitionen und öffentlichen Verbrauch in Analogie zu den entsprechenden Begriffen im privaten Bereich sinnvoll zu definieren, kann nicht formal von der Art und Weise der Einkommensverwendung ausgegangen werden, da es einen staatlichen Konsum im formalen Sinne nicht geben kann, sondern es muß auf die ökonomische Wirkung abgestellt werden. Damit ergeben sich jedoch eine Reihe von Problemen: es läßt sich nicht vermeiden, einen einzigen Wirkungszusammenhang zum Unterscheidungskriterium zu erheben und es ist notwendig, bei der Analyse der möglichen Wirkungen mit stark vereinfachenden Hypothesen zu arbeiten.

Für die Unterscheidung zwischen öffentlichem Konsum und staatswirtschaftlicher Investition wird die Wirkung der öffentlichen Aktivität auf das Wirtschaftswachstum das entscheidende Kriterium liefern müssen, denn die an die Ausgabentheorie heute gerichteten Fragen beziehen sich vorwiegend auf diesen Aspekt. Als öffentliche Investitionen sollen daher alle diejenigen Staatsausgaben definiert werden, die die Produktionskapazität des Staates oder der Privaten[51] ceteris paribus erhöhen, d. h. die in diesem Sinne einen Kapazitätseffekt haben, gleichgültig, ob es sich um „soziale" („Sozialkapital") oder erwerbswirtschaftliche Investitionen handelt[52].

Im Sinne dieser Definition, die bewußt einseitig auf die Produktionskapazität und nicht auf die Gesamtheit der Wachstumseffekte abstelle, gehören Tribute, Fehlinvestitionen, sowie auch Militärausgaben beispielsweise zum öffentlichen Konsum. Damit wird jedoch nicht behauptet, daß von diesen Ausgabekategorien das Wirtschaftswachstum unbeeinflußt bliebe, denn die enge Verknüpfung von Waffentechnik, technischem Fortschritt und Wirtschaftswachstum ist nicht zu übersehen.

Für den Bereich der so definierten öffentlichen Investitionen ist in diesem Zusammenhang in erster Linie die Frage zu beantworten, ob

---

[50] Vgl. auch K. *Littmann:* Zunehmende Staatstätigkeit und wirtschaftliche Entwicklung. Versuche über die Wirkungen staatswirtschaftlicher Prozesse in der spätkapitalistischen Periode, Köln u .Opladen 1957, ff. Kapitel 4.

[51] Vgl. hierzu auch die Literatur zur Theorie der sozialen Kosten von A. C. *Pigou* (The Economics of Welfare, London 1920) über J. M. *Clark* (Studies in the Economics of Overheads Cost, Chicago 1923) bis zu K. W. *Kapp* (The Social Cost of Private Enterprise, Cambridge/Mass. 1950).

[52] Auf die Verwendung des Begriffes Sozialkapital (etwa im Sinne von F. Vito oder K. Littmann) soll hier der Preiser'schen Definition folgend im Interesse der Klarheit verzichtet werden. Vgl. E. *Preiser*. Der Kapitalbegriff und die neuere Theorie. Jahrbücher für Nationalökonomie und Statistik, Bd. 165 (1953), S. 244 f., 254 u. 260. K. Littmann, Zunehmende Staatstätigkeit und wirtschaftliche Entwicklung, a.a.O., S. 108 ff. Zum Kapital- und Investitionsbegriff vgl. auch H. Jecht: Finanzpolitik und Kapitalbildung. „Recht und Staat." Heft 217, Tübingen 1958.

die Wahl der verschiedenen Investitionszwecke vorwiegend ein Problem des politischen Entscheidungsprozesses und damit ein essentiell politisches und soziologisches Problem ist oder ob auch ökonomische und technische Kriterien dabei eine mehr oder minder große Rolle spielen.

Da die öffentlichen Investitionen mit der privaten Produktion unlösbar verknüpft sind, ist immer wieder versucht worden, das Niveau der öffentlichen Investitionen (oder sogar der gesamten Staatsausgaben) mit den Kategorien der ökonomischen Theorie eindeutig festzulegen und damit die optimale Kombination öffentlicher und privater Aktivitäten: Als Kriterium dafür ist von Masoin[53] die Produktivität der öffentlichen Ausgaben gewählt worden. Von den öffentlichen Investitionen erwartet er in Weiterführung des Walras'schen Systems, daß der Volkswirtschaft langfristig der Investitionsaufwand in Form von Einkommen und Erträgen über den Markt zurückerstattet wird.

Diese der klassischen Markt- und Preistheorie entlehnte Argumentation ist in ihrer Anwendung auf den öffentlichen Sektor der Volkswirtschaft nicht unproblematisch, unterstellt sie doch regelmäßig, daß der gesamtwirtschaftliche Wert bzw. Nutzen der vom Staat produzierten Güter und Dienste im Marktpreis zum Ausdruck kommt. Nur wenn diese Äquivalenz von gesamtwirtschaftlichem Wert einerseits und Marktpreis andererseits wenigstens annähernd einander entsprechen — und das ist mehr als zweifelhaft — bieten ja die am Markt sichtbar werdenden Preise ein sinnvolles Maß für die Produktivität der öffentlichen Ausgaben. Es ist deshalb überaus fragwürdig, wenn aus der Klassifikation „produktive" und „unproduktive" Ausgaben — womit normalerweise auch eine Wertung verknüpft ist — Deckungsgrundsätze abgeleitet werden, die dann zu so einprägsamen wie dubiosen Formulierungen führen können wie „doing the job pays the bill".

Vom Ansatz der Kosten- und Preistheorie kann auch die Ausdehnung der öffentlichen Investitionstätigkeit bis zum Minimum der Gesamtkosten postuliert oder, von der Grenznutzenlehre ausgehend, der Ausgleich von privater Nutzeneinbuße und kollektiver Nutzenstiftung gefordert werden.

Oder es kann in Anlehnung an die Grenzproduktivitätstheorie verlangt werden, daß solange private durch öffentliche Investitionen substituiert werden, wie die gesamtwirtschaftliche Grenzproduktivität des Kapitals im öffentlichen Sektor höher ist als sie im privaten sein würde und als Optimum deren Ausgleich (Gleichgewicht) definiert werden[54].

---

[53] M. *Masoin:* Die öffentlichen Ausgaben, in: Handbuch der Finanzwissenschaft, 2. Aufl., Bd. 2, Tübingen 1956, S. 2 ff.

[54] Doch läßt sich weder der Grenznutzen noch die Kapitalproduktivität

Solche Postulate sind nicht ohne didaktischen Wert und entbehren auch nicht der Plausibilität, sind aber empirisch leer. Auch aus der die kurze Periode betreffenden makroökonomischen Theorie wurden entsprechende Postulate abgeleitet, obwohl sich diese Theorie auf die Analyse kurzfristiger Wirkungen von Veränderungen makroökonomischer Größen auf Gesamteinkommen und Beschäftigung beschränken muß und nicht den unzulässigen Versuch unternehmen sollte, die Ergebnisse der kurzfristigen Analyse auf die lange Periode zu übertragen, woraus sich die Forderung nach einer ständigen zunehmenden kompensatorischen Staatstätigkeit bereits aus dem verfehlten Ansatz zwangsläufig ergibt[55].

Schließlich kann auch in Anlehnung an die Wachstumstheorie versucht werden, das Ausmaß der öffentlichen Investitionstätigkeit mit Hilfe einer Gleichgewichtsvorstellung analytisch zu bestimmen: etwa mit der Forderung, daß über den Kapazitätseffekt der Ausgaben für jeden Zeitpunkt eine so große Ausweitung der angebotenen öffentlichen Leistungen erfolgen muß, daß die über die Ausweitung des Gesamteinkommens sich ergebende Nachfrage nach öffentlichen Leistungen gerade ausgeglichen wird. Man könnte versuchen, die kreislaufmäßigen Bedingungen für ein gesamtwirtschaftliches dynamisches Gleichgewicht festzulegen, das den öffentlichen Sektor einschließt. Fragestellung und Analyse werden dadurch präziser, doch ist nicht zu sehen, wie aus den endogenen Kräften eines solchen Systems heraus wenigstens ein Teil der öffentlichen Ausgaben konkret determiniert werden könnte.

Alle Versuche, ein optimales Verhältnis oder ein Gleichgewicht zwischen staatlichem und privatem Sektor der Volkswirtschaft anhand ökonomischer Kriterien global abzuleiten, blieben theoretisch unbefriedigend oder sind empirisch leer. Das kann angesichts der Komplexität des Beziehungssystems und der offensichtlich engen Grenzen des zur Verfügung stehenden theoretischen Instrumentariums nicht verwundern.

---

in der öffentlichen Wirtschaftsrechnung praktisch erfassen, so daß auch diese Argumentation wenig zur Klärung der Probleme beiträgt. Es ist daher auch wenig sinnvoll ein Optimum der Staatstätigkeit mit Hilfe der marginalen Kapitalproduktivität im privaten und öffentlichen Sektor zu bestimmen. Ebensowenig läßt sich natürlich für die Vorausplanung der öffentlichen Investitionen der reziproke Wert der Kapitalproduktivität, d. h. der Kapitalkoeffizient mit ausreichender Exaktheit bestimmen. Vgl. hierzu K. *Häuser*, Bemerkungen über den Stand und die Entwicklung einer Theorie der Staatswirtschaft, in: Money, Growth, and Methodology and other Essays in Economics. In Honor of Johan Åkerman. Hrsg. H. Hegeland, Lund 1961, S. 208 ff.

55 Vgl. hierzu auch K. *Littmann:* Zunehmende Staatstätigkeit und wirtschaftliche Entwicklung, a.a.O., S. 25 ff.

Die in der Planung öffentlicher Investitionen dominierende Grundposition ist die der Grenzproduktivitätstheorie. Die daran anknüpfenden Rechnungen sind äußerst problematisch, denn in ihnen wird versucht, die soziale Grenzproduktivität numerisch zu erfassen, auf daß nicht nur innerhalb der öffentlichen Investitionen eine rationale Ausgabenstruktur, sondern möglichst auch zum privaten Sektor der Wirtschaft ein annähernd optimales Verhältnis bestimmt werden könne. Die Planung des französischen Ministeriums für öffentliche Arbeiten mag dazu als Beispiel angeführt werden[56].

Bei einer Analyse der öffentlichen Haushalte ist in aller Regel festzustellen, daß die öffentlichen Ausgaben mit der fortschreitenden Wirtschaftsentwicklung zu einem wachsenden Teil dazu verwendet werden, bestimmte Produktionen oder die Entwicklung bestimmter Gebiete durch Aufschließung von Rohstoffen und Energien sowie durch raum- und verkehrswirtschaftliche Maßnahmen zu ermöglichen, zu erhalten oder rationeller zu gestalten, bei der privaten Produktion auftretende soziale Verluste abzuwenden, soziale Kosten auf das Kollektiv zu übernehmen oder auf die verursachten Wirtschaftssubjekte zu verteilen[57]. Für diesen Teil der öffentlichen Finanzwirtschaft wird vor allem eine Programmierung gefordert. Besondere Beachtung verdienen aber auch die eng mit der wirtschaftlichen Entwicklung verknüpften tertiären Produktionen der öffentlichen Hand auf den Gebieten des Post-, Fernmelde- und Verkehrswesens und die für Unterricht, Wissenschaft und Forschung aufgewendeten Mittel[58].

Der Financier, meist auch Investor Staat tritt heute in wachsendem Maße als Produktionspartner (Colm) der privaten Wirtschaft auf[59], wenn diese Partnerschaft auch oft einseitig determiniert ist und deren Intensität nach Raum, Zeit und Wirtschaftszweig sehr verschieden

---

[56] Für alle Investitionen werden alle „Erträge" (auch „soziale") auf heute diskontiert, mit einer Abzinsung von 7 %, wobei versucht wird, alle den öffentlichen Leistungen zuzuschreibenden externen Ersparnisse im privaten Sektor zu bewerten und in die „Rentabilität" einzurechnen. Das geht soweit, daß bei der Planung des Straßenbaus Verkehrstote, Verletzte, ersparte Zeit und größerer Komfort mit in die Rechnung einbezogen werden. Nur wenn die „Erträge" nach dieser Abzinsung die Investition übersteigen, erscheint sie als „rentabel". Vgl. hierzu A. *Laure*, C. *Abraham:* L'Etude Economique des Investissements Routiers, in: La Route, 1958, Supplément à la Revue „Travaux", Paris 1959, sowie die hektographierten Arbeitsunterlagen des Ministère des Travaux Publics des Transports et du Tourisme. Vgl. auch die positive Stellungnahme von G. *Bombach*, Rahmenplan oder Zahlenzwang, in: Planung ohne Planwirtschaft. Frankfurter Gespräch der List Gesellschaft, hrsg. von A. Plitzko, Basel und Tübingen 1964, S. 54.

[57] Vgl. H. *Timm:* Das Gesetz der wachsenden Staatsausgaben, a.a.O., S. 230 f.

[58] Vgl. K. *Littmann:* Zunehmende Staatstätigkeit und wirtschaftliche Entwicklung, a.a.O., S. 122 ff.

[59] G. *Colm:* Essays in Public Finance and Fiscal Policy. With the Ed Assistance of H. O. Nicol. New York 1955, S. 54.

stark sein kann[60]. Die so angebotenen öffentlichen Leistungen sollten für die privaten Wirtschaften Daten sein, die sie vernünftigerweise in ihr Kalkül einbeziehen. Es liegt nun nahe, die Entwicklung dieser, mit der privaten Wirtschaft direkt verbundenen staatlichen Aktivitäten in ihrer räumlichen, zeitlichen und sektoralen Verteilung als abhängige Variable von Größen des gesamtwirtschaftlichen Entwicklungsprozesses zu deuten. Doch können solche öffentlichen Leistungen sowohl Ursache als auch Folge des Wirtschaftswachstums sein, oder anders ausgedrückt, es ist selten exakt zu entscheiden was hier unabhängige und was abhängige Variable ist.

Da vornehmlich diese Leistungen von den Wirtschaftssubjekten nur gemeinschaftlich genutzt und individuell nicht nachgefragt werden können (Verkehrswege, Kanalisation etc.), ist die Zurechnung auf einzelne Wirtschaftszweige etwa mit Hilfe der input-output-Technik recht schwierig. Auch bei den oft gebündelten, extrem langfristigen, unsicheren oder kostspieligen Entwicklungsinvestitionen ergeben sich ähnliche Probleme. Wenn „notwendige" oder „richtige" Mengen solcher öffentlicher Ausgaben gefordert werden und dies keine Leerformel bleiben soll, so muß präzisiert werden. Eine Beantwortung der Frage nach der richtigen, im Sinne von gleichgewichtigen Proportionierung öffentlicher und privater Investitionen ist bestenfalls für die abgelaufene Periode möglich. Für die in die Zukunft gerichtete Finanzpolitik müßte die Entwicklung der Gesamtwirtschaft exakt prognostiziert werden können, um die für ein dynamisches Gleichgewicht notwendigen öffentlichen Aufwendungen aufzeigen zu können. Dabei wollen wir die Frage offen lassen, ob im Interesse eines schnellen Wirtschaftswachstums ein solches Gleichgewicht wünschenswert ist oder ob nicht Überkapazitäten im öffentlichen Leistungsbereich das Wachstum forcieren. Wenn wir weiterhin berücksichtigen, daß zwischen Planung und Realisierung öffentlicher Ausgaben eine relativ lange, ex ante nicht genau vorbestimmbare Zeit liegt, so werden die Schwierigkeiten offensichtlich. Soweit eindeutige technische Koeffizienten zur Determinierung des öffentlichen output gefunden werden können, läßt sich mit einiger Genauigkeit zwar sagen, inwieweit das augenblickliche Leistungsniveau mit den augenblicklichen Erfordernissen der Wirtschaft übereinstimmt, welche Mengen z. B. an bestimmten Verkehrswegen fehlen oder im Überschuß vorhanden sind. Wenn sich also bestimmte öffentliche Ausgaben mit Hilfe feststehender Koeffizienten dem output einzelner Wirtschaftszweige zuordnen lassen (z. B. Ausgaben für die Binnenschiffahrt), kann dafür der Leontief'sche input-output-table benutzt bzw. ein ent-

---

[60] Man könnte den Staat auch als Quasi-Unternehmer im Sinne J. *Schumpeters* (Theorie der wirtschaftlichen Entwicklung, Berlin 1952, S. 118 ff.) definieren.

sprechendes System linearer Gleichungen aufgestellt werden, in das der Staat explizit eingeführt wird. Die Frage jedoch, welche Risiken der Staat im gesamtwirtschaftlichen Interesse für die kommenden Perioden übernehmen sollte und welche öffentlichen Leistungen im Planungszeitraum wann begonnen werden müßten, damit sie bei ihrer Fertigstellung zum gewünschten und dann realisierten Entwicklungsstand der Wirtschaft ein im Sinne der totalen Rangordnung optimales Niveau erreicht haben, ist weniger leicht zu beantworten, wenn z. B. nur die Entwicklung des technischen Fortschritts, der Kapitalkoeffizienten, der Bevölkerungszahl und -dichte, die Änderung von Konsumgewohnheiten, die Wanderung der Produktionsfaktoren oder die räumlichen Veränderungen berücksichtigt werden sollen[61], Einflußgrößen, die für Einkommensentwicklung, Wirtschaftswachstum und öffentliche Ausgaben von entscheidender Bedeutung sind und die auf ihre Staatsausgaben fordernde Wirkung hin untersucht werden müßten, wenn eine Prognose der Ausgabenentwicklung gewagt werden soll. Nur soweit sich für die öffentlichen Leistungen der hier diskutierten Art technische Koeffizienten in Relation zu Leistungsgrößen der privaten Produktion oder des Verbrauchs finden lassen, können also für die sehr kurzfristige Planung einigermaßen brauchbare Relationen angegeben werden (etwa zwischen Kraftfahrzeugzirkulation und Straßenkapazität). Bei der langfristigen Festlegung der öffentlichen Leistungen wird man sich im Rahmen einer langfristigen („moving") Programmierung[62] an die gewünschten Optimalproportionen herantasten müssen, denn der Dynamisierung z. B. des Leontief'schen Systems stellen sich in der Praxis unüberwindliche Schwierigkeiten entgegen, und auch die Simulation des marktwirtschaftlichen „trial and error" ist wegen der Unteilbarkeit öffentlicher Großprojekte keine brauchbare Methode. Je mehr sich die nur kollektiv zu nutzenden öffentlichen Investitionen ausweiten und je langfristiger die Planung wird, um so schwieriger wird es, die Wirkungen dieser Investitionen vor allem auf das Wirtschaftswachstum quantitativ zu erfassen, ganz abgesehen von den Schwierigkeiten, die sich aus der Unzulänglichkeit des vorhandenen statistischen Materials ergeben.

Obgleich die exakte theoretische Determinierung scheitern muß, können für die praktische Finanzpolitik doch grobe Verhaltensregeln aus der Tatsache abgeleitet werden, daß in einer Phase schneller industrieller Entwicklung die Planung des zukünftigen öffentlichen In-

---

[61] Diese Größen werden durch die Staatsausgaben unmittelbar beeinflußt, doch ist wiederum nicht zu entscheiden, was abhängige und was unabhängige Variable ist.

[62] Vgl. R. *Frisch:* Preface to the Oslo Channel Model. A Survey of Typs of Economic Forecasting and Programming, in: Europe's Future in Figures (Hrsg. R. C. Geary), North Holland Co. 1962.

vestitions- und privaten Förderungsbedarfs (Infrastruktur) ohnehin von einem sehr viel höheren als den laufenden Ausnutzungsgrad ausgehen muß und daß viele öffentliche Leistungen gebündelt zur Verfügung gestellt werden müssen[63]; das gilt für die verkehrsmäßige Erschließung des Raumes, die Errichtung öffentlicher Versorgungsbetriebe, die Bereitstellung von sog. Erziehungssubventionen, Kultur- und Bildungsausgaben und die Bildung von sog. social overhead capital.

Dadurch, daß also die im privaten Sektor externe Ersparnisse schaffenden Kapazitäten an öffentlichen Einrichtungen auf langfristige Nutzung bemessen werden und nur in großen Einheiten mit langen Ausreifungszeiten, also nicht marginal, errichtet werden können und die optimale Nutzung erst zu einem späteren Zeitpunkt erfolgen kann, ergibt sich das aus der Betriebswirtschaftslehre bekannte Phänomen der Sprungkosten, von denen ein Teil zunächst Leerkosten darstellen müssen und erst im Laufe der Zeit zu Nutzkosten werden. Diese kurzfristig sichtbar werdenden Überkapazitäten an öffentlichen Produktionsmitteln können dazu führen, daß die öffentlichen Investitionen gerade bei starkem, durch das ungenutzte Potential angeregten Wirtschaftswachstum, relativ langsam steigen und auf der anderen Seite niedrige Wachstumsraten mit hohen öffentlichen Investitionen einhergehen, wenn die Kapazitätsreserven aufgezehrt wurden oder sogar ein zusätzlicher Investitionsbedarf gestaut wurde. Es würde sich vielleicht lohnen, den Wachstumseffekt der öffentlichen Kapitalstocks unter diesem Aspekt näher zu untersuchen. Natürlich können auch Maßnahmen der Konjunkturpolitik für die Gegenläufigkeit von allgemeinem Wirtschaftswachstum und Anwachsen der öffentlichen Investitionen verantwortlich sein.

C. Kultur- und sozialpolitische Determinierung der öffentlichen Ausgaben

In engem Wirkungszusammenhang mit den ökonomischen Faktoren steht die Produktion von Gütern und Dienstleistungen zur Hebung des Bildungsniveaus, des Ausbildungsstandes und der menschlichen Leistungsfähigkeit im weitesten Sinne (bis hin zur sozialen Sicherung), die vom Staat zu kostendeckenden Preisen bzw. Beiträgen, zum großen Teil auch ohne jede Gegenleistung angeboten werden. Bei der Entscheidung über diese Ausgaben spielt die politische Machtkonstellation eine sehr viel größere Rolle als die erwarteten Wirkungen auf Produktivität und Wirtschaftswachstum. Doch wäre es verfehlt, die sozialen und kulturellen Ausgaben deswegen ausschließlich politisch erklä-

---

[63] Vgl. H. *Giersch:* Infrastruktur und Regionalpolitik, in: Planung ohne Planwirtschaft (Hrsg. A. Plitzko), Basel und Tübingen 1964, S. 73.

ren zu wollen und unter die Ziele Bildung, Gerechtigkeit und Charitas zu subsumieren und als sozialen Anspruch oder Geschenk zu klassifizieren. Die Erwartung von Produktivitätseffekten ist in den meisten Fällen jedoch nicht das Primäre; im Vordergrund steht ein Bündel sozialpolitischer Ziele, insbesondere die gerechte Einkommensverteilung, die „Deckung der gesamten Kosten des Menschen“[64] und die Schaffung gleicher Startbedingungen. Was darunter im einzelnen zu verstehen ist, wird praktisch in sozialen Machtkämpfen entschieden, ergibt sich also aus einer spezifischen Konstellation wirtschaftlicher und politischer Macht[65]. Das Ergebnis sollte in einer Makroordnung explizit zum Ausdruck kommen.

Die Entwicklung dieser Ausgaben im großen vollzieht sich in den alten Industrieländern wegen der *festgefügten* gesellschaftlichen Struktur normalerweise in größeren Zeiträumen; die kurzfristige Variabilität ist also relativ gering. Wenn wir also davon ausgehen, daß es sich vor allem bei den Sozialausgaben im wesentlichen um das Resultat politischer und sozialer Machtkämpfe handelt, so wird es problematisch, an diese Ausgabenkategorien nur mit ökonomischen Kriterien heranzugehen, z. B. nur ihre Wirkungen auf Produktivität und Wirtschaftswachstum zu beachten, d. h. sie im Hinblick auf eine *ökonomisch* optimale Einkommensverteilung zu beurteilen. Negative ökonomische Wirkungen müssen vielmehr als Kosten einer der Gesellschaft akzeptabel erscheinenden Einkommensverteilung angesehen werden.

Besonders vielfältig sind in diesem Ausgabensektor die beinflussenden Faktoren: Die mit wachsendem pro-Kopf-Einkommen steigenden sozialen Bedürfnisse, die Entmystifizierung der politischen Macht[66] und der staatlichen Aktivität, die größere Information der einzelnen über die Pressionsmöglichkeiten ihrer Gruppen, Verbände und gesellschaftlichen Organisationen, die Eigendynamik der Verbandsbürokratie (die vom sozialpolitischen Erfolg lebt), die als Katalysator sozialer Wünsche und echten sozialen Bedarfs wirkende Bevölkerungskonzentration, der soziale Standard in Nachbarländern, aber auch politische (Gewährung von Vorteilen an potentiell revolutionäre Gruppen) und ideologische Motive bestimmen hier weitgehend Volumen und Struktur der staatlichen Produktion bzw. der staatlichen Transfers. Daß die öffentlichen Ausgaben vor allem nach den großen Kriegen außergewöhnlich starken und nachhaltig wirksamen Veränderungen (displacement effect) unterlagen, ist begreiflich, erweist sich doch jede soziale Instabilität als Weg-

---

[64] F. *Perroux:* Les coûts de l'homme, in: Economie Appliquée, 1952, S. 287 ff.

[65] Vgl. F. *Perroux:* Zwang, Tausch, Geschenk, a.a.O.

[66] Vgl. ebd., S. 149 f.

bereiter vermehrter sozialpolitischer Aktivität; die machtpolitischen Verschiebungen der sozialen Kräfte finden in der Veränderung der Ausgabenstruktur ihren konkreten Ausdruck[67].

In der sozial schwächeren Bevölkerung (das gilt national wie international) hat sich ein erheblicher Wandel in der Einschätzung der „Geschenkwirtschaft"[68] vollzogen: das Schenken hat seine Mystik verloren[69]; Sozialleistungen werden heute gefordert und der zukünftige Empfänger sozialer Leistungen verlangt, daß diese, früher als Geschenk der Gesellschaft charakterisierten Aufwendungen, mit Rechtsanspruch ausgestattet werden und auch der Kritik des Beschenkten unterliegen. Nicht nur aus der Sicht des Empfängers, auch aus der des Gebenden, entfernt sich diese Ausgabenkategorie immer mehr von Geschenk im ursprünglichen Sinne: in der Regel wird die Mitwirkung des Empfängers gewünscht oder sogar zur Bedingung gemacht. Zum Teil erscheinen die öffentlichen Leistungen auch als Äquivalent für gesellschaftliches Wohlverhalten.

Je vielfältiger die beeinflussenden Faktoren, um so schwieriger wird es, das Wachstum der Ausgaben vor allem langfristig zu prognostizieren. Aber auch für die kurze Periode lassen sich solche Ausgaben nur schwer in feste Relationen zu bestimmten Größen, wie z. B. Bevölkerungszahl und -dichte, bringen, um auf solche Weise zu einer brauchbaren Bedarfsschätzung oder einer Beurteilung des Versorgungsniveaus zu gelangen.

Zur Beantwortung der letzten Frage muß vor allem berücksichtigt werden, daß die sozialen Bedürfnisse zu einem Teil auch von Privaten befriedigt werden (individualistisches Prinzip), denen für die soziale Abstufung ihres Preissystems häufig offene oder versteckte Subventionen gewährt werden. Da jedoch ohne massive Einflußnahme der öffentlichen Hand auf die private Produktion solcher Güter das politisch fixierte Leistungs- bzw. Konsumniveau kaum erreicht werden kann, breitet sich in diesem Bereich immer mehr das kollektivistische Prinzip staatlicher Produktion aus.

---

67 Vgl. hierzu H. *Timm:* Das Gesetz der wachsenden Staatsausgaben, a.a.O., S. 223 ff. und die dort angeführte Literatur, vor allem G. *Schmölders:* Finanzpolitik, Berlin, Göttingen und Heidelberg, 1955, S. 125 f.; K. H. *Hansmeyer:* Der Weg zum Wohlfahrtsstaat. Wandlungen der Staatstätigkeit im Spiegel der Finanzpolitik unseres Jahrhunderts, Frankfurt 1957, S. 67 ff. *Peacock* und *Wiseman:* Rapport général, in: L'importance et la structure des recettes et des dépenses publiques, hrsg. vom Institut International de Finances Publiques, Brüssel 1960, S. 29 ff., sowie den amerikanischen Bericht von G. *Colm* und M. *Helzner,* ebd. S. 58 ff. und den englischen Bericht von *Peacok* und *Wiseman,* ebd., S. 224 ff.

68 B. *Laum:* Die schenkende Wirtschaft, Frankfurt 1960.

69 Vgl. F. *Perroux:* Zwang, Tausch, Geschenk, a.a.O., Abschnitt III: Geschenk und Teilhabe, S. 154 ff.

Die öffentliche Wirtschaft ist nicht nur bei der *Erzeugung* und *Verwendung* des Sozialprodukts in den Wirtschaftskreislauf eingeschaltet: auch auf die *Verteilung* wirken nicht nur öffentliche Einnahmen, sondern auch fast alle Ausgaben direkt oder indirekt, gewollt oder ungewollt, ein. Das Wachstum der Bevölkerung und des Volkseinkommens, die soziologischen Umschichtungsprozesse und die neue, zu den Extremwerten tendierende Streuung der Einkommen im Zuge der stürmischen industriellen Revolution in Europa, sind verantwortlich für die sozialen Spannungen, die das Volumen der einkommenswirksamen Ausgaben nachhaltig beeinflußt haben. Kriege und politische Umwälzungen haben die Gradlinigkeit dieser Entwicklung gestört und das Niveau dieser Ausgaben merklich erhöht (displacement lags).

Einkommenstransfers und Subventionierung unelastischen individuellen Bedarfs sind (neben der progressiven Einkommensteuer) die gebräuchlichsten, auf Redistribution gerichteten Mittel der Finanzpolitik.

Die Antwort auf die Frage nach der richtigen Dosierung solcher Ausgaben hängt wesentlich davon ab, was unter „optimaler" oder „gerechter" Einkommensverteilung verstanden werden soll. Die Finanzwissenschaft wird diese Norm als politisch-ideologisch fixiert, also als exogen determiniert annehmen müssen. Leider haben aber auch Politiker von dieser Norm nur eine vage Vorstellung und es fällt oft schwer, aus den verschiedensten und offensichtlich nicht immer kompatiblen Maßnahmen der praktischen Sozialpolitik ein Bild der möglicherweise erstrebten Einkommensverteilung zu gewinnen, die theoretischen Untersuchungen zugrunde gelegt werden könnte.

Die Objektivierung des Problems mit Hilfe der welfare Theorie ist an der Unmöglichkeit individueller Nutzenvergleiche gescheitert. Abgesehen davon ist das Nutzen-Konzept auch zu einseitig, werden doch andere ökonomische und politische Aspekte nicht berücksichtigt, die bei der Fixierung einer optimalen Einkommensverteilung eine Rolle spielen müßten, denn diese sollte auch bestimmte ökonomische oder gesellschaftliche Wirkungen hervorrufen. Auch das Fehlen einer brauchbaren Theorie der Ausgabeninzidenz macht sich hier besonders unangenehm bemerkbar.

Die Konzeptionslosigkeit und die Unbestimmtheit der Wirkungen läßt den organisierten Gruppen des modernen Verfassungsstaates hier ein weites Feld spekulativer Interessenpolitik. Hier entfernt sich das politische Handeln auch am weitesten von den Minimalbedingungen einer rationalen Entscheidung. Pseudowissenschaftliche Argumente und Ideologien sowie strategische Verhaltensweisen beeinflussen in erheblichem Maße den politischen Entscheidungsprozeß.

Wenn die verteilungspolitischen Urteile transparent gemacht werden sollen, so muß eine klare Explikation der Distributionsgewichte gefordert werden[70], aus der sich die Gerechtigkeitsvorstellung der Politiker eindeutig ergibt, und es muß auch über die übrigen Ziele Klarheit bestehen, die mit einer Modifikation der Einkommensverteilung verfolgt werden sollen.

Staatsausgaben im Verhältnis zu Wirtschaftsordnung und Wirtschaftssystem

Sozialleistungen wie auch andere, vorwiegend ökonomisch bedingte öffentliche Ausgaben leiten sich aus der Tatsache her, daß die marktwirtschaftlichen Lösungen im Bereich der privaten Produktion (Wettbewerbspolitik, Abstimmung und Koordinierung der Mikro-Pläne), der Einkommensverteilung und der individuellen Einkommensverwendung nicht immer als optimal im Sinne der totalen Präferenzordnung angesehen werden. Auf der Grundlage der marktwirtschaftlichen Äquivalenz und des „nothing for nothing" allein läßt sich offenbar keine Gesellschaftsordnung aufbauen. Die Wirtschaftspolitik, vornehmlich die Finanzpolitik, ist deshalb darauf gerichtet, Fehlleistungen (im Hinblick auf das Zielsystem) im Bereich der marktwirtschaftlichen Lösungen zu korrigieren.

Den Markt als Koordinations- und Sanktionsmechanismus im wesentlichen akzeptierend, hat die sog. welfare-theory eine Reihe von Theoremen aufgestellt, die auf eine Korrektur der marktwirtschaftlichen Lösungen hinzielen. Davon ausgehend, daß vom Staat erwartet werden sollte, daß er seinen Bürgern zu größtmöglicher Wohlfahrt (meist mit Wohlstand identifiziert) zu verhelfen habe, wird staatliches Handeln überall dort für sinnvoll erklärt, wo der Marktmechanismus nicht zu effizienten Lösungen führt, oder — in der Terminologie der welfare-theory ausgedrückt — wenn die staatliche Aktivität darauf gerichtet ist, die Marginal- und Totalbedingungen des sozialökonomischen Optimums zu gewährleisten. Die zur Erreichung dieses Optimums notwendige öffentliche Tätigkeit wird, abgesehen von nachträglichen Korrekturen des marktwirtschaftlichen Verteilungsprozesses, meist mit Hilfe des problematischen, zur Verdeutlichung der Zusammenhänge, d. h. didaktisch sicher brauchbaren Nutzenkonzepts, folgendermaßen begründet[71]:

---

[70] Vgl. H. *Giersch:* Allgemeine Wirtschaftspolitik. Grundlagen. Wiesbaden 1960, S. 133.

[71] J. M. *Meade:* Trade and Welfare. The Theory of International Economic Policy, Vol. II, London, New York, Toronto 1955. Vgl. auch H. *Giersch:* Allgemeine Wirtschaftspolitik, Bd. 1, Grundlagen, Wiesbaden 1960, S. 97 ff. und die auf S. 133 angegebene Literatur.

1. Es besteht die Möglichkeit, daß die individuellen Nutzen in einem Gegensatz zum sozialen Nutzen geraten. Externe Nebenbedingungen können dazu führen, daß der soziale Nutzen höher oder niedriger ist als der individuelle. (z. B. Genußmittel). Deswegen soll der Staat Güter relativ höheren Sozialnutzens (im Vergleich zum privaten Nutzen), nach denen eine elastische Nachfrage besteht, subventionieren oder kostenfrei anbieten[72]. Ist die Nachfrage dagegen unelastisch, so führt diese Maßnahme nicht zur erwünschten Steigerung des Konsums, sondern nur zur Entlastung der betreffenden Konsumentenbudgets; es wird nur eine redistributive Wirkung erreicht. Auf die Wirtschaftspolitik angewendet, kann aus diesem Prinzip auch gefolgert werden, daß immer dann, wenn die sozialen Kosten einer Produktion größer sind als die privaten, der Staat die Diskrepanz durch Steuern oder Produktionsauflagen beseitigen oder doch vermindern sollte.

2. Die den privaten Unternehmern und Konsumenten nachgesagte kurzfristige Betrachtung kann zu einer Überbewertung des individuellen Nutzens führen. Der möglicherweise z. B. daraus resultierende Raubbau soll durch staatliche Maßnahmen verhindert werden.

3. Die soziale Grenzproduktivität von Investitionen kann größer sein als die private. Das gilt insbesondere für Investitionen in die sog. Infrastruktur. Hier muß der Staat mit direkten (Eigenproduktion) oder indirekten Maßnahmen (Subventionen, Bürgschaftsübernahme) tätig werden.

4. Bei Produktionen mit extrem hohen konstanten Kosten kann es sinnvoll sein (z. B. bei angespanntem Kapitalmarkt oder mangelnder

[72] Wenn wir von den Voraussetzungen der modernen welfare-Theorie (alle Marginalbedingungen sind und bleiben erfüllt und die angenommene optimale Einkommensverteilung bleibt erhalten) ausgehen, so erhöht z. B. die Erzeugung eines *neuen* Gutes den Gesamtwohlstand, wenn bei irgendeiner Ausbringungsmenge der soziale Gesamtwert — definiert als Gesamterlös zuzüglich bzw. abzüglich externer Ersparnisse bzw. externer Verluste und bei fallender Nachfragekurve einschließlich der Konsumentenrenten — größer ist als die sozialen Gesamtkosten, unter denen der Wert verstanden wird, den die eingesetzten Produktivkräfte in alternativen Verwendungszweigen erzeugen könnten. Dasselbe gilt mutatis mutandis für die Verwendung eines neuen Produktionsfaktors. Wenn nun der soziale Gesamtwert die Konsumentenrente einschließt und es einem Monopolisten nicht möglich ist, die Konsumentenrenten durch völlige Preisdifferenzierung abzuschöpfen, so kann die neue Produktion gesamtwirtschaftlich rentabel, privatwirtschaftlich aber unrentabel sein. In diesem Falle ist im Sinne dieser Theorie eine Subvention gerechtfertigt, durch die eine Ausbringung ermöglicht werden soll, bei der die sozialen Grenzkosten gleich dem Preis sind. Das Argument ist einleuchtend, doch ist es leider nicht möglich, Kosten und Erlöse zu berechnen, also empirisch mit dem Theorem zu arbeiten.

Risikobereitschaft der privaten Kapitalgeber), wenn die Erzeugung vom Staat übernommen wird[73].

5. Eine Reihe von Gütern kann, wie schon erwähnt wurde, nur kollektiv genutzt werden, daher werden sie individuell nicht nachgefragt. Es handelt sich dabei um die Befriedigung sog. Sammelbedürfnisse wie Flußregulierungen etc., die also außerhalb des Marktes produziert werden müssen.

6. Auf unvollkommenen Märkten kann der Staat durch Kontrollen (von den geborenen Monopolen bis hin zu stark monopolisierten Wirtschaftszweigen) für eine größere Effizienz von Produktion und Verteilung sorgen wollen.

7. Darüber hinaus scheint eine staatliche Einflußnahme immer dann gerechtfertigt, wenn sich die individuellen Nutzenschätzungen wegen nicht vorhergesehener interner Nebenbedingungen ex post als falsch erweisen werden, z. B. wegen auftretender Gesundheitsschäden.

8. Die aufgrund der Geschichte, der topographischen und klimatischen Verhältnisse, der früheren Rohstofflagerstätten, Bevölkerungsagglomerationen etc. gewachsene regionale Verteilung von Produktionskapazitäten und -faktoren und die herkömmliche regionale Einkommensverteilung kann im Gegensatz zur totalen Präferenzordnung stehen. Wenn dennoch in den Ballungszentren die privaten Kosten minimiert bzw. die privaten Gewinne maximiert werden können, und viele von Kosten oder Gewinn abhängigen Größen zur Stabilisierung oder gar Verstärkung der einmal eingefahrenen regionalen Struktur beitragen (Steuern u. ä.), kann eine Umstrukturierung nur über den oft massiven Einsatz öffentlicher Mittel erfolgen (Süditalien, asiatisches Rußland), durch direkte öffentliche Investitionen und über Subventionen an private Unternehmer[74].

9. Wenn sich infolge technischen Fortschritts, neuer Entdeckungen oder anderer exogener Faktoren die Grunddaten für einen Wirtschaftszweig in entscheidender Weise verändern, kann das Gesamtinteresse eine zur Neugliederung bzw. Umgliederung des gesamten Wirtschaftszweiges notwendige sektorale Umverteilung erfordern (Landwirtschaft, Bergbau etc.). Der freie Wettbewerb würde zu sozialen Härten und volkswirtschaftlichen Verlusten führen, die der totalen Präferenzordnung zuwider liefen[75]. Solche Korrekturen der markt-

[73] Vgl. J. *Schumpeter:* Kapitalismus, Sozialismus und Demokratie, Bern 1946, S. 195 ff. E. *Schmalenbach:* Der freien Wirtschaft zum Gedächtnis, Opladen 1948, S. 46 ff.

[74] Die Begründung der welfare Theorie ist die gleiche, die üblicherweise für Erziehungszölle gegeben wird.

[75] Bestehende Produktionen dürfen nach der welfare Theorie durch Erhaltungssubventionen geschützt werden, wenn die Subvention nur in Höhe

wirtschaftlichen Steuerung werden, wie die Erfahrung lehrt, mit zunehmender Komplizierung der Wirtschaft, also auf lange Sicht auch in dem marktwirtschaftlich-liberalen Wirtschaftssystem immer zahlreicher.

Zu einer langfristigen Ausdehnung der staatlichen Aktivität führt auch die Tatsache, daß viele Ausgaben besonders die Transferzahlungen sich auch nach Erreichung dieses Zieles in der Regel als irreversibel erweisen[76]. Für diese Ausgaben scheint also auch oder gerade in marktwirtschaftlichen Systemen das „Gesetz der wachsenden Staatstätigkeit" zu gelten (absolut wie relativ). Für die geplanten Wirtschaften des Ostens läßt sich eher ein Gesetz der abnehmenden Staatsausgaben formulieren (Anteil am Sozialprodukt) und für das letzte Dezennium auch statistisch belegen und in einer Kritik des „Mythos von der Totalität"[77] der zentralen Wirtschaftsverwaltung auch mit guten Argumenten begründen.

In der Feststellung, daß mit der Entfaltung der Marktwirtschaft eine zunehmende Staatstätigkeit vor allem auf dem Gebiet der öffentlichen Investitionen einhergeht, würde Karl Marx seine These bestätigt finden, nach der zur Überwindung des in Antagonismen hoffnungslos verstrickten kapitalistischen Systems eine wachsende Staatstätigkeit enfaltet werden muß, durch die sich jene Planungs- und Lenkungsapparatur vorbildet, die später vom sozialistischen Wirtschaftssystem übernommen wird.

Je größer nun das Gewicht ist, das empirisch nicht exakt faßbaren, daher der politischen Interpretation zugänglichen[78] welfare-theoreti-

---

der externen Ersparnisse oder der Konsumentenrenten gewährt werden, mit dem Betrag also, um den der soziale Gesamtwert der Produktion über dem privatwirtschaftlichen liegt. Sonst sind *Erhaltungssubventionen* wohlstandspolitisch nur dann zu begründen, wenn eine Marginalbedingung (des sozialökonomischen Optimums) nicht erfüllt ist, wenn also Unvollkommenheiten des Marktes korrigiert werden sollen, wenn es sich um eine vorübergehende Nachfrageminderung handelt oder wenn ungünstige Auswirkungen auf die Einkommensverteilung zu erwarten sind und diese negativer beurteilt werden als die von den Subventionszahlungen ausgehenden Wirkungen zugunsten der Unternehmereinkommen.

Gleiche Effekte können über Steuerbefreiungen — Subventionen werden ja meist als negative Steuern definiert —, durch Reservierung öffentl. Aufträge für die heimische Industrie, durch die Übernahme von Bürgschaften etc. erzielt werden. Bei der Analyse von Ausgabenstrukturen, besonders für internationale Vergleiche ist eine Bewertung dieser weniger sichtbaren Subventionen unerläßlich.

[76] Vgl. K. H. *Hansmeyer:* Subventionen in der Bundesrepublik Deutschland. Materialien zu einem wirtschaftspolitischen Problem, Berlin 1963, S. 29.

[77] A. *Nove:* Die sowjetische Wirtschaft (Originalausgabe: The Sowjet Economy. An Introduction. London 1961), Wiesbaden 1962, S. 18.

[78] Diese Theoreme liefern also kein Rezept für die praktische Politik, aber die Aufzählung der Fälle, in denen Subventionen sinnvoll sein können, gibt uns doch einen Anhaltspunkt und eine Ausgangsbasis für eine sachgemäße

schen Anknüpfungsgründen staatlicher Aktivität eingeräumt wird, um so mehr tritt ohne Zweifel an die Stelle individueller Wertungen das sogenannte Kollektivbedürfnis bzw. das Kollektivinteresse, die volonté générale und wird die Gruppe als eigenständiger Träger von Interessen begriffen (Giersch).

Die Betonung des Gesamtinteresses in einer Volkswirtschaft ist jedoch nicht gleichbedeutend mit dem Übergang zu einer im Prinzip *kollektivistischen* Ordnung, die begriffsnotwendig das private Eigentum an den Produktionsmitteln aufgeben und das Gesamtinteresse verabsolutieren müßte. Zunehmende Aktivität im Bereich der sozialen Investitionen ist in einer entwickelten Volkswirtschaft eher die Voraussetzung einer effizienten, im Prinzip individualistischen Ordnung.

Auch in dem häufig zu beobachtenden Nachrücken des Staates in Wirtschaftsbereiche, die vorher von Privaten ausgefüllt wurden, *muß nicht* ein Vorbote des Kollektivismus gesehen werden, denn welche Aufgaben sinnvollerweise von der öffentlichen Hand wahrgenommen werden sollten, ist eine Frage, die sich nur in einer ganz bestimmten Situation und nur für diese Situation beantworten läßt und nicht vom Idealtyp einer Wirtschaftsordnung her entschieden werden sollte. Solange der Staat nur supplierend tätig wird, kann von einem sich anbahnenden Kollektivismus wohl kaum die Rede sein. Dennoch ist der enge Zusammenhang zwischen Ausdehnung der staatlichen Aktivität und Wirtschaftsordnung von Kommunisten wie auch von Liberalen kaum in Frage gestellt worden und angesichts der tatsächlich existierenden und abschreckenden sozialistischen Wirtschaftsordnung der Sowjetunion wird immer wieder die Frage gestellt, ob mit einer Ausdehnung der Staatstätigkeit ein Weg beschritten wird, der vielleicht von einem bestimmten Umfang an, mehr oder minder automatisch in ein zentral geplantes, kollektivistisches Wirtschaftssystem einmündet.

Solch einfacher Funktionalzusammenhang zwischen Staatstätigkeit einerseits und Kollektivierungs- und Planungsgrad eines konkreten Wirtschaftssystems andererseits läßt sich nicht leicht formulieren, denn es ergibt sich zunächst die Schwierigkeit, daß sich die staatliche Aktivität in den öffentlichen Ausgaben nur unvollkommen widerspiegelt, besteht doch zwischen Ausgaben und Zwangseinwirkung kein einfaches Abhängigkeitsverhältnis. Zum anderen kommt es für die Beurteilung weniger auf die Höhe der Ausgaben, also auf die Quantität an, sondern

---

Entscheidung. Im konkreten Einzelfall wird festgestellt werden müssen, was unter den Begriffen soziale Gesamtkosten und -erlöse, was unter externen Ersparnissen etc. verstanden werden muß, welche wesentlichen („heroischen") Voraussetzungen (Giersch) des Modells der welfare Theorie nicht erfüllt sind, welche Wirkungen, Wirkungszusammenhänge und Modifikationen sich daraus nach dem Stande der Theorie ergeben.

wesentlich auf die Qualität. Entscheidend ist, welche Bereiche der massiven staatlichen Beeinflussung oder gar Verwaltung unterstehen.

Es ist also die Frage zu klären, ob und in welchem Ausmaß Maßnahmen darauf abzielen, die Mikrostruktur (Marktformen etc.) zu beeinflussen oder ob versucht wird, die Grundstruktur des Wirtschaftssystems, also z. B. die Eigentumsverhältnisse, zu verändern[79].

Der Anteil der Staatsausgaben am Sozialprodukt ist durchaus kein Maßstab für die Liberalität des Wirtschaftssystems bzw. für das Ausmaß der staatlichen Wirtschaftslenkung, auch dann nicht, wenn Verzichte auf (nach den geltenden Steuergesetzen) mögliche Einnahmen mit berücksichtigt werden. Die Kontrolle der wirtschaftlichen „Kommandohöhen" (Marx) durch relativ wenige Staatsbeamte kann ordnungspolitisch sehr viel einschneidender wirken als z. B. hohe Transferzahlungen. Wesentlich ist auch, ob die mit der Wirtschaftslenkung beauftragten Institutionen als Selbstverwaltungsorgane oder sozio-professionelle Gruppen mit mehr oder minder großer hoheitlicher Befugnis ausgestattet sind, im Staatshaushalt also kaum erscheinen, denn es ist dic Ausnahme, daß ein staatliches Planungsbüro den Ehrgeiz entwikkelt, eine Wirtschaft im Sinne des Eucken'schen Idealtyps zentral zu verwalten, ein Modell, das selbst in der sowjetischen Wirtschaftsplanung nie verwirklicht werden konnte und von dem sich die Planungspraxis mit zunehmender Differenzierung der Wirtschaft immer mehr entfernt hat. Wenn sich aber die moderne Wirtschaftslenkung von Schweden und Frankreich bis Jugoslawien im wesentlichen indirekter Methoden bedient und zwischen Staatskontrolle und privater Wirtschaft sozioprofessionelle Lenkungsorganisationen einschaltet, so kommt trotz erheblichen Planungsgrades die direkte Zwangseinwirkung des Staates im Staatshaushalt nicht zum Ausdruck. Damit werden aber auf der anderen Seite die budgetären Staatsausgaben ein immer schlechterer Indikator der planwirtschaftlichen Aktivität.

Demgegenüber wird gerade im marktwirtschaftlich liberalen System beinahe die gesamte wirtschaftliche Aktivität der öffentlichen Hand im Staatshaushalt sichtbar, während der Raum zwischen Staat und den einzelnen Wirtschaftssubjekten mit Mißtrauen betrachtet und versucht wird, deren Einflußnahme auf den Markt möglichst auszuschalten. Bestimmte hoch bemessene Staatsausgaben sind eher ein Zeichen für die Liberalität des Wirtschaftssystems, werden doch gerade in Volkswirtschaften mit marktwirtschaftlich-liberalen Wirtschaftssystemen er-

---

[79] Vgl. J. *Tinbergen:* On the Theory of Economic Policy, Amsterdam 1962, S. 71, der nach diesen Merkmalen vier Grundtypen der Wirtschaftspolitik kennzeichnet.

hebliche Mittel vor allem zur Korrekur der marktwirtschaftlichen Einkommensverteilung aufgewendet, die meist voll im Staatshaushalt erscheinen[80]. In einer zentral geplanten Wirtschaft sind solche Übertragungen so gut wie überflüssig, denn dort wird die Primärverteilung bereits im Sinne der totalen Präferenzordnung gesetzt; in der UdSSR spielt daher die Restribution auch keine Rolle.

Auch Ausgaben für die Bereinigung der „natürlichen“ Wirtschaftsstruktur, ex post-Korrekturen aller Art sind typisch marktwirtschaftliche Probleme. Dazu gehört auch die Sanierung ganzer Wirtschaftszweige, die Egalisierung der Marktmacht durch Ersatzleistungen des Staates für den fehlenden Monopolisierungsgrad bzw. Organisierungsgrad eines Wirtschaftszweiges[81], und schließlich auch alle Maßnahmen der Konjunkturpolitik. In den Marktwirtschaften dominieren systemgemäß diejenigen Maßnahmen, die darauf abzielen, die abhängigen Variablen des Systems mit den Instrumenten der indirekten Wirtschaftspolitik, also unter Erhaltung der Steuerungsmechanismen des Marktes, *kurzfristig* im Sinne der Makroordnung zu *korrigieren*, ohne die Faktorentgelte direkt zu manipulieren. Häufig wird versucht, für notwendig gehaltene Korrekturen durch automatisch wirkende Instrumente oder handelnde Institutionen (z. B. Einfuhr- und Vorratsstellen) vornehmen zu lassen, die idealiter auf eine Änderung der störenden meist exogenen Faktoren (Weltmarktpreise) kurzfristig reagieren[82]. Das „trial an error“ das „tâtonnement“ des Marktes wird auch in der Wirtschaftspolitik zum leitenden Prinzip.

In den stärker geplanten Marktwirtschaften steht zur Vermeidung von ex-post-Korrekturen und entsprechender Ausgaben verursachender Interventionen die *mittelfristige und langfristige Programmierung* der staatlichen Aktivität und für den privaten Sektor die langfristige *ex-ante-Koordinierung* mit Hilfe der indikativen Planung im Vordergrund der Wirtschaftspolitik, die *theoretisch* mit geringeren Staatsausgaben auskommt, wobei man sich desselben Instrumentariums bedient, so daß auch vom benützten Instrumentarium her kein Schluß auf den Planungsgrad der Volkswirtschaft möglich ist. Der Schluß von Staatsausgaben auf das Wirtschaftssystem scheint daher wenig sinnvoll zu sein.

---

[80] Der Wachstumsfaktor dieser Transfers kann relativ hohe Werte annehmen, da kein großer Apparat erforderlich ist.

[81] Vgl. K. H. *Hansmeyer:* Finanzielle Staatshilfen ... a.a.O., S. 161.

[82] Das Volumen dieser Ausgaben ist daher nicht exakt zu planen, wenn auch eine extreme Erhöhung wegen des hohen Verwaltungsaufwandes kurzfristig nicht möglich ist. Wir haben hier also kurzfristg einen kleinen Wachstumsfaktor.

Zusammenfassung

1. Eine Kausalanalyse für einzelne Ausgabenkategorien sollte an die Stelle makroökonomischer Totalmodelle treten.

2. Eine aussagefähige Ausgabentheorie sollte neben den ökonomischen auch die politischen und soziologischen Aspekte des Problems berücksichtigen und das System der Rahmenbedingungen, der abhängigen und unabhängigen Variablen für jede Fragestellung neu bestimmen.

3. Eine optimale Ausgabenpolitik ist nur möglich, wenn eine Makroordnung bestimmt und explizit gemacht werden kann. Für die Demokratie ergibt sich das Problem des rationalen Wahlverfahrens. Die Mehrheitswahl genügt zwar nicht den Anforderungen der Theorie, doch ist sie die bestmögliche Lösung der Aggregation individueller politischer Präferenzen.

4. Haben die „kollektiven" Bedürfnisse oder besser „vom kollektiv zu erbringenden Leistungen" überhaupt keine oder keine ausreichende individuelle Basis beim einzelnen Wähler, so hat es keinen Sinn, eine *normative* Ausgabentheorie für ein demokratisches Staatswesen zu entwickeln. Volumen und Struktur der öffentlichen Aktivität sind dann nur zu beschreiben, auf die verursachenden ökonomisch-technischen und (Macht-) soziologischen Einflußgrößen zurückzuführen und in ihren Wirkungen zu bestimmen.

5. Gegenstand des politischen Entscheidungsprozesses sind in politisch, sozial und wirtschaftlich ausgeglichenen Ländern jeweils nur relativ kleine Änderungen in der Ausgabenstruktur. Die meisten Ausgabenarten sind sowohl kurz- als auch langfristig nur in bescheidenen Grenzen manipulierbar.

6. Das gilt auch für die urspürnglichen und sozialpolitischen Ausgaben: die einen orientieren sich an einem „Mindestbedarf" (ein nicht mit dem Bezugssystem ändernder, relativer Begriff) bei nur langsamen Steigen des Versorgungsniveaus, die anderen folgen in den alten Industrieländern der sich nur langsam wandelnden Sozialordnung.

7. Für das Verhältnis der privaten Investitionen zu den vorwiegend ökonomisch-technisch determinierten öffentl. Investitionen läßt sich ein theoretisch befriedigendes und empirisch bestimmbares Optimalkriterium allgemeiner Gültigkeit nicht angeben. Die praktische Programmierung dieser Investitionen muß im Rahmen einer umfassenden „planification" mit einer Fülle von Hypothesen und großen Fehlerbereichen arbeiten und kann nur durch ständige Anpassung (feed back) den Optimalproportionen näher kommen.

8. Die langfristige Determinierung des öffentl. Investitionsprogramms kann wegen der Größe der Projekte, der notwendigen Koppelung verschiedener Investitionsvorhaben und der Unteilbarkeit der Vorhaben nicht marginal erfolgen. Ein Herantasten an das Optimum mit Hilfe des den Markt simulierenden trial and error ist daher nicht möglich. Die Programmierung wird jedoch auf der anderen Seite durch den schnell wachsenden Bedarf und die im Interesse der Wachstumspolitik liegende Erweiterung des Entscheidungsspielraumes (Schaffung von Überkapazitäten) erleichtert.

9. Staatliche Korrekturen der marktwirtschaftlichen Lösungen werden mit zunehmender Differenzierung und Komplizierung der Wirtschaft immer zahlreicher; sie sind zur Erhaltung und zum Funktionieren einer individualistischen Ordnung notwendig.

10. Da viele der stark wachsenden Ausgabenkategorien, wie Sozialausgaben und alle ex post-Korrekturen marktwirtschaftlicher Lösungen, typische Staatsausgaben der Marktwirtschaften sind und andererseits die mit der Wirtschaftsplanung verbundenen Ausgaben in der Regel gar nicht oder nur zum Teil im Haushalt erscheinen, und da es bei der Beurteilung staatlicher Zwangseinwirkung fernerhin wesentlich auf die Qualität und auf die Quantität der Ausgaben ankommt, ist das Ausmaß der staatlichen Aktivität im Sinne planender Tätigkeit nicht am Haushaltsvolumen abzulesen. Hohe Ausgaben in bestimmten Bereichen lassen im Gegenteil eher auf eine marktwirtschaftlich individualistische Ordnung schließen.

Bestimmungsgründe für öffentliche Leistungen

Von Dr. *Jürgen Pahlke* (Tübingen)

I.

Eine Antwort auf die Frage nach Kriterien für Kollektivleistungen[1] oder nach Bestimmungsgründen für öffentliche Leistungen setzt eine Antwort auf die Frage voraus, was öffentliche Leistungen sind. Unter öffentlichen Leistungen sollen Leistungen des Staates als Inbegriffs aller staatlichen Organe verstanden werden. Der Staat ist in diesem Zusammenhang hinreichend bestimmt als Träger hoheitlicher Gewalt; die Tätigkeit des Staates ist jedoch nicht notwendig immer hoheitlicher Natur. Das Attribut „öffentlich" bezieht sich allein auf das Subjekt, nicht aber auf bestimmte Formen staatlicher Aktivität. Der Terminus „öffentlich" wird dem Terminus „kollektiv" (öffentliche Leistung — Kollektivleistung) hier vorgezogen, da der letztere gewöhnlich in umfassenderem Sinne verwendet und nicht auf den Staat beschränkt wird.

Problematischer ist der Begriff „Leistung" selbst, nicht zuletzt deshalb, weil er wertgeladen ist. Ganz allgemein ist in Übereinstimmung mit dem alltäglichen Sprachgebrauch unter Leistung eine (gemeinhin positiv) bewertete Handlung zu verstehen; die Wertung kann sich auf die Handlung als solche oder/und auf das Resultat der Handlung beziehen.

Als ökonomische Leistungen werden Leistungen von Produktionsfaktoren oder Betrieben bezeichnet, die — direkt oder indirekt — zur Befriedigung menschlicher Bedürfnisse dienen. Äußeres Kennzeichen für eine ökonomische Leistung eines Unternehmens oder eines Produktionsfaktors in der freien Verkehrswirtschaft ist, daß das Produkt des Unternehmens oder der Faktor nachgefragt wird. Als Maßstab der Leistung gilt grundsätzlich der Marktpreis.

Für einen großen Teil der öffentlichen Tätigkeit fehlen diese äußeren Merkmale ökonomischer Leistungen. In weiten, für unsere Gesellschaftsordnung charakteristischen Bereichen staatlicher Aktivität läßt

---

[1] Für das Referat war ursprünglich das Thema „Alte und neue Kriterien für Kollektivleistungen" vorgeschlagen worden.

sich eine öffentliche Leistung nicht am Vorhandensein von Nachfrage konstatieren und am Marktpreis messen. Damit ist natürlich nicht gesagt, daß durch die Staatstätigkeit nicht auch Bedürfnisse befriedigt werden. Im allgemeinen wird davon gesprochen, daß die Aktivität des Staates typischerweise der Befriedigung sogenannter Kollektivbedürfnisse diene, während durch die preisgelenkte Marktwirtschaft typischerweise Individualbedürfnisse gedeckt würden.

Mit dem Terminus „Kollektivbedürfnisse" werden sehr unterschiedliche Begriffsinhalte verbunden. Zwei in gewissem Sinne entgegengesetzte, extreme Deutungen sind hervorzuheben. Nach der einen sind Kollektivbedürfnisse spezifische Bedürfnisse des Kollektivs, des Staates als solchen. Sie entstehen nur in der Gesamtheit, und sie werden nur von der Gesamtheit empfunden, nicht aber von den einzelnen, isolierten Angehörigen des Kollektivs. Nach der anderen Auffassung sind die durch öffentliche Leistungen befriedigten Kollektivbedürfnisse dagegen nichts anderes als gemeinsame Bedürfnisse aller einzelnen Individuen[2].

In diesem Gegensatz kommen offenbar grundsätzlich unterschiedliche Anschauungen über das Wesen des Staates zum Ausdruck, einerseits die organische Staatstheorie, andererseits die individualistische Vertragstheorie. Sie sind hier nicht im einzelnen zu diskutieren. Heute ist wohl unbestritten, daß ein Kollektiv als solches — unabhängig von den Individuen — keine Bedürfnisse haben kann, daß Bedürfnisse als psychische Phänomene nur von Individuen empfunden werden können. Die „organische" Fassung des Begriffs Kollektivbedürfnisse ist daher abzulehnen[3].

Die Annahme, durch die Staatstätigkeit, oder auch nur durch irgendeine bestimmte Art staatlicher Aktivität, würden Bedürfnisse *aller* Individuen gedeckt, ist kaum haltbar. Das gilt auch und gerade für die Bereiche, die als klassische öffentliche Leistungen angesehen werden, wie für die des Militärs, der Justiz, der Polizei. Stets wird es Menschen geben, die diese Staatstätigkeit ablehnen, die ihr keinen (positiven) Wert beimessen, sie nicht als Bedürfnisbefriedigung ansehen. Überdies sind gerade diese und manche anderen althergebrachten Arten

---

[2] Zu den Hauptvertretern der ersten Gruppe zählen *v. Hermann, Menger* und *Schäffle;* die individualistische Auffassung zeigt sich besonders ausgeprägt bei *Lindahl.* Vgl. hierzu den dogmenkritischen Aufsatz von Kurt *Schmidt:* Zur Geschichte der Lehre von den Kollektivbedürfnissen, in: Systeme und Methoden in den Wirtschafts- und Sozialwissenschaften (Festschrift für E. *v. Beckerath*), Tübingen 1964, S. 335—362.

[3] Auch die Deutung der Kollektivbedürfnisse als derjenigen Bedürfnisse, die nur im Kollektiv und durch das Leben in sozialer Verflechtung entstehen, ist nicht sinnvoll. Sie erlaubt keine Trennung von Kollektiv- und Individualbedürfnissen. Reine, von sozialen Einflüssen unabhängige Individualbedürfnisse gibt es praktisch nicht. Die subjektiven Bedürfnisse sind stets mehr oder minder gesellschaftlich geprägt.

staatlicher Tätigkeit und ihre kostenlose Darbietung in einem solchen Maße zu Selbstverständlichkeiten geworden, daß sie vielfach nicht mehr als Leistungen, als Bedürfnisbefriedigungen empfunden werden. Bei vielen anderen staatlichen Aktivitäten ist es ohne weiteres klar, daß sie nicht im Sinne aller Individuen sind, daß sie nicht von allen positiv bewertet werden. Auch diese zweite extreme Deutung des Begriffs Kollektivbedürfnisse, die individualistische, ist somit nicht akzeptabel[4].

Als Kriterium für eine öffentliche Leistung kann also nicht gelten, daß Bedürfnisse des personifizierten Staates befriedigt werden oder Bedürfnisse aller Individuen, die das Kollektiv Staat bilden. „Öffentliche Leistung" ist nicht sinnvoll definierbar als Tätigkeit des Staates, der entweder das Subjekt Staat oder aber sämtliche Angehörigen des Staates einen positiven Wert beimessen.

Realistischer ist die naheliegende These, daß es auf die Wertvorstellungen derer ankommt, die die Macht im Staate innehaben, auf die Wertungen der staatlichen Entscheidungsträger. Öffentliche Leistungen sind dann alle Handlungen des Staates, vorausgesetzt lediglich, daß die gesamte Staatstätigkeit auf Entscheidungen der Machthaber beruht und diese ihre Entscheidungen gemäß ihren Wertvorstellungen treffen.

Das Zielsystem, von dem diese Wertungen abhängig sind, kann sehr komplex sein und ist es im allgemeinen auch. Eine mehr oder minder große Rolle spielen darin stets — und in jeder Staatsform — die Wertungen und Bedürfnisse der anderen Individuen, die die Machthaber in ihrem eigenen Interesse nie völlig ignorieren können. Es ist daher nicht zweckmäßig, hier von *Bedürfnissen* der Entscheidungsträger zu sprechen. Der Begriff Bedürfnisse in dem üblichen psychologisch-ökonomischen Sinn ist zu eng. Bei der Definition der öffentlichen Leistungen sollte auf die Termini Bedürfnis und speziell Kollektivbedürfnis verzichtet werden.

Daß die öffentlichen Leistungen nach Art und Umfang bestimmt werden durch Entscheidungen derjenigen, in deren Händen die Macht im Staate liegt, mag im Hinblick auf die praktische Politik als triviale Feststellung erscheinen. Sie wird jedoch zu einer sehr problematischen These, wenn man „Entscheidung" im exakten theoretischen Sinn deutet, also als rationale Wahl zwischen Handlungsalternativen. In unserer Staatsordnung geht praktisch jede staatliche Handlung auf Entscheidungen der Legislative im Rahmen der Gesetzgebung allgemein und der

[4] Sie ließe sich nur mit Hilfe der nicht-individualistischen und problematischen Konstruktion der wahren und wohlverstandenen Interessen und Bedürfnisse aufrechterhalten. Es müßte unterstellt werden, die Individuen wären nicht (nicht immer) in der Lage, ihre Interessen „richtig" zu erkennen (hier: den subjektiven Wert der Staatsleistungen).

Haushaltsgesetzgebung speziell zurück. Es ist jedoch mehr als fragwürdig, ob die gesamte Staatstätigkeit rational ist. Dieser Zweifel bezieht sich auf die subjektive Rationalität der staatlichen Entscheidungsträger, noch stärker aber auf die objektive Rationalität, d. h. die Zweckmäßigkeit der Handlungen im Hinblick auf das Wertsystem der Entscheidungsträger in den Augen eines objektiven Beobachters[5]. Damit ist gleichzeitig gesagt, daß ein induktiver Schluß von tatsächlichen Entscheidungen auf die zugrunde liegenden Wertvorstellungen, von realiter gegebener staatlicher Aktivität auf die Bestimmungsgründe nicht ohne weiteres möglich ist.

Die Bedenken in bezug auf die Rationalität staatlicher Entscheidungen gelten in besonders starkem Maße für „alte" Staatstätigkeit. In beträchtlichem Umfange ist die Staatstätigkeit durch langjährige, u. U. jahrhundertelange Praxis zur Selbstverständlichkeit geworden; sie wird nicht mehr in Frage gestellt. Die staatlichen Entscheidungsträger prüfen nicht, ob hier die Rationalität im Hinblick auf ihre Wertvorstellungen gewährleistet ist. Die echten Entscheidungen z. B. bei der Feststellung des Etats sind weitgehend nur marginaler Art, in einem sehr weiten Sinne des Wortes allerdings; sie betreffen nur einen relativ kleinen Teil des Haushaltsvolumens. „Alte" Staatstätigkeit wird vielfach auch deshalb nicht angetastet, weil jede Änderung zu ungewissen und unerwünschten Friktionen führt. Die *Canard*sche (Steuer-)Regel von der Qualität und Vorzugswürdigkeit des Alten gilt in gleichem Maße wie für die Steuern auch für die Staatsausgaben und die Staatstätigkeit überhaupt. Insofern, als dieser Tatbestand die Entscheidungen beeinflußt, wird zwar nicht unbedingt die subjektive Rationalität der Entscheidungsträger verletzt, wohl aber das Verständnis, das Erkennen des Rationalzusammenhangs zwischen Entscheidungen und Wertvorstellungen für den außenstehenden Beobachter erschwert.

Für Entscheidungen des Staates (der staatlichen Entscheidungsträger) gilt im übrigen wohl in noch weit stärkerem Maße als etwa für Entscheidungen privater Wirtschaftssubjekte, daß es sich um Entscheidungen unter Ungewißheit handelt (insbesondere insofern, als das Resultat der staatlichen Aktivität abhängt von den Reaktionen privater Individuen); damit wird der Inhalt des Rationalitätsbegriffs selbst unbestimmt[6]. Ein zusätzliches Problem ähnlicher Art ergibt sich bei kollektiven Entscheidungen — nach irgendeinem Abstimmungsmodus —,

---

[5] Zu dieser Unterscheidung vgl. Gérard *Gäfgen:* Theorie der wirtschaftlichen Entscheidungen, Tübingen 1963, S. 32 ff.

[6] Bei Entscheidungen unter Ungewißheit gibt es bekanntlich keine eindeutig optimale Entscheidungsmaxime. Vgl. z. B. die Darstellung bei R. Duncan *Luce* und Howard *Raiffa:* Games and Decisions, New York 1957, Kap. 13, S. 275 ff.

wenn die Wahlakte der einzelnen am Entscheidungsprozeß Mitwirkenden durch strategische Überlegungen hinsichtlich des Verhaltens der anderen Beteiligten mitbestimmt werden. Schließlich wird die Rationalität kollektiver Entscheidungen auch dadurch fraglich, daß der Abstimmungsmechanismus nicht immer zu eindeutigen Resultaten führt, wie *Arrow* gezeigt hat[7].

Trotz allem läßt sich — in Ermangelung einer besseren — die Annahme rechtfertigen, daß alle Staatstätigkeit, alle Handlungen des Staates, den Wertvorstellungen der staatlichen Entscheidungsträger entsprechen und somit als öffentliche Leistungen anzusehen sind. Es sei ausdrücklich betont, daß damit der Begriff der öffentlichen Leistungen äußerst weit gefaßt ist. Er ist nicht beschränkt auf Leistungen finanzwirtschaftlicher oder wirtschaftspolitischer Art, sondern schließt, weit darüber hinausgehend, Staatstätigkeit jeder Art ein. Nur dieser umfassendere Begriff kann der engen Verflechtung aller staatlichen Aktivität und der gegenseitigen Substituierbarkeit ihrer Formen Rechnung tragen. Zumindest eine prinzipielle Verbindung zum Ökonomischen besteht jedoch: Öffentliche Leistungen setzen stets Handlungen staatlicher Organe voraus, also die Inanspruchnahme des Produktionsfaktors Arbeit.

II.

Die Frage nach den Bestimmungsgründen für öffentliche Leistungen läßt sich in verschiedener Weise behandeln. Man kann empirisch untersuchen, welche Kriterien von den Machthabern als Grundlage für ihre Entscheidungen genannt werden. Dieser Weg ist problematisch, weil die geäußerten Bestimmungsgründe von den tatsächlichen oft abweichen. (Das mag auf bewußter Irreführung oder auf unbewußter Rationalisierung beruhen.) — Man kann an die in der Realität gegebenen öffentlichen Leistungen anknüpfen und die Bestimmungsgründe induktiv herauszuarbeiten versuchen. Auf einige der Schwierigkeiten, die sich hierbei ergeben, wurde bereits hingewiesen. — Man kann von gegebenen Zielen, Wertvorstellungen, Normen ausgehen und hieraus Bestimmungsgründe für öffentliche Leistungen ableiten. — Man kann die historische Entwicklung der öffentlichen Leistungen und ihrer Bestimmungsgründe untersuchen und analog dogmenhistorisch unterschiedliche Normen und Normensysteme aufzeigen als Grundlage für die Deduktion von Kriterien für öffentliche Leistungen.

Die folgenden Ausführungen basieren auf der Annahme einiger weniger Zielsetzungen, die sich auf die Realisierung von Grundwerten

---

[7] Kenneth J. *Arrow:* Social Choice and Individual Values, New York 1951.

unserer westlich-individualistischen Kultur richten und allgemein oder doch sehr weitgehend anerkannt sind. Als solche Grundwerte unserer Kultur haben Freiheit und Gerechtigkeit sowie Sicherheit zu gelten[8]. Mit ihrer allgemeinen Anerkennung verbunden ist der Tatbestand, daß diese Zielsetzungen inhaltlich unbestimmt sind. Freiheit, Gerechtigkeit, Sicherheit sind leere Schlagworte, die innerhalb weiter Grenzen beliebig ausfüllbar sind. Sie bedürfen daher einer gewissen Präzisierung.

Unter (unbeschränkter) Freiheit wird hier mit Bertrand *Russell* das „Fehlen von Hindernissen für die Erfüllung der Wünsche" eines Individuums verstanden[9]. Beschränkungen der Wunscherfüllung bedeuten Beschränkungen der individuellen Freiheit. Wunsch meint Streben nach Realisierung einer individuellen Vorstellung.

Gerechtigkeit wird zunächst in rein subjektivem Sinn gedeutet, das Streben nach Gerchtigkeit als individueller Wunsch, gerichtet auf die „Verteilung" der Freiheit, auf das Ausmaß der Wunscherfüllung verschiedener lndividuen. So verstanden, ist das Gerechtigkeitsziel Bestandteil des Freiheitsziels, die Gerechtigkeitsproblematik Bestandteil der allgemeinen Problematik, die sich in Zusammenhang mit individuellen Wünschen stellt.

In ähnlicher Weise läßt sich der dritte Grundwert — Sicherheit — auf den ersten — Freiheit — beziehen. Das Sicherheitsstreben wird ebenfalls als individueller Wunsch gesehen, Sicherheit als Gewißheit dauerhafter Freiheit gedeutet. Damit ist Sicherheit lediglich ein besonderer „Aspekt der Freiheit: Die Freiheit im Zeitablauf"[10].

Unbeschränkte Freiheit als zentrale und universale Zielsetzung schließt Gerechtigkeit und Sicherheit als Teilziele ein. Damit entfällt das Nebeneinander dreier gleichrangiger Ziele[11].

Der Sinngehalt, der hiermit den drei inhaltsleeren Begriffen Freiheit, Gerechtigkeit und Sicherheit gegeben wird, ist wohl als extrem individualistisch zu bezeichnen. Die gesellschaftlich-kulturellen Grundwerte werden letztlich auf individuelle Wünsche zurückgeführt. Damit ist einerseits die allgemeine Anerkennung der drei Grundwerte in der dargestellten Deutung gewährleistet, andererseits aber nur eine formale Präzisierung erreicht. Freiheit, Sicherheit und Gerechtigkeit im

---

[8] Vgl. die (umfangreicheren) Zielkataloge etwa bei Herbert *Giersch:* Allgemeine Wirtschaftspolitik — Grundlagen —, Wiesbaden 1960, S. 59 ff., oder bei Robert *Dahl* und Charles *Lindblom:* Politics, Economics, and Welfare, New York 1953, S. 28 ff.

[9] Bertrand *Russell:* Freedom and Government, in: Freedom, Its Meaning, hrsg. von R. Nanda *Anshen,* New York 1940, S. 251.

[10] *Giersch,* S. 83; vgl. *Dahl/Lindblom,* S. 49.

[11] Dies bedeutet allerdings in erster Linie nur einen formalen Vorteil; die Möglichkeit von Zielkonflikten ist nicht beseitigt, sondern lediglich auf eine andere Ebene verschoben.

subjektiven Sinne sind Ziele eines jeden Individuums. Es ist selbstverständlich, daß jeder die Erfüllung seiner Wünsche (Freiheit) erstrebt, einschließlich der zukünftigen (Sicherheit) und einschließlich derjenigen, die sich auf die „Verteilung" der Freiheit, auf die Erfüllung der Wünsche anderer richten (Gerechtigkeit)[12].

Da über den Inhalt der Wünsche nichts gesagt ist, bleiben die Grundwerte materiell weiterhin unbestimmt. Die streng individualistische Deutung umgeht insbesondere das unlösbare Problem einer eindeutigen, nicht willkürlichen, „objektiven" Bestimmung des Gerechten. Sie gibt jeder subjektiven Gerechtigkeitsvorstellung Raum und ist insofern extrem unbestimmt.

Die Zielsetzung „unbeschränkte Wunscherfüllung" ähnelt der der maximalen Bedürfnisbefriedigung, wie sie in der ökonomischen Theorie den Wirtschaftssubjekten (speziell als Konsumenten) gemeinhin unterstellt wird. Die erstere ist jedoch allgemeiner und insbesondere ohne den egoistischen Beigeschmack, der dem ökonomischen Ziel gewöhnlich anhaftet.

Das Individuum vermag seine Wünsche z. T. durch eigenes Handeln zu erfüllen. Daraus läßt sich die Forderung nach unbeschränkter Handlungsfreiheit, verstanden als Möglichkeit unbeschränkter Wahl von Handlungsalternativen, ableiten. Handlungsfreiheit dient insoweit als Mittel zur Erfüllung von (anderen) Wünschen, hat also lediglich instrumentale Bedeutung. Darüber hinaus wird ihr gewöhnlich auch Eigenwert beigemessen, wird Handlungsfreiheit auch um ihrer selbst willen erstrebt. Maximale Handlungsfreiheit ist dann einmal abgeleitetes Ziel, das andere Mal Teilziel in bezug auf Freiheit im Sinne unbeschränkter Wunscherfüllung.

Unbeschränkte Wunscherfüllung ist prinzipiell unmöglich. Ihr stehen Hindernisse mannigfacher Art entgegen. Sie lassen sich, wenn auch eine scharfe Abgrenzung nicht möglich ist, in objektive, soziale und subjektive einteilen.

Objektive Hindernisse für die Wunscherfüllung sind in erster Linie auf natürliche Gegebenheiten wie auch auf den Stand von Technik und Wissenschaft zurückzuführen.

Soziale Hindernisse sind begründet in den gesellschaftlichen Beziehungen des Individuums. Sie beruhen auf dem Verhalten anderer (auf Handlungen und zu erwartenden Handlungen von anderen Individuen

---

[12] Es kann unterstellt werden, daß jedes Individuum Wünsche hinsichtlich der Verteilung der Freiheit, hinsichtlich des Maßes an Freiheit (zumindest einiger) anderer Individuen hat, wenn auch vielleicht nur rudimentärer und unbestimmter Art.

sowie von Gruppen und Institutionen, speziell auch auf Reaktionen auf eigene Handlungen).

Subjektive Hindernisse sind insbesondere individuelle Informationsmängel (Abweichungen des subjektiven Bildes vom objektiven Bild der Umwelt, der Alternativen, der Handlungsresultate und/oder ihrer Wahrscheinlichkeitsverteilung) und Irrationalität. Sie kommen zum Ausdruck in Abweichungen des tatsächlichen von dem (unter den gegebenen objektiven und sozialen Bedingungen) optimalen Verhalten des Individuums.

Das Ausmaß der Freiheit — Wunscherfüllung — eines Individuums kann offenbar grundsätzlich von zwei Seiten her erhöht oder vermindert werden: durch Variation der Wünsche und durch Variation der Hindernisse. In erheblichem Maße werden Wünsche und Hindernisse beeinflußt durch (nicht-staatliche) soziale Beziehungen, Regelungen und Prozesse. Von besonderer Bedeutung für die Wunscherfüllung der Individuen sind die Verhaltensregelung durch soziale Normen und der marktwirtschaftliche Prozeß.

Auch der Staat vermag in mannigfacher Weise auf individuelle Wünsche und auf Hindernisse für die Wunscherfüllung einzuwirken. Staatliche Aktivität ist gemäß der zugrunde gelegten Zielsetzung prinzipiell begründet, wenn und soweit sie die individuelle Freiheit erhöht. Sie hat in der Form, mit den Mitteln und in dem Maße zu erfolgen, die größtmögliche Wunscherfüllung der Individuen gewährleisten.

Damit ist lediglich ein rein formales Prinzip — das auf die spezielle Fragestellung zugeschnittene Rationalprinzip — gewonnen. Es bietet in dieser allgemeinen Form jedoch keine unmittelbare Handhabe, staatliche Aktivität im einzelnen zu begründen und zu bestimmen; denn individuelle Freiheit ist nicht meßbar (im strengen Sinn), und vor allem sind objektive interindividuelle Freiheitsvergleiche nicht möglich. Die Problematik ist auch in dieser Hinsicht der der ökonomischen Theorie des subjektiven Wertes analog.

Die Bestimmung der staatlichen Aktivität bedarf daher weiterer wertender Entscheidungen über die Akzeptierung der Grundwerte hinaus. Aus der individualistischen Grundposition heraus läßt sich immerhin herleiten, daß staatliche Aktivität nur dann in Frage kommt, wenn Verhalten der Individuen, außerstaatliche soziale Regelungen und soziale Prozesse zu Resultaten führen, die der Zielsetzung maximaler Freiheit zuwiderlaufen.

Auch dieser Grundsatz, den man als allgemeines Subsidiaritätsprinzip bezeichnen könnte[13], ist sehr unbestimmt, er führt aber einen Schritt

[13] Er entspricht im wesentlichen dem Subsidiaritätsprinzip der katholischen Soziallehre.

weiter: An typischen Mängeln individuellen Verhaltens und außerstaatlicher sozialer Regelungen und Prozesse (im Hinblick auf die Wunscherfüllung der Individuen) lassen sich typische Anlässe staatlicher Aktivität aufzeigen.

Individuelle Handlungen berühren im allgemeinen nicht nur den Handelnden selbst, sondern — beabsichtigt oder nicht — auch andere Individuen. Isolierte Handlungen, die keinerlei soziale Wirkungen haben, sind seltene Ausnahmen. Generell läßt sich sagen, daß individuelle Handlungen regelmäßig Reaktionen anderer Individuen bewirken und ihrerseits als Reaktionen auf Handlungen anderer zu verstehen sind.

Der Einfluß individueller Handlungen auf die Freiheit — auf Wünsche und (objektive, soziale und subjektive) Hindernisse für die Wunscherfüllung — anderer Individuen ist sehr vielgestaltig. Individuelle Handlungen vermögen Wertsysteme und Wünsche anderer Individuen zu verändern, z. B. neue Wünsche hervorzurufen. Sie können unmittelbar die Wunscherfüllung anderer beeinflussen, insbesondere (bestehende) Wünsche befriedigen. Mittelbar wirken individuelle Handlungen auf die Wunscherfüllung anderer Individuen ein, indem sie für diese die Bedingungen des Handelns (objektive, soziale und subjektive Hindernisse) variieren.

Angesichts der vielfältigen sozialen Beziehungen der Individuen sind soziale Regeln für individuelles Verhalten unumgänglich[14]. Jede dauerhafte Interaktion zwischen Individuen bedarf einer gewissen Ordnung, deren Funktion es u. a. ist, das Handeln der jeweils anderen für die Individuen in mehr oder minder starkem Maße voraussehbar zu machen. Tatsächlich ist das individuelle Verhalten in einem erheblichen Grade sozial normiert.

Unter sozialen Normen versteht man innerhalb einer Gruppe gültige Verhaltensmuster. Sie kommen darin zum Ausdruck, daß von den Individuen als Trägern bestimmter Rollen innerhalb der Gruppen ein mehr oder minder genau bestimmtes Verhalten erwartet wird.

Soziale Normen sind überaus vielgestaltig und von sehr unterschiedlicher Allgemeinheit, Bestimmtheit und Stringenz. Manche geben lediglich generelle Verhaltensmaximen, andere konkrete Regeln für das Verhalten in ganz bestimmten Situationen. Normen können einzelne

---

[14] Vgl. hierzu die Berichte von Friedrich *Tenbruck* und Jürgen *Pahlke* zum Thema „Soziale Normen“ auf der Arbeitstagung des Vereins für Socialpolitik in Würzburg 1963 (Das Verhältnis der Wirtschaftswissenschaft zur Rechtswissenschaft, Soziologie und Statistik, Schriften des Vereins für Socialpolitik, N.F. Bd. 33, Berlin 1964, S. 270 ff. und S. 282 ff.).

Handlungsalternativen untersagen, im übrigen jedoch volle Handlungsfreiheit lassen, oder aber ein genau bestimmtes Verhalten fordern. Sie können kategorische Verbote (bzw. Gebote) beinhalten oder auch nur relativ unverbindliche Empfehlungen und Erwartungen.

Die Erfüllung der Normen pflegt durch Sanktionen gesichert zu werden. Generell ist normwidriges Verhalten durch Strafen (Nachteile) verschiedenster Art und Stärke bedroht, normgerechtes Verhalten dagegen mit Belohnungen (Vorteilen) verknüpft. Für die betroffenen Individuen bedeutet dies eine Beeinflussung der (zu erwartenden) Resultate ihres Handelns. Mit sozialer Normierung verbundene Sanktionen können den Verzicht auf bestimmte Handlungsmöglichkeiten erzwingen. Wenn auch die Wahl dieser Alternativen nicht eigentlich ausgeschlossen, sondern lediglich mit Nachteilen verbunden ist, so wird darin doch oft eine Beschränkung der individuellen Handlungsfreiheit gesehen. Insofern vermindern soziale Normen auch das Ausmaß individueller Wunscherfüllung. Dies ist jedoch nicht immer der Fall. Normen können individuell internalisiert sein; normgerechtes Handeln entspricht dann den eigenen Wünschen.

Soziale Verhaltensregeln sind, wie erwähnt, Voraussetzung für jegliche dauerhafte Interaktion, für das „Funktionieren" der Gesellschaft. Auch wenn dies von den Individuen nicht immer erkannt und anerkannt wird, sind damit Beschränkungen ihrer Handlungsfreiheit durch soziale Normen häufig mittelbar der Erfüllung individueller Wünsche (der individuellen Freiheit und Sicherheit) förderlich.

Soziale Normierung betrifft nicht nur äußeres Verhalten — Handlungen und Unterlassungen —, sondern in einem äußerst weiten Sinn menschliches „Verhalten" überhaupt, also auch z. B. Gefühle, Wertungen und Wünsche. In der Tat werden die individuellen Wertvorstellungen und Wünsche in beträchtlichem Maße durch soziale Normen geprägt.

Die soziale Normierung individueller Wünsche und Wertvorstellungen ist, insgesamt gesehen, jedoch allgemeiner, weniger bestimmt, weniger stringent und mit geringfügigeren Sanktionen verbunden als die Normierung äußeren Handelns.

Das „innere" Verhalten ist naturgemäß viel weniger kontrollierbar als äußere Handlungen. Durch Sanktionen können unmittelbar nur äußere Handlungen beeinflußt werden, individuelle Wünsche und Werte dagegen nur mittelbar.

Sozial normiert sind „selbstverständlich" die Grundwerte einer Kultur. Von den Mitgliedern unserer individualistischen Gesellschaft wird grundsätzlich erwartet, daß sie individuelle Freiheit und Gerechtigkeit erstreben[15].

Insbesondere die individuellen Gerechtigkeitsvorstellungen sind in starkem Maße durch soziale Wertnormen beeinflußt. Es gibt zeitgebundene und vielfach gruppenspezifische Gerechtigkeitskonventionen, die den Charakter sozialer Normen haben. Der Inhalt solcher Gerechtigkeitskonventionen ist gewöhnlich ziemlich allgemein und unbestimmt. Was als gerecht anzusehen ist, wird selten präzisiert. Der subjektiven Interpretation bleibt ein relativ weiter Spielraum. Bestimmter und weniger allgemein pflegen die Normen hinsichtlich dessen zu sein, was als ungerecht zu gelten hat. Die subjektiven Vorstellungen über das (soziale) Minimum an Wunscherfüllungen sind schärfer normiert als die über die optimale Verteilung der Freiheit (Wunscherfüllung).

Soziale Norm ist es in unserer Kultur auch, daß die Wunscherfüllung der Individuen prinzipiell nicht durch Einschränkung der Wünsche, sondern durch Abbau von Hindernissen gesteigert werden soll.

Staatliche Aktivität kann, wie oben dargelegt, begründet sein, wenn das Verhalten der Individuen, außerstaatliche soziale Regelungen und soziale Prozesse zu Resultaten führen, die der Zielsetzung — möglichst hohe Wunscherfüllung — widersprechen. Der Staat vermag prinzipiell in gleicher Weise wie Individuen und soziale Gruppen auf die individuelle Freiheit einzuwirken, also durch Beeinflussung von Wertvorstellungen und Wünschen, durch unmittelbare Befriedigung individueller Wünsche und durch Variation von Hindernissen. Er verfügt dazu über ein Maß an Macht, das einzelne Individuen und soziale Gruppen grundsätzlich nicht besitzen.

Typische Mängel im Verhalten der Individuen, die maximale Wunscherfüllung verhindern, liegen im subjektiv bedingten Verfehlen der optimalen individuellen Handlungsalternative (auf Grund subjektiver Hindernisse — Minderung der eigenen Wunscherfüllung) und vor allem in negativen Wirkungen individuellen Verhaltens auf die Wunscherfüllung anderer (soziale Hindernisse für andere Individuen). Oft bedeutet subjektiv bedingtes Verfehlen des eigenen Freiheitsmaximums gleichzeitig eine Minderung der Wunscherfüllung anderer[16].

---

15 Freiheit bedeutet hier insbesondere auch Handlungsfreiheit (genauer: Freiheit des inneren und äußeren Verhaltens).

16 Vielfach werden andere dadurch unmittelbar in dem Sinne geschädigt, daß die Erfüllung ihrer ich-bezogenen Wünsche beeinträchtigt wird. Eine Minderung ihrer Freiheit ist aber auch dann gegeben, wenn diese anderen ein möglichst hohes Maß an Wunscherfühllung des handelnden Individuums oder Rationalität des Handelns als solche wünschen. In der Tat ist Rationalität bis zu einem gewissen Grade in unserer Kultur soziale Norm.

Man kann sagen, daß tatsächliche oder potentielle Verletzungen der Freiheit anderer durch individuelle Handlungen und Unterlassungen den wesentlichen Anlaß zu staatlicher Aktivität geben.

In beträchtlichem Maße wird das soziale Verhalten der Individuen zwar durch nicht-staatliche soziale Normen geregelt; diese „privaten" Verhaltensregeln können aber nicht immer genügen[17].

Im Rahmen nicht-staatlicher sozialer Normen kann der Spielraum individueller Handlungsfreiheit sehr groß sein. Eine weitere Einschränkung dieses Spielraums durch staatliche Verhaltensregeln vermag dann u. U. den Grad der Voraussehbarkeit der Handlungen und Reaktionen anderer und damit die individuelle Sicherheit zu erhöhen. Ohne spezifische soziale Regelung bleibt die Entscheidung, wessen Freiheit bei Kollisionen einzuschränken ist, den jeweiligen Machtverhältnissen überlassen. Staatliche Eingriffe in die Handlungsfreiheit können begründet sein, wenn sie die reale Verteilung privater Macht im Sinne allgemeiner Gerechtigkeitsvorstellungen verändern.

Um Sanktionen bei Normverletzungen durchzusetzen, bedarf es nicht selten eines Maßes an Macht, das nicht-organisierten und organisierten Gruppen ohne staatliche Hoheitsgewalt gewöhnlich fehlt. Sie sind dann nicht in der Lage, in hinreichendem Umfang Sicherheit gegen normwidriges Verhalten zu bieten.

In diesen Zusammenhang gehören auch gewisse Normkonflikte. Oft gelten in verschiedenen Gruppen für gleichartige Situationen unterschiedliche Verhaltensregeln mit unterschiedlichen Sanktionen. Derartige spezielle Gruppennormen werden vielleicht von den anderen Gruppen akzeptiert oder ignoriert. Andererseits ist es möglich, daß (einzelne oder alle) Gruppen den Geltungsbereich ihrer eigenen Normen auf andere Gruppen oder die Gesamtgesellschaft ausdehnen wollen. Es mag sein, daß ihnen einheitliche Normen auf Grund von Gerechtigkeitsvorstellungen (die sich im Postulat der Gleichbehandlung ausdrücken) oder aber im Hinblick auf das Funktionieren der Gesellschaft erforderlich oder zumindest zweckmäßig erscheinen. Dann liegt eine Regelung mit Hilfe staatlicher Macht nahe.

Eine Übertragung der notwendigen Machtbefugnisse an nicht-staatliche Organisationen wäre zwar denkbar, würde aber die Gefahr des

---

[17] Zum Verhältnis nicht-staatlicher und staatlicher Normen vgl. z. B. von soziologischer Seite: Theodor *Geiger:* Soziale Interdependenz und subsistente Norm, in: Arbeiten zur Soziologie (Soziologische Texte, Bd. 7), Neuwied, Berlin 1962, S. 364—384 (Nachdruck aus: Vorstudien zu einer Soziologie des Rechts, Kopenhagen 1947); von juristischer Seite: Giorgio *Del Vecchio:* Über die Staatlichkeit des Rechts, in: Grundlagen und Grundfragen des Rechts, Göttingen 1963, S. 217 ff. (Nachdruck aus: Zeitschrift für Öffentliches Recht, Bd. VIII, 1929).

Machtmißbrauchs mit sich bringen. Diese Gefahr besteht gewiß auch bei den Organen des Staates, kann hier jedoch wohl eher durch geeignete Kontrollinstanzen gezügelt werden.

Schwere soziale Sanktionen (Strafen) bedeuten gewöhnlich eine starke Einschränkung der Freiheit des betroffenen Individuums. Die Strafhoheit in den Händen des Staates bietet — bei entsprechender Gestaltung der staatlichen Organe und der Willensbildung — einen gewissen Schutz gegen Willkür, der bei privater Strafhoheit kaum erreichbar wäre.

In erheblichen Umfang sind daher die Verhaltensregelung durch Handlungsnormen, vor allem in grundsätzlichen und für die Gesamtgesellschaft bedeutsamen Fragen, und Strafen empfindlicher Art dem Staate vorbehalten (staatliches Recht, Gesetzgebung, Rechtsprechung).

Staatliche Normierung von Werten und Wünschen ist schwerer begründbar und in individualistischer Sicht grundsätzlich verpönt. Überdies vermag staatlicher Zwang zwar Handlungsnormen durchzusetzen, nicht aber Wertnormen. Wertvorstellungen können nicht erzwungen werden.

Das Bestehen einer Gesellschaftsordnung, und gerade der individualistischen, setzt weitgehende Übereinstimmung der Individuen in wesentlichen, grundsätzlichen Wertvorstellungen voraus. Die allgemeine Geltung solcher Wertnormen und damit der dauerhafte Bestand der Gesellschaftsordnung ist nie völlig gesichert. Stets droht die Ausbreitung anderer, gegensätzlicher Wertvorstellungen. Daher mag man dem Staat doch die Aufgabe zuerkennen, auf die individuellen Wünsche und Wertvorstellungen im Sinne der grundsätzlichen Wertnormen einzuwirken. In der Tat liegt hierin ein Grund (neben anderen) für die staatliche Einflußnahme auf das Erziehungs- und Bildungswesen sowie für Maßnahmen der Propaganda u. ä. Außerdem werden so auch bestimmte staatliche Handlungsnormen begründet. Gemeint ist das Verbot individueller Handlungen, die dazu bestimmt oder geeignet sind, die Geltung der Grundwerte in Frage zu stellen.

III.

Neben der Verhaltensregelung durch soziale Normen ist es vor allem der soziale Prozeß der Marktwirtschaft, der die Freiheit (Wunscherfüllung) der Individuen wesentlich mitbestimmt. Der marktwirtschaftliche Prozeß reguliert Art, Menge und Verteilung der Produktion wirtschaftlicher Güter. Er entscheidet weitgehend über das Ausmaß individueller Freiheit, soweit es von ökonomischen Gütern abhängt.

Wie jede andere Form der Interaktion bedürfen auch die marktwirtschaftlichen Beziehungen der Individuen einer gewissen Ordnung, die durch (mehr oder minder generelle) soziale Normen gesichert wird. Ihnen kommt z. T. so grundsätzliche und allgemeine Bedeutung zu, daß eine Regelung durch den Staat als notwendig oder doch als zweckmäßig erachtet wird. Dies gilt in erster Linie für die Eigentumsordnung (Anerkennung und Schutz des Privateigentums und in Zusammenhang damit Normen für die Eigentumsübertragung im Privatrecht, insbesondere Vertragsrecht und Erbrecht).

In einem weiteren Verständnis werden als Voraussetzungen für das Funktionieren der Marktwirtschaft staatliche Regelungen auf dem Gebiet des Geldwesens (Notenmonopol) sowie allgemein der Wirtschaftsordnung angesehen.

Innerhalb eines weiten Rahmens allgemeiner Normen bleibt dem wirtschaftenden Menschen ein relativ großer Spielraum individueller Handlungsfreiheit. Er hat als Eigentümer von Produktionsfaktoren, als Unternehmer und als Konsument formell weitgehend freie Wahl der Handlungsalternativen.

Das verhältnismäßig große Maß an individueller Handlungsfreiheit, das staatliche Normen in Form von Verboten und Geboten auf wirtschaftlichem Gebiet lassen, wird in gewissem Umfange eingeschränkt durch nicht-staatliche Handlungsnormen. So pflegen die individuellen Konsumentscheidungen keineswegs völlig frei zu sein; sie werden in nicht unerheblichem Maße von den Erwartungen der sozialen Gruppe(n) mitbestimmt, deren Mitglied das Individuum ist. Im allgemeinen sind derartige Konsumnormen freilich wenig stringent. Sie werden daher meist nicht so stark als Beschränkungen der Handlungsfreiheit empfunden wie staatliche Ver- oder Gebote.

Materiell wird die individuelle Handlungsfreiheit — und damit die Möglichkeit der Wunscherfüllung — entscheidend begrenzt durch das Ausmaß an ökonomischer Verfügungsmacht, das weitgehend durch den Marktprozeß bestimmt wird.

Der marktwirtschaftliche Prozeß trägt, insbesondere durch die Wirkung von Konkurrenzbeziehungen, dazu bei, daß subjektive und objektive Hindernisse für die individuelle Freiheit aufgehoben werden. Die Leistungsanreize, die der Marktwirtschaft innewohnen, fördern die technische Entwicklung. Vor allem bei Unternehmern, weniger bei Konsumenten, erzwingt die Konkurrenz stärkere Rationalität des Handelns im Hinblick auf die egoistisch-ökonomische Zielsetzung (Gewinnmaximierung)[18].

---

[18] Egoistisch-rationelles Handeln wird hier durch die Eigengesetzlichkeit der Marktwirtschaft erzwungen und andererseits auch erwartet, ist also soziale Norm.

Unter bestimmten theoretischen Voraussetzungen führt die freie Verkehrswirtschaft zu Resultaten, die in gewissem begrenztem Sinne optimale Wunscherfüllung der Individuen beinhalten. Die ökonomische Theorie, speziell die Welfare-Theorie, hat sich mit den Bedingungen des sogenannten Pareto-Optimums[19], mit dem Problem ihrer Realisierbarkeit und mit angrenzenden Fragen ausführlich auseinandergesetzt[20]. Hierauf kann im einzelnen nicht eingegangen werden. Die praktisch-wirtschaftspolitische Bedeutung der zum großen Teil sehr abstrakten Untersuchungen ist gering.

In der realen Verkehrswirtschaft beeinträchtigen individuelle Handlungen und Unterlassungen in vielfältiger Weise die Wunscherfüllung anderer Individuen. Dies kann u. U. — selbstverständlich nicht immer — staatliche Aktivität begründen.

Die Einschränkungen der individuellen Freiheit lassen sich z. T. auf Handlungen oder Unterlassungen einzelner oder einer Gruppe zurückführen; z. T. sind sie jedoch nicht bestimmten sie verursachenden Individuen zurechenbar, sie erscheinen als Resultat der allgemeinen marktwirtschaftlichen Interaktion der Individuen, gewissermaßen als prozeßbedingt. Die letzteren sind hier besonders beachtlich.

Der Marktprozeß führt (in Verbindung mit den geltenden rechtlichen Normen, vor allem denen des Erbrechts) zu einer Verteilung von Einkommen und Vermögen als wesentlichen Faktoren individueller Wunscherfüllung, die individuellen Gerechtigkeitsvorstellungen und herrschenden sozialen Gerechtigkeitskonventionen widerspricht. Insbesondere sorgt die Marktwirtschaft grundsätzlich nicht für die materielle Versorgung derjenigen, die nicht oder nur in geringem Maße in der Lage sind, produktive Leistungen im marktwirtschaftlichen Sinne zu erbringen. Das soziale Minimum an materieller Freiheit muß für diesen Personenkreis auf andere Weise erreicht werden. Bis zu einem gewissen Grade können freiwillige private Leistungen, insbesondere karitativer Art, hierzu beitragen. Private Fürsorge ist jedoch gewöhn-

---

[19] Ein soziales (sozial-ökonomisches) Optimum besteht demnach in einer Situation, in der es unter den gegebenen Bedingungen nicht möglich ist, (in der hier verwendeten Terminologie) die Freiheit irgendeines Individuums zu steigern, ohne die eines anderen zu mindern. Durch die terminologische Anpassung wird der übliche Sinngehalt leicht modifiziert, nicht aber der Grundgedanke .

[20] Vgl. hierzu z. B. die Verhandlungen auf der Arbeitstagung des Vereins für Socialpolitik in Bad Homburg 1962, insbes. den Bericht von Egon *Sohmen* über Grundlagen, Grenzen und Entwicklungsmöglichkeiten der Welfare Economics (Schriften des Vereins für Socialpolitik, N.F Bd. 29, Berlin 1963, S. 69 ff.) und den Artikel Wohlstandsökonomik von Wilhelm *Weber* und Reimut *Jochimsen* im Handwörterbuch der Sozialwissenschaften, 12. Bd., Stuttgart, Tübingen, Göttingen 1965, S. 346 ff.

lich nicht ausreichend und in ihrer Höhe und Dauerhaftigkeit sehr unsicher. Staatliche Aktivität zur Sicherung eines Minimums an ökonomisch-materieller Freiheit und Sicherheit gilt daher als notwendig. Auch die marktwirtschaftlichen Leistungseinkommen sind in einem derart starken Maße differenziert, daß das allgemeine Gerechtigkeitsgefühl, so unbestimmt es auch ist, gewisse Korrekturen durch staatliche Eingriffe fordert.

Der Tatbestand, daß der Staat in diesem Sinne sozialpolitisch tätig wird, pflegt zu bewirken, daß die Individuen sich in geringerem Maße zu eigenem karitativem Handeln gemäß ihren Gerechtigkeitsvorstellungen bzw. sozialen Gerechtigkeitsnormen verpflichtet und veranlaßt fühlen. Auf diese Weise kann sozialpolitische Aktivität des Staates in einer Art kumulativen Prozesses weitere Sozialleistungen hervorrufen. In gleicher Richtung wirkt der der Marktwirtschaft inhärente Zwang zu egoistisch-rationalem Handeln der privaten Wirtschaftssubjekte.

Auch die (allerdings nicht unbestrittene) Tendenz der Verkehrswirtschaft zu Konzentration und Monopolisierung kann wegen der damit verbundenen Effekte auf die Verteilung von ökonomischer Macht und Handlungsfreiheit allgemeine Gerechtigkeitsvorstellungen verletzen und staatliche Eingriffe begründen[21].

Die der freien Verkehrswirtschaft eigentümliche konjunkturelle Instabilität beeinträchtigt die Freiheit der Individuen beträchtlich. Schwankungen des Beschäftigungsgrades und des Geldwertes (vor allem Arbeitslosigkeit und Anstieg des Preisniveaus) schränken die (dauernde) Wunscherfüllung u. U. erheblich ein. Seitdem die wirtschaftspolitischen Möglichkeiten zum Ausgleich bzw. zur Verminderung der marktwirtschaftlichen Schwankungen bekannt sind, werden konjunkturpolitische Eingriffe des Staates allgemein für notwendig erachtet. Vollbeschäftigung (oder zumindest hohe Beschäftigung) und Stabilität des (inneren) Geldwertes zu sichern, gilt heute als eine der wichtigsten Aufgaben staatlicher Wirtschaftspolitik.

Unerwünschte Auswirkungen auf Verteilung und ökonomische Stabilität sind wohl die wichtigsten „indirekten" Nachteile allgemeiner Art, die sich aus der verkehrswirtschaftlichen Interaktion der Individuen ergeben. Daneben gibt es mannigfache spezielle Effekte individueller Handlungen und Unterlassungen im Zuge des marktwirtschaftlichen Prozesses, die Anlaß zu staatlicher Aktivität geben können. Es handelt sich um die sehr vielfältigen Tatbestände, die mit Begriffen

---

21 Die Monopolisierungserscheinungen lassen sich nur z. T. den Handlungen bestimmter Individuen zurechnen.

wie social costs, external diseconomies, externe Verluste (und mit umgekehrtem Vorzeichen social benefits, external economies, externe Ersparnisse) u. ä. bezeichnet werden[22]. Ihr Charakteristikum ist, daß durch ökonomisches Verhalten von Wirtschaftssubjekten anderen Individuen Nachteile (bzw. Vorteile) erwachsen, für die die Betroffenen nicht entschädigt werden (bzw. nicht bezahlen), „indirekte" Nachteile (und Vorteile), die insbesondere nicht in Marktpreisen zum Ausdruck kommen. Daß es derartige indirekte Effekte ökonomischen Verhaltens gibt und daß dadurch die Effizienz des preisgelenkten marktwirtschaftlichen Systems geschmälert wird, ist seit langem bekannt. Sie wurden aber zunächst als Ausnahmen angesehen. Erst in jüngerer Zeit wird in zunehmendem Maße erkannt, daß „außermarktmäßige Interdependenzen"[23], die in unbezahlten Nach- und Vorteilen aus ökonomischer Tätigkeit zum Ausdruck kommen, universelle Erscheinungen sind.

Mit zunehmender Bevölkerungsdichte und dadurch verstärkter Interaktion der Individuen, mit wachsendem Wohlstand und mit der — vielleicht damit verbundenen — zunehmenden „Außenlenkung" des Menschen[24] dürfte auch das Ausmaß und die Bedeutung indirekter Wirkungen ökonomischen Verhaltens, besonders der negativen, wachsen. Indirekte Effekte werden zudem in steigendem Maße erkannt und beachtet.

Negative indirekte Effekte kommen zum Ausdruck in einer Erweiterung individueller Wünsche oder in einer Zunahme der Hindernisse für die Wunscherfüllung. Wünsche können z. B. durch Werbung geweckt werden (oder an Intensität zunehmen), u. U. aber auch durch gesteigerten Konsum anderer Individuen. Das Neidgefühl eines Individuums angesichts des neuen Autos des Nachbarn gehört ebenso zu dieser Kategorie indirekter Nachteile wie der Wunsch einer Gruppe von Individuen (Berufsgruppe, soziale Schicht o. ä.), an einer Steigerung des Volkseinkommens in gleicher Weise zu partizipieren wie andere Gruppen[25].

---

[22] Vgl. hierzu ebenfalls die Verhandlungen auf der Homburger Arbeitstagung des Vereins für Socialpolitik, insbes. die Berichte von William *Kapp* und Bruno *Fritsch* über Social Costs and Social Benefits bzw. Private und volkswirtschaftliche Kosten (a.a.O., S. 183 ff. bzw. S. 211 ff.).

[23] Diese Bezeichnung verwendet *Fritsch* (a.a.O.), der an Hand eines Vier-Sektoren-Modells eine umfassende Systematik außermarktmäßiger Interdependenzen entwickelt (mit Haushalten, Produzenten, Staat und Ausland als aktiv bzw. passiv Beteiligten).

[24] Vgl. David *Riesman:* The Lonely Crowd, New Haven 1950 (Die einsame Masse, Rowohlts Deutsche Enzyklopädie Bd. 72/73, Hamburg 1958).

[25] Es ist allerdings auch möglich, diese Erscheinungen nicht als neue Wünsche zu deuten, sondern als Ausdruck bestehender (Gerechtigkeits-) Wünsche, deren Befriedigung neue Hindernisse (im Beispiel: Auto, höheres Einkommen anderer Gruppen) entgegenstehen.

Die Weckung neuer Wünsche ist eine recht häufige Form indirekter Nachteile. Sie vermag jedoch im allgemeinen staatliche Aktivität nicht zu begründen. Staatliche Eingriffe können jedoch u. U. dann als berechtigt erscheinen, wenn die neu geweckten Wünsche ihrerseits auf eine erhebliche Minderung der Freiheit anderer Individuen hinauslaufen, ihre Befriedigung z. B. bedeutsame indirekte Nachteile für Dritte mit sich bringt. Staatliche Aktivität mag auch in Frage kommen, wenn derjenige, der neue Wünsche bei anderen hervorruft, bewußt deren Unwissenheit ausnutzen und auf ihre Kosten eigene Vorteile erlangen will. Bestimmte staatliche Maßnahmen gegen unlauteren Wettbewerb und zum Schutze des Verbrauchers sind hier als Beispiele zu erwähnen.

Aus der Maxime des Landwirtschaftsgesetzes der Bundesrepublik[26] ließe sich folgern, daß staatliche Eingriffe selbst durch solche negativen Effekte provoziert werden können, wie sie sich im Streben nach „keeping up with the Joneses“ äußern[27].

Bedeutsamer als die Weckung neuer Wünsche sind die Fälle indirekter Nachteile, in denen die Erfüllung bestehender Wünsche (zusätzlich) behindert wird. Die Beispiele hierfür sind überaus zahlreich und mannigfaltig. Erwähnt seien nur die vielzitierten externen Verluste, die durch Luft- oder Gewässerverunreinigung sowohl von Produzenten als auch von Konsumenten verursacht werden. Es liegt auf der Hand, daß solche indirekten Effekte die Wunscherfüllung anderer Individuen erheblich mindern und staatliche Aktivität begründen können. In der Tat werden staatliche Eingriffe auf vielen Gebieten durch indirekte Nachteile dieser Art veranlaßt.

Die bisher aufgeführten Fälle betrafen negative indirekte Effekte aktiven ökonomischen Handelns. Indirekte Vorteile (unbezahlte Zuwächse an individueller Wunscherfüllung) im Gefolge ökonomischer Handlungen anderer können prima vista schwerlich zur Begründung staatlicher Aktivität dienen. Anders mag es jedoch sein, wenn indirekte Vorteile infolge von Unterlassungen entfallen, wenn also Unterlassungen negative indirekte Effekte zeitigen. Gerade Tatbestände dieser Art liefern die Begründung für besonders wichtige staatliche Aktivitäten im ökonomischen Bereich[28].

---

[26] Danach soll „die soziale Lage der in der Landwirtschaft tätigen Menschen an die vergleichbarer Berufsgruppen angeglichen werden“. (§ 1 des Landwirtschaftsgesetzes vom 5. 9. 55, BGBl. I, S. 565).

[27] In einem solchen Fall könnte man geradezu von einer Institutionalisierung des Neides sprechen. Vgl. aber Fußnote 25, S. 120.

[28] Vgl. zu den folgenden Ausführungen u. a. Richard *Musgrave:* The Theory of Public Finance, New York, Toronto, London 1959, S. 6 ff.; Margit *Cassel:* Die Gemeinwirtschaft, Leipzig, Erlangen 1925.

Die Gesetzmäßigkeiten der preisgelenkten Marktwirtschaft bringen es mit sich, daß gewisse Güter nicht oder nur in geringem Umfang produziert und konsumiert werden, während höhere Produktion bzw. Konsumtion erhebliche indirekte Vorteile mit sich brächte. Man kann sagen, daß solche Güter gerade deshalb nicht (oder nur in kleinen Mengen) auf marktwirtschaftliche Weise produziert werden (können), weil die mit ihrer Produktion bzw. Konsumtion verbundenen Vorteile in hohem Maße indirekter Art sind. Staatliche Eingriffe können dann dazu dienen, Produktion und Konsumtion dieser Güter überhaupt oder in größerer Quantität herbeizuführen, und damit erhebliche social benefits hervorrufen.

Es handelt sich dabei zunächst um die „klassischen" Kollektivgüter im engeren Sinn. Ihre Produktion verursacht wie die aller ökonomischen Güter Kosten (Leistungen von Produktionsfaktoren). Sofern diese Güter produziert werden, kommen sie vielen, im Grenzfall allen Individuen in ununterscheidbarer Weise zugute. Es ist technisch nicht möglich, den Konsum eines derartigen Gutes von der Entrichtung eines Preises abhängig zu machen. Wer zum Kauf und zur Zahlung des Gegenwertes nicht bereit ist, kann vom Genuß des Gutes (oder Dienstes) nicht ausgeschlossen werden.

Es wäre denkbar, daß ein einzelnes Wirtschaftssubjekt das betreffende Gut auf eigene Kosten herstellen bzw. kaufen würde und die übrigen Individuen ohne Kostenbeteiligung am Konsum des Gutes partizipieren und ihnen so indirekte Vorteile zukommen ließe. Bei hohen Kosten des Gutes — absolut und im Verhältnis zum subjektiven Nutzen für das einzelne Individuum — ist dies jedoch ausgeschlossen. Ein freiwilliger Zusammenschluß der Individuen zur gemeinsamen Finanzierung ist oft nicht erreichbar, weil einzelne oder viele hoffen, daß andere sich zur Übernahme der Kosten bereit finden und sie selbst ohne eigenen Kostenbeitrag am Genuß des Gutes teilhaben können. Dann kommt die Produktion des betreffenden Gutes weder auf marktwirtschaftliche noch überhaupt auf privatwirtschaftliche Weise zustande und kann nur durch staatliche Eingriffe herbeigeführt werden.

In dieser Weise wird staatliche Aktivität auf besonders wichtigen Gebieten motiviert, insbesondere auf denen des äußeren und inneren Schutzes (durch Militär, Polizei, Justiz) und der äußeren Beziehungen (diplomatischer Dienst), aber auch in vielen weniger bedeutsamen Bereichen (Standardbeispiel: Straßenbeleuchtung). Bis zu einem gewissen Grade gilt die Begründung auch für die staatliche Aktivität auf dem Gebiete der wissenschaftlichen Forschung. Sie trifft jedoch für die Leistungen der Justiz und der Polizei weitgehend nicht zu; der Tatbestand der Unausschließbarkeit bestimmter Individuen vom Genuß der Leistungen ist hier im allgemeinen nicht gegeben, wie sich an Hand historischer und aktueller Beispiele zeigen läßt (Vogelfreie, Rechtsbrecher; Rassendiskriminierung; Wach- und Schließgesellschaft). Die Übernahme dieser Leistungen durch den Staat ist vielmehr auf andere Gründe (Durchsetzung sozialer Normen mit Hilfe staatlicher Macht) zurückzuführen, wie oben dargelegt wurde.

Bei anderen Gütern mögen keine technischen Schwierigkeiten bestehen, den Konsum von der Zahlung eines Kaufpreises abhängig zu machen. Die marktmäßige Finanzierung der Produktion über den Preis ist insofern prinzipiell möglich. Indirekte Vorteile können auch in diesem Fall staatliche Aktivität mit dem Ziel höherer Produktion und Konsumtion solcher Güter rechtfertigen. Eine Steigerung des Konsums bringt u. U. Dritten, die nicht unmittelbar am erhöhten Konsum teilhaben, beträchtliche Vorteile. Insbesondere ist eine gewisse Mindestversorgung aller Individuen mit einer ganzen Reihe von Gütern und Diensten mehr oder minder für die Gesamtheit der Individuen vorteilhaft. Sie ist aber auf marktwirtschaftlichem Wege nicht immer realisierbar, weil bei freier Preisbildung ein Teil der Individuen diese Güter nicht oder nur in unzureichendem Maße nachfragen würde.

Staatliche Eingriffe z. B. auf den Gebieten des Gesundheitswesens, der Erziehung und Kultur, aber auch der Ernährung, des Wohnens usw. werden auf diese Weise begründet.

Unter gewissen Bedingungen gilt staatliche Aktivität zur Sicherung der Produktion (bzw. höherer Produktion) eines Gutes selbst dann als gerechtfertigt, wenn weder — wie im ersten Fall der Kollektivgüter — prinzipielle technische Schwierigkeiten für die preismäßige Finanzierung bestehen, noch — wie im zweiten Fall — indirekte Wirkungen des Konsums mitspielen, wenn aber ein kostendeckender Erlös bei keinem oder nur bei einem relativ hohen Preis erzielt werden kann. Handelt es sich um ein Produkt mit sehr hohen fixen und sehr niedrigen variablen Kosten, also extremer Kostendegression, so kann durch Senkung des Angebotspreises — im Grenzfall auf Null — u. U. ein sehr hoher zusätzlicher Konsum und damit eine beträchtliche Steigerung individueller Wunscherfüllung ohne wesentliche Erhöhung der Produktionskosten hervorgerufen werden. Wenn die Preiserhebung als solche relativ hohe Kosten verursacht, ist durch Verzicht auf preismäßige Finanzierung vielleicht sogar eine Senkung der Kosten insgesamt erzielbar.

Beispiele für Güter dieser Art — Kollektivgüter im weiteren Sinne — sind vor allem Brücken, Straßen u. ä. In der Praxis spielen hier allerdings gewöhnlich auch indirekte Vorteile eine Rolle.

Güter, die stets und nur mit Hilfe staatlicher Aktivität produziert werden können, sozusagen „absolute“ Kollektivgüter gibt es nicht[29]. Vielmehr läßt sich lediglich konstatieren, daß unter bestimmten Umständen die Produktion mancher Güter durch die private Wirtschaft nicht zu erwarten ist und nur durch den Staat gesichert werden kann. Auch in diesem Zusammenhang ist festzustellen: Je stärker die privatwirtschaftlich-egoistische Rationalität der Wirtschaftssubjekte ausgeprägt ist, um so größer ist die Notwendigkeit staatlicher Aktivität.

Staatliche Aktivität zur Produktion bestimmter Güter ergibt sich nicht von selbst, sondern bedingt eine besondere Entscheidung[30]. Zu der Entscheidung über das Objekt tritt die über Art und Umfang staatlicher Aktivität. Der Staat verfügt über einen großen Katalog von Mitteln (die z. T. auf der spezifisch staatlichen Macht basieren). In den meisten Fällen, in denen staatliche Eingriffe begründet sind, stehen verschiedene Mittel zur Wahl; d. h. das spezielle Ziel, z. B. die Produktion eines Kollektivgutes, ist gewöhnlich auf verschiedene Weise erreichbar (unmittelbar durch den Staat und/oder mittelbar über die Beeinflussung des Verhaltens der Individuen, insbesondere durch Zwang oder die Gewährung von Vorteilen)[31].

---

[29] Diese These gab Anlaß zu einer ausführlichen Diskussion im Anschluß an den Vortrag des Referates. Nach dem Eindruck des Verf. kam es nicht zu einer einheitlichen Meinung darüber, ob die These richtig sei oder nicht. Vielleicht vermögen die (hier und im Text) folgenden Bemerkungen zur Klärung der Streitfrage — oder zumindest des Standpunktes — beizutragen.

Das Bestehen des Staates und staatlicher Hoheitsgewalt wurden hier vorausgesetzt. Die Macht des Staates ist aber nicht einfach „da“ wie ein freies Gut. Sie muß unter Einsatz von Produktionsfaktoren herbeigeführt und gesichert, also gewissermaßen produziert werden. Insofern mag man bei weiter Auslegung des Begriffes Kollektivgut die Hoheitsgewalt des Staates als absolutes Kollektivgut bezeichnen.

Andererseits ist auch die staatliche Macht in ihrem Umfang nicht absolut; sie kann in gewissem Maße an nicht-staatliche Organe übertragen oder von ihnen usurpiert werden (inwieweit eine Übertragung oder Aushöhlung staatlicher Macht mit dem Wesen des Staates vereinbar ist, ist hier nicht zu prüfen).

Im übrigen gilt für Kollektivgüter im üblichen Sinne des Wortes nicht a priori, daß sie vom Staat zu produzieren sind.

[30] Damit soll nicht gesagt sein, daß jegliche staatliche Tätigkeit, historisch gesehen, durch eine Entscheidung der staatlichen Machthaber erklärbar ist. Es soll aber gesagt sein, daß jede staatliche Aktivität heute und in Zukunft neu in Frage zu stellen und der politischen Entscheidung zu unterwerfen ist.

[31] Es ist daher wenig sinnvoll, den ziel- und erfolgsbezogenen Begriff „öffentliche Leistung“ auf bestimmte Formen staatlicher Aktivität zu beschränken. Ebensowenig ist es sinnvoll, den Umfang staatlicher Aktivität nur an Hand des Teiles der öffentlichen Leistungen zu beurteilen, der sich in einer objektiven Größe wie den öffentlichen Ausgaben messen läßt. Politisch mag das allerdings u. U. zweckmäßig sein, z. B. um den Einfluß des Staates möglichst klein erscheinen zu lassen. Umgekehrt führt dieses Verfahren leicht dazu, daß die Form staatlicher Aktivität nicht unter dem Gesichtspunkt möglichst hoher Effizienz, sondern unter dem möglichst geringer „Sichtbarkeit“ gewählt wird.

Die Entscheidung (rationale Wahl) über Objekte, Art und Menge staatlicher Aktivität setzt eine Bewertung von „Aufwand“ und „Ertrag“ staatlichen Handelns (von Einbuße bzw. Zuwachs an individueller Freiheit) voraus.

Bewertung durch den Markt ist weitgehend unmöglich und jedenfalls unzulänglich. Der Preis ist als sozialer Wertmaßstab allgemein nur sehr bedingt geeignet. Aufwand und Ertrag öffentlicher Aktivität insbesondere sind grundsätzlich nicht in Preisen ausdrückbar[32].

Zur Bestimmung öffentlicher Leistungen im einzelnen bedarf es letztlich politischer Entscheidungen. Dies führt zur Problematik der gesellschaftlichen Willensbildung, des optimalen kollektiven Entscheidungsprozesses. Einige der hiermit verbundenen Fragen sind eingangs angeschnitten worden.

[32] Nur gelegentlich können Preise als grobe Anhaltspunkte dienen, vor allem insoweit, als öffentliche Leistungen Aufwand an Produktionsfaktoren erfordern (die im allgemeinen der privaten Wirtschaft auf Kosten der Wunscherfüllung der privaten Individuen entzogen werden müssen). Sonstige Einbußen an individueller Freiheit, die gewöhnlich mit staatlicher Aktivität verbunden sind (z. B. Minderung der Wunscherfüllung durch staatliche Handlungsnormen), sind ebensowenig an Preisen meßbar wie Zuwächse an individueller Wunscherfüllung infolge öffentlicher Leistungen.

Zur ordnungspolitischen Problematik wachsender Staatsausgaben*

Von Prof. Dr. *Kurt Schmidt* (Berlin)

A. Vorbemerkungen

Eine Studie über zunehmende öffentliche Ausgaben und ihre ordnungspolitische Qualität setzt voraus, daß Klarheit über das Leitbild derjenigen Wirtschaftsordnung, hier: der Marktwirtschaft, besteht, auf die sich die Untersuchung bezieht. Im Anschluß an *Kloten*[1] verwende ich als Merkmale der Wirtschaftsordnung die Dominanz der privaten oder der öffentlichen Wirtschaftsführung (Originärkriterium) und die Eigentumsordnung (Subsidiärkriterium). Die beiden idealtypischen Wirtschaftssysteme, die reine zentralgeleitete Wirtschaft und die reine Verkehrswirtschaft, sind dann folgendermaßen charakterisiert: In dem erstgenannten Wirtschaftssystem gibt es nur einen Planträger, dem ein Verwaltungsapparat als Planvollstrecker zur Seite steht, und allumfassendes öffentliches Eigentum. Die reine Verkehrswirtschaft ist gekennzeichnet durch die Existenz von vielen Haushaltungen und Unternehmungen, deren Wirtschaftspläne über Markt und Preis koordiniert werden; es gibt nur privates Eigentum. Alle realen Wirtschaftsordnungen zeigen nun ein Nebeneinander sowohl privater und öffentlicher Wirtschaftsführung als auch privaten und öffentlichen Eigentums. Die marktwirtschaftlichen Ordnungsformen sind durch das Vorwalten der marktmäßigen Koordination und die Priorität des Privateigentums charakterisiert; bei den zentralgeleiteten Wirtschaftsordnungen gilt das Prinzip der Subordination, und es herrscht öffentliches Eigentum vor.

Natürlich sind diese beiden Merkmale ziemlich grob, und um die Wirtschaftsordnung einer konkreten Volkswirtschaft zu bestimmen, müßten sie sicher erheblich verfeinert werden. Für unsere Zwecke

---

* Dieser Aufsatz ist der zweite, umgearbeitete und erweiterte Teil meines im finanzwissenschaftlichen Ausschuß gehaltenen Referats; der erste Teil ist bereits früher erschienen (K. *Schmidt*, Entwicklungstendenzen der öffentlichen Ausgaben im demokratischen Gruppenstaat. „Finanzarchiv“, N.F. Bd. 25, 1966, S. 213 ff.).

1 s. N. *Kloten:* Zur Typenlehre der Wirtschafts- und Gesellschaftsordnungen. „Ordo“, 7. Band, 1955, S. 123 ff.

genügt es jedoch, darauf hinzuweisen, daß diese Kriterien einen formalen und materialen Inhalt haben können. Damit soll die Tatsache umschrieben werden, daß man aus der Existenz von Märkten und Preisen sowie von vorwiegend privatem Eigentum nicht einfach auf eine marktwirtschaftliche Ordnung schließen darf. Infolge staatlicher Eingriffe können Märkte und Preise ihre Koordinationsfunktion einbüßen, und das private Eigentum kann weitgehend ausgehöhlt werden. Es ist klar, daß man nur dann von marktwirtschaftlichen Ordnungsformen sprechen kann, wenn Dominanz der privaten Wirtschaftsführung und Priorität des Privateigentums im materialen Sinn bestehen.

Bei den marktwirtschaftlichen Ordnungsformen, die hier allein interessieren, unterscheidet man zweckmäßigerweise zwei „Realtypen": die „freie" und die „soziale" Marktwirtschaft; als Unterscheidungsmerkmal ist das Gewicht anzusehen, das dem sozialen Moment zukommt. Eine marktwirtschaftliche Ordnung gewinnt demnach dadurch sozialen Charakter, daß soziale Aufgaben die Qualität von Fundamentalzielen erhalten[2]. In der sozialen Marktwirtschaft, auf die sich die folgenden Überlegungen in erster Linie beziehen, erscheinen deshalb neben wirtschaftlichem Wachstum, stabilem Preisniveau und Gleichgewicht der Zahlungsbilanz hoher Beschäftigungsstand und sozialer Ausgleich im Katalog der relevanten Globalziele[3].

Zum Leitbild einer Wirtschaftsordnung gehören außerdem wirtschaftspolitische Maßnahmen, die system- und zielkonform sein müssen. Unter Zielkonformität ist nach *Tuchtfeldt* „die technische Eignung (von Mitteln) zur Erreichung eines gegebenen Einzelzieles bzw. einer Zielkombination" zu verstehen[4]. Für die Beurteilung wirtschaftspolitischen Handelns hat man allerdings außer dem Grad der Zielkonformität die Dignität der Ziele selbst zu beachten. Welche gesamtwirtschaftlichen Ziele heute bei uns aktuell sind, habe ich soeben aufgezeigt. Weil durch diese Fundamentalziele „das volkswirtschaftlich Nötige gegen-

---

[2] Das ist auch die nähere (ordnungspolitische) Begründung dafür, daß ich an anderer Stelle die sozialbedingten öffentlichen Ausgaben nicht den gruppenbezogenen, sondern den gruppenindifferenten Staatsausgaben subsumiert habe (s. K. *Schmidt*, Entwicklungstendenzen ..., a.a.O., S. 235 f.).

[3] Die Betonung der gesamtwirtschaftlichen Ziele im Leitbild der sozialen Marktwirtschaft ist wichtig. „Diese Ziele sind nicht ewig, aber pro tempore sind sie gültig. ... Sie sind Ergebnis einer ganz besonderen Bewußtseinslage auf sozialem und ökonomischem Gebiet" (E. *von Beckerath*, Diskussionsbeitrag zu H. *Meinhold*, Strukturwandlungen als Problem der Wirtschaftspolitik, in: Strukturwandlungen einer wachsenden Wirtschaft, Schriften des Vereins für Socialpolitik, N.F., Bd. 30/II, Berlin 1964, S. 1103).
Die Termini gesamtwirtschaftliche Ziele, Fundamentalziele und Globalziele werden synonym verwendet.

[4] E. *Tuchtfeldt*: Zur Frage der Systemkonformität wirtschaftspolitischer Maßnahmen, in: Zur Grundlegung wirtschaftspolitischer Konzeptionen, Schriften des Vereins für Socialpolitik, N.F., Bd. 18, Berlin 1960, S. 206.

über dem partikular Nützlichen"[5] zum Ausdruck gebracht wird, kommt ihnen eine höhere Dignität zu als den speziellen Forderungen von Interessengruppen. *Neumark* hat — diesem Umstand Rechnung tragend — zwischen interventionistischen und dirigistischen Maßnahmen unterschieden[6]. Dieses Merkmal ist daher mit dem Kriterium der Zielkonformität zu kombinieren, wenn man wirtschaftspolitische Aktionen zu beurteilen hat.

Systemkonform sind wirtschaftspolitische Maßnahmen dann, wenn sie „mit dem wirtschaftspolitischen Gesamtsystem kompatibel sind"[7], in unserem Falle also nicht gegen die marktwirtschaftliche Ordnung verstoßen[8]. Je größer Preisflexibilität, Zinsvariabilität, sektorale und regionale Faktormobilität[9] sowie soziale Mobilität, d. h. die Aufstiegsmöglichkeiten, aber auch die Abstiegsgefahren der Individuen innerhalb der Einkommens- und Vermögenspyramide[10], sind, desto besser arbeitet der marktwirtschaftliche Steuerungsmechanismus. Dahin wirkt vor allem der Wettbewerb; er ist gleichsam der Motor, der den marktwirtschaftlichen Abstimmungsmechanismus über seine soeben genannten Komponenten in Gang hält. Nicht-systemkonforme Maßnahmen sind also solche, die den Wettbewerb erschweren, die Preisflexibilität usw. herabsetzen und dadurch den Wirkungsgrad des Steuerungsmechanismus vermindern. Sie beeinträchtigen damit die Funktionsfähigkeit der Marktwirtschaft.

Schließlich ist zu bedenken, daß dann, wenn die Wirtschaftspolitik an mehreren Globalzielen orientiert ist, infolge der Distanz, die diese Ziele oft voneinander trennt, Zweckkollisionen auftreten[11]. Die Ab-

---

[5] E. *von Beckerath:* Politik und Wirtschaft: Ist eine rationale Wirtschaftspolitik möglich? in: Einkommensbildung und Einkommensverteilung, Schriften des Vereins für Socialpolitik, N.F., Bd. 13, Berlin 1957, wiederabgedruckt in: Lynkeus, Tübingen 1962, S. 315.

[6] F. *Neumark:* Interventionistische und dirigistische Steuerpolitik, in: Wirtschaftsfragen der freien Welt (Festschrift für Ludwig Erhard), Frankfurt a. M. 1957, wiederabgedruckt in: Wirtschafts- und Finanzprobleme des Interventionsstaates, Tübingen 1961, S. 281 f.

[7] E. *Tuchtfeldt:* a.a.O., S. 206 ff. s. auch *Tuchtfeldts* Erörterungen über die Konformitätsgrade (S. 225 ff.).

[8] Das Problem erhält einen anderen Akzent, wenn beabsichtigt ist, eine bestehende Ordnung zu transformieren. Dann können solche Maßnahmen als Mittel dieses Transformationsprozesses eingesetzt werden. Diesen Fall schließen wir jedoch im folgenden aus, d. h. wir setzen voraus, daß eine marktwirtschaftliche Ordnung in Form der sozialen Marktwirtschaft besteht und aufrechterhalten werden soll.

[9] Vgl. hierzu Wissenschaftlicher Beirat beim Bundeswirtschaftsministerium, Instrumente der Konjunkturpolitik und ihre rechtliche Institutionalisierung, in: Gutachten vom Januar 1955 bis Dezember 1956, Göttingen 1957, S. 35 ff.

[10] s. K. *Schmidt:* Die Steuerprogression, Basel - Tübingen 1960, S. 114 ff.

[11] s. hierzu H. *Ohm:* Allgemeine Wirtschaftspolitik, Bd. I, 2. Aufl., Berlin 1965, S. 59 ff.; H. *Giersch:* Allgemeine Wirtschaftspolitik, Erster Band: Grundlagen, Wiesbaden 1960, S. 51 ff.; K. *Schmidt:* Zum Problem der Zweckkol-

stände zwischen den Zielen können zwar durch höhere Preisflexibilität usw. verringert und die Zielkonflikte dadurch z. T. abgebaut werden. Vollständig wird das aber nie gelingen, so daß bei wirtschaftspolitischen Maßnahmen, die *einem* Globalziel dienen sollen, auch die möglichen Rückwirkungen auf *andere* Fundamentalziele zu berücksichtigen sind[12].

Da nicht alle gesamtwirtschaftlichen Zwecke zur selben Zeit mit gleicher Intensität verfolgt werden können, liegt es nahe, für sie eine Rangordnung festzulegen. Es ist jedoch zu beachten, daß wir nicht von einer festgefügten Hierarchie der Globalziele ausgehen können. Weder bei der parlamentarischen Mehrheit noch im Schoße einer Regierung oder gar in der Öffentlichkeit wird man darüber eine einheitliche Meinung erwarten dürfen. Bei aktueller Bedrohung eines Globalzieles pflegt sich allerdings eine weitgehend akzeptierte Rangordnung der gesamtwirtschaftlichen Zwecke in der Weise zu formieren, daß das betreffende Ziel gleichsam automatisch an die erste Stelle tritt[13]. Da im Laufe der wirtschaftlichen Entwicklung diese Art Aktualität der Fundamentalziele Schwankungen unterworfen ist, müssen wir mit entsprechenden Veränderungen in der Zielhierarchie rechnen. Eine rationale — und damit meine ich eine an gesamtwirtschaftlichen Zielen orientierte — Wirtschaftspolitik hat diesem Umstand natürlich Rechnung zu tragen; ihr Wirkungsgrad ist um so größer, je mehr sie sich die Freiheit des Handelns in bezug auf diese Änderungen in der Rangordnung der Globalziele bewahrt[14] und je widerspruchsfreier sie ihre daran auszurichtenden Maßnahmen zu kombinieren vermag. Die Funktionsfähigkeit der Marktwirtschaft hängt also nicht nur vom Wirkungsgrad des ihr eigentümlichen Steuerungsmechanismus, sondern auch von der Effizienz der Wirtschaftspolitik ab, und diese beiden Gesichtspunkte sind deshalb auch zu beachten, wenn die ordnungspolitische Problematik wachsender Staastausgaben untersucht werden soll.

Um den Einfluß wachsender Staatsausgaben auf die Funktionsfähigkeit der Marktwirtschaft zu ermitteln, empfiehlt es sich, zwei Teil-

---

lisionen in der modernen Steuerpolitik. „Finanzarchiv", N.F., Bd. 19, 1958/59, S. 204 ff.

[12] Da die Aufrechterhaltung der sozialen Marktwirtschaft auch als Globalziel der Wirtschaftspolitik verstanden werden kann, ist es möglich, die Frage nach der Systemkonformität wirtschaftspolitischer Maßnahmen als Teilproblem der Zielkonformität anzusehen. Verstöße gegen die marktwirtschaftliche Ordnung sind dann als Zweckkollisionen zwischen dem ordnungspolitischen Ziel und anderen wirtschaftspolitischen Globalzielen aufzufassen. Ob man so oder anders vorgeht, hängt wesentlich von der Problemstellung ab. Das Thema, das ich im folgenden zu erörtern habe, gebietet m. E., die Frage der Systemkonformität besonders hervorzuheben und deshalb getrennt von den Problemen der Zielkonformität zu behandeln.

[13] Vgl. Sachverständigenrat zur Begutachtung der gesamtwirtschaftlichen Entwicklung, Jahresgutachten 1965/66, Stabilisierung ohne Stagnation, Stuttgart und Mainz 1965, Vorwort Ziff. 3.

[14] Vgl. E. *von Beckerath:* Diskussionsbeitrag, a.a.O., S. 1096 f. und S. 1103 f.

probleme zu unterscheiden: Wirkungen, die mit der Ausdehnung der Finanzwirtschaft schlechthin verbunden sind, und Wirkungen, die wir von der Ausdehnung bestimmter Ausgabenkategorien zu erwarten haben. Zuerst wollen wir unsere Aufmerksamkeit der zweiten Frage zuwenden. Dabei taucht das Problem auf, welche Ausgabenkategorien einer solch detaillierten Betrachtung unterzogen werden sollen. Ich habe dafür die öffentlichen Finanzhilfen an private Wirtschaftseinheiten in Form von Subventionen (an Unternehmungen) und von Sozialleistungen (an Haushalte)[15] sowie die Ausgaben zur Bildung öffentlichen Erwerbsvermögens ausgewählt. Denn Subventionen und Sozialleistungen gehören zu denjenigen öffentlichen Ausgaben, die in den letzten Jahrzehnten am stärksten zugenommen haben[16]. Es liegt daher nahe, diese beiden Arten der Transferzahlungen[17] auf ihre ordnungspolitische Qualität hin zu prüfen. Daraufhin sind auch die Ausgaben zur Bildung öffentlichen Erwerbsvermögens zu untersuchen, weil durch sie die Eigentumsordnung berührt wird.

B. 1. Teilaspekte

a) Subventionen

Die Frage, ob Subventionen mit der Marktwirtschaft zu vereinbaren sind, läßt sich nicht mit einem klaren Ja oder Nein beantworten. Es besteht auch keineswegs Einmütigkeit darüber, wo die Grenze des Zulässigen liegt. Deshalb möchte ich zunächst versuchen, mit Hilfe

---

[15] Ich bin mir darüber im klaren, daß die Termini Subventionen und Sozialleistungen nicht ganz befriedigen. Denn z. T. empfangen Haushalte Zahlungen, die das Attribut „sozial" nicht verdienen, und gelegentlich haben Subventionen sozialen Charakter; außerdem wird der Begriff „Subvention" auch zur Bezeichnung spezieller Arten von Transferleistungen an Unternehmungen gebraucht (s. K. H. *Hansmeyer*, Subventionen als wirtschaftspolitisches Instrument, in: Subventionen in der Bundesrepublik Deutschland, Berlin 1963, S. 9 ff.).

[16] s. G. *Schmölders:* Finanzpolitik, 2. Aufl., Berlin - Heidelberg - New York 1965, S. 179.

[17] Die Unterscheidung in Transfer- und Nicht-Transferausgaben geht bekanntlich auf *Pigou* (A Study in Public Finance, 3rd ed., London 1947/1962, S. 19 ff.) zurück. Transferzahlungen sind Zahlungen an Haushalte und Unternehmungen, für die der Staat kein marktgemäßes Entgelt erhält (vgl. Th. *Wessels,* Art. „Subventionen", in: Handwörterbuch der Betriebswirtschaft, 3. Aufl., Bd. 3, Stuttgart 1960, Sp. 5321). Nicht-Transferausgaben stehen dagegen wirtschaftliche Leistungen an die öffentliche Hand gegenüber. Sie werden in der Literatur im übrigen verschieden bezeichnet; so spricht *Pigou* in den früheren Auflagen seines Werkes von „exhaustive expenditures". Sie werden auch Realausgaben *(Littmann)*, Transformationsausgaben *(Kolms)* und Ausgaben für Güter und Dienste (E. *Schneider*) genannt.

der oben angeführten Merkmale für wirtschaftspolitische Maßnahmen den Einfluß von Subventionen[18] auf die Funktionsfähigkeit der Marktwirtschaft zu bestimmen.

Bei einer Verbindung der Kriterien zielkonform — nicht-zielkonform und interventionistisch — dirigistisch erhält man vier Kombinatonsmöglichkeiten. Die dirigistischen Subventionen, gleichgültig ob zielkonform oder nicht, stehen in eklatantem Gegensatz zur Marktwirtschaft. Denn ihnen liegt die Absicht zugrunde, „den Wettbewerb auf einzelnen Gebieten zu erschweren, ja unmöglich zu machen oder aber gewisse Kreise vor den Konsequenzen einer echten Konkurrenzwirtschaft auf Kosten Dritter (im Zweifel: rationeller Arbeitender) zu bewahren"[19]; sie beeinträchtigen also den marktwirtschaftlichen Steuerungsmechanismus. Aber auch die Effizienz der Wirtschaftspolitik wird durch dirigistische Subventionen verringert. Je mehr die Wirtschaftspolitik nämlich durch solche Subventionen festgelegt ist, um so weniger kann sie für die Verfolgung der Globalziele leisten. Das zeigt sich auf zweifache Weise: Einerseits wird die Freiheit des Handelns eingeschränkt, und andererseits verringert sich die Wirksamkeit der für eine rationale Wirtschaftspolitik noch verfügbaren Mittel, weil ihnen dirigistische Maßnahmen — eben jene Subventionen — entgegenstehen.

Das gilt, ich wiederhole es, sowohl für die zielkonformen als auch für die nicht-zielkonformen dirigistischen Subventionen. Bei letzteren kommt allerdings als weiterer Minuspunkt hinzu, daß bei ihnen sogar

[18] Wie bereits angedeutet, gibt es über den Subventionsbegriff in der Literatur keine einheitliche Meinung (s. hierzu z. B. H. *Boehme*, Preissubventionen, Ein Beitrag zur Theorie der Ausgabeninzidenz, Finanzwissenschaftliche Forschungsarbeiten, N.F., Heft 20, Berlin 1959, S. 18 ff.; H. J. *Gundlach*, Subventionen als Mittel der Wirtschaftspolitik, Dissertation Technische Universität Berlin 1965, S. 2 ff.; ferner Subsidy and Subsidy-Effect Programs of the U.S. Government, Materials prepared for the Joint Economic Committee, Congress of the United States, 89th Congress, 1st Session, Washington 1965, S. 3 ff.). Weil es keine unumstrittene Definition des Subventionsbegriffes gibt, hat das Bundesfinanzministerium in seinen bisherigen „Subventions"-Berichten Wort und Begriff der Subvention bewußt vermieden.

Wir wollen im folgenden unter Subventionen Transferausgaben verstehen, die Unternehmungen unmittelbar oder mittelbar (z. B. in Form von „Entlastungszahlungen" (K. H. *Hansmeyer:* Finanzielle Staatshilfen für die Landwirtschaft, Tübingen 1963, S. 35)) zugutekommen und für die die zahlenden öffentlichen Stellen oder andere von ihnen beauftragte Instanzen kein marktgemäßes Entgelt erhalten. So bleiben z. B. Steuerbegünstigungen, weil sie keine Ausgaben darstellen, hier unberücksichtigt.

Subventionen in Form öffentlicher Ausgaben können auf vielfältige Art gewährt werden: als „verlorene" Zuschüsse, zinsverbilligte Darlehen und Kapitaldienstsubventionen (effektive Ausgaben) sowie als Sicherheitsleistungen (potentielle Ausgaben). Auf diese unterschiedlichen Subventionsformen kann ich im folgenden allerdings nicht näher eingehen.

[19] F. *Neumark:* Interventionistische und dirigistische Steuerpolitik, a.a.O., S. 283.

die gruppenbegünstigende Absicht verfehlt wird. Dieser Fall ist übrigens nicht so unrealistisch, wie es auf den ersten Blick scheinen mag, weil es durchaus möglich ist, daß man sich über die Inzidenz falsche Vorstellungen gemacht hat. Falls es sich um einen solchen Irrtum handelt, kann man erwarten, daß er bald behoben wird und den Destinataren die vorgesehene Begünstigung zugutekommt. Wenn aber auch Interessen anderer Gruppen im Spiel sind, die — zufällig oder (aufgrund besserer Einsichten in die Wirkungsvorgänge) vorhersehbar — in den Genuß der Subventionen gekommen sind, dann kann diese vom Subventionsgeber nicht gewollte und daher eben nicht-zielkonforme Maßnahme für längere Zeit bestehenbleiben.

Etwas anders liegen die Dinge bei den nicht-zielkonformen interventionistischen Subventionen; das sind solche, bei denen zwar gesamtwirtschaftliche Ziele angestrebt werden, die sich dafür aber als ungeeignet erweisen. Es mag sich dabei um Fehler oder Irrtümer der Instanzen handeln, die jene Entscheidung getroffen haben. Diese Subventionen absorbieren einen Teil der Wirtschaftspolitik und setzen ihren Wirkungsgrad herab. Ob sie auch den marktwirtschaftlichen Steuerungsmechanismus beeinträchtigen, muß besonders geprüft werden. Ich werde auf diese Frage später eingehen, wenn die zielkonformen interventionistischen Maßnahmen zur Diskussion stehen. Es ist aber auch sehr wohl möglich, daß nicht-zielkonforme interventionistische Subventionen auf den Einfluß von Interessenten zurückgehen. Ja, solche „Erfolge" gelten bei ihnen vielleicht sogar als taktische „Meisterstücke". Und in der Tat, was kann es für sie „Vollkommeneres" geben, als Begünstigungen unter dem Deckmantel gesamtwirtschaftlich notwendiger Interventionen einzuheimsen? Faktisch handelt es sich dann selbstverständlich um dirigistische Maßnahmen, und dementsprechend sind sie ordnungspolitisch zu beurteilen.

Dirigistische Subventionen vermindern also die Funktionsfähigkeit der Marktwirtschaft, weil sie den Wirkungsgrad der Wirtschaftspolitik herabsetzen und den marktwirtschaftlichen Abstimmungsmechanismus beeinträchtigen. Der Gegensatz, in dem diese Subventionen zur marktwirtschaftlichen Ordnung stehen, wird durch die ihnen innewohnenden Tendenzen zur Kumulation und zur Dauerhaftigkeit verschärft. Beides läßt sich aus der Interessenlage der Subventionsempfänger und der Aktivität ihrer Verbände erklären. Es ist verständlich, daß die Begünstigten einmal gewährte Subventionen auf die Dauer behalten möchten, auch wenn das ursprünglich nicht vorgesehen war; aber es ist bedenklich, daß sie diese Absicht über ihre Verbände häufig auch durchsetzen. Die Kumulation ergibt sich daraus, daß „Erfolge" bei der Verteilung von Subventionen ansteckend wirken; „sie stärken die Gruppenbegehrlichkeit (und) rufen immer weitere Interessenten auf den

Plan"[20]. Je umfangreicher und dauerhafter die Subventionen werden, um so mehr werden die Unternehmer dazu neigen, ihre Zielsetzung zu ändern — und zwar in dem Sinne, daß bei ihren Entscheidungen eine „Subventionsmentalität"[21] an Gewicht gewinnt. „Wird aber statt des Strebens nach möglichst hohem Gewinn das Streben nach einer möglichst umfangreichen Subvention der ausschlaggebende Faktor der unternehmerischen Kalkulation und Initiative, so besteht die Gefahr, daß unwirtschaftliche Betriebe aufrechterhalten werden und beträchtliche Fehlinvestitionen die Folge sein können, sowie daß das gesamtwirtschaftliche Wachstum nicht die erwünschte und bei uneingeschränktem Leistungsanreiz und Wettbewerb mögliche Steigerung erfährt[22]."

Aber damit nicht genug. Auch für Parlament und Regierung sind dirigistische Subventionen attraktiv. Mit ihrer Hilfe können nämlich Konflikte zwischen Gruppeninteressen entschärft werden, und diese Möglichkeit scheint fast so etwas wie eine Existenzbedingung des demokratischen Gruppenstaates zu sein. Wegen der vielfältigen Beziehungen, die zwischen Parteien und Verbänden bestehen, und den Rücksichten, die sie aufeinander zu nehmen haben, ist — besonders in Wahljahren — die Neigung der Parteien gering, Forderungen von Interessengruppen zurückzuweisen. Daher nimmt es nicht wunder, daß sich in den wirtschaftspolitischen Beschlüssen staatlicher Stellen eine Vorliebe für dieses Instrument, auch eine Art Subventionsmentalität, zeigt.

Nun könnte man sich vielleicht bei dem Gedanken beruhigen — und vermutlich tun das nicht wenige —, daß dirigistische Subventionen wohl doch nicht so gefährlich seien; denn obgleich sie in erheblichem Umfange existieren, funktioniere die Marktwirtschaft immer noch erstaunlich gut. Gelegentlich wird diese Erfahrung — nicht ohne Stolz, aber vor allem mit Erleichterung — auch so umschrieben, daß man dem Straußenmagen der Marktwirtschaft offensichtlich allerlei zumuten könne. Das trifft zweifellos zu. Aber diese Einstellung ist bedenklich, weil sie den Gegensatz zwischen marktwirtschaftlicher Ordnung und dirigistischen Subventionen verharmlost und so den Widerstand gegen eine weitere Ausdehnung dieser Subventionen schwächt.

---

[20] K. H. *Hansmeyer:* Subventionen als wirtschaftspolitisches Instrument, a.a.O., S. 20.

[21] s. G. *Schmölders:* Subventionsmentalität und Marktwirtschaft, in: Soll der Staat Geschenke verteilen? Aktionsgemeinschaft Soziale Marktwirtschaft, Tagungsprotokoll Nr. 18, Ludwigsburg 1962, S. 33 f.; ferner auch die dort wiedergegebenen Ausführungen von F. K. *Mann* aus dessen Aufsatz „Die Sozialisierung von Risiken", in: Finanztheorie und Finanzsoziologie, Göttingen 1959, S. 99, und W. *Meinhold,* Art. „Subventionen", in: Handwörterbuch der Sozialwissenschaften, 10. Band, Stuttgart - Tübingen - Göttingen 1959, S. 246.

[22] Bundesministerium der Finanzen, Finanzbericht 1966, Bonn 1966, S. 182.

Um einen höheren Wirkungsgrad des marktwirtschaftlichen Steuerungsmechanismus und eine größere Effizienz der Wirtschaftspolitik zu erreichen, ist genau das Entgegengesetzte, eine Reduktion der dirigistischen Subventionen, notwendig.

Bei den interventionistischen Subventionen, die zielkonform sind, ist zunächst zu fragen, ob und (wenn ja) in welcher Weise durch sie andere Globalziele berührt werden. Wie wir wissen, sind einer gleichzeitigen Orientierung der Wirtschaftspolitik an mehreren gesamtwirtschaftlichen Zielen Grenzen gesetzt. Deshalb wird man wahrscheinlich solche wirtschaftspolitischen Mittel bevorzugen, bei deren Anwendung diese Grenzen möglichst wenig hervortreten[23], und dazu eignen sich auf den ersten Blick zweifellos Subventionen[24]. Eine echte Milderung von Zweckkollisionen läßt sich aber auch mit ihrer Hilfe meistens nur kurzfristig und in beschränktem Umfang erreichen; auf längere Sicht ist der Gewinn eher vermeintlich als tatsächlich — eben wegen ungünstiger Rückwirkungen auf andere Globalziele oder sogar auf den hauptsächlich verfolgten Zweck selbst[25].

Eine besondere Aufgabe können die Subventionen allerdings im Rahmen der Wachstums- (und zugleich der Sozial-)Politik erfüllen, wenn sie Unternehmungen und Produktionsfaktoren die Anpassung an Strukturveränderungen erleichtern. Hier dienen sie der Milderung von Übergangshärten; sie sind ihrer Intention nach also vorübergehender Natur und sollen helfen, die Kontinuität des Wirtschaftsablaufs zu wahren.

Außerdem ist die Frage zu prüfen, wie es bei interventionistischen Subventionen, die zielkonform sind, um die ordnungspolitische Qualität steht. *Hansmeyer*[26] hat mit Recht darauf hingewiesen, daß Subven-

---

[23] Auch wenn infolge besonders starker Bedrohung ein Fundamentalziel in den Vordergrund rückt, bleiben Subventionen attraktiv, um die anderen, nun nachgeordneten Globalziele zu verfolgen. Außerdem mag man in einer solchen Situation auch auf Subventionen zurückgreifen, um das besonders gefährdete Ziel zu unterstützen.

[24] Wenn z. B. aus Zahlungsbilanzgründen der Export gefördert werden soll, dann empfehlen sich Subventionen, weil bei ihrer Anwendung Konflikte mit anderen Globalzielen weniger deutlich hervortreten als beispielsweise durch eine Abwertung.

[25] So können sich z. B. von Ausfuhrprämien unerwünschte Rückwirkungen auf die Einkommensverteilung ergeben, und außerdem kann es (bei stabilen Wechselkursen) auch zu Preissteigerungen kommen. Schließlich wird über den Prozeß des Zahlungsbilanzausgleichs die Wirkung von Exportsubventionen jedenfalls z. T. ausgeglichen, wodurch sogar die Wirksamkeit der Maßnahmen in bezug auf das unmittelbar angestrebte Ziel in Frage gestellt wird.

[26] s. K. H. *Hansmeyer:* Subventionen als wirtschaftspolitisches Instrument, a.a.O., S. 19.

tionen den marktwirtschaftlichen Abstimmungsmechanismus kurzfristig kaum stören. Aber langfristig besteht die Gefahr, daß Preisflexibilität, Zinsvariabilität, Faktormobilität und soziale Mobilität abnehmen und daß dadurch der Wirkungsgrad des marktwirtschaftlichen Steuerungsmechanismus vermindert wird. Auf die Dauer gezahlte Subventionen haben auch den Nachteil, daß durch sie die Wirtschaftspolitik an Handlungsfreiheit und an Wirksamkeit verliert[27].

Es kommt noch hinzu, daß ein Teil dieser Subventionen nur vermeintlich zielkonform ist. Der Staat kann Subventionen nicht ohne jegliche Auflage verteilen, sonst würde er sich nämlich jeder Zuteilungsnorm und aller Kontrollmöglichkeiten begeben. Er macht daher die Gewährung von Subventionen von bestimmten Bedingungen abhängig. Empfangsauflagen sind notwendig, um die Willkür bei der Zuteilung einzuschränken. Oft werden darüber hinaus Verwendungsauflagen gemacht, weil sie angeblich Erfolgskontrollen ermöglichen und die Zielkonformität erhöhen. Solche (zweck-)gebundenen Subventionen[28] könnten begründet erscheinen, wenn von den intervenierenden staatlichen Stellen die Entscheidungen der Unternehmer für korrekturbedürftig gehalten werden — sei es, weil man an der Rationalität des unternehmerischen Handelns zweifelt, sei es, weil man die rational agierenden Unternehmer auf Variationen ihres Datenkranzes vorbereiten möchte. Aber in beiden Fällen ist es ungewiß, ob die Subventionen zielkonform sind. Im zweiten Fall müßten die intervenierenden Stellen die zu erwartenden Datenänderungen genau kennen — was nur ausnahmsweise zutreffen wird. Im ersten Fall gibt es keine Gewähr dafür, daß Subventionen das geeignete Mittel sind, um Unternehmer rationales Handeln zu lehren; es wäre einfacher und wirksamer, wenn man diese Erziehungsaufgabe dem Markt überließe, wo nicht rational agierenden Unternehmern die Gefahr droht, ausgeschie-

---

27 Ein Beispiel für beides sind die Finanzhilfen in Form von zinsverbilligten Darlehen und von Kapitaldienstsubventionen. „Rund ein Drittel des gesamten Jahresbedarfs der deutschen Wirtschaft (einschließlich des Wohnungsbaus) an Fremdkapital ... [wurde 1964] zu ‚marktwidrig' niedrigen Zinsen bereitgestellt. Die Funktion des Marktzinses und die Wirkung der Zinspolitik sind dadurch beträchtlich eingeengt mit der Folge, daß das Gleichgewicht auf den hiervon in erster Linie betroffenen Märkten nur sehr schwer, wenn überhaupt, hergestellt werden kann." (Geschäftsbericht der Deutschen Bundesbank für das Jahr 1964, S. 6/8). Vgl. auch Bundesministerium der Finanzen, Finanzbericht 1966, S. 182. Es kommt hinzu, daß Kapitalmarktmittel in erheblichem Umfang auch durch öffentliche Bürgschaften „erschlossen" werden (s. Bundeministerium der Finanzen, Finanzbericht 1966, S. 364 ff.).

28 Wir unterscheiden gebundene und nicht-gebundene Subventionen; das entspricht der Einteilung *Hansmeyers* in Zahlungen „mit Verwendungs- und Empfangsauflagen" und Zahlungen „ohne Verwendungsauflagen (lediglich mit Empfangsauflagen)" (K. H. *Hansmeyer*, Subventionen als wirtschaftspolitisches Instrument, a.a.O., S. 14).

den zu werden. Aber ganz abgesehen davon ist es einfach unverständlich, woher die intervenierenden staatlichen Stellen wissen wollen, welches Ergebnis sich im einzelnen einstellen würde, wenn bisher nicht rational handelnde Unternehmer zu rationalem Verhalten übergingen und wenn rational agierende Unternehmer sich neuen Daten anzupassen hätten.

Es zeigt sich also, daß die Zielkonformität gebundener Subventionen zumindest zweifelhaft ist; man wird sie daher z. T. zu den nichtzielkonformen interventionistischen Subventionen zu zählen haben. Aber das ist noch nicht alles: Auch unter ordnungspolitischem Gesichtspunkt sind gegen sie Bedenken vorzubringen. Über die gebundenen Subventionen kommt es nämlich zu Eingriffen in das unternehmerische Handeln. Das widerspricht selbstverständlich der marktwirtschaftlichen Ordnung, die sich weitgehend auf individuell-private Initiative stützt und in der die Wirtschaftspolitik grundsätzlich nicht via planification en détail, sondern auf dem Weg der „Globalsteuerung“[29] die ihr gesetzten gesamtwirtschaftlichen Ziele anstrebt. Solche Einmischung in Detailfragen führt zu einer bedenklichen Belastung der Wirtschaftspolitik; sie wird dadurch nicht nur in der Gegenwart, sondern meist auch für die Zukunft gebunden. Denn bei ins einzelne gehenden Eingriffen übernehmen die intervenierenden Stellen die Verantwortung auch dafür, daß die gemachten Verwendungsauflagen richtig sind. Bei Fehlern, die dabei unvermeidlich sind, werden die Subventionsempfänger den Subventionsgebern die Rechnung präsentieren, indem sie u. a. die Fortzahlung und Erhöhung der Subventionen verlangen. Auch auf diese Weise kann es also zur „Verewigung“ und Kumulation von Subventionen kommen — und damit zur Beeinträchtigung des marktwirtschaftlichen Steuerungsmechanismus sowie zu Überengagements und Widersprüchen in der Wirtschaftspolitik.

Aber auf welche Weise, so ist nun zu fragen, sind Strukturverbesserungen zu erreichen, wenn nicht durch gebundene Subventionen? Gerade für diese Aufgabe, so hatte ich oben ausgeführt, seien Subventionen besonders geeignet; weil die Anpassung an Strukturveränderungen einen starken wachstumspolitischen (aber auch einen sozialpoliti-

---

[29] Darin sieht K. *Schiller* (Stetiges Wirtschaftswachstum als ökonomische und politische Aufgabe, in: Der Ökonom und die Gesellschaft, Stuttgart 1964, S. 225 ff.) ein wesentliches Unterscheidungsmerkmal zwischen einer Wettbewerbswirtschaft und einer Wirtschaftsordnung nach Art der französischen Planifikation. Bei einer planification en détail — so schreibt er (S. 227) — „nimmt man Abschied von jenem System, in dem der Fortschrittswille der Unternehmer sich am Markt und seinen Chancen orientiert, und man geht über zu einem Verfahren, in dem der Unternehmer sich am Plan und seinen Vergünstigungen orientiert“.

schen)[30] Akzent hat, handelt es sich hier um interventionistische Subventionen, die — wegen ihrer vorübergehenden Natur — mit der marktwirtschaftlichen Ordnung vereinbar sind. Es ist klar, daß man auch und gerade hier nicht ohne Empfangsauflagen auskommt. Was aber soll an die Stelle der Verwendungsauflagen treten, um die Subventionen zu einem wirkungsvollen Mittel dieser Anpassungsbemühungen zu machen? Die Maßnahmen, die hierzu im einzelnen zweckmäßig sind, werden sicher verschieden sein; aber als allgemeiner Grundsatz kann gelten, daß es notwendig ist, den Produzenten die Situation vor Augen zu führen, der sie sich anzupassen haben, und daß dies am besten dadurch geschieht, daß man für den zu „bereinigenden“ Bereich alle bisher gewährten Schutzmaßnahmen (wie Angebotsbeschränkungen und Preisreglementierungen) aufhebt. Natürlich würde sich dann auch ohne staatliche Hilfe ein Anpassungsprozeß vollziehen; aber eine solche Radikalkur, die übrigens nicht nur für die bisher geschützten Produzenten sehr schmerzhaft sein würde, sondern auch auf andere Bereiche nachteilig weiterwirken könnte, soll ja gerade mit Hilfe von Subventionen vermieden werden. Um den Produzenten die Absichten des Subventionsgebers klarzumachen, ist es außerdem wichtig, daß diese ungebundenen Subventionen zeitlich begrenzt sind und für die Empfänger merklich gemacht werden[31]. Dieses Verfahren ist sicher zielkonformer und auch billiger als die Zahlung gebundener Subventionen; denn der Zustand, an den es sich anzupassen gilt, sowie die Zeit, die dafür zur Verfügung steht, sind den Subventionsempfängern bekannt, und außerdem werden „Folgesubventionen“ *(Hansmeyer)* vermieden.

In der heutigen Wirtschaftspolitik ist diese Praxis allerdings kaum üblich. Es überwiegen dirigistische und jene interventionistischen Subventionen, die ordnungspolitisch bedenklich sind[32]. Dafür, daß diri-

---

[30] Vgl. K. *Schmidt:* Wachsende Staatsausgaben? Erfahrungen und Alternativen. „Ordo“, 15./16. Band, 1965, S. 188 ff.

[31] *Hansmeyer* (Subventionen als wirtschaftspolitisches Instrument, a.a.O., S. 24 ff.) hat, um die Subventionen beherrschbar zu machen, eine (z. T. durch Verwendungsauflagen zu bewirkende) hohe Merklichkeit und als Verteilungstechnik das Repartitionsprinzip gefordert. Das Bundesfinanzministerium geht im Finanzbericht 1966 (S. 182) weiter und verlangt, daß Subventionen — sollen sie „einen ... legitimen Platz ... in den Haushalten moderner Demokratien mit marktwirtschaftlichem System haben“ — „nach ihrem Anwendungsbereich und in ihrer Höhe genau begrenzt und zeitlich befristet sind“. Ich halte das Verteilungsprinzip und die Begrenzung nach Anwendungsbereich und Höhe unter ordnungspolitischem Gesichtspunkt für zweitrangig; die zeitliche Befristung, die Beseitigung aller bestehenden Schutzmaßnahmen und die Merklichkeit bei den Empfängern, die bei zweckmäßiger Auswahl der Empfangsauflagen und Einsatzstellen auch ohne Verwendungsauflagen zu erreichen ist, sind wichtiger.

[32] Um Näheres darüber zu erfahren, müßte man versuchen, die gewährten

gistische Subventionen einen erheblichen Teil der gegenwärtigen Subventionen ausmachen, sprechen folgende Erfahrungen: Dirigistische Subventionen entstehen einmal — unmittelbar — aufgrund des politischen Kräftefeldes im modernen demokratischen Gruppenstaat[33]. Es ist (in einem Mehrparteiensystem) vor allem der Einfluß der Verbände, der zu solchen gruppenbezogenen Leistungen führt[34]. Sodann ist zu beobachten, daß Subventionen, die ursprünglich einem akzeptablen Zweck dienten und deshalb als interventionistisch anzusehen sind, oft zu dirigistischen Subventionen degenerieren; sie erweisen sich als irreversibel, wenn der verfolgte Zweck erreicht ist[35]. Von jeder Welle interventionistischer Subventionen bleibt auf diese Weise ein Teil als

---

Subventionen in die oben beschriebene Skala — nicht-zielkonforme und zielkonforme dirigistische Subventionen, nicht-zielkonforme und zielkonforme interventionistische Subventionen sowie zielkonforme interventionistische Subventionen, die ordnungspolitisch legitim sind — einzuordnen. Das ist jedoch eine Aufgabe der zeitgeschichtlichen Forschung, die hier nicht geleistet werden kann und auch nicht geleistet zu werden braucht. Zur Klärung der theoretischen Zusammenhänge — und vielleicht auch als Gerüst für empirische Einzeluntersuchungen — scheinen mir die verwendeten Merkmale jedoch fruchtbar zu sein.

33 s. hierzu K. *Schmidt:* Entwicklungstendenzen ..., a.a.O., S. 215 ff.

34 Zu der Unterscheidung in gruppenbezogene (= verbands- und parteibezogene) und gruppenindifferente (= allgemeine bzw. sach- und sozialbedingte) öffentliche Ausgaben s. K. *Schmidt:* Entwicklungstendenzen ..., a.a.O., S. 233 ff. Zu den gruppenbezogenen Ausgaben gehören nicht nur die dirigistischen Subventionen, sondern z. T. auch Sozialleistungen (s. unten S. 140 f. und S. 143) und Ausgaben für Dienste und Güter. Die interventionistischen Subventionen, von denen, wie wir gesehen haben (s. oben S. 134 ff.), nur ein Teil ordnungspolitisch legitim ist, gehören zu den gruppenindifferenten Ausgaben.

Es ist übrigens keine Frage, daß die Subventionen, die dazu beigetragen haben, die Kriegs- und Nachkriegsschäden zu beheben, grundsätzlich berechtigt waren. Wie zweckmäßig die Maßnahmen im einzelnen gewesen sind, kann hier nicht diskutiert werden. Die Eile, mit der sie in Gang gesetzt werden mußten, hat wahrscheinlich häufig eine sorgfältige Prüfung von Alternativen erschwert, und darunter mag die Zielkonformität jener Subventionen gelitten haben.

Diese Maßnahmen zur Beseitigung der Kriegsfolgen spielen heute (vor allem als Sonderhilfen für die Zonenrandgebiete und für Berlin) nur noch eine untergeordnete Rolle im Subventionshaushalt. Der Umstand, daß die „sichtbaren Begünstigungen" des Bundes, soweit sie einzelnen Wirtschaftszweigen zugerechnet werden, von 1959 bis 1965 um mehr als das Doppelte gestiegen sind (s. Bundesministerium der Finanzen, Finanzbericht 1962, S. 102 f., und Finanzbericht 1966, S. 178 f.), zeigt, daß zu den (notwendigerweise abnehmenden) Wiederaufbauhilfen in enormem Ausmaß anders motivierte Subventionen hinzugetreten sind.

35 Im Zusammenhang mit der Veröffentlichung des ersten „Subventionsberichts" des Bundesfinanzministeriums (also schon 1959) hat der damalige Ressortchef bekannt, „daß im Bundeshaushalt mehrere Milliarden Subventionen steckten, die ihre Berechtigung längst verloren hätten" (Bettelei in Großformat. „Frankfurter Allgemeine Zeitung" Nr. 16 vom 20. 1. 1964). Siehe auch die Ausführungen über den sog. Milchpfennig, ein „Lehrstück über Sinn

dirigistische Subventionen bestehen und vergrößert — mittelbar — deren Umfang.

Was die interventionistischen Subventionen angeht — insbesondere jene, die der Anpassung an Strukturveränderungen dienen sollen —, so ist festzustellen, daß bei ihnen oft die zeitliche Befristung fehlt und daß sie nur ausnahmsweise durch den Wegfall bisher gewährter Schutzmaßnahmen ergänzt werden. Maßnahmen dieser Art sind — wie wir gesehen haben — ordnungspolitisch gefährlich. Sie verfehlen außerdem ihren ursprünglichen Zweck, denn faktisch handelt es sich um Erhaltungssubventionen[36]. Und schließlich wird durch sie auch die Verfolgung anderer gesamtwirtschaftlicher Ziele beeinträchtigt; „die Konservierung einer ökonomisch nicht mehr vertretbaren Produktionsstruktur (geht nämlich) immer auf Kosten der Produktivität der Gesamtwirtschaft und wirkt damit der Preisstabilität entgegen“[37].

Der ehemalige Bundesfinanzminister *Etzel* hat einmal die Subventionen den „Krebsschaden der Demokratie“[38] genannt; aber die ordnungspolitischen Gefahren, die den meisten Subventionen innewohnen, haben bisher kaum Anlaß zu einer ernsthaften Überprüfung der Subventionswirtschaft gegeben. Es ist bezeichnend, daß die lebhafte Diskussion, die im März 1966 in der BRD um die Subventionen geführt wurde, nicht wegen ihrer ordnungspolitischen Probleme, sondern wegen der bedrängten Haushaltlage des Bundes in Gang gekommen ist. Und es sieht so aus, als ob man zu linearen Streichungen neigt — falls die Subventionen überhaupt gekürzt werden. Das würde bedeuten, daß man den drängenden Problemen des Tages durch eilige Maßnahmen zu begegnen sucht, langfristige und ordnungspolitische Aspekte dabei aber unberücksichtigt läßt. So handeln, heißt wohl den Weg des geringsten politischen Widerstandes gehen. Zur Zeit scheint jedoch die öffentliche Meinung für weitergehende Maßnahmen Verständnis zu haben, ja sie fast zu fordern: Eine Revision der bisherigen Subventionspolitik in dem Sinne, daß man die dirigistischen und jene interventionistischen Subventionen abbaut, die nicht zielkonform sind und die die Funktionsfähigkeit der Marktwirtschaft beeinträchtigen. Für die verbleibenden Subventionen ist zu fordern, daß sie zeitlich befristet werden und daß dort, wo sie der Anpassung dienen sollen, die bisher gewährten Schutzmaßnahmen fortfallen.

---

und Unsinn der Subventionen“. „Die Zeit“ („Wer von Subventionen lebt ...“), Nr. 11 vom 11. 3. 1966.

36 Verwendungsauflagen, mit denen diese Subventionen häufig ausgestattet sind, können — wie oben gezeigt wurde — nur als unzureichender Ersatz für die Beseitigung protektionistischer Praktiken angesehen werden.

37 Geschäftsbericht der Deutschen Bundesbank für das Jahr 1965, S. 7.

38 s. „Mit der linken Hand“. „Die Zeit“, Nr. 17 vom 24. 4. 1964.

b) Sozialleistungen

Die Sozialleistungen[39] kann man — ebenso wie die Subventionen — danach trennen, ob sie zielkonform sind oder nicht; aber auch die Unterscheidung in dirigistische und interventionistische Maßnahmen ist anwendbar. Das mag zunächst überraschen, denn in der sozialen Marktwirtschaft haben soziale Aufgaben den Charakter von gesamtwirtschaftlichen Zielen, und die betreffenden Staatsausgaben sind — so sollte man meinen — deshalb als interventionistisch anzusehen. Bei näherem Zusehen zeigt sich jedoch, daß keineswegs alle Ausgaben, die üblicherweise als Sozialleistungen bezeichnet werden, dem sozialen Ausgleich dienen; sie sind z. T. zweifellos das Ergebnis politisch durchgesetzter Sonderinteressen. Hier handelt es sich um dirigistische Maßnahmen, die das Attribut „sozial" lediglich als Aushängeschild tragen. Wie genau solche Transferzahlungen den beabsichtigten Personenkreis treffen, d. h. ob und inwieweit sie zielkonform sind, und wie groß ihr Umfang ist, läßt sich nur durch Einzeluntersuchungen klären. Aber daß sie nicht als quantité négligeable abgetan werden können, zeigt schon das Beispiel der Grundrente in unserer Kriegsopferversorgung. Es ist sogar zu vermuten, daß diese dirigistischen Sozialausgaben eher zu- als abnehmen; denn wenn von Interessenten „soziale Belange" ins Feld geführt werden, widersprechen die Parteien ungern.

Selbstverständlich passen solche Pseudo-Sozialleistungen nicht in das Konzept der sozialen Marktwirtschaft. Sie kommen nicht (oder höchstens zufällig) wirklich Bedürftigen zugute, erhöhen die Steuerlast oder behindern die Erfüllung anderer (im Zweifel: wichtigerer) öffentlicher Aufgaben. Es kommt also zu einer willkürlichen, d. h. durch das gesamtwirtschaftliche Ziel des sozialen Ausgleichs nicht legitimierten, Einkommensumverteilung und zu festen Ausgabenblöcken in den öffentlichen Haushalten. Dadurch wird die Rationalität der Wirtschaftspolitik sicher vermindert; denn infolge dieser dirigistischen

---

39 Unter Sozialleistungen werden im folgenden Transferzahlungen öffentlicher Stellen (Gebietskörperschaften und hilfsfiskalische Gebilde) verstanden, die privaten Haushalten ohne marktgemäße Gegenleistung zugutekommen. Die Leistungen der Sozialversicherung sind also einbezogen; das ist zweckmäßig und — trotz Beitragszahlungen — auch möglich, weil Staatszuschüsse und interne Redistribution regelmäßig zu Leistungen führen, die nicht beitragsgerecht sind. Siehe hierzu unten S. 145.
Sozialleistungen können privaten Haushalten unmittelbar (in Form von Geldbeträgen) oder mittelbar zufließen — letzteres z. B. in Form subventionierter Konsumgüterpreise oder durch Entlastungszahlungen für Leistungen, die privaten Haushalten unentgeltlich zur Verfügung gestellt werden. Daneben kommen als potentielle Ausgaben Sicherheitsleistungen (z. B. öffentliche Bürgschaften für Verpflichtungen aus Hypotheken) in Betracht. Ebenso wie bei den Subventionen kann ich auf die verschiedenen Formen der Sozialleistungen im folgenden nicht näher eingehen.

Sozialleistungen büßt sie an Freiheit des Handelns ein, und außerdem verringert sich die Wirksamkeit ihrer Maßnahmen, die auf die Erfüllung von Globalzielen, auch und insbesondere des sozialen Ausgleichs, gerichtet sind. Darüber hinaus besteht die Gefahr, daß durch Sozialleistungen solcher Art der marktwirtschaftliche Steuerungsmechanismus beeinträchtigt wird. Denn einmal gehen dem Wettbewerb die Energien verloren, die beim Interessenclearing absorbiert werden, und zum anderen verliert der Markt an Gewicht und Ansehen, wenn seine einkommensbestimmende Funktion durch die politische Aktiviät von Interessengruppen gestört oder gar überspielt wird.

Bei den interventionistischen Sozialleistungen ist zunächst zu prüfen, wie es um ihre Zielkonformität steht, und dazu muß vorweg geklärt werden, was unter sozialem Ausgleich zu verstehen ist. Hierunter fallen ohne Zweifel diejenigen staatlichen Maßnahmen, die den Bürgern ein Minimaleinkommen sichern[40] und die — in allgemeinerem Sinn — geeignet sind, mittlere Gradienten in der Einkommens- und Vermögensverteilung herbeizuführen und aufrechtzuerhalten[41]. Für die Ausgabenpolitik bedeutet dies, daß all jene Sozialleistungen als zielkonform anzusehen sind, die zugunsten derjenigen differenziert sind, denen der Verteilungsprozeß im Markt kein ausreichendes Einkommen sichert; hier handelt es sich eindeutig um sozialbedingte Transferausgaben[42], denn sie kommen hilfsbedürftigen Bürgern zugute. Solange sie nicht die „incentives" beeinträchtigen[43], sind sie aber nicht nur zielkonform, sondern sogar eine ordnungspolitisch notwendige Bedingung: Denn „der ‚Pauperismus' (stellt) eine Gefährdung des marktwirtschaftlichen Ablaufs (dar)"[44].

---

[40] So hat z. B. unser Sozialhilfegesetz die Aufgabe, „dem Empfänger der Hilfe die Führung eines Lebens zu ermöglichen, das der Würde des Menschen entspricht" (§ 1, 2 SHG). Die Unterstützung soll außerdem so gestaltet sein, daß der Empfänger möglichst bald davon wieder unabhängig wird. Ferner ist festgelegt, daß er dabei nach Kräften mitwirken muß und daß die Sozialhilfe erst einsetzt, wenn andere Möglichkeiten zur Hilfeleistung nicht bestehen.

[41] Vgl. F. *Neumark:* Grundsätze der Besteuerung in Vergangenheit und Gegenwart, Sitzungsberichte der Wissenschaftlichen Gesellschaft an der Johann Wolfgang Goethe-Universität Frankfurt/Main, Bd. 3, Jg. 1964, Nr. 2, Wiesbaden 1965, S. 40 und S. 48 ff.

[42] s. hierzu K. *Schmidt:* Entwicklungstendenzen ..., a.a.O., S. 235.

[43] In entwickelten Volkswirtschaften sind diese Leistungen meistens verhältnismäßig gering. So machten in der BRD die Aufwendungen für Sozialhilfe einschließlich der Kriegsopferfürsorge während der letzten Jahre rund $^1/_2$ % des Bruttosozialproduktes aus. Die Arbeitslosenhilfe und die Unterhaltshilfe im Rahmen des Lastenausgleichs, die der Sozialhilfe ähnlich und deshalb hier ebenfalls anzuführen sind, betrugen in der gleichen Zeit ungefähr 0,3 % des Bruttosozialproduktes (s. Bundesministerium der Finanzen, Finanzbericht 1966, S. 176 Tab. 24 und S. 171 Tab. 18).

[44] G. *Colm:* Volkswirtschaftliche Theorie der Staatsausgaben, Tübingen 1927, S. 41.

Die vertikale Umverteilung von einkommens- und vermögensstarken auf einkommens- und vermögensschwache Gruppen der Bevölkerung ist das klassische und allgemein akzeptierte Ziel der Sozialpolitik; es ist aber nicht das einzige geblieben: Maßnahmen der horizontalen Redistribution — wie die „Überleitung von Einkommen von den Gesunden auf die Kranken, von den Beschäftigten auf die Erwerbslosen, von den Einzelpersonen auf die Familien"[45] — sind hinzugetreten. Diese Aufgaben überträgt der Staat häufig besonderen Institutionen (Hilfsfisci), denen regelmäßig ein großer Teil der Bevölkerung zwangsweise angehört und deren Leistungen (weitgehend) durch Beiträge aufgebracht werden; ich werde auf diese beitragsfinanzierten Sozialleistungen noch näher eingehen.

Daneben gibt es jedoch auch horizontale Ausgleichsmaßnahmen, die aus dem Budget öffentlicher Gebietskörperschaften gezahlt werden, und steuergedeckte Sozialleistungen dieser Art haben gelegentlich Widersprüche in die Sozialpolitik gebracht. Ein Beispiel dafür ist unser Kindergeld, das nach der Kinderzahl bemessen wird, Einkommen und Vermögen der Eltern dagegen unberücksichtigt läßt[46]. Es kommt daher unvermeidlich zu vertikalen Umverteilungsvorgängen, die sich in der falschen Richtung, nämlich von kinderlosen Minderbemittelten zu kinderreichen Wohlhabenden, vollziehen. Dieser Widerspruch innerhalb der Sozialpolitik kann allerdings aufgehoben werden, wenn es gelingt, die horizontale Redistribution im strengen Wortsinn, d. h. zwischen Angehörigen derselben Einkommens- und Vermögensgruppe — „schichtenspezifisch" —, zu verwirklichen. Der Familienausgleich müßte sich demnach nicht zwischen kinderlosen und kinderreichen Familien schlechthin, sondern zwischen kinderlosen und kinderreichen Familien abspielen, deren Einkommen und Vermögen ungefähr gleich groß sind[47]. Technisch ist das in Form des Kindergelds jedoch kaum zu bewerkstelligen; Freibeträge für Kinder im Rahmen der Einkommensteuer leisten das eher[48]. Wir sehen also, daß steuergedeckte horizontale

---

[45] H *Jecht:* Staatliche Wirtschaftspolitik und Einkommensverteilung, in: Schriften des Vereins für Socialpolitik, N.F., Bd. 13. Berlin 1957, S. 134.

[46] Eine Ausnahme, d. h. eine einkommensabhängige Regelung, ist — bei den z. Z. in der BRD geltenden Vorschriften — beim zweiten Kind vorgesehen: Hier wird das Kindergeld nicht gewährt, wenn das Jahresgehalt der Eltern über 7.800 DM beträgt.

[47] Diejenigen einkommens- und vermögensschwachen Bevölkerungsgruppen, zu deren Gunsten vertikal umverteilt wird, sollten davon allerdings ausgeschlossen bleiben; in diesen Fällen wird die Zahl der Familienmitglieder zweckmäßigerweise direkt bei der Unterstützungszahlung berücksichtigt.

[48] Hier ergibt sich jedoch — wegen des Progressionstarifs — die unerwünschte Konsequenz, daß absolut gleiche Freibeträge bei höheren Einkommen zu einer größeren Steuerersparnis führen. Das ließe sich vermeiden, wenn man sich entschließen würde, Kinderfreibeträge einzuführen, die mit der Einkommenshöhe abnehmen.

Umverteilungsprogramme die vertikale Redistribution nur dann nicht stören, wenn sie schichtenspezifisch verwirklicht werden. Bei anderen Maßnahmen — wie z. B. bei der Mietpreisfixierung (wo sich die Begünstigung nicht nach der wirtschaftlichen Lage der Mieter, sondern nach dem Alter der Häuser richtet)[49] und beim sozialen Wohnungsbau (wo die „Fehlbelegungen“ Stein des Anstoßes sind) — läßt die Zielkonformität zu wünschen übrig, weil falsche Kriterien gewählt oder keine Vorkehrungen gegen Mißbrauch getroffen worden sind.

An dieser Stelle möchte ich darauf aufmerksam machen, daß solche Maßnahmen wie der soziale Wohnungsbau, der Mietstop, der Familienausgleich via Kindergeld und — mehr noch — unser „Pennälergehalt“ keineswegs allgemein akzeptiert, ja z. T. heftig umstritten sind und deshalb nicht so selbstverständlich dem sozialen Ausgleich zugerechnet werden dürfen wie die Sicherung mittlerer Gradienten in der Einkommens- und Vermögensverteilung und insbesondere die Gewähr eines Minimaleinkommens für hilfsbedürftige Bürger. Es kommt hinzu, daß sich Verbände und Parteien für Maßnahmen jener Art in einer Weise engagieren, die es schwer macht, dabei keine Gruppeninteressen zu vermuten. Soweit dieser Verdacht zutrifft, handelt es sich um dirigistische und nicht um interventionistische Sozialleistungen, denen es an Zielkonformität mangelt; ihre ordnungspolitischen Gefahren habe ich bereits aufgezeigt. Sofern jene Maßnahmen zwar als interventionistisch, aber nicht als zielkonform anzusehen sind, gilt das gleiche wie bei den entsprechenden Subventionen: Sozialleistungen dieser Art absorbieren einen Teil der Wirtschaftspolitik und setzen ihren Wirkungsgrad und damit die Funktionsfähigkeit der Marktwirtschaft herab.

Der größte Teil der Sozialleistungen wird heute jedoch meistens durch besondere Abgaben finanziert und über Hilfsfisci (Einrichtungen der Sozialversicherung) den anspruchsberechtigten Mitgliedern zugeleitet. Diese Leistungen dienen der Sicherung gegen die allgemeinen Lebensrisiken wie Krankheit, Arbeitslosigkeit und Alter und gehen über die bloße Existenzsicherung hinaus. Wie steht es um die Ziel- und Systemkonformität dieser Sozialausgaben[50]?

Hier taucht zunächst die Frage auf, warum der Staat diese Aufgabe überhaupt besonderen Institutionen überträgt. Er könnte dem betreffenden Personenkreis doch auch unmittelbar, d. h. durch Leistungen aus seinem Budget, „soziale Sicherheit“ gewähren. Zur Finanzierung dieser

---

[49] Bei einkommens- und vermögensabhängigen Mietbeihilfen wird die Zielkonformität eher gewahrt.

[50] Der Ausdruck „zielkonform“ bezieht sich hier (wie auch bisher und im folgenden) auf das oben (S. 141 f.) definierte Globalziel des sozialen Ausgleichs. Davon ist die besondere Zielsetzung der Hilfsfisci — z. B. die Sicherung gegen die allgemeinen Lebensrisiken — zu unterscheiden.

zusätzlichen Aufgaben müßten zwar mehr Steuern erhoben werden; dafür würden aber die Zwangsbeiträge fortfallen. Diese Methode der sozialen Sicherung hat jedoch mehrere Nachteile. „Bei rein staatlicher Versorgung wird die ‚Allgemeinheit' in Anspruch genommen, so daß manche Hemmungen fallen[51]." Der Neigung, daß Versorgungsansprüche geltend gemacht werden, sobald sich die geringste Möglichkeit dazu bietet, und der damit verbundenen Überbeanspruchung des Staatshaushaltes könnte begegnet werden, indem man die Leistungen nur dann gewährt, wenn bestimmte Bedingungen erfüllt sind — z. B. wenn die „Bedürftigkeit" gegeben ist. Aber dann wird es notwendig, die wirtschaftlichen Verhältnisse zu überprüfen, was — wie die Erfahrungen im viel kleineren Rahmen der Sozialhilfe zeigen — für die Beteiligten unangenehm ist. „Außerdem werden diejenigen ‚bestraft', die durch Fleiß und Sparsamkeit ein Vermögen gebildet haben[52]."

Um diesen Schwierigkeiten zu entgehen, könnte man die Versorgungsleistung in ihrer Höhe begrenzen und einheitlich bemessen[53]. Denjenigen, die sich über die staatlichen Leistungen hinaus gegen die allgemeinen Lebensrisiken sichern möchten, bliebe eine zusätzliche private Vorsorge unbenommen. Die staatlichen Sozialleistungen kämen also in diesem Fall allen Staatsbürgern in gleicher Weise zugute[54]; sie würden demnach den Charakter von allgemeinen Transferausgaben[55] annehmen. Was die Begrenzung der Versorgungsleistungen angeht, so wäre zu beachten, daß sie einerseits ein menschenwürdiges Dasein gewährleisten müssen, anderseits den Leistungswillen und die Neigung zur zusätzlichen Vorsorge durch private Vermögensbildung aber nicht beeinträchtigen dürfen[56]. In dieser Form wären steuergedeckte Sozialleistungen mit der Marktwirtschaft weitgehend vereinbar. Der marktwirtschaftliche Steuerungsmechanismus bliebe intakt, und die technische Abwicklung wäre verhältnismäßig einfach. Das System hätte allerdings den Nachteil, daß die staatliche Unterstützung auch solchen Bürgern zugute käme, die auf Grund ihrer wirtschaftlichen Lage diese Versorgungsleistungen nicht nötig haben und deshalb vielleicht weniger

---

[51] H. *Haller:* Finanzpolitik, 3. Aufl., Tübingen 1965, S. 227.

[52] H. *Haller:* Finanzpolitik, a.a.O., S. 228.

[53] „Einheitlich bemessen" heißt hier, daß alle Staatsbürger in (z. B. nach Familienstand und Kinderzahl) vergleichbarer Lage — unabhängig von ihren wirtschaftlichen Verhältnissen — beim Eintreten der Tatbestände, an die die Zahlung der Unterstützung geknüpft ist, die gleichen staatlichen Leistungen erhalten. Natürlich hätten die Antragsteller diese Tatbestände nachzuweisen, und sie müßten sich bei Krankheit und Arbeitslosigkeit auch gewisse Kontrollen gefallen lassen.

[54] Ein besonderes System der Sozialhilfe würde sich dann erübrigen.

[55] s. hierzu K. *Schmidt:* Entwicklungstendenzen ..., a.a.O., S. 235 Anm. 2.

[56] Bei einer solchen Regelung würde also nur ein bestimmtes Maß an „sozialer Sicherheit" gewährleistet; eine weitergehende Sicherung gegen die allgemeinen Lebensrisiken bliebe der privaten Vorsorge überlassen.

sparen würden. Aber diese Minderung der Zielkonformität ist bei steuergedeckten Sozialleistungen unvermeidbar, wenn man das Eindringen in persönliche Verhältnisse ausschließen und eine Diskriminierung der zusätzlichen Selbstsicherung vermeiden will.

Das Problem, wie der Kreis der Versorgungsberechtigten abgegrenzt werden soll, läßt sich also bei steuergedeckten Sozialleistungen nur durch eine Kontrolle der wirtschaftlichen Situation der Antragsteller oder durch eine „Generalisierung" der staatlichen Leistungen lösen. Überträgt man dagegen die Sicherung der allgemeinen Lebensrisiken an Hilfsfisci, dann läßt sich von vornherein klar bestimmen, wer empfangsberechtigt ist: Die Ansprüche entstehen in Verbindung mit der Beitragspflicht, eine Bedürftigkeitsprüfung ist also nicht notwendig[57]. Man darf daraus allerdings nicht schließen, daß die Leistungen im Sinne einer Versicherung beitragsgerecht sind. Das ist in der Rentenversicherung weder beim Kapitaldeckungs- noch beim Umlageverfahren und auch nicht in der Kranken- und Arbeitslosenversicherung der Fall[58]. Interne Umverteilungsvorgänge und Staatszuschüsse führen dazu, daß die kollektive Versorgung z. T. an die Stelle der echten Versicherung tritt, Fremdhilfe also in gewissem Umfang die Selbsthilfe ersetzt[59].

Nun könnte man meinen, daß vielleicht gerade durch solche versicherungsfremden Elemente der soziale Ausgleich in unserem Sinn gefördert würde. Aber das ist nur in begrenztem Maße der Fall: Je höher die Staatszuschüsse werden, um so größer ist die Wahrscheinlich-

---

[57] Weil die Sozialversicherung nicht alle Bürger einschließt und weil ihre Leistungen in manchen Fällen begrenzt sind, ist neben ihr ein besonderes System der Sozialhilfe erforderlich.

[58] s. hierzu und zum folgenden H. *Neumeister:* Autoritäre Sozialpolitik. „Ordo", 12. Band, 1960/61, S. 219 ff. Von beitragsgerechten Leistungen kann man nur dann sprechen, wenn das, „was der Versicherte im Schadensfall aus seiner Versicherung bekommt, ... in einem richtigen — bei der echten Versicherung nach den Gesetzen der Wahrscheinlichkeitsrechnung, beim Versicherungs-Spar-Prozeß nach der Zinseszins-Rechnung nachzuprüfenden — Verhältnis zum Beitrag (steht)" (S. 223).

[59] Die Höhe des jährlichen Staatszuschusses, den die Rentenversicherung z. Z. in der BRD erhält — es sind Beträge zwischen 8 und 9 Mrd. DM, was ungefähr ein Viertel der Gesamtausgaben der Rentenversicherungsträger ausmacht — zeigt deutlich, wieviel staatliche Versorgung zu der Selbstsicherung durch Beitragszahlungen hinzugekommen ist. Bei der Knappschaftsversicherung machen die Bundeszuschüsse z. Z. ungefähr 60 % der Rentenleistung aus. Hier stehen die Leistungen also nur noch in sehr lockerer Verbindung mit den Beiträgen; das Versicherungsprinzip tritt daher eindeutig hinter dem System staatlicher Versorgung zurück. Diese Staatszuschüsse sind übrigens nicht als sozialbedingte und damit gruppenindifferente Transferaufgaben in unserem Sinn anzusehen. Denn sie stellen im wesentlichen kostensenkende (genauer: Kosten- bzw. Preissteigerungen vermeidende) Subventionen dar, die in dirigistischer Weise einen Wirtschaftszweig begünstigen; es handelt sich also vorwiegend um gruppenbezogene Transferausgaben.

keit, daß die Begünstigten die Mittel dafür (durch ihre Steuern) selber aufbringen[60]. Auch von der internen Redistribution darf man nicht zu viel erwarten; denn sofern sie sich überhaupt in vertikaler Richtung vollzieht, geht sie ja nicht zwischen „Reich" und „Arm", sondern nur zwischen den besser und schlechter verdienenden *Sozialversicherungsmitgliedern* vonstatten. (Der Hauptfiskus ist dafür besser geeignet, weil die Besteuerung weiter „nach oben" reicht als die Sozialversicherung und die Sozialausgaben eindeutiger zugunsten hilfsbedürftiger Bürger differenziert werden können.) Die vertikale *Einkommens*umverteilung, die über Hilfsfisci zustandekommt, ist also verhältnismäßig gering. Man muß allerdings bedenken, daß das auch nicht der Hauptzweck der Sozialversicherung ist; sie soll vielmehr vor allem der Sicherung gegen die allgemeinen Lebensrisiken dienen, und daß sich dies auf solche Weise erreichen läßt, ist nicht zu bezweifeln[61]. Außer der einfachen Lösung des Problems, wer empfangsberechtigt ist, weisen die beitragsfinanzierten Sozialleistungen gegenüber den steuergedeckten Sozialausgaben übrigens noch eine andere Besonderheit auf: Trotz Staatszuschuß, interner Redistribution und nicht beitragsgerechter Leistungen[62] bleibt die Zweckbindung der Beiträge und damit eine gewisse Äquivalenz von Leistung und Gegenleistung bestehen, die zwischen Steuern und staatlichen Sozialausgaben nicht existiert.

Aber damit ist noch nichts über die ordnungspolitische Qualität der beitragsfinanzierten Sozialleistungen ausgesagt. Das Problem liegt hier hauptsächlich bei der privaten Vermögensbildung — und sie wird durch dieses System der sozialen Sicherung zweifellos beeinträchtigt. Denn wenn anstelle der privaten Vorsorge die hilfsfiskalisch organisierte Sicherung tritt[63], fällt für die privaten Haushalte ein wesentliches Motiv und in Höhe der Beitragsbelastung auch die Möglichkeit fort, Vermögen zu bilden. Nun wird heute eine Verminderung der Vermögensunterschiede als besonders dringlich angesehen. Wenn dieser Ausgleich unter positivem Vorzeichen zustande kommen soll, d. h. wenn dabei weniger an die Umverteilung bestehender Vermögen als

[60] Vgl. E. *Liefmann-Keil:* Ökonomische Theorie der Sozialpolitik, Berlin - Göttingen - Heidelberg 1961, S. 205.

[61] In diesem Sinn ist die Sozialversicherung also als zweckadäquate Maßnahme anzusehen.

[62] Wie sich aus unseren Betrachtungen ergeben hat, sind die Leistungen der Sozialversicherung als eine Mischung von versicherungsähnlichen Leistungen sowie von sozialbedingten (= gruppenindifferenten) und auch gruppenbezogenen Transferausgaben anzusehen. Zum letzten Punkt vgl. auch E. *Liefmann-Keil,* a.a.O., S. 156.

[63] Beim Kapitaldeckungsverfahren kommt es übrigens zu einer Vermögensbildung bei der Rentenversicherungsanstalt, u. U. sogar zu einer enormen Vermögenskonzentration; aber es entsteht eben kein privates Vermögen. Das Umlageverfahren kommt dagegen theoretisch ohne, praktisch mit geringem Vermögen aus.

vielmehr an die Neubildung von Vermögen in breiten Bevölkerungsschichten gedacht wird, dann ist es notwendig, daß die Bezieher kleiner und mittlerer Einkommen verstärkt sparen[64]. Sparwilligkeit und Sparfähigkeit werden aber gerade in diesen Einkommensgruppen durch die Zwangsbeiträge zur Sozialversicherung getroffen. Unser System der „sozialen Sicherheit" steht also in eklatantem Gegensatz zu dem gesamtwirtschaftlichen Ziel, mittlere Gradienten in der *Vermögens*verteilung herbeizuführen und aufrechtzuerhalten. *Lampert* nennt dies „die Schizophrenie der deutschen Sozialpolitik der Gegenwart[65]", und auch *Föhl* läßt keinen Zweifel, daß zum „Versorgungssparen" kein wesentlicher Anlaß mehr vorliegt, wenn der Arbeitnehmer beim Ausscheiden aus der Berufstätigkeit 60 bis 65 % seines Höchsteinkommens erhält[66].

Und was ist an dem soeben aufgezeigten Zielkonflikt ordnungspolitisch bedeutsam? Es ist das Problem der Vermögensverteilung, und dies deshalb, weil wir hier den Fall vor uns haben, daß ein gesamtwirtschaftliches Ziel — eben die gleichmäßigere Vermögensverteilung — zugleich eine ordnungspolitische Aufgabe ersten Ranges darstellt. Nach der Ansicht von *Wessels* wird sich die Marktwirtschaft „nur dann zu behaupten vermögen, wenn die Chance der Vermögensbildung für

---

64 Es ist zu beachten, daß die Sparquote der privaten Haushalte über die Ersparnisse in diesen Einkommensgruppen nichts aussagt. Denn es handelt sich dabei um eine globale Angabe, nämlich um die Relation von Sparen und Verfügungseinkommen, die keine Information über die Verteilung der Ersparnisse auf die verschiedenen Einkommensgruppen enthält. Es ist insbesondere zu bedenken, daß in eine Sparquote, die wegen ihrer Höhe als befriedigend angesehen werden mag, auch die Ersparnisse der höher verdienenden Angestellten und der Selbständigen eingehen, die nicht zur Sozialversicherung herangezogen werden und daher für sich selber sorgen müssen; vgl. die Schätzung der Sparquoten nach Haushaltsgruppen bei *Föhl* (C. *Föhl:* Kreislaufanalytische Untersuchung der Vermögensbildung, Gutachten erstellt im Auftrage des Bundeswirtschaftsministeriums, Tübingen 1964, S. 65). Schließlich ist anzumerken, daß bei uns das Haushaltsparen durch staatliche Prämien und steuerliche Vorteile gefördert wird, daß Arbeiter diese Möglichkeiten aber weniger zu nutzen scheinen als Angestellte und Beamte. Siehe hierzu Sachverständigenrat, a.a.O., Ziff. 114; der Sachverständigenrat räumt ein, daß sich dies ändern mag, „wenn die Erwartungen, die an das Vermögensbildungsgesetz in seiner neuen Fassung vom Frühjahr 1965 geknüpft werden, in Erfüllung gehen".

65 H. *Lampert:* Probleme der Konjunkturstabilisierung durch die Arbeitslosenversicherung — Ein Beitrag zur Reform der Arbeitslosenversicherung. „Finanzarchiv", N.F. Bd. 22, 1962/63, S. 285. Die Sozialpolitik — so schreibt er — sucht „einerseits die staatliche Absicherung gegen die Lebensrisiken zu perfektionieren ... und (strebt) andererseits eine Vermögensbildung in Arbeiterhand an, ohne sich bewußt zu sein, daß die staatliche Perfektionierung der sozialen Sicherung nicht nur die Anreize zur Vermögensbildung abtötet, sondern auch die Möglichkeit zur privaten Vermögensbildung erheblich beschneidet".

66 s. C. *Föhl,* a.a.O., S. 148.

große Gruppen der Bevölkerung gegeben ist"[67]; er sieht darin also eine Existenzbedingung. Aber auch wenn man nicht so weit geht und die Eigentumsbildung in breiten Bevölkerungsschichten „nur" als Stabilitätsbedingung wertet, bleibt der ordnungspolitische Auftrag wichtig genug. Denn als stabil ist eine Wirtschaftsordnung dann anzusehen, wenn sie der überwiegenden Mehrheit der Bürger, die in ihr leben, als angemessen, zumindest aber als so attraktiv erscheint, daß gegenüber der Propaganda für andere wirtschaftliche Systeme eine weitgehende Resistenz besteht. Daß unsere wirtschaftliche (und gesellschaftliche) Ordnung durch eine Minderung der Vermögensunterschiede über die Eigentumsbildung in breiten Schichten der Bevölkerung weiter an Anziehungskraft und damit an Stabilität gewinnen würde, ist mittlerweile fast eine Binsenwahrheit geworden. Die vielen Pläne und Maßnahmen zur Eigentumspolitik geben davon beredtes Zeugnis.

Erstaunlicherweise wird dabei aber nur selten an eine Reform unseres Systems der Sozialversicherung gedacht. Ja, es wird offenbar für so etwas wie das beste aller möglichen Verfahren gehalten: So hat die Bundesregierung die Aufgabe der Sozialenquête im wesentlichen auf die Prüfung des gegenwärtigen Sozialrechts in der BRD beschränkt, und die Kommission hat sich enger an diesen Auftrag gehalten, als es nach dem Regierungsbeschluß nötig gewesen wäre[68]. Was auch immer die Gründe für dieses Verhalten gewesen sein mögen, es ist sicher nicht dazu geeignet, den Vorwurf der sozialpolitischen Bewußtseinsspaltung zu entkräften. Dabei liegt doch eigentlich der Gedanke nahe, die Sozialversicherungsbeiträge für die Pflichtigen in der einen oder anderen Form vermögenswirksam zu machen[69], oder man könnte zu dem oben (S. 144 f.) erörterten Verfahren der Sicherung eines Minimal-

---

[67] Th. *Wessels:* Diskussionsbeitrag zu M. *Lohmann*, Kapitalbildung und Kapitalverwendung in der Unternehmung, in: Kapitalbildung und Kapitalverwendung, Schriften des Vereins für Socialpolitik, N.F., Bd. 5, Berlin 1953, S. 198. Vgl. auch L. *von Stein:* Der Begriff der Gesellschaft und die Gesetze ihrer Bewegung, Einleitung zur Geschichte der socialen Bewegung Frankreichs seit 1789, 1. Band, Leipzig 1850, S. CXXIV ff.

[68] s. Sozialenquête, Soziale Sicherung in der BRD, Stuttgart, Berlin, Köln. Mainz o. J. (1966).

[69] Vgl. hierzu die Vorschläge von B. *Skrodzki* (Der Plan 26, Ein Vorschlag zur Sozialreform. „Junge Wirtschaft", 4. Jg., 1956, S. 494 ff.), N. *Huhn* (Sozialsparen, Der Weg zur sozialen Sicherheit, Erlenbach - Zürich 1964) und C. *Föhl* (a.a.O., S. 148 ff.). Auf die Bedeutung der Vermögensbildung für den Übergang zum selbständigen Unternehmer hat Willgerodt neuerdings wieder aufmerksam gemacht; vgl. H. *Willgerodt:* Flucht vor der Verantwortung und Elitenverschleiß als mögliche Gefahren für die soziale Marktwirtschaft, in: Beiträge zur Ordnung von Wirtschaft und Gesellschaft (Festgabe für Alfred Müller-Armack), Institut für Wirtschaftspolitik an der Universität zu Köln, Wirtschaftspolitische Chronik, Köln 1966, S. 142 ff.

einkommens für alle Bürger übergehen[70], das allerdings mit Anreizen zur Vermögensbildung verbunden sein müßte, die mit steigendem Einkommen abnehmen. Und schließlich wäre es sicher auch der Mühe wert, die Diskussion über eine „negative" Einkommensteuer zu verfolgen, die im Sommer 1966 in den USA stattfand[71].

Es gibt also Mittel und Wege, den inneren Widerspruch der heutigen Sozialpolitik zu überwinden und sie der Konzeption der sozialen Marktwirtschaft anzupassen. Natürlich stellen diese Möglichkeiten — wie überhaupt die Eigentumspolitik — kein Allheilmittel zur Verminderung der Vermögensunterschiede dar; anderes, insbesondere die Verwirklichung einer „open opportunity society", und das bedeutet die Aufhebung mancher wohl etablierten, aber die soziale Mobilität behindernden Institutionen und Maßnahmen, muß hinzukommen[72]. Aber daß eine Reform der Sozialversicherung in Richtung auf eine stärkere Vermögensbildung der privaten Haushalte wesentlich dazu beitragen könnte, den oben diskutierten Zielkonflikt zu lösen, und zugleich eine systemkonforme Sicherung gegen die allgemeinen Lebensrisiken gewährleisten würde, steht außer Zweifel.

c) Ausgaben zur Bildung öffentlichen Erwerbsvermögens

Unter vermögenswirksamen Staatsausgaben sind im folgenden alle Formen öffentlicher Mittelverwendung zu verstehen, durch die der öffentlichen Hand mobile oder immobile Vermögensgegenstände zuwachsen. Um die ordnungspolitischen Probleme zu untersuchen, die diesen Ausgaben innewohnen, empfiehlt es sich, zwischen Verwaltungs- und Finanz- (oder Erwerbs-)vermögen zu unterscheiden. Zum Ver-

---

70 Der Mangel an Zielkonformität bei einer solchen Regelung besteht eben darin, daß die Selbstsicherung in Form des Haushaltsparens durch die Garantie eines Minimaleinkommens z. T. ersetzt wird und daß für die Bezieher kleiner und mittlerer Einkommen wahrscheinlich incentives zur Vermögensbildung notwendig sein würden. Aber auch bei einer Reform unserer Sozialversicherung mit dem Ziel, die Beiträge vermögenswirksam zu machen, müßte man vermutlich gewisse Sicherungen einbauen, z. B. den obligatorischen Charakter der Beitragszahlungen beibehalten (vgl. hierzu K. *Schmidt:* Wachsende Staatsausgaben ..., a.a.O., S. 183 f.). Jedoch ist es keine Frage, daß sowohl eine solche individuelle Zwangssicherung wie auch die allgemeine Sicherung eines Minimaleinkommens, verbunden mit Anreizen zur Vermögensbildung, ordnungspolitisch weitaus günstiger zu beurteilen sind als unser jetziges Sozialversicherungssystem.

71 Als „negative Einkommensteuer" werden Transferzahlungen (zur Sicherung eines Minimaleinkommens) bezeichnet, die systematisch mit der Einkommensbesteuerung verknüpft sind. M. E. verdienen insbesondere die (noch nicht veröffentlichten) Vorschläge von Earl R. Rolph Beachtung.

72 Es geht hier insbesondere darum, „freien Zugang zu den Produktionsmitteln und ungehemmten Zutritt zur gewerblichen Tätigkeit (zu gewährleisten)" (W. A. *Lewis:* Die Theorie des wirtschaftlichen Wachstums, Tübingen und Zürich 1956, S. 95).

waltungsvermögen „gehören diejenigen Vermögensbestandteile einer öffentlichen Körperschaft, die für die Erfüllung der hoheitlichen Aufgaben der betr. Körperschaft unentbehrlich sind und daher nicht ohne Nachteil hierfür veräußert werden können, wie Verwaltungsgebäude, Schulhäuser, Kirchen usw. samt den dazugehörigen Grundstücken und Mobilien sowie ... die im Gemeingebrauch befindlichen Sachen. Das Finanzvermögen umfaßt demgegenüber die Vermögensbestandteile, die ohne Nachteil für die Erfüllung der öffentlichen Aufgaben abgestoßen werden können oder einen Ertrag abwerfen“[73].

Die Ausgaben für das Verwaltungsvermögen bieten wenig ordnungspolitische Probleme. Sie reflektieren nämlich im wesentlichen Veränderungen der finanzwirtschaftlichen Aktivität in Bereichen, in denen es kaum privatwirtschaftliche Alternativen gibt[74]. Dagegen verdienen die Ausgaben zur Bildung öffentlichen Erwerbsvermögens unsere Aufmerksamkeit[75]. Denn anders als beim öffentlichen Verwaltungsvermögen, das mit privater Aktivität weitgehend komplementär verbunden ist, bestehen beim Erwerbsvermögen Konkurrenzbeziehungen zwischen privater und öffentlicher Wirtschaft. Daß diese Alternative auch ordnungspolitisch bedeutsam ist, kommt in dem Schlagwort von der „kalten Sozialisierung“ zum Ausdruck. Aber wie häufig bei solchen Schlagwörtern, so enthält auch dieses zwar einen richtigen Kern, vereinfacht aber im übrigen die Zusammenhänge auf grobe Weise. Es bedarf daher einiger Qualifikationen, um herauszufinden, welche ordnungspolitischen Gefahren mit der Bildung öffentlichen Erwerbsvermögens wirklich verbunden sind.

Zunächst ist zu bedenken, daß eine Beschränkung der privaten Vermögensbildung (z. B. durch hohe Steuern und sonstige Abgaben, verbunden mit entsprechenden kollektiven Versorgungsleistungen) nicht automatisch die Bildung von öffentlichem Erwerbsvermögen zur Folge hat. Dazu bedarf es vielmehr eines politischen Beschlusses. Wenn die Geldvermögensbildung im privaten Sektor allerdings nicht ausreicht, um Investitionen zu finanzieren, die als dringlich gelten und politisches Gewicht haben, dann werden die beschließenden Organe geneigt sein,

---

[73] W. *Bickel:* Finanzwissenschaft und Statistik, in: Handbuch der Finanzwissenschaft, 2. Aufl., 1. Band, Tübingen 1952, S. 148. „Mitunter“ — so fügt *Bickel* hinzu — dürfte „die Abgrenzung der beiden Vermögensarten in der Praxis (schwierig) sein“.

[74] Man darf allerdings die Ausgaben für das öffentliche Verwaltungsvermögen ordnungspolitisch nicht ganz vernachlässigen; neben den Schwierigkeiten, die sich bei der Abgrenzung von Verwaltungs- und Erwerbsvermögen ergeben, sind die Vergabemodalitäten öffentlicher Aufträge zu beachten, die zur Bildung von Verwaltungsvermögen führen.

[75] Zum öffentlichen Erwerbsvermögen gehören insbesondere gewinnorientierte öffentliche Unternehmungen, Beteiligungen der öffentlichen Hand an privaten Kapitalgesellschaften und der Bestand an öffentlichen Aktivkrediten.

ersatzweise öffentliche Mittel für die Investitionsfinanzierung bereitzustellen. Kommt es auf diese Weise zu einer Ausdehnung des öffentlichen Erwerbsvermögens, ist weiter zu prüfen, ob dadurch die Priorität des Privateigentums gefährdet wird. Eine solche Änderung der Eigentums- (und damit der Wirtschafts-)ordnung hängt aber offensichtlich von dem Verhältnis ab, in dem bei privaten Wirtschaftseinheiten und bei der öffentlichen Hand neues Erwerbsvermögen entsteht. Von der Gefahr einer kalten Sozialisierung kann also nur gesprochen werden, wenn die Zuwachsrate an Erwerbsvermögen im öffentlichen Bereich über längere Zeit hinweg[76] größer ist als im privaten Sektor.

Es kommt hinzu, daß es beim öffentlichen Erwerbsvermögen recht beachtliche Unterschiede in der ordnungspolitischen Qualität gibt. Das leuchtet unmittelbar ein, wenn man bedenkt, daß der Staat sein Erwerbsvermögen verschieden verteilen kann. Eine gleichmäßige Streuung über viele Branchen ist anders zu beurteilen als eine Konzentration in wenigen Wirtschaftszweigen; denn bei gegebener Größe dieser Mittel ist der Einfluß, den der Staat auf Grund seiner Eigentums- und Gläubigerrechte auf den Wirtschaftsablauf auszuüben vermag, im ersten Fall viel geringer als im zweiten. Ist das öffentliche Erwerbsvermögen auf eine Vielzahl von Sektoren oder Träger verteilt[77], besteht nur wenig Gefahr für die marktwirtschaftliche Ordnung. Wenn der Staat dagegen sein Erwerbsvermögen in einzelne Bereiche lenkt — und besonders dann, wenn es sich dabei gleichsam um Nervenzentren der betreffenden Volkswirtschaft handelt —, gewinnt er Kontrollmöglichkeiten, die weit über sein finanzielles Engagement hinausgehen[78].

Was damit gemeint ist, sei an zwei Beispielen erläutert. In Schweden geht die Größe des Pensionsfonds weit über das hinaus, was zum

---

76 Abgesehen von revolutionären Akten, läßt sich die Relation zwischen öffentlichem und privatem Erwerbsvermögen kurzfristig nur wenig verändern. Aus einem Notstand und einer vorübergehenden Zunahme des öffentlichen Erwerbsvermögens, die darauf zurückgeht (z. B. beim Wohnungsbau in der Nachkriegszeit), darf also nicht ohne weiteres geschlossen werden, daß die Marktwirtschaft bedroht sei.

77 Gelegentlich verselbständigt der Staat auch Teile seines Erwerbsvermögens, indem er ihnen Finanzautonomie verleiht. Seine Einwirkungsmöglichkeiten gehen dadurch zurück; ja, es mag sogar geschehen, daß schwachen Regierungen die Kontrolle über die öffentlichen Unternehmungen gänzlich entgleitet und daß die Manager dieser Staatsbetriebe maßgeblichen Einfluß auf die Politik gewinnen; vgl. R. *Jochimsen:* Die öffentlichen bzw. öffentlich beherrschten Unternehmungen in Italien, in: Gemeinwirtschaft in Westeuropa, Göttingen 1962, S. 278 ff.

78 Der Einfluß öffentlicher Körperschaften kann auch auf Rechten (z. B. dem Wegerecht der Gemeinden) beruhen und seinerseits (wie in der deutschen Elektrizitätswirtschaft) zu Änderungen in den Marktformen und Eigentumsverhältnissen beitragen; s. hierzu H. *Gröner*, Ordnungspolitik in der Elektrizitätswirtschaft. „Ordo", 15./16. Band, 1965, S. 348 ff.

Funktionieren des Systems der Alterssicherung notwendig ist. Die Kritiker dieser überdimensionierten Reservebildung befürchten, daß sich die Regierung mit Hilfe der angesammelten Mittel „die vollständige Kontrolle über den Kapitalmarkt und damit über die Wirtschaft (verschaffen will). ... Tatsächlich deuten auch Äußerungen prominenter schwedischer Sozialdemokraten darauf hin, daß man in sozialdemokratischen Kreisen in dem Alterspensionsfonds eine Art Sozialisierungsersatz sieht“[79]. Ob diese Vermutungen zutreffen oder nicht, ist für unsere Überlegungen nicht wesentlich; hier interessiert nur, ob eine solche Politik des „Sozialisierungersatzes“ möglich wäre — und daran ist nicht zu zweifeln. In Frankreich ist die öffentliche Investitionsfinanzierung — über Staatshaushalt, verstaatlichte Banken sowie staatliche Spezialfonds und in Form von Zuschüssen sowie Aktivkrediten — zu einem wichtigen Instrument der Planerfüllung geworden. Infolge des Fehlens einer „einheitlichen Planbank“, wegen der Selbstfinanzierung der Unternehmungen und auch wegen der Aufnahme von Auslandskrediten ist es bisher allerdings nicht gelungen, die Finanzierungsmittel stramm nach Maßgabe der Planziele zuzuteilen[80].

Ferner ist zu prüfen, ob man sich bei einer ordnungspolitischen Untersuchung des Erwerbsvermögens nur an seine relative Größe und seine Verteilungsdichte zu halten braucht oder ob auch seine Finanzierung mit in die Betrachtung einzubeziehen ist. Die letzte Frage ist, wie die folgende Überlegung zeigt, zu bejahen. Nehmen wir an, daß öffentliches Erwerbsvermögen nur in Form von Aktivkrediten besteht, daß es — in einem Fall — über die Emission von Anleihen und — im anderen Fall — aus allgemeinen Deckungsmitteln finanziert worden ist und daß Höhe und Verwendung der Aktivkredite in beiden Fällen gleich sind. Der einzige Unterschied besteht dann darin, daß im zweiten Fall nur öffentliches Erwerbsvermögen, im ersten dagegen zugleich privates Erwerbsvermögen entstanden ist; der erste Fall ist daher ordnungspolitisch günstiger zu beurteilen als der zweite[81]. Außerdem ist zu beachten, daß öffentliches Erwerbsvermögen und insbesondere Aktivkredite häufig als Mittel der Subventionspolitik eingesetzt werden[82]. Das ordnungspolitische Urteil muß dann, wie ich oben (S. 130 ff.)

---

[79] „Soziales Musterland Schweden“. „Frankfurter Allgemeine Zeitung“ Nr. 112 vom 15. 5. 1965.

[80] s. hierzu G. *Tholl:* Die französische Planifikation — ein Vorbild? „Ordo“, 15./16. Band, 1965, S. 248 ff.

[81] Wenn öffentliche Passiv- und Aktivkredite gleichzeitig und in derselben Höhe entstehen, bedeutet das nicht, daß sie auch für die gleiche Dauer bestehenbleiben. Aber offensichtlich ist eine solche Entsprechung der Laufzeit ordnungspolitisch wünschenswert.

[82] Das Subventionselement kommt bei öffentlichen Aktivkrediten meistens darin zum Ausdruck, daß sie zinsverbilligt gewährt werden. Nicht so offen-

gezeigt habe, auch vom Charakter der Subventionsleistung abhängig gemacht werden.

Was schließlich die unternehmerische Aktivität des Staates im besonderen angeht, so ist anzumerken, daß davon Rückwirkungen auf die Initiative der privaten Unternehmer ausgehen können. *Littmann*[83] hat darauf hingewiesen, „daß die zunehmende Staatstätigkeit im privaten Produktionsbereich den privaten Unternehmer abschreckt, seine Funktionen wahrzunehmen". Die Vorstellung, daß der Staat alle Praktiken betreiben könne, auch solche, die langfristige Verluste einschließen, lasse die Unternehmerenergien erlahmen. Mehr als Steuern vermöchten „Investitionen in das staatswirtschaftliche Erwerbskapital ... die private Investitionsneigung partiell oder in breiter Front zu schwächen".

Demgegenüber sind die beiden Argumente, daß der Staat durch seine Unternehmungen den Wettbewerb fördern und über sie Konjunkturpolitik treiben könne, kaum ernst zu nehmen. Was das Wettbewerbsargument angeht, so haftet öffentlichen Unternehmungen, sofern sie sich als „Preisbrecher" betätigen, immer etwas Fragwürdiges an, weil sie Verbindung zu deckungsbereiten öffentlichen Haushalten haben. Das konjunkturpolitische Argument ist noch weniger überzeugend. Denn in Zeiten eines Booms werden durch die preispolitische Enthaltsamkeit öffentlicher Unternehmungen keine liquiden Mittel absorbiert. In Krisenzeiten können öffentliche Unternehmungen eine erhöhte Aktivität mit Hilfe von Haushaltzuschüssen aufrechterhalten. Sofern diese Haushaltzuschüsse steuerlich gedeckt sind, geht die Unterstützung öffentlicher Unternehmungen auf Kosten privatwirtschaftlicher Aktivität; werden sie durch Notenbankkredite finanziert, dann besteht kein Grund, gerade öffentliche Unternehmungen als Einsatzstellen für die Konjunkturpolitik zu wählen. Endlich ist gegen beide Rechtfertigungsversuche einzuwenden, daß der Wirtschafts- und Finanzpolitik sowohl zur Wettbewerbsförderung als auch für die Konjunkturpolitik andere und wirksamere Mittel zur Verfügung stehen.

Damit möchte ich meine Ausführungen zum öffentlichen Erwerbsvermögen und den — in diesem Sinn —vermögenswirksamen öffentlichen Ausgaben abschließen. Wir haben gesehen, daß sich das ordnungspolitische Urteil nach einer Reihe von Faktoren richten muß; die relative Größe des öffentlichen Erwerbsvermögens, seine Verteilungs-

---

kundig, aber ebenfalls bedeutsam ist der Umstand, daß sich der Staat, was die Darlehnssicherung und die -rückzahlung betrifft, regelmäßig als großzügiger Gläubiger erweist.

[83] K. *Littmann:* Zunehmende Staatstätigkeit und wirtschaftliche Entwicklung, Köln und Opladen 1957, S. 120 f.

dichte, die Art seiner Finanzierung und die Formen seiner Verwendung sind dazu in Betracht zu ziehen. Es handelt sich also um ein vielschichtiges Problem, das auch über die Eigentumsordnung hinaus den marktwirtschaftlichen Abstimmungsmechanismus berührt. Soll die Marktwirtschaft keinen Schaden nehmen, so wird man die Entwicklung des öffentlichen Erwerbsvermögens unter Kontrolle halten müssen. Denn es besteht die Gefahr, daß von Fall zu Fall und aus plausibel erscheinenden Gründen erwerbsvermögenswirksame Ausgaben beschlossen, ihre ordnungspolitischen Folgen aber übersehen oder unterschätzt werden.

B. 2. Gesamtaspekt

a) Einführung

Wie ich an anderer Stelle gezeigt habe[84], können wir — bei Abwesenheit von „social disturbances" — damit rechnen, daß der Anteil der öffentlichen Ausgaben am Volkseinkommen ungefähr gleichbleibt und daß die gruppenbezogenen zu Lasten der gruppenindifferenten Staatsausgaben tendenziell zunehmen. Obwohl einiges dafür spricht, daß die gruppenbezogenen Ausgaben absolut *und* relativ (d. h. im Verhältnis zu den gesamten öffentlichen Ausgaben) ansteigen, gehe ich von der vorsichtigeren Annahme aus, daß sie nur absolut wachsen; sie werden nach Größe und Ausdehnung allerdings so hoch angesetzt, daß sie gewichtige Alternativen zu den gruppenindifferenten Staatsausgaben darstellen.

Um den Einfluß der in diesem Sinn wachsenden Staatsausgaben auf die Funktionsfähigkeit der Marktwirtschaft zu untersuchen, empfiehlt sich ein Umweg, der damit beginnt, daß wir uns zwei Eigentümlichkeiten der Finanzwirtschaft in Erinnerung rufen: den Charakter der Einnahmen- und Ausgabenbeschlüsse und die Art und Weise, wie sie ausgeführt werden.

Was den ersten Punkt betrifft, so hat *De Viti de Marco* darauf aufmerksam gemacht, daß bei der öffentlichen Mittelverwendung (und auch bei der zwangsweisen Mittelbeschaffung) interpersonelle Gegensätze auftreten. Dementsprechend unterscheidet er „allgemeine Bedürfnisse", bei denen es sich um gleichartige Bedürfnisse der Individuen handelt, und „Kollektivbedürfnisse", die — aus einem Interessengegensatz erwachsend — ungleichartig sind. „Hieraus ergibt sich der Unterschied, daß in der Privatwirtschaft jedes Individualbedürfnis

---

[84] s. hierzu K. *Schmidt:* Entwicklungstendenzen ..., a.a.O., S. 221 ff., insbesondere S. 226 f. und S. 237 f.

nach Maßgabe der Nachfrage jedes einzelnen erfüllt wird und die Gesamtnachfrage die zahlenmäßige Summe der Nachfrage der einzelnen ist; in der Finanzwirtschaft dagegen ist die Kollektivnachfrage das Ergebnis der miteinander in Widerspruch stehenden Bewertungen der verschiedenen Gruppen und Individuen"[85]. Um aus diesen „ungleichartigen" Bedürfnissen eine „Kollektivnachfrage" abzuleiten und so Umfang und Art der „Kollektivgüterproduktion" zu bestimmen, bedarf es politischer Entscheidungen, die in demokratischen Gemeinwesen regelmäßig durch Mehrheitsbeschlüsse zustandekommen[86].

Im Gegensatz zur Einkommensverwendung im Markt, wo das „exclusion principle" *(Musgrave)* dafür sorgt, daß jeder gegen Zahlung eines speziellen Entgelts, nämlich des Preises, Art und Menge eines Gutes, das er zu kaufen wünscht, selbst bestimmen kann, kommen beim finanzwirtschaftlich gedeckten Bedarf also bestenfalls Mehrheiten voll zum Zuge. Die Minderheiten erhalten dagegen öffentliche Leistungen, die sie gar nicht, in anderer Form oder in anderem Umfang wünschen[87]. Es kommt hinzu, daß in repräsentativen Demokratien — ebenfalls via Mehrheitsbeschluß — im Parlament die finanzpolitischen Entscheidungen getroffen werden, was u. U. dazu führen kann, daß sogar die Mehrheit der Wähler „überstimmt" wird[88]. Das gilt selbst dann, wenn man annimmt, daß die Parlamentarier den Willen der Mehrheit ihrer Wähler bestmöglich zu vertreten trachten[89], also in keinem anderen Sinn gebunden sind.

---

[85] A. *De Viti de Marco:* Grundlehren der Finanzwirtschaft, Tübingen 1932, S. 6. „Die Kollektivbedürfnisse" — so führt *De Viti* näher aus — werden „durch die Summe positiver und negativer Größen (dargestellt), d. h. des positiven Bedürfnisses, das einige nach der Hervorbringung einer bestimmten Leistung empfinden, und des negativen Bedürfnisses, das andere empfinden, die entweder die Leistung nicht wollen oder sie in anderer Gestalt oder in anderem Ausmaß als die übrigen wünschen".
Diese Gedanken *De Vitis* sind m. E. ein zweckmäßiger Ausgangspunkt für die folgenden Betrachtungen; das bedeutet nicht, daß ich mich mit seiner (oder einer anderen) Theorie der Kollektivbedürfnisse identifiziere. s. K. *Schmidt:* Zur Geschichte der Lehre von den Kollektivbedürfnissen, in: Systeme und Methoden in den Wirtschafts- und Sozialwissenschaften, Erwin von Beckerath zum 75. Geburtstag, Tübingen 1964, S. 335 ff.

[86] Neben den Ausgabenbeschlüssen sind auch politische Entscheidungen über die Einnahmenbeschaffung, insbesondere über die Steuern erforderlich, die wegen der Interessengegensätze in bezug auf die dargebotenen öffentlichen Leistungen und wegen deren „entgeltloser" Nutzung zwangsweise erhoben werden müssen.

[87] Vgl. R. A. *Musgrave:* The Theory of Public Finance, New York - Toronto - London 1959, S. 8 und S. 134.

[88] Vgl. K. *Wicksell:* Finanztheoretische Untersuchungen, Jena 1896, S. 109.

[89] Die Identität der Entscheidung der Abgeordneten mit der Meinung der Mehrheit ihrer Wähler wäre nur dann gesichert, wenn die Parlamentarier über jede ihnen gestellte finanzpolitische Frage in ihrem Wahlkreis einen Mehrheitsbeschluß herbeiführen würden und wenn es im Parlament nur Wahlkreisvertreter gäbe.

Daneben besteht zwischen politischem Entscheidungsprozeß und marktwirtschaftlicher Koordination noch ein anderer wesentlicher Unterschied: Der Abstimmungprozeß über den Markt stellt „eine kompromiß-ersparende automatische Entscheidungsmaschinerie“ dar. „Insoweit die Konkurrenz die Aufgabe der Koordination erfüllt, werden die aus dem Zwang zum Abschluß eines Kompromisses resultierenden Auseinandersetzungen vermieden. Damit gelangen die Interessengegensätze in geringerem Maß in das Bewußtsein“ der Beteiligten, und es bleiben die Verstimmungen aus, die beim Interessenausgleich durch politische Beschlüsse auftreten[90].

Außer dem politischen Entscheidungsprozeß, der wegen interpersoneller Gegensätze in bezug auf Art und Umfang öffentlicher Leistungen notwendig ist, muß die öffentliche Verwaltung in die Betrachtung einbezogen werden; denn ihr ist die Ausführung der politischen Beschlüsse übertragen. Dabei ist sie auf „das staatswirtschaftliche Rechnungssystem“ angewiesen, das „keinen Ersatz für das unerbittliche Urteil des marktwirtschaftlichen Rechnungssystems über den Erfolg oder Nichterfolg einer wirtschaftlichen Handlung (ergibt)“[91]. Da ein solcher Sanktionsmechanismus fehlt, bleibt nichts anderes übrig, als die Leistungen der öffentlichen Verwaltung und die dafür aufgewandten Mittel auf andere Weise zu kontrollieren. Neben der parlamentarischen Verantwortlichkeit der Minister ist hier vor allem die Finanzkontrolle durch besondere Behörden und durch die öffentliche Meinung zu nennen[92]. Es ist jedoch zweifelhaft, ob sich die öffentliche Verwaltung durch diese Einrichtungen so wirkungsvoll prüfen läßt, wie das die Konkurrenz für die Anbieter und Nachfrager am Markt besorgt.

Diese Überlegungen könnten zu der Vermutung verleiten, daß man nur alles der privaten Wirtschaftsführung zu übertragen braucht, um die mangelhafte Effizienz des politischen Entscheidungsprozesses und der öffentlichen Verwaltung zu überwinden. Aber so attraktiv dieser Schluß für manche auch sein mag, er ist voreilig, und mehr als das, er ist falsch. Das wird sofort klar, wenn man bedenkt, daß auch der private Sektor von einer Pareto-Welt (oder einer sonst irgendwie definierten Optimalsituation) weit entfernt ist: Der Wettbewerb ist unvollkommen, und die Koordination wie auch die

---

[90] W. A. *Jöhr:* Der Kompromiß als Problem der Gesellschafts-, Wirtschafts- und Staatsethik, Tübingen 1958, S. 48.

[91] K. *Littmann,* a.a.O., S. 166.

[92] Zu den aktuellen Problemen der Finanzkontrolle s. F. K. *Vialon:* Streitfragen der öffentlichen Finanzkontrolle. „Finanzarchiv“, N.F. Bd. 22, 1962/63, S. 1 ff. Nach *Vialon* haben sich „Hoffnungen auf eine größere Selbstkontrolle der Verwaltung, wie sie zum Teil in Großbetrieben der Wirtschaft gehandhabt worden ist, ... im öffentlichen Bereich nicht erfüllt“ (S. 2).

Sanktion durch Markt und Preis lassen daher zu wünschen übrig. Ein Vergleich des marktwirtschaftlichen Abstimmungsmechanismus mit dem politisch-administrativen Prozeß, der der Finanzwirtschaft eigentümlich ist, darf also nicht auf solche Weise vorgenommen werden, daß man die Idealsituation eines Modells (im privatwirtschaftlichen Sektor) mit den Unzulänglichkeiten der Realität (in der öffentlichen Wirtschaft) konfrontiert. Es ist ferner zu bedenken, daß es eine Reihe von Diensten und Sachgütern gibt, bei deren „Produktion" der Staat offensichtlich Vorteile hat. Die Überlegenheit gegenüber der privatwirtschaftlichen Aktivität ist z. T. so deutlich, daß ich die betreffenden Dienste und Sachgüter einmal „geborene" Kollektivgüter genannt habe[93]. Es liegt nahe, die anderen öffentlichen Leistungen als „gekorene" Kollektivgüter zu bezeichnen und sie den „geborenen" gegenüberzustellen.

Mit diesem Gegensatzpaar wollen wir uns einen Augenblick beschäftigen. Wir sind ja immer noch auf der Suche nach einem Verfahren, mit dem die Wirkungen wachsender Staatsausgaben auf die Funktionsfähigkeit der Marktwirtschaft erfaßt werden können, und es wäre immerhin denkbar, daß uns die Unterscheidung in geborene und gekorene Kollektivgüter weiterhilft.

Die geborenen Kollektivgüter können ihrer Art nach weitgehend objektiv, d. h. nach gewissen (meist verteilungstechnischen) Besonderheiten bestimmt werden[94]. Die finanzwirtschaftliche Tätigkeit reicht heute jedoch weit über die geborenen Kollektivgüter hinaus und umfaßt eine Vielzahl anderer Leistungen, die wir als gekorene Kollektivgüter bezeichnet haben[95]. Sie sind häufig aus Notlagen entstanden und

---

[93] s. K. *Schmidt:* Zur Geschichte ..., a.a.O., S. 361.

[94] In der Literatur sind solche objektiven Merkmale von Kollektivgütern ausführlich diskutiert worden. Danach könnten die Unausscheidbarkeit *(Sax)*, die Partizipation aller Mitglieder der Gemeinschaft *(Lindahl)*, der passive Konsum und die Unteilbarkeit (M. *Cassel*) und der Konsum „in equal amounts by all" *(Musgrave)* als Kriterien für diese Art öffentlicher Leistungen dienen.

[95] Den größeren Teil seiner Leistungen finanziert der Staat bei uns über Steuern (und Anleihen) und stellt sie „unentgeltlich" zur Verfügung; für den anderen Teil der Güter, die er anbietet, verlangt er dagegen spezielle Entgelte. Die Anwendung des „exclusion principle" ist also nicht auf die Individualgüter beschränkt, und im staatlichen Bereich kann man deshalb den „unentgeltlichen" die entgeltlichen Leistungen gegenüberstellen.

Diese Unterscheidung überschneidet sich mit derjenigen in geborene und gekorene Kollektivgüter. Das „exclusion principle" ist auf die geborenen Kollektivgüter in der Regel nicht anwendbar; die Grenze verläuft daher im Bereich der gekorenen Kollektivgüter, und hier gibt es gewisse Wahlmöglichkeiten, bis wohin der Staat seine Leistungen „unentgeltlich" zur Verfügung stellen und ab wann er spezielle Gegenleistungen fordern kann.

Das Problem, wo diese Grenze zu ziehen ist, taucht übrigens auch in zentralgeleiteten Volkswirtschaften auf, in denen es nur Kollektivgüter gibt. Denn solange das Schlaraffenland nicht verwirklicht ist, muß die Nachfrage

dann beibehalten worden; oft sind sie bis in die Gegenwart umstritten. Das ist ein Anzeichen dafür, was bei einer Ausdehnung der finanzwirtschaftlichen Aktivität in qualitativer Hinsicht über kurz oder lang mit Sicherheit eintritt: Die Vorteile nehmen ab, werden zweifelhaft und u. U. sogar „negativ". Daraus folgt zwar, daß es zweckmäßig wäre, die gekorenen Kollektivgüter zum Teil der privaten Wirtschaftsführung zu übertragen, aber wir erfahren nicht, wo diese Grenze im einzelnen zu ziehen ist. Das wird noch deutlicher, wenn man bedenkt, daß es auch unter den Individualgütern solche geben mag, bei denen die Vorteile der privaten Produktion ungewiß sind. Diese „strittigen" Individualgüter gehören also zusammen mit den gekorenen Kollektivgütern zu dem intermediären Bereich einer Skala, an deren einem Ende die geborenen Kollektivgüter, am andern die „echten" Individualgüter zu placieren sind. Schließlich ist folgendes anzumerken: Die Unterscheidung in geborene und gekorene Kollektivgüter sowie in „strittige" und „echte" Individualgüter ist qualitativer Natur; für die quantitative Abgrenzung von finanz- und privatwirtschaftlicher Aktivität ergeben sich daraus keine Anhaltspunkte. Es ist aber keine Frage, daß bei einem Vergleich der Effizienz des politisch-administrativen Prozesses der Finanzwirtschaft mit dem Wirkungsgrad des marktwirtschaftlichen Steuerungsmechanismus auch das quantitative Verhältnis von öffentlichen und privaten Leistungen berücksichtigt werden muß.

Die Unterscheidung in geborene und gekorene Kollektivgüter (sowie in „strittige" und „echte" Individualgüter) mag für die Lösung anderer Aufgaben zweckmäßig sein, uns hilft sie nicht weiter; denn wir können ihr quantitativ keine und qualitativ nur unzureichende Hinweise für ein „Zuviel" oder ein „Zuwenig" der finanzwirtschaftlichen Aktivität entnehmen. Die negativen Ergebnisse unserer bisherigen Überlegungen bestätigen, was auch andere Untersuchungen schon gezeigt haben: Über die Effizienz des politisch-administrativen Prozesses im Vergleich zu dem Wirkungsgrad der marktwirtschaftlichen Koordination fehlen bis heute gesicherte Erkenntnisse[96]. Es besteht hier also Raum für Vorurteile und Spekulationen; sie reichen von lautstarker Verdammung der öffentlichen Wirtschaftsführung bis zu einfältiger Zuversicht in die finanzwirtschaftliche Aktivität. Können wir diese Kontroverse umgehen? Gibt es überhaupt einen Weg, wie man unser Problem — den Einfluß wachsender Staatsausgaben auf die Funktionsfähigkeit der Marktwirtschaft — in den Griff bekommen und lösen kann?

---

nach den meisten Gütern durch irgendwelche Rationierungsmaßnahmen — z. B. durch die Festsetzung von Preisen — begrenzt werden.

[96] Vgl. H. *Timm:* Staat, Wachstum und Preisniveau. „Zeitschrift für die gesamte Staatswissenschaft", 119. Band, 1963, S. 263 ff.

Mir scheint, daß eine solche Möglichkeit besteht, wenn wir unsere Aufgabe in drei Teile zerlegen und folgende Fragen zu beantworten suchen: Auf welche Weise beeinflussen wachsende Staatsausgaben — unmittelbar — die Funktionsfähigkeit der Marktwirtschaft? Wie berühren zunehmende Staatsausgaben die Effizienz des politisch-administrativen Prozesses der Finanzwirtschaft, und welche Wirkungen gehen hiervon — mittelbar — auf die Funktionsfähigkeit der Marktwirtschaft aus? So können wir den Effizienzvergleich umgehen. Es kommt hier also nicht darauf an, wo die Effizienz größer oder kleiner ist, sondern wie sie sich (in beiden Bereichen) bei wachsenden Staatsausgaben entwickelt und welche ordnungspolitischen Wirkungen — direkt und indirekt — damit verbunden sind.

b) Der unmittelbare Einfluß wachsender Staatsausgaben auf die Funktionsfähigkeit der Marktwirtschaft

Wir wenden uns nun dem ersten Teilproblem zu, und ich möchte zu Beginn daran erinnern, daß die Funktionsfähigkeit der Marktwirtschaft von der Effizienz des ihr eigentümlichen Steuerungsmechanismus und vom Wirkungsgrad der Wirtschaftspolitik abhängt[97]. Das ordnungspolitische Urteil über wirtschaftspolitische Maßnahmen hat sich also danach zu richten, ob sie systemkonform sind oder nicht und wie sie die Rationalität der Wirtschaftspolitik beeinflussen. Ich habe ferner gezeigt, daß sich wachsende Staatsausgaben z. T. als gruppenindifferente und z. T. als gruppenbezogene öffentliche Leistungen und öffentliche Aufwendungen niederschlagen[98]. Im Gegensatz zu den gruppenbezogenen Staatsausgaben, die das Ergebnis politisch erfolgreich vertretener Sonderinteressen und daher den dirigistischen Maßnahmen zuzurechnen sind, kann man die gruppenindifferenten Staatsausgaben den interventionistischen Maßnahmen zuordnen[99]; denn — ähnlich wie die Fundamentalziele der Wirtschaftspolitik — entsprechen diese Ausgabenzwecke weitgehend einer bestimmten (zwar zeit- und raumgebundenen, aber dann und dort eben gültigen) sozio-ökonomischen Bewußtseinslage[100]. Die gruppenindifferenten Staatsausgaben werden daher als wesentliche, z. T. sogar unentbehrliche Vorleistungen für die private Produktion und Konsumtion angesehen und tragen außerdem zur Ver-

---

[97] s. oben S. 128 ff.

[98] Vgl. K. *Schmidt:* Entwicklungstendenzen ..., a.a.O., S. 235 f.

[99] Vgl. oben S. 138 Anm. 34.

[100] Natürlich darf man nicht erwarten, daß diese Entsprechung vollkommen ist; denn einmal lassen sich der „Zeitgeist" und seine Wandlungen nicht so genau bestimmen, als daß man eine eindeutig umschriebene Bezugsgröße zur Verfügung hätte, und zum anderen gibt es bei den gruppenindifferenten Staatsausgaben auch überkommene Verwendungszwecke, die als Ballast mitgeschleppt und oft nur langsam abgebaut werden.

folgung gesamtwirtschaftlicher Ziele bei[101]. Wie wirkt sich nun ein Anwachsen dieser öffentlichen Ausgaben auf die Funktionsfähigkeit der Marktwirtschaft aus?

Bei den gruppenindifferenten Staatsausgaben müssen wir wieder danach unterscheiden, ob sie zielkonform sind oder nicht. Mängel in der Zielkonformität zeigen sich daran, daß öffentliche Leistungen und öffentliche Aufwendungen im Hinblick auf ihre Verwendungszwecke unproportioniert zusammengesetzt und in ihrem Umfang unzureichend oder überdehnt sind. Sie gehen z. T. auf Irrtümer der beschließenden Organe, z. T. aber auch auf das „Beharrungsvermögen" überkommener Ausgabenposten zurück. Bei der Untersuchung der Subventionen und Sozialleistungen haben wir gesehen, daß nicht-zielkonforme Maßnahmen auch Grund zu ordnungpolitischen Bedenken geben. Diese Ergebnisse können wir hier übernehmen: Nicht-zielkonforme gruppenindifferente Staatsausgaben beschränken die Handlungsfreiheit und die Wirksamkeit der Wirtschaftspolitik und setzen damit zugleich die Funktionsfähigkeit der Marktwirtschaft herab[102].

Aber bei den gruppenindifferenten Staatsausgaben, die zielkonform sind, ist ebenfalls zu fragen, ob sie in die Konzeption der Marktwirtschaft passen; denn sie haben diese Qualität nicht a priori. Ich habe im ersten Teil dieses Aufsatzes gezeigt, daß solche ordnungspolitischen Mängel bei bestimmten gruppenindifferenten Staatsausgaben auch tatsächlich vorkommen, sicher gibt es aber noch mehr Beispiele, für die das zutrifft. Welche Ausgabenposten dazu gehören und welcher Art ihre ordnungspolitischen Schwächen sind — ob sie den marktwirtschaftlichen Steuerungsmechanismus beeinträchtigen, die Rationalität der Wirtschaftspolitik vermindern oder beides zugleich —, läßt sich nur von Fall zu Fall feststellen. Diese Aufgabe geht allerdings weit über die Absichten hinaus, die ich mit dieser Studie verfolge. Für uns genügt es festzuhalten, daß auch zielkonforme gruppenindifferente Staatsausgaben daraufhin untersucht werden müssen, ob sie mit der Marktwirtschaft kompatibel sind, und daß das ordnungspolitische Urteil über sie davon abhängt, inwieweit sie diese Prüfung bestehen.

---

[101] Um Irrtümer zu vermeiden, möchte ich darauf aufmerksam machen, daß die Unterscheidung in gruppenindifferente und gruppenbezogene Staatsausgaben keineswegs derjenigen in geborene und gekorene Kollektivgüter entspricht. Denn hier geht es um den Grad der komparativen Vorteile staatlich „produzierter" Leistungen, dort ist die Frage wesentlich, ob Staatsausgaben als gesamtwirtschaftlich nötig anerkannt sind oder ob sie lediglich Sondervorteile darstellen.

[102] Die Effizienz der Wirtschaftspolitik erleidet auch dann Einbußen, wenn an sich zielkonforme gruppenindifferente Staatsausgaben (und interventionistische Maßnahmen im allgemeinen) auf solche Weise kombiniert werden, daß sich dabei unnötige Widersprüche einstellen.

Was die gruppenbezogenen Staatsausgaben angeht, so können wir uns noch kürzer fassen. Sie sind ein Musterbeispiel dirigistischer Maßnahmen; denn hier bedienen sich private Mächte des Staates, um sich vor Wettbewerb zu schützen, indem sie die Konsequenzen der Konkurrenzwirtschaft eben mit Hilfe gruppenbezogener Staatsausgaben zu ihren Gunsten manipulieren. Dadurch setzen sie die Effizienz des marktwirtschaftlichen Steuerungsmechanismus herab. Sie vermindern außerdem die Rationalität der Wirtschaftspolitik; denn in dem Maße, wie die Wirtschaftspolitik durch gruppenbezogene Staatsausgaben festgelegt ist, verliert sie an Freiheit und Wirksamkeit des Handelns in bezug auf ihre gesamtwirtschaftlichen Aufgaben.

Damit — so könnte man meinen — sind wir am Ende unserer Betrachtungen angelangt. Die ordnungspolitische Aufgabe, die sich aufgrund der Untersuchungsergebnisse aufdrängt, läßt sich folgendermaßen umschreiben: Bei den (bestehenden und hinzukommenden) gruppenindifferenten Staatausgaben, die nach ihren Verwendungszwecken grundsätzlich gerechtfertigt sind, ist dafür zu sorgen, daß sie die Funktionsfähigkeit der Marktwirtschaft möglichst wenig beeinträchtigen; wir kommen diesem Ziel um so näher, je widerspruchsfreier die gruppenindifferenten Staatsausgaben mit den anderen interventionistischen Maßnahmen kombiniert werden und je weniger sie den marktwirtschaftlichen Steuerungsmechanismus stören. Die gruppenbezogenen Staatsausgaben, die partikularen Interessen entspringen, sind ordnungspolitisch immer negativ zu beurteilen. Deshalb gilt es hier, nicht nur zu verhindern, daß sie weiter zunehmen, sondern wir müssen darüber hinaus fordern, daß sie radikal abgebaut werden.

Nach den Überlegungen, die wir oben über das Verhältnis zwischen finanzwirtschaftlicher und privatwirtschaftlicher Aktivität angestellt haben, dürfen wir uns damit jedoch nicht begnügen. Wir müssen vielmehr versuchen, auch eine Vorstellung darüber zu gewinnen, wie wachsende Staatsausgaben die Effizienz des politisch-administrativen Prozesses der Finanzwirtschaft beeinflussen und welche Rückwirkungen hiervon gegebenenfalls auf die Funktionsfähigkeit der Marktwirtschaft ausgehen.

c) Der Einfluß wachsender Staatsausgaben auf die Effizienz des politisch-administrativen Prozesses der Finanzwirtschaft

Wahrscheinlich ist die Meinung verbreitet, daß die Effizienz in der Finanzwirtschaft bei zunehmenden Staatsausgaben abnimmt, und es scheinen sich dafür auch zahlreiche Beispiele aufzudrängen. Aber so summarisch dürfen wir nicht argumentieren; wir wollen auch hier die gruppenindifferenten und gruppenbezogenen Staatsausgaben getrennt behandeln. Was erstere betrifft, so ist schon deshalb keineswegs selbstverständlich, daß sich bei ihrer Zunahme ein Rückgang der Effizienz einstellt, weil mit den zusätzlichen Aufgaben im politischen Entscheidungsprozeß und in der Verwaltung eine entsprechende Ausdehnung der personellen und sachlichen Ausstattung einhergehen kann. Historische Erfahrungen der letzten 80—100 Jahre können nicht als Beweis für das Gegenteil angeführt werden, weil sich während dieser Zeit „social disturbances" ereignet haben, die eine relative (und sprunghafte) Ausdehnung der öffentlichen Ausgaben zur Folge hatten; wir gehen hier aber davon aus, daß der Anteil der öffentlichen Ausgaben am Volkseinkommen ungefähr gleichbleibt, und außerdem haben wir nur die gruppenindifferenten Staatsausgaben im Auge. Auch das Argument, daß die Fragen, die entschieden werden müssen, und die Beschlüsse, die ausgeführt werden sollen, komplizierter werden, ist nicht zwingend. Denn hier wird übersehen, daß die Verfahren des Entscheidungsprozesses und auch die Arbeitsweise in der öffentlichen Verwaltung verbessert werden können und daß dadurch die zusätzlichen und komplizierter werdenden Aufgaben möglicherweise ohne Absinken der Effizienz zu bewältigen sind[103]. Sicher kann dagegen angeführt werden, daß in der Finanzwirtschaft die Neigung gering ist, neue (und bessere) Methoden einzuführen, und daß insbesondere eine Reform des öffentlichen Dienstes, die wohl damit verbunden sein müßte, nur schwer durchzusetzen sein wird. Hier handelt es sich jedoch um Probleme, die grundsätzlich lösbar sind; es gehören allerdings Sachkenntnis und Entschlossenheit dazu. Wenn diese Voraussetzungen nicht gegeben sind, mag es sein, daß die Effizienz des politisch-administrativen Prozesses abnimmt. Aber dann muß man die Gründe dafür eben dort, d. h. in einem politischen Versagen suchen und darf sie nicht den zunehmenden gruppenindifferenten Staatsausgaben anlasten. Bei einem Anwachsen dieser öffentlichen Ausgaben mag die Effizienz in der Finanzwirtschaft zunehmen, es ist aber auch sehr wohl möglich, daß sie abnimmt; ihre Entwicklung läßt sich also nicht mit zureichender Gewißheit voraussagen.

Dagegen setzen zunehmende gruppenbezogene Staatsausgaben die Effizienz des politisch-administrativen Prozesses mit Sicherheit herab. Betrachten wir zunächst die Beschlußfassung über diese öffentlichen Ausgaben. Dabei geht es offensichtlich um Entscheidungen, bei denen in erheblichem Ausmaß materielle Vor- (und Nach-)teile auf dem Spiel

---

[103] Vgl. R. *McKean:* Efficiency in Government through Systems Analysis, New York - London - Sidney 1958, und auch E. *von Beckerath,* H. *Giersch* und H. *Lampert* (Hrsg.), Probleme der normativen Ökonomik und der wirtschaftspolitischen Beratung, B. Der Sozialökonom in der praktischen Wirtschaftspolitik, Schriften des Vereins für Socialpolitik, N.F., Bd. 29, Berlin 1963, S. 325 ff.

stehen und die deshalb von heftigen Auseinandersetzungen begleitet sind. Wir haben es hier — wie immer bei dirigistischen Praktiken — mit einer Politik des bewußten und gewollten Privilegierens (und Diskriminierens) zu tun[104], die vor allem von Verbänden, aber auch von Parteien betrieben wird[105]; da die Parteien (in einem Mehrparteiensystem) die gesamtwirtschaftlichen Aufgaben nicht aus dem Auge verlieren dürfen, versuchen sie zuweilen, diese Entwicklung zu bremsen: Aber sie können sie offensichtlich nicht aufhalten[106]. Es sind solche Erfahrungen, die den Eindruck erwecken, daß der politische Entscheidungsprozeß zu einem prekären Clearing unter den Gruppenmächten degeneriert und daß „die Bundesregierung in ihrer finanzpolitischen Haltung in erschreckendem Umfang mehr und mehr zu einem Vollzugsausschuß der sie tragenden Parteien und damit mittelbar mächtiger Verbandsinteressen geworden (ist)“[107]. Durch diese Art finanzwirtschaftlicher Aktivität wird die Beschlußfassung erheblich belastet, und bei einem Vordringen der gruppenbezogenen Staatsausgaben nimmt die Effizienz des politischen Entscheidungsprozesses zweifellos ab. Denn hier geht es ja nicht einfach um größere Summen, die zu „verteilen“ sind, sondern auch und insbesondere um Arrangements über so delikate Fragen wie die Kürzung von insgesamt überhöhten Forderungen, die Befriedigung neu formierter oder die Gunst einer Stunde nutzender Gruppen und die Beschwichtigung zu kurz Gekommener. Das ohnehin komplizierte Geschäft des Interessenclearings wird sicher um so müh-

---

104 Auch gruppenindifferente Staatsausgaben und allgemeiner: interventionistische Maßnahmen wirken sich häufig ungleichmäßig aus; von einer Diskonterhöhung werden z. B. die weniger rentablen bzw. die weniger liquiden Wirtschaftseinheiten relativ stärker getroffen. Hier handelt es sich jedoch um unvermeidbare Begleiterscheinungen von Maßnahmen, deren Adressaten nicht von vornherein feststehen und die gesamtwirtschaftlich gerechtfertigt sind; bei den gruppenbezogenen Staatsausgaben und allgemeiner: bei den dirigistischen Praktiken ist das Privilegieren (und Diskriminieren) dagegen Hauptzweck.

105 Bundeskanzler Erhard hat hierzu im Bundestag ausgeführt (Deutscher Bundestag, 5. Wahlperiode, 9. Sitzung, Bonn 1. 12. 1965, S. 293 (B)), daß der Staat dann Geld ausgibt, „wenn er selbst eine zwingende Notwendigkeit erkennt oder wenn er sich dem massiven und nachhaltigen Druck von Wünschen und Forderungen einfach nicht entgegenstemmen kann“. In ähnlichem Sinn hat er auch schon früher bemerkt: „Wir geben das Geld nicht zum Vergnügen aus, es wird uns von den verschiedenen Gruppen abgepreßt“ („Korrektur der Einkommensteuer“. „Frankfurter Allgemeine Zeitung“ Nr. 129 vom 6. 6. 1964). So dunkel der erste Teil dieser Sätze ist, im zweiten Teil wird die Entstehung gruppenbezogener Staatsausgaben anschaulich umschrieben.

106 Ich habe diese Art des politischen Ausgleichs, an dem Parteien und Verbände beteiligt sind, als abgemilderte Form des „bargaining system“ bezeichnet; siehe K. *Schmidt:* Entwicklungstendenzen ..., a.a.O., S. 238 Anm. 3.

107 K. M. *Hettlage:* „Mehr Macht für Bonn“. „Die Zeit“ Nr. 53 vom 31. 12. 1965.

seliger, je mehr Gruppen (durch Erfolge anderer angelockt) Ansprüche darauf erheben.

Das gilt ebenso für die öffentliche Verwaltung. Denn die gruppenbezogenen Staatsausgaben (und die dirigistischen Maßnahmen im allgemeinen) bringen auch administrativ heikle und oft kaum lösbare Probleme mit sich. Schon die Vielfalt der Kriterien, nach denen gruppenbegünstigende Zahlungen vorgenommen werden dürfen, und ihre Änderungen stellen erhebliche Anforderungen an die öffentliche Verwaltung. Aber das mag noch hingehen. Sehr viel delikater wird die Aufgabe durch den Ermessensspielraum, der der Verwaltung heute in wachsendem Maße eingeräumt werden muß, damit sie ihre mannigfachen Funktionen wahrzunehmen vermag. Da bei Entscheidungen innerhalb dieses Ermessensspielraums oft zugleich über materielle Vor- (und Nach-)teile bestimmt wird, ist die Aufmerksamkeit verständlich, die die Gruppenmächte der Verwaltung widmen. Hierbei geht es übrigens nicht nur um öffentliche Leistungen in Form von Transferzahlungen, sondern auch um die Vergabe öffentlicher Aufträge (und um andere Vorteile, wie z. B. Steuerbegünstigungen). Zum Teil hat sich schon eine Art „Mitwirkungsrecht" der Gruppen eingebürgert[108]. Um bei der Verteilung dieses „Segens" stets gegenwärtig zu sein, „delegieren" Verbände und Parteien außerdem Personen ihres Vertrauens[109] in die Verwaltung, und die Gruppenmächte schrecken auch nicht davor zurück, „unabhängige" Beamte in ihrem Sinne zu „bearbeiten"[110]. Je mehr gruppenbezogene Staatsausgaben die Verwaltung zu „verteilen" hat und je zahlreicher die Kriterien sind, nach denen sie vergeben werden können, um so intensiver werden Verbände und Parteien auf die öffentliche Verwaltung einwirken und um so schwerfälliger wird sie arbeiten.

Dieser Rückgang in der Effizienz der öffentlichen Verwaltung scheint auch deshalb unaufhaltsam zu sein, weil die politische Vertretung von Sonderinteressen, der die gruppenbezogenen Staatsausgaben entspringen, zugleich dahin wirkt, daß die Kontrolle über die Exekutive Ein-

---

[108] Th. *Eschenburg:* Herrschaft der Verbände? Stuttgart 1955, S. 28 ff.

[109] *Eschenburg* (Bemerkungen zur deutschen Bürokratie, Mannheim 1955, S. 27) unterscheidet neben der positiven eine negative Ämterpatronage, worunter er „die Verhinderung der Amtsbesetzung durch Personen (versteht), die nicht verbands- und parteizuverlässig sind".

Es spricht manches dafür, daß die Ämterpatronage die Effizienz der öffentlichen Verwaltung auf lange Sicht am meisten beeinträchtigt. Denn sie bietet keine Gewähr dafür, daß die Verwaltung administrativ besonders befähigte Bedienstete behält, sie entmutigt die Karriere-Beamten, und sie trägt sicher nicht dazu bei, den öffentlichen Dienst für fähige und selbständig denkende junge Leute attraktiv zu machen.

[110] Vgl. Th. *Eschenburg:* Herrschaft ..., a.a.O., S. 24, und Th. *Eschenburg:* Bemerkungen ... a.a.O., S. 17 f.

bußen erleidet. Minister sind heute nicht nur Regierungsmitglied und Behördenchef, sondern zugleich Vertreter ihrer Partei[111] und — zumindest bei einigen Ressorts — neuerdings auch „Anwalt" von Verbänden[112]. Die Gewaltenteilung zwischen Parlament und Regierung ist dadurch weitgehend aufgehoben, der „Sitzungszimmer-Parlamentarismus"[113] hat sich etabliert. Daß Parlamentarier bei der Kontrolle ihrer Partei- oder/und Verbands-„Delegierten" in Regierung (und Verwaltung) Nachsicht üben und auch den Prüfungsberichten unabhängiger Behörden der Finanzkontrolle nur mäßige Aufmerksamkeit widmen, kann unter diesen Umständen nicht überraschen. Es sind also nicht nur der Mangel an Sachkunde und die daraus entspringende Unsicherheit, sondern auch und insbesondere die Loyalität der Abgeordneten zu der Partei, der sie angehören, und zu den Verbänden, denen sie nahestehen, die ihren Eifer bei der Kontrolle von Regierung und Verwaltung erlahmen lassen[114].

d) Der mittelbare Einfluß wachsender Staatsausgaben auf die Funktionsfähigkeit der Marktwirtschaft

Bei wachsenden Staatsausgaben hat man also damit zu rechnen, daß die Effizienz des politisch-administrativen Prozesses der Finanzwirtschaft zurückgeht. Aber diese Entwicklung ist nicht mit der Ausdehnung öffentlicher Ausgaben schlechthin verbunden; bei den gruppenindifferenten Staatsausgaben ist es ungewiß, bei den gruppenbezogenen Staatsausgaben dagegen sicher, daß sie jenen Rückgang bewirken. Betrachtet man öffentliche Leistungen und öffentliche Aufwendungen getrennt, so kann dieses Ergebnis folgendermaßen umschrieben werden: Zunehmende gruppenbezogene Leistungen (und zwar sowohl in Form von Transferzahlungen wie auch als Sachgüter und Dienste)

---

111 s. Th. *Eschenburg:* Bemerkungen ..., a.a.O., S. 20.

112 s. „Ein ‚Interessenten-Minister' ". „Frankfurter Allgemeine Zeitung" Nr. 119 vom 24. 5. 1966; vgl. auch Th. *Eschenburg:* Bemerkungen ..., a.a.O., S. 12 und S. 14.

113 s. G. *Leibholz:* „Die Kontrollfunktion des Parlaments". „Neue Zürcher Zeitung" Nr. 138 vom 21. 5. 1965.

114 Es mag verwundern, daß ich im Text nicht näher auf die unterschiedliche Haltung von Regierungs- und Oppositionsparteien eingegangen bin. Aber wir leben nicht in einer „parteienstaatlichen Demokratie" (Leibholz), sondern in einem demokratischen Gruppenstaat, in dem Parteien *und* Verbände bestehen und auf mannigfache Weise miteinander verflochten sind. Geht die „Front" von Verbänden quer durch die Parteien, so wird ein Minister, der „erfolgreich" als „Anwalt" dieser Verbände agiert, weniger Kritik von der Opposition zu erwarten haben als ein anderer Minister, der „nur" Vertreter der die Regierung tragenden Partei(en) ist. Im übrigen brauchen die Minister bei einer soliden parlamentarischen Mehrheit die Opposition kaum zu fürchten; vgl. Th. *Eschenburg:* Bemerkungen ..., a.a.O., S. 23 ff.

werden relativ „teurer", weil die Kosten ihrer „Produktion", d. h. die Beschlußfassung über sie und ihre Verwaltung, überproportional ansteigen. Diese „Folgekosten" der partikularen Einflußnahme verdienen unsere Aufmerksamkeit, weil sie sehr wohl dazu führen können, daß die gruppenbezogenen Staatsausgaben weiter, u. U. sogar relativ (im Verhältnis zu den gesamten öffentlichen Ausgaben)[115] zunehmen. Zum Teil wird sich das in einer Aufblähung der Bürokratie bei Legislative und Exekutive niederschlagen[116]. Wir sind durch gewisse Theorien belehrt worden, daß jeder Verwaltung Expansionstendenzen innewohnen. Aber in dem Maße, wie Gruppendelegierte auf die staatliche Lohnliste kommen sowie Verbände und Parteien die Arbeitskraft der Beamten für ihre partikularen Zwecke beanspruchen, hat man die Ausdehnung der staatlichen Verwaltung nicht auf Parkinsons Gesetz, sondern auf die „Außensteuerung" durch Gruppenmächte zurückzuführen[117].

Schließlich ist zu fragen, wie die Funktionsfähigkeit der Marktwirtschaft durch den Rückgang der Effizienz in der Finanzwirtschaft berührt wird. Die Antwort darauf ist nun nicht mehr schwierig. Wir haben gesehen, daß Parlament und Regierung durch das Interessenclearing stark in Anspruch genommen sind, und es ist klar, daß sie sich den gesamtwirtschaftlichen Aufgaben um so weniger widmen können, je mehr sie durch diese Politik des Privilegierens (und Diskriminierens) absorbiert werden. Bei der öffentlichen Verwaltung ist es ähnlich. Sie wird von ihren gesamtwirtschaftlichen Funktionen abgehalten oder vermag sie nur zu erfüllen, wenn sie im Maße ihrer Inanspruchnahme durch Parteien und Verbände expandiert. Kommt es infolgedessen zu einer verstärkten Zunahme der gruppenbezogenen

---

[115] Außerdem sprechen die Verewigung und die Kumulation gruppenbezogener öffentlicher Leistungen für eine solche Entwicklung.

[116] Vgl. Th. *Eschenburg:* Bemerkungen ..., a.a.O., S. 12.

[117] An dieser Stelle möchte ich noch fogendes nachtragen. Im Rahmen unserer Betrachtungen zu den Subventionen haben wir gesehen, daß gruppenbezogene Staatsausgaben zu Unwirtschaftlichkeit und Fehlinvestitionen führen können, weil allfällige staatliche Sondervorteile für die Unternehmerentscheidungen wichtig werden, u. U. sogar wichtiger als die Lage auf den Bezugs- und Absatzmärkten. Wenn man nun bedenkt, daß die einzelne Firma diese Privilegien ohne „Papierkrieg" (und evtl. Antichambrieren) nicht bekommt, wird klar, daß zur Bestimmung des gesamten Aufwands solcher Transaktionen nicht nur die „Verteilungskosten" der öffentlichen Verwaltung, sondern auch die „Beschaffungskosten" der privaten Unternehmungen in Ansatz zu bringen sind. (Ähnlich wie man beim Problem der „Billigkeit" einer Steuer sowohl die Erhebungs- als auch die Entrichtungskosten berücksichtigen muß). Diese Reibungsflächen zwischen öffentlicher und privater Sphäre nehmen mit wachsenden gruppenbezogenen Staatsausgaben sicher zu und beeinträchtigen nicht nur — wie ich gezeigt habe — die Effizienz des politisch-administrativen Prozesses der Finanzwirtschaft, sondern auch (über eine Desorientierung des Unternehmerverhaltens) den Wirkungsgrad des marktwirtschaftlichen Steuerungsmechanismus.

Staatsausgaben, dann stehen weniger Mittel für die gruppenindifferenten Staatsausgaben zur Verfügung, die — wie wir gesehen haben — wichtige Vorleistungen für die private Produktion und Konsumtion darstellen. Es ist ferner zu bedenken, daß die Vorschriften in bezug auf die gruppenbezogenen Staatsausgaben — nicht zuletzt infolge von Schwankungen im Einfluß der einzelnen Gruppenmächte — häufig geändert werden und daß Willensbildung und -ausführung — wegen des Zeitbedarfs des Interessenclearings — oft nur mit erheblicher Verzögerung zustandekommen. Die Entscheidungen der einzelnen Firmen werden auf diese Weise mit zusätzlicher Unsicherheit belastet; die Tatkraft und Risikobereitschaft der Unternehmer erleidet dadurch vermutlich Einbußen, und dem Wettbewerb gehen wertvolle Impulse verloren.

Wir kommen also zu dem Ergebnis, daß die gruppenbezogenen Staatsausgaben auch einen Rückgang der Effizienz des politisch-administrativen Prozesses mit sich bringen und daß sie auf diesem Weg — mittelbar — die Funktionsfähigkeit der Marktwirtschaft weiter herabsetzen. Das negative Urteil, zu dem wir oben gekommen sind, wird dadurch noch verstärkt. Die gruppenbezogenen Staatsausgaben beeinträchtigen die Rationalität der Wirtschaftspolitik und stören den marktwirtschaftlichen Steuerungsmechanismus. Wie Sand in einem Getriebe vermindern und verfälschen sie die produktions- und verteilungspolitischen Ergebnisse des Wettbewerbs und erschweren zugleich die systematischen Korrekturen, die im Hinblick auf gesamtwirtschaftliche Ziele an diesen Ergebnissen anzubringen sind. Sie belasten den politischen Entscheidungsprozeß und bringen für die öffentliche Verwaltung kaum lösbare Aufgaben mit sich. Von den Begünstigten werden sie natürlich geschätzt, aber sie sind ein Grundübel unserer wirtschaftlichen und gesellschaftlichen Ordnung.

C. Schluß: Finanzwirtschaftliche Aktivität und staatliche Autorität

Zum Schluß dieser Studie möchte ich einigen Problemen nachgehen, die zwar nicht unmittelbar zu meinem Thema gehören, sich aber andererseits bei seiner Bearbeitung aufdrängen und die es im übrigen verdienen, daß man sich mit ihnen intensiver befaßt, als das auf den folgenden Seiten möglich ist. Kann man, so lautet die erste Frage, die Wirtschaftsordnung, in der wir leben, — angesichts der absoluten und relativen Höhe der öffentlichen Ausgaben — überhaupt noch als Marktwirtschaft ansehen? Mancher wird dazu neigen, diese Frage zu verneinen, und ein amerikanischer Kollege hat mir gegenüber — vom Ausmaß der staatlichen Eingriffe in der BRD überrascht — einmal geäußert, es habe den Anschein, als ob bei uns die Marktwirtschaft nur noch der Idee nach, aber nicht mehr in der Realität bestehe. Andererseits wird man schlecht leugnen können, daß private Wirtschaftsführung und privates Eigentum nach wie vor den ersten Platz einnehmen, und dies obgleich die marktwirtschaftliche Koordination bei uns viele Unvollkommenheiten aufweist und die Grenzen der Eigentumsrechte heute enger gezogen sind, als das vor sechzig Jahren der Fall war. Das und der Vergleich mit zentralgeleiteten Volkswirtschaften spricht m. E. dafür, daß unsere Wirtschaftsordnung — auch in materialem Sinn[118] — als Marktwirtschaft gelten kann.

Aber wie kommt es, so ist dann weiter zu fragen, daß trotz der Vielfalt und des Umfangs der heutigen Staatstätigkeit die Marktwirtschaft nicht nur überlebt hat, sondern sogar recht gut „funktioniert" — jedenfalls besser, als man gemeinhin erwartet haben mag. Das unappetitliche Bild vom Straußenmagen reicht hier wohl kaum zur Erklärung aus. Die unerwartete und überraschende Kombination von „viel" Staat und Marktwirtschaft ist m. E. dadurch möglich geworden, daß mit der Zunahme in der staatlichen Aktivität[119] ein Rückgang der staatlichen Autorität einhergegangen ist und noch andauert. Dies zeigt sich darin, daß wir in der jüngeren Vergangenheit nicht nur eine „Politisierung der Wirtschaft", sondern auch eine „Ökonomisierung der Politik" feststellen können. Damit will ich sagen, daß das Übergreifen politischer Instanzen in den privaten Bereich von einem Hineinwuchern privater Interessen in die Staatstätigkeit begleitet ist. Mit den autoritätsmindernden Wirkungen dieser beiden Erscheinungen will ich mich nun befassen.

Zunächst sei auf zwei autoritätsverringernde Momente aufmerksam gemacht, die sich aus der Ausdehnung der Staatstätigkeit ergeben. Als erstes ist hier eine Äußerlichkeit zu erwähnen: die große Zahl von Ämtern und Behörden, Körperschaften und Verwaltungszweigen. Der Staat unserer Tage ist in eine Vielzahl von „Einzelwirtschaften" aufgespalten, die — mangelhaft koordiniert und mit Kompetenzstreitigkeiten belastet — den Bürger, der in ihr Getriebe gerät, vielleicht in Angst und Schrecken setzen, die aber kaum Autorität ausstrahlen. Sodann ist mit einer Ausdehnung der Staatstätigkeit notwendigerweise die Tatsache verbunden (und oft auch gewollt), daß sich staatliche

---

118 s. oben S. 126 f.

119 Wir haben bisher immer nur von „finanzwirtschaftlicher Aktivität" gesprochen und damit ausgabenpolitische, gelegentlich auch einnahmenpolitische Aktionen der öffentlichen Hand umschrieben. Es ist klar, daß die „staatliche Aktivität" über dasjenige Handeln hinausgeht, das sich unmittelbar in öffentlichen Haushalten niederschlägt. Wir werden uns im folgenden häufig dieses umfassenderen Ausdrucks bedienen, um anzudeuten, daß die Überlegungen zum Teil auch für das staatliche Handeln im allgemeinen gelten.

Stellen stärker als zuvor um die persönlichen und geschäftlichen Angelegenheiten der Bürger kümmern. Darunter leidet mit Sicherheit die staatliche Autorität. Denn je mehr sich staatliche Instanzen mit den Dingen unseres Alltags befassen, desto häufiger werden sie Fehler machen und um so deutlicher werden ihre Unzulänglichkeiten zutagetreten. Jemanden, der in die Arena steigt, um mitzukämpfen, betraut man eben nicht gern zugleich mit der Schiedsrichterrolle.

Der Niedergang der staatlichen Autorität zeigt sich aber womöglich noch deutlicher im Vordringen privater Mächte. Er geht auf zweierlei Art vor sich: Erstens „indem Interessentengruppen (die) Politik (des Staates) bestimmen" und in die öffentliche Verwaltung eindringen und zweitens indem „Machtgruppen gewisse Kompetenzen, die der Staat bisher ausübte, selbst übernehmen"[120].

Der erste Punkt bedarf nach dem, was ich in diesem Aufsatz über die gruppenbezogenen Staatsausgaben ausgeführt habe, keiner näheren Begründung. Als Ergänzung sei darauf verwiesen, daß sich der Einfluß der Gruppenmächte nicht nur in der Finanzpolitik niederschlägt. So hat *Huber* gezeigt, daß „die Stadien der Gesetzgebung ... durch den Verbandseinfluß durcheinandergeworfen (werden)", daß „dringende gesetzgeberische Aufgaben oft unerfüllt bleiben, weil keine organisierten Interessen da sind, die den Anstoß geben", und daß der „ethische Gehalt der Gesetze, ihr Sollencharakter und ihre Lenkungskraft schwinden"[121]. Den größten Autoritätsverlust erleidet der Staat m. E. jedoch durch die von den Verbänden und Parteien betriebene Ämterpatronage[122]. Denn ihre Auswirkungen auf die Verwaltungspraxis erfährt der Bürger am eigenen Leibe. Er muß sich unterschiedliche Interpretationen des administrativen Ermessensspielraums gefallen lassen[123], und diese sachliche und personelle Differenzierung wird ihm den Respekt vor „seinem" Staat schwer machen.

---

120 W. *Eucken:* Grundsätze der Wirtschaftspolitik, Bern - Tübingen 1952, S. 328.

121 H. *Huber:* Staat und Verbände, Tübingen 1958, S. 19 und S. 24. Zum letzten Punkt führt Huber weiter aus, daß „die modernen Zweck- und Plangesetze das Gewissen nicht (ansprechen und daß) sie oft nur die Produkte festgefahrener Interessen mit dürftiger Rechtssubstanz (sind)".

122 Die Integrität der öffentlichen Verwaltung wird durch die Ämterpatronage in doppelter Weise beeinträchtigt: unmittelbar durch die „Delegierten" der Gruppenmächte und mittelbar dadurch, daß auch andere Verwaltungsbedienstete die Übung der gespaltenen Loyalität übernehmen.

123 Der Umstand, daß die Verwaltungsdienste richterlicher Überprüfung unterliegen, ist nur ein geringer Trost. Denn die Dauer der Verfahren, der „lange Atem" der Verwaltung sowie die Kosten und die nervliche Beanspruchung machen einen solchen Rechtsstreit zu einem zweifelhaften Abenteuer. Da ist es für den Bürger oft zweckmäßiger nachzugeben — dies auch deshalb, weil er häufig auf das „Wohlwollen" bestimmter Verwaltungsstellen angewiesen ist.

Außerdem scheint die Praxis der Ämterpatronage in Verbindung mit dem gewährten Ermessenspielraum so etwas wie eine Neuorientierung der öffentlichen Verwaltung zur Folge zu haben. Sie greift nicht nur in die private und geschäftliche Sphäre der Bürger regulierend ein, sie macht im Rahmen ihres Ermessensspielraums — gelegentlich sogar darüber hinaus — auch Konzessionen. Die Folge davon ist, daß von der oben erwähnten Ungleichmäßigkeit der öffentlichen Dienste diejenigen profitieren, die über genügend „Tauschgeschicklichkeit" verfügen oder/und sich der Verwaltung gegenüber in einer günstigen „Tauschposition" befinden. Eine solche „starke Marktstellung" kann verschiedene Ursachen haben; die Mitgliedschaft bei einer Partei oder in einem Verband, die Rolle, die jemand darin spielt, aber auch andere politisch, wirtschaftlich und persönlich begründete Vorzugsstellungen sind dafür von Bedeutung. Für diejenigen, die auf solche Art privilegiert sind und bei der Verwaltung an den — vorher bezeichneten — „richtigen Mann" kommen, wird manches möglich, was der „Normalbürger" kaum zu hoffen wagt, und anderes geht viel leichter vonstatten, worauf man normalerweise Zeit und Mühe zu verwenden hat. Dadurch gelingt den „Beziehungsreichen" vieles, was bei einer Verwaltung, die aufgrund eindeutiger und dauerhafter Vorschriften innerhalb eines klar begrenzten Ermessensspielraums und auf der Basis eindeutiger Loyalität handelt, ausgeschlossen wäre.

Was den zweiten Punkt anlangt, so weist *Eucken*[124] darauf hin, daß besonders bei internationalen Wirtschaftsabkommen anstelle des Staates und seiner Beamten die Wirtschaftsverbände und ihre Funktionäre auftreten. Aber auch aus dem nationalen Bereich ist die Übertragung von Befugnissen (einschließlich des Besteuerungsrechtes) an private Gruppen (z. B. an Berufsgenossenschaften) bekannt. *Huber*[125] macht außerdem darauf aufmerksam, daß infolge des Verbandsrechts und der Verbandsgerichtsbarkeit der Gleichheitsgrundsatz eingeschränkt und die richterliche Unabhängigkeit z. T. in Frage gestellt wird. Ein Paradebeispiel für die Übertragung staatlicher Befugnisse an Gruppenmächte sind die sog. Selbstbeschränkungsabkommen. Es handelt sich dabei um Einfuhrrestriktionen und Expansionsbeschränkungen im Inland, und sie stehen in einem seltsamen Kontrast zur gleichzeitig proklamierten Wettbewerbspolitik. Für das Zustandekommen solcher Arrangements bietet der Staat gern seine „guten Dienste" als „Moderator" an, gelegentlich gibt er auch seinen „finanziellen Segen" (z. B. Subventionen) dazu. Für die Regierung (und die Mehrheitsparteien) sind solche Abkommen attraktiv, weil ihnen dadurch — zumindest tem-

---

[124] s. W. *Eucken*, a.a.O., S. 328.
[125] s. H. *Huber*, a.a.O., S. 29 f.

porär — unpopuläre Maßnahmen erspart bleiben. Aber der Staat dankt dabei partiell ab; „man unterläßt das Regieren, um an der Regierung zu bleiben“[126].

Der Zerfall der staatlichen Autorität, der mit dem Vordringen der Gruppenmächte einhergeht, zeigt sich u. a. darin, daß sie in zunehmendem Maße als „Partner“ des Staates auftreten. Dabei haben die staatlichen Instanzen oft nur noch die Stellung eines primus inter pares, gelegentlich sinken sie sogar zu einem bloßen Vollzugsorgan ab. Götz *Briefs* hat dazu ausgeführt, daß der Staat die souveräne Entscheidung über das verloren habe, was das allgemeine Wohl verlangt. „Das Ergebnis ist eine Art Ausverkauf, mindestens Teilausverkauf staatlicher Würde, staatlicher Autorität, staatlicher Kompetenzen. Die Verbände bestimmen zu einem Teile mit, was an Kompetenzen dem Staate zusteht, vor allem was ihm an Dignität und Selbstbestimmung verbleibt[127].“

Der „eigenbestimmte“ Aktionsspielraum des Staates ist daher viel geringer, als der Umfang der staatlichen Aktivität vermuten läßt. Sie stellt zum erheblichen Teil eine Art Auftragsverwaltung für private Gruppen dar, und insoweit kann der Staat gewissermaßen als „reprivatisiert“ angesehen werden. Diese gruppenegoistischen Einflüsse belasten — wie oben gezeigt — eine rationale, d. h. an gesamtwirtschaftlichen Zielen orientierte Wirtschaftspolitik, und sie bewirken auch, daß der Staat so wenig für die Sicherung eines durchgreifenden Wettbewerbs zu tun vermag, der — wie wir wissen — der Motor des marktwirtschaftlichen Steuerungsmechanismus ist. Aber anderseits sind auch die Möglichkeiten des Staates begrenzt, die Marktwirtschaft zugrundezurichten, solange er dazu nicht die Unterstützung mächtiger Gruppen findet. Wenn Verbände und Parteien den Rahmen der Marktwirtschaft und der Demokratie grundsätzlich akzeptieren, was ich im folgenden unterstelle, ist deshalb mit keiner dramatischen Änderung unserer Wirtschafts- und Gesellschaftsordnung zu rechnen. Die Gefahr besteht vielmehr darin, daß die partikularen Interessen, die vor allem von Verbänden, aber z. T. auch von Parteien durchgesetzt werden, eine allmähliche Erosion unserer marktwirtschaftlichen (und demokratischen) Ordnung zur Folge haben. Daß die Marktwirtschaft besser funktioniert, als nach dem Umfang der staatlichen Akti-

---

126 Th. *Eschenburg:* Herrschaft ..., a.a.O., S. 36.

127 G. *Briefs:* Verantwortung in der pluralistischen Gesellschaft. „Zeitwende/Die neue Furche“, 28. Jg., 1957, S. 734. *Eucken* (a.a.O., S. 330) hat es mit Recht paradox genannt, daß gerade dieser heutige Staat „von vielen Menschen als ein Wesen angesehen (wird), dem fast unbeschränkt Aufgaben übertragen werden könnten, als ob er der unabhängige und wohlwollende Vater seiner Bürger wäre!“

vität zu erwarten wäre, ist also darauf zurückzuführen, daß es mehr „staatsfreien“ Raum gibt, als es den Anschein hat, und auch dem Umstand zuzuschreiben, daß die bestehende wirtschaftliche und gesellschaftliche Ordnung von den Gruppenmächten nicht prinzipiell bekämpft, sondern „nur“ mittelbar durch die von ihnen verfolgten Sonderinteressen beeinträchtigt wird.

Welche Folgerungen können wir daraus ziehen? Zunächst dies: Die Funktionsfähigkeit der Marktwirtschaft könnte erhöht werden, wenn die finanzwirtschaftliche Aktivität eingeschränkt würde. Allerdings hätte die Reduktion in einer ganz bestimmten Weise zu erfolgen; die gruppenbezogenen Staatsausgaben müßten entscheidend verringert werden. Dadurch würde der Staat denjenigen Teil seiner Tätigkeit aufgeben, der heute ohnehin weitgehend durch den Einfluß privater Mächte bestimmt wird. Die öffentliche Hand könnte Verwaltungskosten einsparen, die private Wirtschaft würde von den Kosten entlastet werden, die sie zur Erlangung staatlicher Sondervorteile aufwenden muß. Ein Teil der dadurch beim Staat freiwerdenden Mittel könnte zur Erhöhung der gruppenindifferenten Staatsausgaben verwandt werden, der andere Teil stünde für Steuersenkungen zur Verfügung. Die Produktivität der gesamten Volkswirtschaft, d. h. des privaten und des öffentlichen Bereichs, würde bei einer solchen Neuverteilung der Aufgaben auch deshalb zunehmen, weil der kompromiß-ersparende Wettbewerb z. T. an die Stelle des konfliktbeladenen politischen Abstimmungsprozesses treten würde. Diejenigen, die von dem bisherigen Regime profitieren, wären natürlich gegen eine solche Reform. Um sie durchzusetzen, brauchte der Staat also ein gewisses Maß an Autorität. Autorität ist auch notwendig, um den Rahmen für einen wirksamen Wettbewerb im Bereich der privaten Wirtschaft zu sichern. Denn es wäre wenig gewonnen, wenn die privaten Mächte, die heute dem Staat Sondervorteile abringen, nach deren Aufhebung am Markt als Kollektivmonopole erscheinen würden. Die Marktwirtschaft und auch die öffentliche Wirtschaft würden also besser funktionieren, wenn weniger finanzwirtschaftliche Aktivität mit mehr staatlicher Autorität verbunden wäre.

Aber es sieht nicht so aus, als ob das in absehbarer Zeit und für die Dauer gelingen würde. Wir müssen deshalb weiterhin mit einer Kombination von umfangreicher Staatstätigkeit und geringer Staatsautorität rechnen. Bei einem schwachen Staat sind, wie wir gesehen haben, die Gefahren für die Marktwirtschaft mehr potentieller als aktueller Natur. Es ist allerdings zu fragen, ob diese „zweitbeste Lösung“ von Dauer ist oder ob sie nur eine Phase auf dem Weg zu noch mehr staatlicher Aktivität darstellt. Aufgrund meiner Untersuchungen neige ich der zweiten Auffassung zu, und ich fürchte, daß diese Entwicklung von einem weiteren Vordringen der Gruppenmächte begleitet, ja durch sie zum erheblichen Teil bedingt sein wird und daß dabei die staatliche Autorität noch mehr zerfällt. Das Endstadium dieser Entwicklung wäre eine Gruppenanarchie, die leicht in eine wirtschaftliche und politische Diktatur umschlagen könnte. Denn in einer solchen Situation wird der Ruf nach dem „starken Mann“ nicht ausbleiben. Wenn aber ein starker Mann oder eine entschlossene Clique an die Regierung käme, droht die Gefahr, daß die Marktwirtschaft ruiniert und auch die demokratische Ordnung beseitigt wird. Die Möglichkeiten zu solchen Eingriffen in die private Wirtschaftsführung und auch in das Privatleben der Bürger sind schon bei dem heutigen Ausmaß der staatlichen Aktivität so groß, daß nur Dilettanten dabei Mißerfolg haben könnten[128].

Denjenigen, denen meine Ausführungen zu skeptisch vorkommen, kann ich versichern, daß ich froh und glücklich wäre, wenn meine Befürchtungen durch eine bessere Zukunft widerlegt werden würden. Bis dahin halte ich es jedoch mit Saint-John *Perse,* der am Schluß seiner Dankadresse für den Nobelpreis gesagt hat, dem Dichter genüge es, das schlechte Gewissen seiner Zeit zu sein. Ich finde allerdings, daß wir diese Aufgabe den Dichtern nicht allein überlassen dürfen.

---

128 Meinen Überlegungen liegen — wie der Leser bemerken wird — Beobachtungen der Verhältnisse in der BRD zugrunde. Die wirtschaftliche und politische Situation in den anderen Staaten der westlichen Welt ist davon verschieden. Soweit sie eine marktwirtschaftliche und demokratische Ordnung haben, zeigen sich allerdings auch gewisse Parallelen; insbesondere scheinen mir auch dort Tendenzen zu einer weiteren Ausdehnung der gruppenbezogenen Staatsausgaben zu bestehen. Wie aktuell die davon ausgehenden Gefahren sind, läßt sich nicht generell sagen. Einige Länder sind infolge ungebrochener Traditionen, bewährter Institutionen und Spielregeln vermutlich weniger anfällig als andere, denen es an solchen „Schutzvorrichtungen“ fehlt.

Im übrigen scheint eines der Phänomene, mit denen wir uns ausführlich beschäftigt haben, neuerdings sogar in die sozialistischen Länder des Ostens Einkehr gefunden zu haben: die „pressure groups“.

Kritische Anmerkungen zur Frage nach den Grenzen der staatlichen Aktivität in der Marktwirtschaft

Korreferat von *Herbert Geyer* (Frankfurt/M)*

Vorbemerkungen

Alles wirtschaftliche Handeln ist mit Risiken verknüpft und erfolgt unter Ungewißheit. Dies gilt auch für dieses Korreferat, welches sich auf die Arbeiten von Herrn Professor Schmidt über Staatsausgabenvolumina bezieht. Als ich vor einem Jahr die erste Fassung schrieb, hatte ich keinerlei Information über die Gedankengänge des Referenten. In diesem Jahr liegen drei seiner Arbeiten, in zum Teil revidierten Fassungen, vor. Neben diesen Schwierigkeiten für den Produktionsprozeß selbst bleiben jene, die mit der Definition des Produkts verknüpft sind. Professor Schmidts Darlegungen sind so reich an Material und Gedankengängen, daß ich nicht sicher bin, allen im einzelnen und kritisch gerecht werden zu können. Im Hinblick auf diese Tatsachen habe ich mich entschlossen, lediglich mein vorjähriges Manuskript zu revidieren, zu ergänzen und im Hinblick auf einige Überlegungen zu vertiefen. Die Lektüre der Gedankengänge von Prof. Schmidt hat mich in dieser Haltung bestärkt, da seine Darlegungen mich nicht veranlaßten, meine Auffassungen zu ändern. Der Grund ist, daß ich weitgehend, d. h. von einigen kleineren Punkten abgesehen, mit ihm übereinstimme. Jedoch werde ich mir erlauben, die Akzente anders zu setzen[1].

I. Der Inhalt der Fragestellung und die Konsequenzen für ihre Beantwortung

Die ursprüngliche Aufgabenstellung war, „die Kräfte aufzuzeigen, die auf ein weiteres Anwachsen des Anteils der Staatsausgaben am Volkseinkommen hinwirken, welche Gegenkräfte dadurch ausgelöst

* Korreferat zum Referat von K. Schmidt: Zur ordnungspolitischen Problematik wachsender Staatsausgaben. (Angefertigt Frühjahr 1965).

[1] Lediglich im Hinblick auf seine „gruppenbegünstigenden öffentlichen Ausgaben“ scheinen sich unsere Vorstellungen nicht zu decken. — Andererseits glaube ich, daß eine vollständige, theoretische Erklärung für die Phänomene gegeben werden kann, die der Referent in seinen Ausführungen über die „Bandbreite“ der Schwankungen des Anteils behandelt, (s. S. 138 und Fußnote.)

werden und welche Probleme daraus für die Funktionsfähigkeit der Marktwirtschaft entstehen". Offenbar war diese Frage nach den „Grenzen der staatlichen Aktivität in der Marktwirtschaft" in zweifacher Hinsicht beschränkt. Einerseits sind die Grenzen im Hinblick auf ein Maximum und Minimum für den Umfang staatswirtschaftlicher Aktivität — oder, wenn man so will, auf die optimale Relation zwischen dieser und der privaten Aktivität — zu suchen; andererseits ist im Hinblick auf den Inhalt und Umfang dessen abzugrenzen, was hier unter staatlicher Aktivität verstanden werden soll.

Um die erstgenannte Abgrenzung zunächst zu erörtern, müssen wir uns vergegenwärtigen, daß man zu jedem Zeitpunkt einen, wie auch immer definierten Wert für die Relation zwischen staatswirtschaftlicher und privatwirtschaftlicher Aktivität beobachten kann. Gleichgültig welcher Konvention man zu folgen wünscht, eine oder mehrere solcher Indexzahlen können ermittelt werden. Beispielsweise mag man sich der Zahlen der Volkseinkommensberechnung bedienen, oder man wird die statistischen Kassenbudgetzahlen heranziehen, vielleicht auch Beschäftigungszahlen benutzen, je nachdem welche Relation für die Fragestellung am besten geeignet erscheint. Mit hinreichend guten statistischen Verfahren ist man auch in der Lage, die Veränderungen solcher Indexzahlen über die Zeit hin zu beobachten. Eine statistisch-numerische Bestimmung erscheint möglich und ist — insoweit — ganz analog zu den Verfahren zu bewerten, mit welchen wir, beispielsweise, eine Relation zwischen den Konsumausgaben und, sagen wir, der Arbeitsbevölkerung ermitteln, oder wie wir, wiederum geeignete Bereinigungsverfahren vorausgesetzt, eine Meßzahl für das Preisniveau feststellen. Sehen wir die Relation in diesem Sinne, dann müssen wir unmittelbar die Frage nach dem Aussagewert der Zahlen und ihrer Veränderungen aufwerfen. Einerseits kann die Meßzahl deskriptiven, prognostischen oder gelegentlich auch analytischen Zwecken dienen, deren Vielfalt hier nicht erörtert werden muß. Andererseits sind solche Relationen normativen Aussagen zugrundegelegt worden. Oft genug wurde die Frage nach einer „optimalen" Relation zwischen Staatsausgaben und Volkseinkommen oder auch zwischen Budgetvolumen und Volkseinkommen in genau dem Sinne aufgeworfen, in dem nach einer „optimalen" Sparquote oder nach dem „richtigen" Zinsniveau gesucht wurde.

Während die ersterwähnte Verwendung — von den Schwierigkeiten und Mängeln quantitativer Ermittlungsmethoden sei abgesehen — einer Kritik standhalten kann, so bedarf die letztgenannte einer rückhaltlosen Überprüfung.

Zunächst wäre zu fragen, welche sozialökonomischen Faktoren diese Relation und ihre Veränderungen bestimmen. Gleichzeitig muß man versuchen, diejenigen Kräfte zu ermitteln, die in einem historisch-politischen Prozeß die beobachtbare Relation hervorbringen und verändern.

Darüber hinaus darf nicht übersehen werden, daß die staatliche Aktivität (d. h. die staatlichen Aufgaben) häufig nur sehr unvollkommen in dem Wert und der Zusammensetzung der staatlichen Einnahmen-, Ausgaben-, Beschäftigungszahlen u. ä. reflektiert wird. Ich denke hierbei zunächst weniger an alternative Programmeffekte und die Probleme der Ausgabenstruktur, sondern, um nur einiges zu nennen, an die geldpolitische Aktivität des Staates, oder die Rechts- und Kulturpolitik, oder auch die Außenpolitik. Alle können mit denselben fiskalischen Effekten gänzlich verschiedene Auswirkungen auf die Marktwirtschaft und ihre Funktionsfähigkeit aufweisen. Im Rahmen der folgenden Betrachtungen sei weitgehend von solchen Fragen abstrahiert, obgleich dies oft wegen der engen Verknüpfungen recht schwierig erscheint und sogar für eine vollständige Erklärung erforderlich ist. Dennoch ist die Fragestellung weiter zu fassen, als es die vorerwähnten quantitativen Relationen nahelegen. Dies sei im folgenden begründet.

Jeder Student, der ein einkommenstheoretisches Modell der gesamtwirtschaftlichen Zusammenhänge diskutiert hat, hat eine eindeutige Relation zwischen den Staatsausgaben und dem Nettosozialprodukt, sei es beabsichtigt oder unbeabsichtigt, theoretisch dargestellt. Aber eine solche Relation variiert von Modell zu Modell, von Annahme zu Annahme. In der Tat, so möchte ich zeigen, kann es sich hier gar nicht darum handeln, eine Reihe solcher Modelle zu diskutieren.

Genauso wenig geht es im engeren Sinne um die Frage nach der Substitution privatwirtschaftlich erstellter Güter und Leistungen durch solche aus einem öffentlich-wirtschaftlichen Produktionsprozeß. Modelle mit gesamtwirtschaftlichen Transformationsfunktionen sind gewiß nützliche heuristische Instrumente[2]. Aber genau wie bei den erwähnten einkommenstheoretischen Modellen kann man (um diese triviale Feststellung nochmals zu treffen) ihnen nicht mehr entnehmen, als in den Postulaten bereits enthalten ist. In unserem Zusammenhang besagen jene, daß die Existenz zweier Bedürfniskategorien anerkannt wird und daß die allgemein üblichen Annahmen über die Produktionsbedingungen für beide Leistungserstellungsprozesse gleichermaßen angewendet werden können. Es wird also postuliert, daß eine ein-eindeutige Beziehung zwischen der staats- und der privatwirtschaftlichen Aktivität bestehe.

---

[2] Ich darf in diesem Zusammenhang auf die Ausführungen von Herrn Professor Dr. K. *Häuser* in Freiburg verweisen.

Die Problemstellung ist jedoch im Hinblick auf die Wirtschaftstheorie viel allgemeiner aufzufassen. Um eine erste Formulierung zu geben, so geht es hier darum, eine Begründung und Bestimmung der nichtprivaten wirtschaftlichen Aktivität zu finden und dann im engeren Sinne jene Aktivität zu erklären, die in der Institutionsform Staat vollzogen wird und die sich teilweise in der Finanzrechnung dieser Institution niederschlägt.

Wenn man ökonomische Theorien zur Beantwortung dieser Frage heranziehen will, so muß man sorgfältig ihren vollen Aussagewert in Betracht ziehen. Ökonomische Theorien enthalten nämlich, wenngleich oft versteckt, so doch nachweisbar, eindeutige Vorstellungen vom gesamten sozialen Prozeß. Es sind gerade diese Vorstellungen, die in unserem Zusammenhang Bedeutung gewinnen. Eine geschlossene wirtschaftstheoretische Erklärung der staatswirtschaftlichen Aktivität liegt aber — und ganz besonders im Hinblick auf die wirtschaftstheoretische Entwicklung der letzten drei Jahrzehnte — m. W. nicht vor.

Ich möchte deshalb zunächst dem Referenten folgen und die Frage in Anlehnung an die von ihm zitierte Humboldtsche Formulierung stellen[3]. Obgleich ich damit die weite Fassung wähle, wie sie in klassischer Weise in den politischen und sozialökonomischen Theorien und Ideen aufgeworfen wurde, bedarf es noch einer weiteren Klarstellung. Wenn eine „Untersuchung des Zwecks und der Schranken der Wirksamkeit des Staates“ (Humboldt) gefordert wird, dann ist die Fragestellung selbst zutiefst im klassischen Denken verwurzelt. Es wird nämlich zugleich der normative Charakter der Theorie postuliert und dieser wird sogar in gewisser Weise inhaltlich festgelegt. Wann immer man „Schranken“ für diese oder eine andere Form wirtschaftlicher Aktivität findet, so muß dieses Ergebnis und auch sein konkreter Inhalt ein Resultat, aber nicht das Postulat der Untersuchungen sein. Deshalb muß die Frage auf ihre Wurzeln zurückgeführt werden, d. h. zunächst lediglich als eine Frage nach dem „Zweck“ präzisiert werden.

II. Die Leistungsfähigkeit der positivistischen Betrachtungsweisen

1. Kritische und terminologische Vorbemerkungen

Es ist stets äußerst bedenklich, eine Vielzahl von Ideen und Versuchen in grobe Schemata mit willkürlich gewählten Bezeichnungen zu pressen. Die Vorteile, die sich für eine kritische Betrachtung hieraus ergeben, werden, so muß man hoffen, die Nachteile der vergröbernden Vereinfachung aufwiegen. Dies wird nicht gelingen, wenn zugleich

[3] s. K. *Schmidt:* Zum Problem wachsender Staatsausgaben in der Marktwirtschaft; 1964/1965; vervielf. Mskr.

gewisse Autoren mit gewissen Theorien identifiziert werden. Einem einzelnen Autor kann es nämlich sehr wohl gelingen, harmonisch zu vereinigen, was in den analytischen Schemata als disparat klassifiziert wird. Ich werde mich aus diesem Grunde vornehmlich bemühen, verschiedene Formen der Betrachtungsweise und ihren Erklärungswert zu diskutieren, ohne auf einzelne Autoren detailliert Bezug zu nehmen; gelegentliche Verweise soll dies natürlich nicht ausschließen. Darüber hinaus scheint mir, daß in den Verhandlungsreferaten der vorausgegangenen Sitzungen zahlreiche Autoren und der Inhalt ihrer hauptsächlichen Thesen hinreichend diskutiert wurden.

Die Begriffswahl „positivistisch" im Vergleich zu „rationalistisch-normativ" bedarf einer kurzen Erläuterung. Unter der positivistischen Betrachtungsweise verstehe ich z. B. eine empirische Untersuchung der Relation zwischen Staatsausgaben und, sagen wir, Volkseinkommen in einer gegebenen politischen Körperschaft, während einer bestimmten Zeitperiode und unter Beachtung der historisch-politischen Bedingungen. Als rationalistisch-normative Betrachtungsweisen möchte ich jene ansprechen, welche, gleichviel auf welcher Grundlage, die zur Diskussion stehende Relation auf analytische Weise zu bestimmen trachten. Dabei sei es vorab gleichgültig, ob die Größe als eine zu bestimmende Optimalzahl angesehen wird oder als eine Zahl, die durch den ökonomischen Prozeß bedingt ist, wie er unter spezifischen historischen Randbedingungen vollzogen wird.

2. Positivistische Betrachtungsweise — ihr Inhalt und ihre Leistungsfähigkeit

In der positivistischen Betrachtungsweise wird eine quantitative Relation entwickelt und, wenn möglich, in ihre Bestandteile zergliedert. Von Adolph Wagner und den zahlreichen, vornehmlich deutschen Arbeiten, welche seine Gesetzmäßigkeit diskutieren, führt die Reihe weiter zu Peacock und Wiseman, Kimmel, einigen der National Bureau of Economic Research-Studien und in gewisser Hinsicht neuerlich zu Lewis, um nur einige Autoren in einigen Ländern und für verschiedene wirtschaftsgeschichtlich bedeutsame Epochen zu nennen[4]. — Gestatten

[4] In diesem Zusammenhang sei auf die eingehende Besprechung der Literatur in dem Referat von Frau Dozentin Dr. Lore Kullmer: „Kriterien der Abgrenzung der öffentlichen Ausgaben", bes. 3c verwiesen. —
Von den N.B.E.R.-Studien seien genannt:
John M. *Fireston:* Federal Receipts and Expenditures During Business Cycles, 1879—1958; Princeton 1960;
Morris A. *Copeland:* Trends in Government Financing; Princeton 1961.
Ferner die Studien der Brookings Institution, Washington, D. C.:
Lewis H. *Kimmel:* Federal Budget and Fiscal Policy, 1789—1958; Washington, D. C., 1959;
Wilfred *Lewis:* Federal Fiscal Policy in the Postwar Recessions; Washington, D. C., 1962.

Sie mir, die deskriptive und analytische Bedeutung dieser Arbeiten noch einmal ganz kurz hervorzuheben.

In allen Arbeiten zeigt sich, daß langfristig die Relation eine Einkommenselastizität aufweist, die größer als eins ist. Historische Zäsuren, wie die beiden Weltkriege oder die Depression der dreißiger Jahre, brachten die bedeutsame Tatsache hervor, daß eine einmal vergrößerte Relation nur in Einzelfällen, wenn überhaupt, auf frühere Niveaus zurückgebracht werden kann. Diese Remanenz erscheint besonders deutlich in einigen Ausgabenkomponenten, die als „neue" Staatsausgaben in historisch wohlbestimmten Epochen übernommen wurden. Gelegentlich findet man, daß diese übernommenen Aufgaben sogar beibehalten werden, obwohl die historische Situation hinreichend verändert wurde.

Die zyklischen Schwankungen der Relation erweisen sich nach der Depression der dreißiger Jahre — und unter dem Einfluß der neueren wirtschaftspolitischen Maßnahmen — als erheblich verschieden von jenen vor und in den dreißiger Jahren. Dennoch zeigen sie, wie u. a. Lewis für die vier Rezessionen der Nachkriegswirtschaft der USA nachgewiesen hat, bei weitem nicht notwendig jenen Typus, der „stabilisierungspolitisch" zu fordern wäre.

Diese „positivistischen" Untersuchungen können, wenn sie hinreichend detailliert und in einigen Fällen auf kleinere finanzwirtschaftliche Aggregate beschränkt werden, zu einer zweiten Gruppe analytisch äußerst wertvoller Informationen führen. Wird nämlich den politisch-historischen Hintergründen genügend Aufmerksamkeit geschenkt, so kann Material zur Erklärung der staatswirtschaftlichen Aktivität gewonnen werden. Dieses erhellt, daß sie in ganz spezifischer Weise und in einer durch die politische Willensbildung geprägten Form, komplementär — und nicht notwendig substitutiv! — zur privaten Aktivität auftritt.

Solches Material scheint mir, wie ich später theoretisch begründen will, für eine realistische Erklärung der Einnahmen- und Ausgabengestaltung im einzelnen und im allgemeinen von großer Bedeutung und bisher nicht in genügendem Maße vorhanden zu sein.

Um mich auch hier auf einige Beispiele zu beschränken, sei — zunächst — auf die weitverbreitete Anwendung des Systems des „Earmarking" in der Finanzwirtschaft der US-amerikanischen Staaten, besonders in den Südstaaten, verwiesen[5]. Offenbar wurde das System

[5] Die Südstaaten bedienen sich fast ausschließlich einer fondswirtschaftlichen Budgetgestaltung. Nur zwischen 10 % und 20 % aller Einnahmen fließen einem „general or omnibus fund" zu. Zumeist bedarf ein Finanz-

ursprünglich nach der Sklavenbefreiung in der „Reconstruction Period", die dem Bürgerkrieg von 1861—1865 folgte, eingeführt. Es hatte damals den Zweck, die vorausgegangene Ausdehnung der staatsfinanzwirtschaftlichen Aktivität zu redressieren und gleichzeitig eine künftige Ausdehnung zu erschweren.

Im Verlauf der vergangenen 100 Jahre zeigte es sich, daß die Politiker von dem „Prinzip der Affektation" der Einnahmen gelegentlich auch zu anderen Zielen Gebrauch gemacht haben. Augenfällig und instruktiv scheint mir der Fall zu sein, in dem soziale Wohlfahrtsausgaben aus dem Aufkommen einer zu diesem Zwecke eingeführten Einzelhandelsumsatzsteuer (sales tax) finanziert werden. Für alle praktischen Zwecke wird hierbei, soweit die Untersuchungen bisher nachweisen, die Regressivwirkung der Einzelhandelssteuer aufgehoben. M. a. W.: Es werden, oder zumindest wurden, in den ersten Jahren dieser staatlichen Finanzpolitik ziemlich genau jene Gruppen mit der steuerlichen Finanzierung belastet, welche von den Wohlfahrtsprogrammen, die zumeist der Krankenpflege dienen, Nutzen zogen. Verbunden mit spezifischen historischen Stimmrechtsverhältnissen war es den Politikern außerdem möglich, langfortdauernde Mehrheitsverhältnisse zu ihren Gunsten zu erzielen[6].

Für die Analyse ähnlich bedeutsam sind jene Fälle, in welchen sogenannte „Nebensteuern" für bestimmte Zwecke Verwendung finden; sie werden zu diesem Behufe aus den allgemeinen Finanzmitteln herausgenommen oder nicht in diese aufgenommen[7]. Es scheint dann nur eine Frage der sog. „Optik" zu sein, ob man, um den Fall der „Zukunftssicherung" zu erwähnen, die Institution einer privaten Zwangsversicherung wählt (wie z. B. in der deutschen Kraftfahrzeughaftpflichtversicherung) oder ob man eine staatliche Versicherung oder gar eine allgemeine Staatsaufgabe konstruiert. Das aber läßt sowohl die Frage offen, warum eine spezifische Form gewählt wurde, als auch jene nach möglichen Kriterien, die bei künftigen Formenwahlen angewendet werden können.

---

gesetz einer qualifizierten Mehrheit in den Volksvertretungen und darüber hinaus häufig einer verfassungsändernden Mehrheit in einem Referendum. Andererseits scheint der diskretionären Manipulation von Fond-Überschüssen ein großer Spielraum belassen.

[6] Zum „earmarking system" siehe u. a. James *Buchanan:* The Economics of Earmarked Taxes; „Journal of Political Economy", Oct. 1963. — Zur Dokumentation der politischen Hintergründe siehe z. B.: State of Louisiana, Congressional Record: January 16, 1933, p. 1843, und January 29, 1940, p. 733; auch: „State of Louisiana, Acts passed by the Legislature ..., in den verschiedenen Sitzungen von 1936 bis 1948.

[7] s. dazu die Geschichte der „Higway-Finanzierung in den U.S. und die Schaffung des „Trustfunds" in der Eisenhower-Administration.

Das Problem einer positivistischen Betrachtungsweise sei abschließend im Hinblick auf einen in seiner relativen Bedeutung recht ungewissen Posten der zukünftigen Gestaltung der US-amerikanischen Bundesfinanzen erläutert. Als ich vor einem Jahr dieses Beispiel in die Betrachtungen einbezog, war das Ergebnis weit ungewisser als heute. Obgleich „Zeitgeschichte" nicht ganz den Rang und die Anerkennung anderer wissenschaftlicher Bemühungen genießt, möchte ich es beibehalten.

Die „Johnson Administration" verfolgte vor den Wahlen unbeirrt den umstrittenen „Medicare Plan for the Aged", wie er von dem ermordeten Präsidenten Kennedy vorgesehen war. Im Sinne der üblichen Definition von Staatsaufgaben und Staatsausgaben enthielt — und enthält — der Plan „ceteris paribus" eine Ausdehnung der Bundesausgaben. Die republikanische Opposition, wohl beraten von Milton Friedman und im Verbund mit der Interessenvertretung der amerikanischen Ärzteschaft war — und ist — ein Gegner dieses Planes. Diese Gruppen erwogen stattdessen eine Zwangsversicherung, die jedermann mit privaten Versicherungsgesellschaften eigner Wahl abzuschließen hätte, oder — alternativ — eine geringe Verbesserung der in den Bundesstaaten üblichen Leistungen. Obwohl somit eine hinreichende ärztliche Versorgung der alten Leute als ein „meritorisches" Bedürfnis von allen Politikern anerkannt wurde[8], beabsichtigt die eine Gruppe keine finanzwirtschaftlich bedeutsame Form der Befriedigung dieses Bedürfnisses; die jetzt herrschende Gruppe scheint das Umgekehrte wenig zu scheuen. Offenbar sahen die Exponenten beider amerikanischer Parteien einen „Eingriff in die Präferenzordnung der Individuen" in dieser Hinsicht als notwendig und gerechtfertigt an. Beide Gruppen beabsichtigten, in einer künftigen Regierung die staatliche Tätigkeit so zu beeinflussen, daß dieses „meritorische Bedürfnis" befriedigt werde. Vergegenwärtigen wir uns nochmals: Die eine Form der Befriedigung dieses Bedürfnisses schlug „ceteris paribus" eine Erhöhung der Relation zwischen Staatsausgaben und Volkseinkommen vor; die andere Form wollte die Relation „ceteris paribus" nahezu unberührt lassen. Beide Formen würden natürlich zu unterschiedlichen verteilungspolitischen Auswirkungen führen. Darüber hinaus ist jedoch zu beachten, daß die Finanzierungsform weder offenkundig, geschweige denn in einer anderen rationalen Form, zum Gegenstand der Wahldiskussionen gemacht wurde.

---

[8] In seinem Buch (Capitalism and Freedom, The University of Chicago, Press, Chicago 1962; S. 182 bis 188) nimmt Milton *Friedman* eine weitgehend bedingtere Haltung an. — Für ähnliche Überlegungen im Hinblick auf ein staatlich finanziertes Schul- und Erziehungswesen, s. a.a.O., S. 86 ff.

Inzwischen wissen wir (selbst ohne detailierte Aufführung der Erhebungsergebnisse der politischen Wissenschaftler)[9], daß das Wahlergebnis ausschlaggebend von der regionalen Verteilung von Klassen- und Rassenbeziehungen — und vielleicht auch den Massenvorstellungen über die „Friedensliebe" beider Kandidaten — bestimmt wurde. Gewiß scheint mir, daß das Wahlergebnis nicht von den finanzwirtschaftlichen Auswirkungen jener Alternativen bestimmt war. Noch wurde das Sozial- und Ausgabenprogramm, welches jetzt den US.-amerikanischen Kongreß beschäftigt und den Namen „War Against Poverty" trägt, m. W. hinreichend in den Wahlvorbereitungen diskutiert.

3. Erfolgsbedingungen der positivistischen Betrachtungsweise

Diese wenigen Beispiele mögen genügen, um die Nützlichkeit hinreichend detaillierter empirischer Studien nahegelegt zu haben. Sie vermögen, wenn sie sich nicht auf zeitliche Zahlenreihen beschränken, die Entwicklungslinien und Gestaltungskräfte der staatswirtschaftlichen Aktivität aufzudecken. Auf diese Weise können sie dringend erforderliche Aufschlüsse über die privatwirtschaftlichen, die politischen, die sozialen und die historischen Hintergründe vermitteln.

Um solche Studien fruchtbar zu machen, müssen jedoch zwei Bedingungen erfüllt sein,

1. Sie müssen systematisch angelegt werden, d. h. sie müssen wohldefinierte historisch-politische Verhältnisse analysieren. Um wohl-definierte Verhältnisse zu finden, genügt es nicht, lediglich die transistorische Natur der Verhältnisse zu beachten. Vielmehr geht es darum, den Typus — oder die Typen — sozialökonomischer Partialprozesse zu ermitteln, welche zwischenmenschliche Handlungen auslösen.

2. Solche Studien können sich nicht auf die wirtschaftliche Seite der Hintergründe, noch auf die des Ergebnisses beschränken. Es ist notwendig den in dem Einzelfall vorherrschenden Typus der politischen Kräfteverhältnisse aufzudecken. Die Zielsetzungen der Politiker im Rahmen der gegebenen Sozialstruktur sind für das Ergebnis genauso bedeutsam, wie es die marktwirtschaftlichen und produktionstechnischen Daten für die unternehmerischen Dispositionen sind.

III. Die rationalistisch-normativen Betrachtungsweisen — Ihre Mannigfaltigkeit und ihre Zielsetzungen

Im folgenden werden sehr unterschiedliche Lehrmeinungen zusammenfassend betrachtet werden. Im oben erläuterten Sinne liegt eine

---

[9] Mir ist (Frühjahr 1965) noch keine wissenschaftliche Untersuchung über die Präsidentenwahl in 1964 bekannt geworden; ich stütze mich auf eigene Eindrücke und die Analysen der Presse.

rationalistische Betrachtungsweise allen jenen Denksystemen zugrunde, die sich entweder auf eine politische Lehre, eine spezifische Staatstheorie oder schließlich auf wirtschaftstheoretische Systeme stützen. Wiederum beabsichtige ich keinen Überblick über die Literatur zu bieten; in den vorausgegangenen Referaten besonders in Freiburg wurde dem Genüge getan[10]. Es geht mir — wie bereits angedeutet — darum, den analytisch bedeutsamen Inhalt dieser Betrachtungsweisen herauszuarbeiten, um die Nützlichkeit der einen oder der anderen Form im Hinblick auf die Beantwortung der Fragestellung diskutieren zu können.

1. Die Rolle der politischen Ideen und Staatsphilosophien

Mit gewissem Recht vernachlässigen die meisten Finanztheoretiker die reinen Ideologien und Staatsphilosophien. Gewiß aber spielen weltanschauliche Bewegungen, seien sie politischer, religiöser oder sozialer Art, eine erhebliche Rolle in der Ausprägung der Wertvorstellungen und Handlungen der Menschen. Der Sozialökonom selbst ist nicht frei davon, und manchmal ist es fraglich, ob Max Webers Lösung eine in allen Fällen gültige Antwort zu liefern vermag. Aber selbst wenn wir den Ideologien als solchen kaum eine direkte Rolle bei der Bestimmung des Umfangs der staatlichen Aktivität zuzuweisen gewillt sind, sie gewinnen doch, zumindest in dreierlei Hinsicht und jeweils mit ihrem spezifischen Inhalt, direkte Bedeutung für die zu analysierenden Komplexe.

Die ideologischen Hintergründe werden nämlich reflektiert:

1. In den theoretischen Vorstellungen vom Staat gleichgültig, ob dieser individualistisch oder organistisch gesehen wird;

2. in den Handlungen der Politiker, und schließlich

3. in den sogenannten Massenidealen oder wirtschaftspolitischen Zielsetzungen, die mitbestimmende Faktoren einer rationalen finanzwirtschaftlichen Gestaltung sind. Selbst wenn man die Ideologien nicht als Bestimmungsfaktoren sui generis anerkennen und betrachten will, in den drei genannten Zusammenhängen sind ihre Einflüsse unübersehbar.

2. Immanente und transzendente Kritik an der klassischen Erklärung des Budgetvolumens

Wie neuerlich einer der begeisterten Bewunderer des Individalismus, George J. Stigler, wieder aufgezeigt hat[11], haben die namhaften eng-

[10] Ich meine hier vornehmlich die Referate auf der Sitzung in Freiburg.
[11] George J. *Stigler:* The Economist and the State; „American Economic Review" Vol. LV, 1965, pp. 1—18.

lischen klassischen Ökonomen die Frage nach der staatlichen Aktivität dogmatisch und unfundiert behandelt. Ich stelle seine scharfen kritischen Bemerkungen nicht wegen ihres gelegentlich beißenden Humors in den Vordergrund, noch weil sie etwa den kontinentalen Ökonomen viel Neues zu bieten hätten. Stiglers Präsidialrede gewinnt ihre Bedeutung aus der Tatsache, daß an zahlreichen amerikanischen Universitäten — und besonders jenen im Einflußbereich der „Chicago-School" — noch heute die englisch-klassische Wirtschaftsphilosophie, vornehmlich in der Nachfolge von Marshall, unbestritten vorherrscht. Vielleicht vermögen seine Ausführungen den Widerstand gegen die Entwicklung einer „theory of social control of economic life" zu überwinden und das Interesse an Theorien zu erwecken, welche „the manner in which the state would conduct various economic activities"[12] erklären.

Musgraves systematische Behandlung der Theorien zur Bestimmung des Budgetvolumens weist nach[13], daß der Vorwurf dogmatischer Unbekümmertheit jenen Finanztheoretikern, die im Rahmen der klassischen Wirtschaftslehren dachten, nicht gemacht werden kann. Die Mängel sind vielmehr in theoretischen Irrtümern zu suchen, nicht in Unbekümmertheit. Vielleicht hat auch Stigler recht, der meint, daß diese kompetenten Ökonomen die gegebene Theorie gebeugt haben[14], um, so möchte ich anfügen, dem physiokratisch beeinflußten Dogma von Adam Smith gerecht zu werden.

Die modelltheoretischen Erörterungen des optimalen Budgetvolumens geben uns eine Antwort auf die Frage nach der Relation zwischen staatlicher und privater ökonomischer Aktivität. Eine Pareto-optimale Lösung liegt nämlich dann vor, wenn auch im Hinblick auf die staatswirtschaftliche Aktivität genau das allgemein übliche Kriterium erfüllt ist. Dieses ist in diesem Zusammenhang nur umzuformulieren und ist erfüllt, wenn jeder Steuerzahler seine marginalen Substitutionsraten zwischen öffentlich- und privatwirtschaftlich erstellten Gütern und Leistungen mit den diesen zugehörigen relativen Preisen in Übereinstimmung bringt. Die gemeinhin bekannten Modelle sind deshalb in mehrfacher Hinsicht lediglich logisch mögliche Resultate der Fortent-

---

[12] So *Stigler*, a.a.O., S. 15. —
Wie jedoch E. W. *McKinley* (in: Mankind in the History of Economic Thought; in: Economics and the Idea of Mankind; ed B. F. Hoselitz, New York, 1965, pp. 1—40; siehe bes. S. 21:) aufzeigte, hat z. B. Walker *Bagehot* entgegen den „namhaften" englischen Klassikern keinen universell gültigen „set of abstract propositions" anerkannt. — Siehe auch: „From Mr. J. L. Mallet's Diaries, 1823—1837" über und in: „Political Economy Club, Founded in London 1921, Centenary Volume"; London 1921, pp. 205—275; bes. über McCulloch, S. 226 und S. 271.

[13] s. Teile 1 und 2 in: Richard A. *Musgrave:* The Theory of Public Finance; New York, 1959.

[14] *Stigler*, a.a.O., S. 14.

wicklung der klassischen Vorstellungen vom ökonomischen Gesamtprozeß. Sie sind eindeutig normativ, aber ich bezweifle, daß sie uns Erklärungen der tatsächlich wirksamen sozialökonomischen Kräfteverhältnisse liefern. Musgrave bezeichnet mit Recht die Ergebnisse als „inconclusive“[15].

Untersuchen wir deshalb zunächst die Überlegungen mit immanenter Kritik; die nachfolgende transzendente Kritik soll zugleich die Überleitung zu den neuen Wirtschaftslehren bieten.

a) *Immanente Kritik der klassischen Argumente*

Noch völlig im Rahmen der zugrundeliegenden Wirtschaftstheorie — ihr sozialökonomischer Inhalt wird erst im nächsten Abschnitt behandelt —, scheinen mir einige Fragen offen zu bleiben. Deshalb sei vorerst noch, wie es Musgrave formulierte, angenommen, daß „öffentliche Bedürfnisse“ ein Bestandteil der Präferenzordnung der Individuen seien; sie unterscheiden sich — insoweit — auch nicht von einzelwirtschaftlichen Bedürfnissen[16].

Im Markt wird die Auswahl der „würdigen“ privatwirtschaftlichen Aktivitäten durch einen Bewertungs-, d. h. durch den *Preis*bildungsprozeß, vorgenommen. Um einen ähnlichen Auswahlmechanismus für die staatlichen Aktivitäten zu finden, wird — Wicksell folgend — ein Staat vorausgesetzt, dessen Institutionen durch geordnete Abstimmungsverfahren die „Offenbarung der individuellen Präferenzen“ ermöglichen. Dieser Staat entspricht den demokratischen Idealen — oder genauer: der Philosophie des „Gesellschaftsvertrages“ —; er ist deshalb „frei von“ allen Sozial- und Machtstrukturen.

Abgesehen davon, daß selbst die Abstimmungsverfahren erhebliche Probleme aufwerfen, liegt diesem Gedankengang als solchem eine unzulässige Analogie zugrunde. Die kleinste ökonomische Einheit im Modell der Marktwirtschaft ist nämlich nicht das Individuum, sondern die Individualhandlung. Nur mit dieser Fiktion — eingebettet in jene von der generellen, vollständigen und stabilen Konkurrenz — ist es möglich, die gesellschaftliche Rolle und Bedeutung der ökonomischen Klassen und ihrer spezifischen Interessenlage widerspruchsfrei zu überwinden. Ein Einzelwesen würde sonst mehreren gesellschaftlichen Gruppen oder auch Klassen angehören, wenn man diese (beispielsweise) im Sinne von Ricardo oder Marx und in Anlehnung an die ausgeübten wirtschaftlichen Funktionen definiert. Deshalb ist die Indi-

---

[15] *Musgrave*, a.a.O., S. 133.
[16] *Musgrave*, a.a.O., S. 1 c.

vidualhandlung das Objekt der Analyse: Die Interessenlage eines Menschen findet lediglich in den *markt*wirtschaftlich relevanten *Handlungen* Ausdruck.

In der wohlfahrtstheoretischen Konstruktion, in der der „Staatsbedarf letztlich Individualbedarf" ist, wird dem Individuum aber eine andere Funktion zuerkannt. Jedes Einzelwesen bringt sein Einzelinteresse als etwas Gesamtes und Einheitliches durch seine Stimmabgabe zum Ausdruck. In fast allen Fällen, und für die überwiegende Zahl aller Individuen, beinhaltet die Stimmabgabe, wie es der wahre Sinn des Wortes besagt, eine Delegation der Handlungsmacht[17].

Eine korrekte Analogie zur einzelwirtschaftlichen Wahlhandlungstheorie muß sich daher — wie es u. a. Downs versuchte — mit der Rationalität politischer Handlungen befassen. Ich kann nicht sehen, wie ein verfeinertes Wahlsystem (etwa im Sinne der von Musgrave diskutierten „Plurality Rule" oder des „Point Voting") diese Aporie zu überwinden vermag.

Dieser Kritik an der unzulänglichen Fiktion von dem zu analysierenden Individuum ist eine im Hinblick auf das Wesen der Handlungen anzufügen. Die herangezogene Theorie der Wahlhandlungen bezieht sich nur auf „sich wiederholende und wiederholbare Wahlhandlungen". Das Adjektiv „wiederholbare" ist hier entscheidend: Nur wenn man — mit zugeordneten oder subjektiven Wahrscheinlichkeiten — weiß, welche Befriedigung verschiedene Handlungen bringen, ist man in der Lage, optimierend zu wählen. In der Theorie des Haushalts und der Unternehmung scheint diese Annahme für die Erklärung vieler Handlungen anwendbar zu sein. Dasselbe gilt für jenen Teil der staatswirtschaftlichen Aktivität, welcher, dem Stand der historisch-politischen Entwicklung entsprechend, als „anerkannte" Aktivität vollzogen wird. Im engeren Sinne bedeutet das lediglich, daß etablierte Behörden und Verwaltungszweige regelmäßig „Wirtschaftlichkeitsprüfungen" unterzogen werden.

In einer Theorie, welche Entscheidungen über das variable Volumen der Staatsfinanzen erklären soll, kann die Voraussetzung eines optimierenden Auswahlprozesses leider nicht gemacht werden. Entscheidungen über Veränderungen der staatswirtschaftlichen Aktivität sind in der Regel weder wiederholbar noch reversibel. Ganz besonders ist hier zu beachten, daß eine einmal getroffene Entscheidung die Be-

---

17 Bereits James *Madison*, (einer der „Fathers of the American Constitution") hatte eine klare Vorstellung von der Widersprüchlichkeit dieser Fiktion. Vgl. dazu: „The Federalist, No. 10", 1787. Für diesen Hinweis auf Madison bin ich meinem wirtschaftshistorischen Kollegen, Herrn Prof. Dr. H. Freudenberger, dankbar.

dingungen, unter denen sie getroffen wurde, grundlegend zu verändern vermag. Die Theorie der staatswirtschaftlichen Aktivität kann füglich nur in Spezialfällen erfolgreich von einer statischen Analyse der Wahlhandlungen Gebrauch machen. — Auf die dynamischen Aspekte der Wahlhandlungen werde ich zurückkommen.

b) Transzendente Kritik der klassischen Lehre

Wenn die Leistungsfähigkeit der klassischen Lehren als mangelhaft erscheint, so muß man bedenken, daß die herangezogene klassische Wirtschaftstheorie die Lehre vom allgemeinen wirtschaftlichen Gleichgewicht ist. Dieses Gleichgewicht stellt sich im freien Spiel der vom Eigennutzen bestimmten einzelwirtschaftlichen Handlungen, gewissermaßen als ein freies Nebenprodukt, ein. Wie Chipman in einer kürzlich veröffentlichten Arbeit[18] überzeugend formuliert hat, bestehen in der „klassischen Welt der vollkommenen Konkurrenz“ unbestreitbar gute Chancen für die Herausbildung einer sozialen Ordnung, d. h. für Gleichgewicht. Er fügte an — und ich übersetze —: „Eine optimale soziale Ordnung kann man sich als ein System vorstellen, in dem die den Individuen auferlegten Randbedingungen gerade hinreichen und keinesfalls einengender sind, als es notwendig ist, um ein genau bestimmtes Ergebnis für die simultanen Maximalhandlungen der Mitglieder zu ermöglichen[19].“

Innerhalb einer solchen Lehre vom sozialökonomischen Gesamtprozeß kann der Staat nur nationale Existenzsicherungs- und Ordnungsaufgaben haben; die Staatswirtschaft dient allein der Befriedigung „öffentlicher Bedürfnisse“. Oder, um dies im Rahmen von Musgraves Budgettheorie auszudrücken, lediglich der „Allocation Branch“ spielt eine Rolle.

Die neuen wirtschafts- und finanztheoretischen Erkenntnisse stehen in scharfem Gegensatz zu der klassischen Prozeßvorstellung und den Konsequenzen derselben für die staatswirtschaftliche Aktivität.

3. Die neueren wirtschaftstheoretischen Erkenntnisse und ihre finanztheoretischen Konsequenzen

a) Die neuere Vorstellung vom sozialökonomischen Gesamtprozeß

Die neueren wirtschaftstheoretischen Ergebnisse, so scheint mir, brachten die Vorstellung von einem ungleichgewichtigen (oder genauer:

---

[18] John S. *Chipman:* The Nature and Meaning of Equilibrium in Economic Theory; in: Functionalism in the Social Sciences; ed. D. Martindale; A.A.P. S.S. Monograph 5, Philadelphia, 1965, pp. 35—64.

[19] a.a.O., S. 63.

„gleichgewichtslosen") sozialökonomischen Gesamtprozeß. Zahlreiche der moderneren Analysen, z. B. die der Preisbildung unter unvollkommener Konkurrenz, die des dynamischen und polyperiodischen Produktionsfaktoreinsatzes oder jene der Instabilität in einzelnen Märkten (z. B. den agrarischen Märkten) verneinen die Existenz des optimalen Gleichgewichts, oder sie lassen es zweifelhaft erscheinen, ob es immer Prozesse gibt, die überhaupt (oder in angemessen kurzer Zeit) zu einem optimalen Gleichgewicht führen. Während — wie die erwähnte Arbeit von Chipman zeigt — bis zu den zwanziger oder auch vierziger Jahren dieses Jahrhunderts das Interesse der Theoretiker vornehmlich dem allgemeinen Gleichgewicht galt, wird seither das Fehlen desselben diskutiert. Multiple Equilibria, Keynessche makroökonomische „shifting equilibria", partielle und globale Marktinstabilitäten sind zum Gegenstand systematischer theoretischer Forderung geworden. Wird aber die Idee eines allgemeinen Gleichgewichts aufgegeben, dann bedeutet dies, wie Neumark formulierte, „daß der Begriff der ‚Allgemeinheit' eines wirtschaftstheoretischen Systems entsprechend zu relativieren ist"[20]. Jeder konkrete sozialökonomische Prozeß kann die ihm eigenen Instabilitätserscheinungen aufweisen. Auch ist nicht zu erwarten, daß spezifische Instabilitätsphänomene in verschiedenen Wirtschaftssystemen zu derselben Zeit und mit derselben Bedeutung für den Gesamtprozeß auftreten. Darüber hinaus dürften globale Instabilitäten Keynesscher Observanz, die aus dem Zusammenbruch des stets prekären Gleichgewichts der Erwartungsstrukturen resultieren, der internationalen Wirtschaftsverflechtungen wegen, „übertragbare Instabilitäten" sein.

b) Zur Existenz „politischer Bedürfnisse" in einem partiell und/oder global instabilen sozialökonomischen Gesamtprozeß mit Interessenkonflikten

Es ist offenkundig, daß im Lichte dieser wirtschaftstheoretischen Ergebnisse die englisch-klassische Idee von der Existenzsicherungs- und Ordnungsaufgabe des Staates unzureichend ist. Wann immer der Prozeß der im Einzelinteresse privat und individuell vollzogenen Handlungen keine Gleichgewichtslösung hervorbringt, so treten, um zunächst ein völlig neutrales Wort zu gebrauchen, supra-individuelle Handlungen ergänzend in dem Prozeß auf.

Die Klassiker sahen, daß zwischenmenschliche Zusammenarbeit im Produktions- und Tauschprozeß Vorteile bringt; dies erklärte für sie

---

[20] Fritz *Neumark:* Wirtschafts- und Finanzprobleme des Interventionsstaates; Tübingen, 1961, S. 21.

letztlich wirtschaftliches Handeln. Dann wurde anerkannt, daß im Verteilungsprozeß nicht-Pareto-optimale Lösungen auftreten können, so daß die individuelle Beteiligung am Produktionsergebnis — wegen der Divergenz vom Konkurrenzgleichgewicht — nicht notwendig für die Gesellschaft als Ganzes zu einer Harmonie der Interessen führt. Somit war erklärt, warum im Verteilungsprozeß die Individualhandlungen ergänzt werden. Führen die Individualhandlungen aber nicht immer, nicht notwendig und nicht genügend schnell zu gleichgewichtiger Stabilität, dann kann zwischenmenschliche Zusammenarbeit Vorteile bringen, wenn diese an die Stelle der sonst fehlenden Stabilität tritt.

Die Ergebnisse der neueren Wirtschaftstheorien legen somit eine Vorstellung vom Staat nahe, die sich, so scheint mir, mit Neumarks Begriff vom Interventionsstaat[21] weitgehend deckt. Gleichzeitig finde ich die von Musgrave herausgearbeiteten drei staatswirtschaftlichen Funktionen bestätigt. Allerdings stütze ich meine Überlegungen auf inhaltlich *etwas* andere theoretische Ergebnisse, als von den beiden vorgenannten Autoren verwendet wurden. Neumark verneint primär, wenn ich recht sehe, die intertemporale und interregionale Allgemeinheit der englischen klassischen Schule[22]; Musgrave andererseits sieht die Aufgaben des „Stabilization Branch“ ausschließlich[23] im Hinblick auf die globale Instabilität Keynesscher Observanz. Ich glaube, daß die unterschiedliche Ausgangsposition, trotz der generellen Übereinstimmung, in einigen Fällen von Bedeutung ist.

Zunächst möchte ich betonen, daß die staatliche Aktivität insoweit nur als eine *Form* wirtschaftlicher Handlungen zur Befriedigung von Bedürfnissen begründet werden kann. Da in der klassischen Theorie Stabilität aus den privatwirtschaftlichen Maximalhandlungen resultiert, ist diese selbst m. W. nie explizite als ein Bedürfnis herausgearbeitet worden. Die moderne Theorie muß anerkennen, daß stabile Gleichgewichtslösungen „knapp“ sein können. Ähnliches gilt für die allgemeine Gleichgewichtstheorie, in der die Einkommensverteilung den Grenzproduktivitäten entspricht. Deshalb konnte die klassische Finanztheorie bestenfalls eine Einflußnahme auf die personelle Verteilung des Eigentums an Produktionsfaktoren oder — wenn sehr mutig, und dann als Eingriff — eine Redistribution der Einkommen erklären. Ein Bedürfnis nach einer Einkommensverteilung, welche mit einer „harmony of interests“ und nicht mit „plenty of room for conflict“, um Chipman erneut zu zitieren[24], einhergeht, kannte die klassische Theorie nicht.

---

[21] a.a.O., Vorwort, S. V und VI.
[22] a.a.O., S. 20.
[23] *Musgrave*, a.a.O., S. 22.
[24] a.a.O., S. 43.

Im Lichte der modernen Theorie muß als ein echter ökonomischer Vorteil anerkannt werden, wenn das Bedürfnis nach Stabilität und das nach einer konfliktfreien Einkommensverteilung befriedigt wird.

Diese Überlegungen haben natürlich Konsequenzen für die Lehren von den Bedürfniskategorien, d. h. von der Unterteilung in private und öffentliche Bedürfnisse. Gleichermaßen wird die Unterteilung der öffentlichen Bedürfnisse in soziale und meritorische berührt. Zur stabilisatorischen Aktivität in meinem Sinne gehören nämlich einige der in der westlichen Welt bekannten Agrarprogramme (besonders das der Vereinigten Staaten) oder auch interne Entwicklungs- und Fürsorgeprogramme und ähnliche staatswirtschaftliche (oder auch kooperative) Aktionsprogramme. Es ist hier nicht der Platz, diesen Gedanken zu vertiefen, sondern vielmehr meine Aufgabe, das Wesen der erwähnten Bedürfnisse etwas genauer zu beschreiben.

Im Rahmen der anerkannten theoretischen Axiomatik ist es logisch unbestreitbar, daß Bedürfnisse von Individuen — und nur von diesen — empfunden werden. Jedoch sind die soeben diskutierten Bedürfnisse klar von jenen nach privatwirtschaftlichen Gütern und Leistungen zu unterscheiden. In der Tat, die vom Modell der vollständigen und stabilen Konkurrenz abweichenden faktischen privatwirtschaftlichen Bedürfnisbefriedigungsvorgänge bringen die besagten Bedürfnisse erst hervor. Sie sind deshalb Bedürfnisse nach supra-individuellen, sozialen oder nun genauer: politischen Handlungen und Leistungen. Es handelt sich um Bedürfnisse nach Leistungen, die marktwirtschaftlich nicht erbracht werden können. Deshalb möchte ich sie „politische Bedürfnisse“ nennen.

c) *Formen der Befriedigung der Bedürfnisse nach politischen Leistungen*

Die Existenz politischer Bedürfnisse anzuerkennen, seien sie geldpolitischer, verteidigungspolitischer oder, wie hier betont, stabilisierungs- und verteilungspolitischer Art, bedeutet nicht, daß jeweils nur an eine Form der Leistungserstellung gedacht werden kann. Die Befriedigung politischer Bedürfnisse erfolgt nicht nur durch staatswirtschaftliche Leistungserstellung. Vielmehr kann man erwarten, daß häufig ein ganzes Spektrum von kooperativen Formen zur Auswahl steht. Die konkrete Wahl der Formen hängt von zahlreichen Nebenbedingungen ab. Vergegenwärtigen wir uns beispielsweise irgendeine Marktinstabilität; das Spektrum reicht dann von kooperativen Interessenvereinigungen zu regulativen Vorschriften, die sich finanziell lediglich in den Überwachungskosten niederschlagen, bis zu Zwangskartellen oder sogar zur Verstaatlichung der Aktivität, ohne oder mit

Bruttobudgetierung, d. h. im letzteren Falle also bis zur verwaltungswirtschaftlichen Leistungserstellung. Wie sich leicht aus der Wirtschafts- und Finanzgeschichte nachweisen läßt, liegen die Dinge in fast allen Fällen ähnlich, so daß sich K. Schmidts „Bandbreite" zwanglos erklären läßt.

In der Tat muß ich die Frage nach der Proportion zwischen privatwirtschaftlicher und staatswirtschaftlicher Aktivität als genau die Frage nach Form und Ausmaß der Leistungserstellung zur Befriedigung politischer Bedürfnisse ansehen. Das gilt auch für die engere Frage nach den relativ „wachsenden Staatsaufgaben und -ausgaben".

Die Konsequenzen unserer Betrachtungsweise liegen auf der Hand: Die Regeln der Lehre von der privatwirtschaftlichen Bedürfnisbefriedigung sind nicht unmittelbar übertragbar. Weder können wir die politischen Bedürfnisse eindeutig mit den privatwirtschaftlich erzielten Einkommen, noch mit dem Verzicht auf andere privatwirtschaftlich erstellte Leistungen verknüpfen. Ich sehe auch keine eindeutige und allgemeingültige Beziehung auf der Entstehungsseite der Bedürfnisse; noch ist in allen Fällen, d. h. auf der Erstellungs- oder Abnahmeseite, die Befriedigung der beiden Bedürfnisarten durch das Gesetz von der variablen Grenzrate der Substitution verknüpft. Leider vermag ich noch nicht zu übersehen, inwieweit das erste Gossensche Gesetz unmodifiziert für die politischen Bedürfnisse als solche Gültigkeit besitzt; doch sei dessen Gültigkeit im folgenden vorausgesetzt. Darüber hinaus kann man, wie auch Timm nahelegte[25], nicht versuchen, ein einfaches Gesetz über die relativen Präferenzen für die verschiedenen Formen der Leistungserstellung zu entwickeln. Interpretieren wir die früher erwähnten positivistischen Analysen vorsichtig, so wird man nicht von einem zeitlichen Trend, aber vielleicht von einer dynamischen Interdependenz der politischen Bedürfnisse und ihrer Befriedigungsformen sprechen können.

Insoweit finde ich also, daß die Frage nach den Grenzen der staatlichen Aktivität entweder irrig gestellt oder noch nicht beantwortbar ist.

Um diese Formulierung nochmals kurz positiv zu klären, seien die vorausgegangenen Überlegungen so zusammengefaßt:

1. Alle Individuen haben in einem konkreten sozial-ökonomischen Gesamtprozeß und in einer konkreten Zeitperiode privatwirtschaftliche und auch politische Bedürfnisse. Die Abwesenheit der einen oder der

---

[25] H. *Timm:* Das Gesetz der wachsenden Staatsausgaben; „Finanzarchiv", N.F., Bd. 21, 1961.

anderen Bedürfnisart ist unvorstellbar (ungeachtet der „Illegalität" einiger Bedürfnisse oder Bedürfniskategorien in spezifischen Gesellschaftsformen).

2. Die relative Häufigkeit des Auftretens beider Bedürfnisse ist noch nicht mittels einer allgemeingültigen Theorie eindeutig erklärbar.

3. Die Form der Befriedigung politischer Bedürfnisse steht (oft) zur Wahl.

Wenn die tatsächliche historische Entwicklung eine spezifische Häufigkeit der staatlichen Leistungserstellung aufweist, so müßte eine historische Untersuchung den vorgenannten drei Punkten Aufmerksamkeit schenken. Ich konnte eine solche Untersuchung der „Wagnerschen Gesetzmäßigkeit" nicht zum Gegenstand dieses Korreferats machen.

d) Der Auswahl- und Bewertungsprozeß politischer Bedürfnisse

Die Anerkennung der oben postulierten politischen Bedürfnisse rückt einige grundlegende Probleme der politischen Ökonomie erneut in den Vordergrund. Wenn z. B. die Stabilität des Prozesses oder/und eine befriedigende Beteiligung am privaten Produktionsergebnis, ganz im traditionellen Sinne ausgedrückt, „knapp" sind, also nicht im Prozeß als freie Güter oder Leistungen erscheinen[26], so muß ihnen ein Wert beigelegt werden können. Da aber die nicht-optimalen Ergebnisse aus den privaten Maximalhandlungen resultieren, gibt es keinen Marktpreis für Stabilität und konfliktfreie Interessenstrukturen. Die Existenz von politischen Bedürfnissen besagt gerade, daß eine einzelwirtschaftliche Leistungserstellung unmöglich ist. Dies wirft zahlreiche weitere Fragen auf, von denen die folgenden hervorgehoben werden sollen:

1. Wie werden sich die Individuen der Bedürfnisse bewußt, oder worin zeigen sie sich für den Analytiker?

2. Welche aus allen gegebenen politischen Bedürfnissen sollen befriedigt werden und bis zu welchem Maße?

3. Welche Form der Leistungserstellung zur Befriedigung der politischen Bedürfnisse ist zu wählen, und existieren Kriterien für eine rationale Wahl?

So formuliert klingen die Fragen neuer, als sie sind.

Hier ist nicht der Platz für eine systematische Behandlung. Da aber wertvolle Beiträge zur Lösung der Probleme, sowohl in der sozialökonomischen als auch in der finanzwissenschaftlichen und der politischen Theorie vorliegen, seien einige kurz behandelt.

---

[26] Don Patinkin hingegen verneint ganz einfach die Möglichkeit aller unfreiwilligen Ausgänge des Wirtschaftsprozesses. — Siehe Don *Patinkin:* Money, Interest and Prices; Evanston, Ill., 1956, S. 211.

Die politischen Bedürfnisse manifestieren sich im sozialen und politischen Prozeß. Einmal geschieht dies in politischen Programmen und Forderungen, die eine explizite Berücksichtigung sich wandelnder „Massenideale und -forderungen“ erlauben (um erneut von Neumarks Worten Gebrauch zu machen)[27]. Neben den Parteien sind es die wirtschaftlichen Interessenvertretungen, die den politischen Bedürfnissen Ausdruck — und manchmal Inhalt — verleihen. Bleiben die politischen Bedürfnisse unbefriedigt, so beobachten wir soziale Konflikte oder sogar soziale Wandlungen und Revolutionen.

Obgleich somit die Manifestation dieser Bedürfnisse gesichert scheint, das Problem der Auswahl und das des Ausmaßes der zu befriedigenden Bedürfnisse ist weit schwieriger zu beantworten. Vielleicht ließe sich hier als ein Minimalkriterium die Tolerierbarkeit unbefriedigter politischer Bedürfnisse heranziehen, doch sehe ich eine andere Lösung.

Gleichermaßen gibt es keine Patentlösung bezüglich der Formenwahl. Eine eindeutige und generelle Präferenzordnung für Formen ist nicht denkbar; die jeweiligen temporal und regional unterschiedlichen Bedürfnisse werden auf unterschiedliche Weise zu befriedigen sein. Die staatswirtschaftliche Befriedigungsform ist dabei als die Form zu sehen, die häufig mit gesellschaftlicher Macht, d. h. mit sehr starken sozialen Nebenbedingungen verknüpft ist. Im Rahmen einer rationalen Formenwahl ist deshalb die Erforderlichkeit derselben genau in jedem Einzelfall zu prüfen. Gleichermaßen wissen wir bis jetzt noch wenig hinsichtlich der Effizienz dieser Form der Befriedigung politischer Bedürfnisse[28].

Soweit ich sehe, sind diese Probleme bewußt in zwei Lösungsversuchen behandelt worden. Der eine sei mit dem Stichwort „rationales Finanzsystem“ gekennzeichnet, den anderen finde ich in den Untersuchungen über eine Synthese zwischen ökonomischer und politischer Theorie.

Allen Untersuchungen über die Prinzipien eines rationalen Finanzsystems muß eine Vorstellung von historisch wohl-definierten politischen Bedürfnissen zugrunde liegen. Dies gilt für den gesamten Inhalt der Lehren von den Prinzipien der Besteuerung, der Ausgaben- oder auch der Budgetgestaltung. Solche rationalen finanzwirtschaftlichen Prinzipien führen notwendig zu einer Bestimmung des Umfangs der staatlichen Aktivität. Doch kann die Lösung nicht auf ökonomischer

---

27 Fritz *Neumark:* Theorie und Praxis der Budgetgestaltung, in: Handbuch der Finanzwissenschaft, 2. Aufl., 1. Bd., 1952, S. 622 und S. 572 ff.

28 So auch G. J. *Stigler*, a.a.O., S. 15 und 16. — Andererseits S. *Andic*, u. J. *Veverka:* The Growth of Government Expenditure in Germany since the Unification. „Finanzarchiv“, N.F., Bd. 23, 1964.

Grundlage allein, noch mit dem Anspruch intertemporaler und interregionaler Allgemeingültigkeit gewonnen werden. Die theoretische und praktische Wirtschaftsforschung hat gerade in dieser Hinsicht, wie auch Stigler betonte, noch manche Lücke gelassen. Die Verknüpfung mit dem Politiker, der eine spezifische Form zwischenmenschlichen Verhaltens manifestiert, ist nämlich unauflösbar. Um es mit Hallers Worten zu sagen, mit der Aufdeckung eines rationalen Steuersystems „kommt man (d. h. wohl der Finanzwissenschaftler?) in die Lage, den Politikern den Weg weisen zu können“[29]. Jedoch, so bleibt hier zu fragen: Mit welcher Zielvorstellung des Politikers?, und sofort zu ergänzen: Wie wird entschieden, daß die Bedürfnisbefriedigungsform staatlicher Natur und von einer spezifischen staatsfinanzwirtschaftlichen Art ist?

Die neuen Versuche, die politischen Prozesse modelltheoretisch zu erklären und somit die Vorstellungen vom Staat als einer sozialökonomischen Institution zu konkretisieren (ich brauche hier nur Downs oder auch Harding zu erwähnen), können bestenfalls als erste Ansätze gewertet werden. Mit Downs muß ich betonen, daß die Dichotomie zwischen individualistischer und organischer Staatsauffassung, wie sie beispielsweise noch immer J. Buchanan postuliert, für unsere Probleme unfruchtbar ist. Im Hinblick auf den gegenwärtigen Stand der Entwicklung solcher Modellkonstruktionen kann man jedoch noch keine befriedigende Antwort erwarten. Auswahl und Richtung der Abstraktion führte bisher nur zu einer Beschreibung einfachster politischer Bedingungen, welche das Problem teilweise verdecken. Im wesentlichen resultieren die unbefriedigenden Ergebnisse aber nicht nur aus dem politischen Modell, sondern auch aus den unzureichend entwikkelten wirtschaftstheoretischen Vorstellungen, mit denen sie bisher verbunden wurden.

Die vorhandenen politischen Modelle verwenden außerordentlich einfache Maximierungshypothesen. So wird beispielsweise angenommen, daß die herrschende Partei durch ihre staatswirtschaftliche Aktivität und unter Beachtung der Strategien der Oppositionspartei die zu erwartende Stimmenzahl zu maximieren trachtet. Ein anderes Modell setzt voraus, daß die Regierung die Stimmenzahl im Hinblick auf zwei gegenläufig wirkende ökonomische Größen, nämlich Beschäftigungsniveau und Preisniveau, zu maximieren beabsichtigt[30].

Wenn die Abstraktion im politischen Modell und im Hinblick auf unsere Fragestellung verbessert werden soll, muß die Maximierungs-

---

[29] Heinz *Haller:* Finanzpolitik; Tübingen, 1957, S. 215.

[30] Neben den im Text erwähnten Autoren sei auf Peter *Bernholz:* Bestimmungsfaktoren der Staatswirtschaftstätigkeit, „Finanzarchiv“, N.F., Bd. 21, Heft 2, September 1961, S. 317—324, hingewiesen.

hypothese, die Erklärung der Machtstruktur und das Problem der Formenwahl einer genaueren Überprüfung unterzogen werden. Politiker beabsichtigen nur selten, die zu erwartenden Wählerstimmen zu maximieren. Sie bilden sich vielmehr subjektive Erwartungen darüber, wie sie durch ihre Handlungen oder Vorschläge die notwendige Unterstützung für die Ausübung der Regierungsgewalt besitzen oder gewinnen werden. Dies schließt Strategien, Veränderungen der Institute der Rechtsordnung und — dies sei besonders betont — die *Formenwahl* zur Befriedigung politischer Bedürfnisse ein. Darüber hinaus geht es in der Regel nicht darum, daß Politiker die Unterstützung für eine spezifische Maßnahme suchen. Sie wollen vielmehr historisch-politische Zielsetzungen und Ideen verwirklichen. Der Politiker besitzt, so möchte ich sagen, die beiden sozial bedeutsamen Eigenschaften des Unternehmers und des spekulierenden Investors, aber selten die gewinnmaximierenden Absichten des Produktionsleiters. Die letzteren dürften mehr der bürokratischen Verwaltung, als gesellschaftlich bedeutsamer Aktionsgruppe, eignen[31].

Vielleicht kann man es so formulieren: Die Politiker machen Angebote über *Ausmaß und Form* der Befriedigung der politischen Bedürfnisse. Den Wählern ist die Bewertung der Wertvorstellungen der Politiker überlassen. Politische Wahlen sind gewissermaßen als Bewertungsvorgänge anzusehen, m. a. W., in Wahlen werden den politischen Bedürfnissen Werte zugeordnet. Analog zum Bewertungsvorgang für privatwirtschaftliche Bedürfnisse liegt die Wahlbeteiligung im Selbstinteresse der Individuen. Sie haben im Wahlakt die Gelegenheit, ihre Präferenz für Form und Ausmaß der Befriedigung ihrer politischen Bedürfnisse zum Ausdruck zu bringen.

Wiederum ist auf eine Besonderheit aufmerksam zu machen. Diese Wahlhandlungen sind essentiell von den statischen, einzelwirtschaftlichen und maximierenden Wahlhandlungen verschieden. Dynamisch gesehen sind Wahlhandlungen als „erfahrungsbestimmte Handlungen unter Ungewißheit" zu sehen. Deshalb ist zu ergänzen, daß ihre Rationalität dann gesichert ist, wenn der Nachteil der gegenwärtigen Ungewißheit durch die Gewißheit kompensiert wird, in der Zukunft erneut wählen zu können. Die grundsätzliche Möglichkeit einer zu-

---

[31] Um einen „guide for empirical research" über die Staatsfinanzen Louisianas zu gewinnen, hat Mr. Allan G. Pulsipher ein dynamisches Modell vorgeschlagen. In diesem hängen die budgetpolitischen Handlungen nicht nur von den erwarteten Wählerstimmen und den Strategien der Oppositionspartei, sondern auch von „budget requests" der verschiedenen Behörden ab. Diese Anforderungen sind ihrerseits mit den zeitlich vorausgegangenen Budgets verknüpft, und zwar so, daß die Verwaltungen „attempt to retain control of their specific functions within the fiscal framework". — Unveröffentlichtes Manuskrikt; Department of Economics, Tulane University, New Orleans, La., April 1964.

künftigen „Wahl“, d. h. Beteiligung am Bewertungsprozeß der politischen Bedürfnisse, darf als solche nicht durch die Auswirkungen der gegenwärtig getroffenen Entscheidungen beeinflußt werden[32].

Damit der Bewertungsprozeß politischer Bedürfnisse nicht durch soziale Machtstrukturen verzerrt wird, müssen gleichermaßen die gemeinhin bekannten Bedingungen unbeeinflußter politischer Wahlen erfüllt sein.

Da politische Bedürfnisse von verschiedenen Individuen mit unterschiedlichen Intensitäten empfunden werden — es ist schließlich nicht auszuschließen, daß einige Individuen an wirtschaftlichen Instabilitäten oder an sozialen Konflikten gewinnen —, bleibt das Problem des Interessenschutzes der Minderheiten. Rein analytisch läßt sich dazu wohl nicht mehr sagen, als man zu Preisrelationen sagen kann. Der „Schutz“, wenn man ihn als politisches Bedürfnis anerkennen will, muß im politischen Prozeß selbst erreicht werden.

IV. Schlußbemerkungen

Somit komme ich zu einem negativen Ergebnis hinsichtlich der Suche nach einem optimalen oder maximal bzw. minimal beschränkten Umfang der staatswirtschaftlichen Tätigkeit. Die auf die klassische Theorie vom allgemeinen Gleichgewicht gestützte These von einer ein-eindeutigen und gesetzmäßigen Beziehung zwischen privater und staatswirtschaftlicher Aktivität finde ich unbestätigbar. Es liegt vielmehr nur eine ungewisse und unvollständige Koordination zwischen privater und politischer Bedürfnisbefriedigung vor. Jeder konkrete sozialökonomische Prozeß bedarf einer spezifischen Analyse. Obwohl also die Theorie nicht zu Resultaten führen kann, welche generelle Gültigkeit besitzen, bleibt die Aufgabe unberührt, eine allgemeingültige analytische Betrachtungsweise weiterzuentwickeln[33].

---

[32] Ich danke meinem Kollegen, Herrn Prof. Dr. G. Cummins, für eine klärende Diskussion dieses Punktes.

[33] Für zahlreiche wertvolle Kommentare und die bisher einzige Gelegenheit, meine Überlegungen geschlossen zu diskutieren, bin ich Herrn Prof. Dr. E. W. McKinley zu großem Dank verpflichtet. — Auch muß ich dankbar meine graduate students erwähnen. —
Musgraves Beispiel folgend, möchte ich anfügen, daß die vorgenannten vielleicht sogar mitverantwortlich sind.

Das Popitzsche Gesetz von der Anziehungskraft des zentralen Etats

Von *Karl Heinrich Hansmeyer* (Guntersblum)

I. Die Hypothese

In seinem Beitrag ‚Finanzausgleich' zur ersten Auflage des Handbuchs der Finanzwissenschaft[1] befaßt sich Johannes Popitz nach definitorischen Vorbemerkungen im § 3 mit der Abgrenzung der Aufgaben zwischen den am Finanzausgleich beteiligten Gebietskörperschaften als der ersten Stufe jeder finanzausgleichspolitischen Regelung, da erst dann die Verteilung der Einnahmen vorgenommen werden kann. Dabei entwickelt er den folgenden Gedankengang.

Eine jede Aufgabenverteilung steht zunächst von der Tatsache der Ungleichgewichtigkeit der einzelnen öffentlichen Ausgaben, so daß sich eine Klimax der Wichtigkeit der Aufgaben und der Dringlichkeit ihrer Erfüllung aufstellen läßt. In dieser Stufenfolge, so führt Popitz aus, stehen in einem bundesstaatlich gegliederten Staatsgebilde die Aufgaben des Zentralstaates an erster Stelle, da sich in ihnen die Selbstbehauptung des zum Staate vereinten Volkes nach außen und innen ausdrückt. Daher müssen die Ausgaben, die diesem Zweck dienen, an erster Stelle Deckung finden; erst dann kann über den Rest der Einnahmemöglichkeiten verfügt werden. Nun ergeben sich jedoch Komplikationen, zunächst bei der Aufgabenverteilung zwischen Land und Gemeinde. Gewiß räumt Popitz auch dem Gliedstaat eine relative Vorrangstellung gegenüber den Gemeinden ein, „wenn er ein notwendiges Gebilde nach der Auffassung der Volksgenossen darstellt"[2], gleichzeitig sei jedoch zu beachten, „daß wichtigste Aufgaben sich vielfach in der Hand der Gemeinden befinden: man denke etwa an die von den Gemeinden verwaltete Polizei, ihre Zuständigkeit auf dem Gebiet des Schulwesens, des Wegewesens usw."[3]. Auch bei den Gemeinden ergibt sich also ein originärer Aufgabenkreis, der sicherlich nicht die Bedeutung des Zentralstaates erreicht, jedoch keineswegs an

[1] Johannes *Popitz:* Der Finanzausgleich, in: Handbuch der Finanzwissenschaft, hrsg. von Wilh. Gerloff und Franz Meisel, 2. Band, S. 338 ff., Tübingen 1927.

[2] Johannes *Popitz:* Der Finanzausgleich, a.a.O., S. 346.

[3] Ebd., S. 347.

das Ende der Verteilungsprozedur gehört, zumal die Unentbehrlichkeit der Gemeinden keinem Zweifel unterliegt[4]. Daher bleibt, selbst wenn es nicht möglich ist, eine derartige Klimax der Aufgaben aufzustellen, die Forderung bestehen, die Aufgaben unter die drei Gebietskörperschaften zu verteilen, freilich reduziert auf den Wunsch, „diese Verteilung möglichst klar nach einheitlichen Gesichtspunkten vorzunehmen, um jedes Durcheinander und jeden negativen Kompetenzkonflikt auszuschalten"[5]. Wenn sich keine Klimax der öffentlichen Aufgaben ‚aus der Natur der Sache' ergibt, so muß der Finanzpolitiker nach einem anderen Konzept suchen, das zweckrational auf die Vermeidung von „Durcheinander etc." ausgerichtet ist.

Diese zweckrationale Betrachtung bewährt sich zunächst wiederum beim Zentralstaat. Seine Zuständigkeit ist für Popitz selbstverständlich gegeben „nur bezüglich der Aufgaben der auswärtigen Verwaltung und der Landesverteidigung ... und ferner bei den Aufgaben, die mit einem Kriege und seinen Folgen zusammenhängen ...". Darüber hinaus fehlt jedoch „eine theoretisch begründbare Grenze für die Ausdehnung seines Aufgabenkreises über diese eigentlichste Aufgabe hinaus"[6]. Wenn schon die Außenpolitik nur dem Zentralstaat vorbehalten bleibt, dann ist es aber ebenso „unvermeidbar", daß auch die Fragen der einheitlichen Führung der Wirtschaftspolitik den Zuständigkeitsbereich des Zentralstaates erweitern. Die Entwicklung des Deutschen Reiches habe gezeigt, daß bei der Handels- und Zollpolitik nicht haltgemacht werden könne, „sondern daß eine einheitliche Wirtschaft auf dem Gebiete des Rechts und der Gewerbeförderung zum mindesten gemeinsame Gesetzgebung voraussetzt ..."[7]. Außerdem nehme die Einwirkung des Zentralstaates zu, „wenn auch gewisse grundsätzliche Fragen der den Gliedstaaten noch vorbehaltenen Gebiete der allgemeinen Landverwaltung, der Schul- und Kulturpolitik und der Wohlfahrtspflege durch zentrale Gesetze geordnet werden"[8]. An dieser Stelle wird zum ersten Mal das Engagement des Politikers Popitz sichtbar, der hervorhebt, es sei müßig, solche Übergriffe auf primär bundesstaatliche Einrichtungen grundsätzlich ablehnen zu wollen, da es eben häufig an jedem Kriterium für die Abgrenzung fehle. Eine derartige Unbestimmtheit der Aufgabenverteilung möchte er für den Gemeindebereich offenbar nicht postulieren; die Verteilung der Aufgaben zwischen Staat und Gemeinde „ist im wesentlichen historisch überkommen oder ergibt sich aus der Natur der Verhältnisse"[9].

---

[4] Ebd.
[5] Ebd.
[6] Johannes *Popitz:* Der Finanzausgleich, a.a.O., S. 347.
[7] Ebd.
[8] Ebd.
[9] Ebd.

Damit bleibt die bewußte Anwendung des Grundsatzes der Verteilung nach einheitlichen Gesichtspunkten wiederum nur auf die wenigen Aufgaben beschränkt, die eindeutig einem bestimmten Träger zugewiesen werden müssen; die Lösung des Problems ist überraschend genug: für Popitz vollzieht sich die „optimale" Aufgabenverteilung nicht primär in einer ad hoc vorzunehmenden Zuweisung einzelner Aufgabengruppen an einzelne Gebietskörperschaften nach „einheitlichen Gesichtspunkten", sondern in der zeitlichen Entwicklung der öffentlichen Aktivitäten selbst. Er stellt die Hypothese auf, daß sich neben der Verteilung der nicht strittigen Ausgabekategorien auf die dafür prädestinierten Gruppen — er nennt nur Zentralstaat und Gemeinde — die Verteilung der übrigen Aufgaben[10] nach bestimmten Gesetzmäßigkeiten vollziehen wird, die tendenziell eine Verlagerung zum „größten Etat" bewirken: „Gerade in Deutschland ist diese Anziehungskraft des größten Etats besonders deutlich[11]." Aus dieser Anziehungskraft des Zentralstaats ergeben sich Reibungen; „die Grenze zwischen Zentralstaat und Gliedstaat verläuft nicht gerade, ist dauernden Wandlungen unterworfen ... es kommt auf manchem Gebiet zu einem Nebeneinanderarbeiten von Organen sowohl des Zentralstaats wie der Gliedstaaten"[12].

Mit diesem recht komplizierten Gedankengang, der mit einer natürlichen Klimax der öffentlichen Aufgaben beginnt, dann die Forderung nach einem Rationalprinzip der Verteilung enthält, um schließlich in einer Entwicklungshypothese zu enden, in der sich gewissermaßen der Glaube an eine von selbst wirkende ‚List der Idee' widerspiegelt, verfolgt Popitz wohlgemerkt nicht den Zweck, die finanzielle Präponderanz des Zentralstaates hinsichtlich seiner ‚natürlichen' Aufgaben zu beweisen. Diese Aufgabenverteilung ist problemlos, da hier einheitliche, weisen. Diese Aufgabenverteilung ist problemlos, da hier einheitliche, klare Maßstäbe angelegt werden können. Johannes Popitz prognostiziert vielmehr die zunehmende Verlagerung auch der übrigen Aufgaben nach oben; dabei ist er bereit, den Gemeinden eine gewisse Sonderstellung einzuräumen. „Oben" kann hier nur der Zentralstaat sein, die Gliedstaaten und (eingeschränkt) die Gemeinden erscheinen als die Verlierer, deren Aufgaben und damit Einnahmemöglichkeiten nachhaltig geschmälert werden. —

Eine Diskussion dieser Hypothese beginnt zweckmäßig mit den Gründen, die Popitz selbst nennt und die später zur Bestätigung seiner Hypothese diskutiert wurden; daneben ist der empirische Befund zu

[10] Popitz spricht auch von ‚Zuständigkeit' oder ‚finanzieller Inanspruchnahme'.

[11] Johannes *Popitz:* Der Finanzausgleich, a.a.O., S. 348.

[12] Ebd., S. 349.

prüfen und gegebenenfalls eine Neuinterpretation der Popitzschen Aussage vorzunehmen. Die von Popitz genannten „selbstverständlichen“ Aufgaben des Zentralstaates (Außenpolitik, Verteidigung, Kriegsfolgelasten) bleiben ausgeklammert, da deren Verlagerung nach oben nicht im Aussagebereich der Hypothese liegen. Prognostiziert werden demnach zwei Entwicklungslinien, einmal die Anziehungskraft des Zentralstaates auch gegenüber solchen Aufgaben, die nicht in seinem ‚natürlichen‘ Aufgabenkreis liegen, sodann als Folge (es wird Widerstand der verlierenden Gebietskörperschaften unterstellt) die Verwischung der Grenze zwischen zentralstaatlicher und gliedstaatlicher Finanzpolitik. Beide Prognosen erscheinen bei Popitz kausal miteinander verknüpft. Es ist jedoch bereits hier darauf hinzuweisen, daß für die Zeit nach 1948 sehr wohl eine Bestätigung der zweiten These zu finden ist, da zweifellos die Unklarheit in der finanzpolitischen Zuständigkeit zugenommen hat; gleichwohl ist jedoch keine eindeutige Verlagerung der Finanzmasse zum zentralen Etat festzustellen.

II. Kritische Bemerkungen zu Popitz' Begründungen

Darstellung und Diskussion der Begründungen der These von der ‚Anziehungskraft‘ des größten Haushalts können mit sprachlichen Bemerkungen beginnen: Die Formulierung, sicherlich in Analogie zum Gravitationsgesetz geprägt, verleitet zur Vorstellung von einer kontinuierlichen Bewegung der Finanzmassen zum Endpunkt, d. h. zur totalen Verlagerung aller finanziellen Aktivitäten auf das Reich bzw. den Bund, eine Entwicklung, die Popitz zumindest hinsichtlich der Gemeinden nicht ausdrücken wollte. Außerdem könnte die Formulierung zu der Vermutung führen, es handele sich um einen mechanistisch verstandenen Zusammenhang zwischen größerer Finanzmasse und wachsender Anziehungskraft, als wachse mit (relativ) größerem Budget des Zentralstaates auch seine Anziehungskraft gegenüber den nachgeordneten Gebietskörperschaften.

Auch die Formulierung „größter Etat“ ist ungenau, da der Ausgangspunkt der prognostizierten Bewegung nicht exakt bezeichnet ist. Popitz meint den Zentralstaat, das Reich, das sich durch die Erzbergersche Finanzreform, die Joseph Schumpeter nicht von ungefähr mit einer Revolution verglichen hat, plötzlich die meisten Deckungsmittel sichern konnte. Demgegenüber hat in der Zeit nach dem Zweiten Weltkrieg der Bund mit einem gegenüber den Ländern sehr viel kleineren Haushalt begonnen. Es ist daher sprachlich korrekter, mit Albers[13] vom übergeordneten Haushalt oder mit Schmölders[14] vom

[13] Willi *Albers:* Das Popitzsche Gesetz der Anziehungskraft des übergeordneten Haushalts, in: Strukturwandlungen einer wachsenden Wirtschaft, hrsg. von Fritz Neumark, Schriften des Vereins für Socialpolitik, N.F. Bd. 30, II, Berlin 1964, S. 835 ff.

zentralen Etat zu sprechen. Auf den erst später geprägten Ausdruck ‚Gesetz' der Anziehungskraft des zentralen Etats sei nicht näher eingegangen; die Problematik einer Formulierung von Gesetzmäßigkeiten in den Sozialwissenschaften ist an anderer Stelle ausführlich diskutiert[15].

Die Begründungen, die Popitz für diese nach seiner Meinung offenkundige[16] Entwicklung anführt, sind nicht streng gegliedert; allgemeine politische (1), steuerpolitische (2) und finanzpsychologische (3) Argumente finden sich nebeneinander.

(1) Unter politischem Aspekt stehen den ‚natürlicherweise' dem Zentralstaat zugewiesenen Aufgaben der äußeren und inneren Selbstbehauptung solche Aufgabengruppen nahe, die in ihren politischen Wirkungen einen ähnlichen Effekt vermuten lassen. So will Popitz die einheitliche Führung der Wirtschaftspolitik in diesem Sinne verstanden wissen, ein Standpunkt, der in der Finanzausgleichsdiskussion der 20er Jahre weite Verbreitung fand, sollte doch der einheitliche Wirtschaftsraum durch die möglicherweise unterschiedliche Gesetzgebung der verschiedenen Gebietskörperschaften nicht gestört werden. Die hier sichtbar werdende nationalstaatliche Argumentation ist aus der politischen Situation nur allzu verständlich; demgegenüber muß darauf hingewiesen werden, daß die Notwendigkeit zentraler wirtschaftspolitischer Führung nur bei bestimmten Formen wirtschaftspolitischer Eingriffe besteht (Ordnungspolitik und globale kreislaufpolitische Maßnahmen); strukturpolitische Eingriffe, wie sie insbesondere im Rahmen der regionalen Wirtschaftspolitik erfolgen, bedürfen hingegen wegen der besseren Informationsmöglichkeiten vorwiegend der dezentralen Steuerung. Dabei besteht freilich die Notwendigkeit der Koordination durch die Zentrale fort; dies muß jedoch nicht mit einer Konzentration von Finanzmasse verbunden sein. — Die Überlegungen zeigen, daß es durchaus von der Art der Wirtschaftspolitik abhängt, ob die Zentralisierungstendenz verstärkt wird oder nicht.

Die in Popitz' Argumenten sichtbar werdenden Vorstellungen vom einheitlichen Wirtschafts- und Lebensraum, den eine einheitliche Poli-

---

[14] Günter *Schmölders:* Finanzpolitik, 2. Aufl., Berlin, Heidelberg, New York 1965, S. 148 ff.

[15] André *Marchal:* Soziale und ökonomische Gesetze, in: Handwörterbuch der Sozialwissenschaften, Bd. 4, Göttingen 1965, S. 448 ff.; außerdem Hans *Albert:* Theorie und Prognose in den Sozialwissenschaften. „Schweizerische Zeitschrift für Volkswirtschaft und Statistik", Bd. 93, 1957, S. 60 ff.; und Ernest *Nagel:* Types of Causal Explanation in Science, in: D. Lerner (Hrsg.), Cause and Effect, New York und London 1965, S. 11 ff.

[16] „Gerade in Deutschland ist diese Anziehungskraft des größten Etats besonders deutlich". J. *Popitz:* Der Finanzausgleich, a.a.O., S. 348.

tik zu sichern hat, begegnen uns in anderer Form wieder. Der Zentralstaat hat, so führt Popitz aus, wegen der „Grundfragen, die zu allgemeiner Lösung drängen“ seine Gesetzgebungsbefugnisse auf die Gebiete der allgemeinen Landverwaltung, der Schul- und Kulturpolitik und der Wohlfahrtspflege ausgedehnt. In der Tat ist die Ausweitung der Gesetzgebungshoheit heute allenthalben zu beobachten. Wir müssen jedoch auch hier wieder fragen, ob diese Ausdehnung der zentralstaatlichen Gesetzgebung auf nahezu alle Bereiche bereits mit der Anziehungskraft des zentralen Etats gleichzusetzen ist, d. h. auch zu einer Verstärkung der zentralen Finanzmasse führen muß. Gerade in der Gegenwart zeigt sich ein durchaus anderes Bild: Dort, wo sich die Leitbilder vom einheitlichen Lebensraum durch Rechtsetzung verwirklichen lassen, verzichtet der Zentralstaat auf finanzpolitisches Engagement. Er wird hingegen dort finanzpolitisch (mit Hilfe sog. Zweckzuwendungen) tätig, wo seiner Gesetzgebungs- oder Verwaltungshoheit Grenzen gesetzt sind. Hier bewahrheitet sich daher vorwiegend die zweite Popitzsche Hypothese, nach der immer wieder die Gefahr einer Aufgabenvermischung besteht.

Immerhin zieht Popitz aus diesen zentralstaatlichen Interventionen finanzpsychologische Folgerungen. Er unterstellt, die Gliedstaaten werden nunmehr argumentieren, der Zentralstaat habe gerade durch diese allgemeinen Gesetzgebungstatbestände höhere Aufwendungen verschuldet oder verursacht; er solle nun auch für die Folgekosten aufkommen. So „ergibt sich die Verstärkung der Zuständigkeit des Zentralstaates oder doch seine finanzielle Inanspruchnahme für ihm an sich fremde Zwecke nicht aus seiner Initiative heraus, sondern gerade aus der Initiative der Gliedstaaten heraus mit der Begründung des Verschuldens oder doch des Verursachens“[17]. Eine Würdigung dieses Arguments ist schwierig, da es hier allzusehr vom jeweiligen politisch-psychologischen Kräfteverhältnis abhängt, wie die Gliedstaaten reagieren werden. Wir dürfen unterstellen, daß Popitz dieses Argument aus intimer Kenntnis der Finanzpolitik der Weimarer Epoche gewonnen hat; eine Erforschung dieser Zusammenhänge in der Nachkriegszeit könnte jedoch zu dem Ergebnis führen, daß die Einstellung der Gliedstaaten zu einem solchen ‚Verursachen‘ gewechselt hat.

(2) Eine einnahmepolitische These schließt sich an: Der finanzielle Spielraum der untergeordneten Gebietskörperschaften ist zu gering geworden, um unvorhergesehene Belastungen auffangen zu können. Popitz hebt hervor, daß vor dem ersten Weltkrieg die Gliedstaaten im Gegensatz zum Reich Körperschaften mit elastischer Finanzstruktur waren. Es sei daher anerkannter Grundsatz gewesen, bei Notmaßnah-

---

[17] Johannes *Popitz:* Der Finanzausgleich, a.a.O., S. 348.

men zunächst den Gliedstaaten die Hilfeleistungen zu überlassen. Nach 1919 hingegen führe jede außerordentliche regionale Belastung sogleich zu einer Überforderung des jeweiligen Länderetats; zusätzliche Anforderungen an den zentralen Haushalt seien daher unumgänglich, vielleicht mit Ausnahme der finanzstarken Gliedstaaten (Preußen, Sachsen, Bayern). Die anderen seien jedoch hinsichtlich ihrer finanziellen Leistungsfähigkeit allzu inhomogen. — Es wirkt allerdings etwas rabulistisch, wenn gerade diese Tatsache der finanziellen Hilfsbedürftigkeit einzelner Länder ausdrücklich als Beweis für die Anziehungskraft des zentralen Haushalts gewertet wird, war doch die finanzpolitische Entmachtung der Länder im Verlauf der Erzbergerschen Reformen sicherlich nicht die Folge eines kontinuierlichen Prozesses, sondern einer finanzpolitischen Revolution. Allerdings könnte hier die durchaus in der Popitzschen Argumentation liegende Frage gestellt werden, ob nicht mit dieser Revolution die schon länger wirkenden Anziehungskräfte plötzlich freigesetzt wurden.

(3) Von besonderer Bedeutung für die spätere Diskussion ist Popitz' finanzpsychologische Argumentation geworden: Die politische Präponderanz des Zentralstaates führt die Aufgaben nahezu „automatisch zu ihm hin“: „Nach dem Kriege besteht kein Zweifel mehr, daß für alle aus der Wirtschaft oder aus einzelnen Klassen und Gruppen der Bevölkerung kommenden Wünsche der Reichstag das Forum mit der weitaus größten Resonanz geworden ist. Hieraus ergibt sich wieder, daß vom Reich und seiner Regierung in stärkerem Maße, wie früher, die Abhilfe in Angelegenheiten erwartet und gefordert wird, sobald an ihnen ein allgemeines Interesse innenpolitischer Art besteht. Dazu kommt, daß die politischen Anschauungen überhaupt dazu führen, daß manche Fragen, die bisher örtlich gelöst wurden, zu Massenforderungen führen: örtliche Wohlfahrtspflege verwandelt sich in gesetzlich geregeltes Versorgungsrecht[18].“ Die erste Hypothese von der Präponderanz des Reichstages ist sicherlich zeitbezogen; der wiederholt angeklungene Gedanke der „einheitlichen Lebensverhältnisse“ ist jedoch auch in der Gegenwart überaus lebendig. Ging es zunächst um eine Regelung nach einheitlichen Gesichtspunkten, so geht es nun um Regelungen schlechthin; durch sie werden differenzierte, ad hoc bestimmte Leistungen in gesetzlich verankerte Rechte verwandelt. Überall dort, wo die ‚perfekte‘ Lösung angestrebt wird, bietet sich der Zentralstaat als Träger an. —

Betrachten wir diese Vielzahl von Begründungen für die These von der Anziehungskraft des zentralen Haushalts im Zusammenhang, so mischen sich allgemeine Aussagen über rationales Verwaltungshandeln

---

[18] Johannes *Popitz:* Der Finanzausgleich, a.a.O., S. 349.

mit speziellen politisch-soziologischen Annahmen, die zunächst nur für die damalige Zeit in dieser Weise gültig waren, denen wir jedoch auch in der späteren Diskussion wieder begegnen sowie mit normativen Aussagen, die aus einer politischen Gedankenwelt stammen, der Johannes Popitz Zeit seines Lebens verhaftet blieb. — Es sei nur darauf hingewiesen, daß sich ähnliche Gedankengänge in anderen Werken von Johannes Popitz in vielfältiger Nuancierung zeigen[19].

III. Normative Elemente in den Begründungen

Popitz sieht die Bewegung der Finanzmassen zum zentralen Haushalt hin im zweckrationalen Sinne offenbar als sinnvoll an. Zwar bezeichnet er zunächst die Anziehungskraft des Zentralstaates lediglich als „unvermeidbar“, im darauf folgenden § 4 (Finanzausgleich und die Grundsätze geordneter Verwaltung) wird jedoch der zentralisierte Haushalt als dasjenige Gebilde bezeichnet, in dem die Aufgabenverteilung den Grundsätzen der Einfachheit und der Sparsamkeit genügt. Einfach und sparsam kann nämlich eine Verwaltung nur dann sein, wenn Normensetzung und Normenausführung „nicht unter verschiedenen Kräfteverhältnissen erfolgt. Das ist im Bundesstaat in vieler Beziehung nicht restlos erreichbar“[20]. Daher kann bei allen Aufgaben, so müßte man den Gedankengang fortsetzen, bei denen beides sich nicht wie selbstverständlich beim Zentralstaat vereinigt, eine allmähliche Zentralisierung nur gerechtfertigt sein. Diese ‚unmittelbar einleuchtende‘ These ist aber, wie z. B. die langen Diskussionen um die Ersparnismöglichkeiten im Rahmen einer einheitlichen Bundesfinanzverwaltung gezeigt haben, bis heute weder bestätigt noch widerlegt. Es kann daher vermutet werden, daß sowohl hinter den Forderungen nach Einfachheit und Klarheit als auch hinter der als zwangsläufige (und sinnvolle) Entwicklung gekennzeichneten These von der Anziehungskraft des zentralen Haushaltes die in diesem Zusammenhang von Popitz nicht explizit geäußerte Idee des Einheitsstaates verborgen ist.

Dieser normative Bezug ist in der Tat nicht zweifelhaft. Popitz „war Zentralist aus vollem Herzen“[21]. Er hat den Gedanken von der Anziehungskraft des zentralen Etats wahrscheinlich zum ersten Male am 8. Januar 1927 vor dem Verein für Kommunalwirtschaft und Kommu-

---

[19] Beispielhaft: Die Wandlungen in den Aufgaben und im Zuständigkeitsverhältnis von Reich und Ländern auf Grund der Weimarer Verfassung, in: Recht und Staat im neuen Deutschland, hrsg. von Bernh. Harms, Berlin 1929, S. 152 ff., und: Der künftige Finanzausgleich zwischen Reich Ländern und Gemeinden, Berlin 1932.

[20] Johannes *Popitz:* Der Finanzausgleich, a.a.O., S. 349.

[21] Günter *Schmölders:* Johannes Popitz zum Gedenken, in: Steuer und Wirtschaft, 1954, Sp. 705 ff.

nalpolitik als finanzpolitische These unter dem Thema „Finanzausgleichsproblem“ vorgetragen. Er führte aus, die Gemeinden müßten Verständnis für eine Änderung des Finanzausgleichs zugunsten des Reiches aufbringen, da dasselbe mit immer neuen Aufgaben konfrontiert werde. Es müssen ihm daher auch die Mittel zur Verfügung gestellt werden, die zur Erfüllung dieser neuen Aufgaben erforderlich sind[22]. Diese zentralistische Haltung tritt in der Folgezeit immer deutlicher zutage. Bereits 1929 hat Popitz in politischen Schriften die vollständige Abschaffung der Länder gefordert; ein von ihm im Dienste des Widerstandes gegen den Nationalsozialismus entworfenes vorläufiges Staatsgrundgesetz lautet in Art. 2: „Im Reichsgebiet gibt es nur eine Staatsgewalt, die des Reiches[23].“ Es ist hier nicht der Platz, die Bedeutung von Popitz als zentralstaatlicher Finanzpolitiker zu würdigen; dies ist an anderer Stelle ausführlich geschehen[24]. Bedeutsam ist jedoch für unsere Fragestellung, daß diese ideologische Komponente seiner Aussagen und Hypothesen, die für Popitz so sehr Kernstück seiner politischen Überzeugung war, daß er für sie in den Tod ging, in der Form objektiver oder als selbstverständlich erscheinender Feststellungen auftritt. So ist bereits die Vorstellung von einer Klimax der öffentlichen Ausgaben zugunsten des Zentralstaates eine Ideologie, die sicherlich auf die Hegelsche Staatsphilosophie zurückgeführt werden kann. Neuere finanzpolitische Erkentnisse[25] zeigen demgegenüber, daß von einer Stufenfolge in der Wertigkeit der öffentlichen Ausgaben kaum gesprochen werden kann[26]. So diskutiert zum Beispiel die heutige Wehrforschung, wann es sinnlos werden kann, zusätzliche Ausgaben für Verteidigung aufzuwenden, wenn dadurch die dann noch verbleibenden privaten Verfügungseinkommen allzu gering sind, als daß sie noch verteidigungswürdig wären[27]. Ist die Verteidigungsbereitschaft als ganzes technisch determiniert, so bleibt dem betreffenden Land in diesem Falle nichts anderes übrig, als sich einem größeren Sicherheitssystem anzuschließen. Seine Verteidigungsausgaben sinken dann und stehen u. U. nicht mehr an erster Stelle, die im angenommenen Falle z. B. von Infrastrukturausgaben eingenommen wird, die nicht zuletzt zur

---

22 Einzelheiten bei Hildemarie *Dieckmann*, Johannes *Popitz:* Entwicklung und Wirksamkeit in der Zeit der Weimarer Republik, Berlin-Dahlem 1960, S. 124 ff.

23 Günter *Schmölders:* Finanzpolitik, 2. Aufl., Berlin, Heidelberg, New York 1965, S. 150.

24 Günter *Schmölders:* Finanzpolitik, 2. Aufl., a.a.O.

25 Vgl. Gutachten zur Finanzreform, S. 19 ff., S. 25 ff. et passim.

26 Vgl. hierzu auch die kritischen Anmerkungen von W. *Bickel:* Der Finanzausgleich, in: Handbuch der Finanzwissenschaft, 2. Bd., 2. Aufl., S. 739 f

27 s. dazu Henry A. *Kissinger:* Kernwaffen und *auswärtige* Politik, München 1959, S. 349 f.

Abwehr ideologischer Infiltrationen nötig sind. Werden dies dann noch Aufgaben dezentraler Gebietskörperschaften, so ist eine genau entgegengesetzt verlaufende ‚Klimax' skizziert.

Normative Elemente finden sich ebenfalls bei dem Argument der einheitlichen Wirtschaftspolitik. Sicherlich gibt es Instrumente und Ziele, die nur zentral eingesetzt bzw. verfolgt werden können, z. B. das Ziel der Vollbeschäftigungspolitik oder das Ziel der Geldwertstabilität, wie auch das Ziel des Zahlungsbilanzausgleichs. Daneben zeigen jedoch die neueren Erfahrungen der Strukturpolitik, auf die wir bereits hinwiesen, daß Umstrukturierungen gezielter Art sehr wohl oder sogar vornehmlich mit den Mitteln der regionalen Wirtschaftspolitik durchzuführen sind, die schon aus Informationsgründen besser von dezentralen Trägergruppen durchgeführt werden.

Es ist zu vermuten, daß auch heutige Diskussionen diesen Gedankengängen bewußt oder unbewußt Raum geben. So fällt es unter dem Einfluß der fiscal policy sicherlich schwer, Zentralisierungs- d. h. Vereinheitlichungstendenzen nicht von vornherein als gut zu kennzeichnen. Das Popitzsche Gesetz erscheint dann wiederum als Prognose einer einleuchtenden, weil als sinnvoll angesehenen Entwicklung, die bei oberflächlicher Prüfung bereits als gegeben angenommen wird.

IV. Die „Ökonomisierung" von Popitz' These durch Willi Albers

Seit ihrer Formulierung ist die Hypothese von der Anziehungskraft des zentralen Haushalts in vielen deutschsprachlichen Lehrbüchern der Finanzwissenschaft wiederholt worden[28]. Eine kritische Auseinandersetzung unterblieb in der Regel; offenbar erschien den Autoren die Hypothese unmittelbar einleuchtend und daher einer näheren Prüfung nicht bedürftig. Dabei geriet dann auch die eigentliche Aussage von Johannes Popitz weitgehend in Vergessenheit, ging es doch Popitz nicht um die Ausdehnung der für ihn „natürlichen" Aufgaben des Zentralstaates (Außenpolitik, Krieg, Kriegsfolgelasten), sondern um die Verlagerung der „anderen" Ausgabearten zum zentralen Etat. Daher trifft Wilhelm Gerloffs Bemerkung, auch hier sei der Krieg

---

[28] Eine entsprechende Anmerkung findet sich allerdings auch schon bei Karl Theodor *von Eheberg:* Finanzwissenschaft, 18.—19. Aufl., Leipzig und Erlangen 1922, S. 627 ff. und, mit einem Werturteil verknüpft, bei Wilhelm *Röpke:* Finanzwissenschaft, Berlin 1927, S. 200. —
Stärkere Hinweise geben Jens *Jessen:* Deutsche Finanzwirtschaft, 2. Aufl., Hamburg 1944, S. 154 ff., Fritz *Terhalle:* Finanzwissenschaft, Jena 1930, S. 546 ff. und Wilhelm *Gerloff:* Die Finanzgewalt im Bundesstaat, Frankfurt 1948, S. 53.

Vater aller Dinge[29], nicht den Kern der Popitzschen Argumentation, wie auch der jüngst unternommene Versuch von Theo Keller[30], die Verlagerung der Finanzmassen in der Schweiz als Beweis für die Popitzsche Hypothese zu nehmen, nur zum Teil der Popitzschen Hypothese entspricht. Gerade das Schweizerische Beispiel ist (bisher) in den Kategorien von Popitz vornehmlich ein mit einem gewissen time lag erfolgendes Aufholen der primären Aufgaben des Zentralstaates.

Eine eingehende Auseinandersetzung mit Popitz' Aussage hat Willi Albers[31] vorgenommen. Dem Generalthema „Strukturwandlungen" entsprechend, wird von ihm das Popitzsche Gesetz der Anziehungskraft des übergordneten Haushalts als ein Fall solcher Strukturwandlungen im öffentlichen Sektor untersucht. Dabei unterscheidet sich die neue Betrachtung von Johannes Popitz zunächst durch eine recht skeptische Einstellung zur Frage, ob auch im öffentlichen Bereich langfristige Regelmäßigkeiten in der Veränderung ökonomischer Größen nachweisbar sind oder ob nicht gerade hier „auch innerhalb einer gegebenen Wirtschafts- und Gesellschaftsordnung kurzfristig autonom getroffene politische Entscheidungen eine kontinuierliche Entwicklung unterbrechen"[32]. Diese Möglichkeit eines nicht vorhersehbaren, autonom erfolgenden Eingriffs wird von Albers offenbar hoch eingeschätzt; er weist ausdrücklich darauf hin, daß man Kausalzusammenhänge für den Ablauf der Entwicklung unterstellen kann, „die in Wirklichkeit nur auf dem zufälligen Zusammentreffen bzw. der zufälligen Aufeinanderfolge von Ereignissen beruhen, die durch unabhängig voneinander bestehende exogene Faktoren verursacht sind"[33]. Die trotzdem vorgenommene Zusammenschau kann dann nur mit Hilfe zusätzlicher und meist nicht genannter Postulate durchgeführt werden. — Diese skeptische Haltung gegenüber Trendextrapolationen im öffentlichen Bereich führt nun zu einer bemerkenswerten Verschiebung der Fragestellung. Waren es, wie wir gesehen haben, bei Popitz vorwiegend politische Faktoren, die einen solchen Strukturwandel verursachen, so sucht nunmehr Albers nach Merkmalen für einen „echten Strukturwandel", der sich für ihn vornehmlich im Bereich ökonomischer Größen vollzieht. Daher kann man wohl zu Recht von einer Ökonomisierung der Popitzschen Hypothese sprechen.

Der von Albers zunächst vorgetragene statistische Befund kann als eine Bestätigung des Popitzschen Gesetzes genommen werden, wenn

---

[29] Wilhelm *Gerloff:* Die Finanzgewalt im Bundesstaat, a.a.O., S. 33.

[30] Theo *Keller:* Das ‚Popitzsche Gesetz' und die Schweizer Gemeinden. Archiv für Kommunalwissenschaften", Jg. 5, 1966, S. 78 ff.

[31] Willi *Albers:* Das Popitzsche Gesetz der Anziehungskraft des übergeordneten Haushalts, a.a.O.

[32] Willi *Albers:* Das Popitzsche Gesetz ..., a.a.O., S. 839.

[33] Ebd.

man, wie Albers, die Entwicklung statistisch auf die unterschiedliche Bewegung der Finanzmassen von Reich bzw. Bund und Ländern auf der einen Seite und den Gemeinden auf der anderen Seite bezieht. In der Tat ist der Anteil der Gemeindefinanzen an der Gesamtfinanzmasse seit dem Jahre 1913 zwar nicht stetig, sondern den großen finanzpolitischen Veränderungen mit gewissen Abständen folgend, zurückgegangen, bei den Ausgaben um 40 % und bei den Steuern um 62 % bezogen auf das Basisjahr 1913 = 100. Albers stellt ausdrücklich fest: „Das Popitzsche Gesetz wird also durch die Entwicklung der öffentlichen Finanzen in den letzen 50 Jahren bestätigt, und zwar sowohl, wenn man die Veränderungen am Haushaltsvolumen als auch, wenn man sie an der Finanzautonomie mißt[34].“ Wir werden den statistischen Befund noch einmal diskutieren; bereits hier sei jedoch angemerkt, daß es durchaus zweifelhaft ist, ob diese Zusammenfassung von Bund, Reich und Ländern „den Intentionen von Popitz entspricht; denn dieser spricht von der Anziehungskraft des größten Haushalts bzw. des Zentralstaates“[35]. Wir wiesen darauf hin, daß Popitz den Gemeinden einen relativ engen, aber auch relativ fest umrissenen Aufgabenbereich zugewiesen hat, daß sich also nach seinen Vorstellungen die für die Hypothese entscheidende Verlagerung zwischen dem zentralen Etat und den Länderhaushalten abspielen müßte.

Nehmen wir jedoch die Tatsache von Strukturwandlungen im Sinne von Finanzmassen-Verschiebungen als nachgewiesen an, so werden dafür Ursachenkomplexe herangezogen, die die Akzentverschiebung seit Popitz deutlich werden lassen. Albers diskutiert zunächst die vornehmlich von Gerloff vertretene These, nach der hauptsächlich die Verteidigungsausgaben Ursache der beobachteten Zentralisierungstendenz seien; er weist nach, daß dies zumindest für Deutschland nicht bestätigt wird, da der Anteil der Verteidigungsausgaben an den Gesamtausgaben von 25 % im Jahre 1913 auf 12 % im Jahre 1958 zurückging. Schwerer wiegen allerdings die an zweiter Stelle genannten Kriegsfolgelasten; 1913 waren sie im Aufgabenbündel nicht vertreten, während sie 1958 immerhin 11 % der Gesamtausgaben ausmachten, eine Last, die nahezu vollständig bei den zentralen Haushalten liegt. Beide Beispiele können jedoch Popitz' These weder bestätigen noch widerlegen, da er diese Bereiche der Kriegsausgaben und der Kriegsfolgelasten zweifelsfrei dem Zentralstaat zugemessen hat. Daher ist die Entwicklung dieser Ausgabekategorien zum Zentralstaat hin lediglich eine Bestätigung seiner ersten Annahme, der Möglichkeit einer rationalen Zuordnung bestimmter Ausgabearten zum zentralen Träger nach rationalen, nicht zweifelhaften Maßstäben.

---

[34] Willi *Albers:* Das Popitzsche Gesetz ..., a.a.O., S. 847.
[35] Willi *Albers:* Das Popitzsche Gesetz ..., a.a.O., S. 842.

Um so bedeutsamer ist jedoch die Rolle des Zentralstaates als Wirtschaftsfaktor. Es ist sicherlich unumstritten, „daß sich die Ausgaben zur Förderung der Wirtschaft einschließlich der öffentlichen Investitionen im Verkehrs- und Wohnungswesen stark zugunsten der zentralen Haushalte verschoben haben. Da sich ihr Anteil an den Gesamtausgaben gleichzeitig stark erhöht hat, liegt hier überhaupt der wichtigste Faktor für die beobachtete Strukturänderung vor“[36]. Als dahinterstehende politische Ursache führt Albers die bereits bei Popitz genannte „Tendenz zur Vereinheitlichung der öffentlichen Leistungen“ an, der am besten durch eine Verlagerung zum zentralen Haushalt entsprochen werden könne, da eine dezentrale Verantwortung für die Wirtschaftsförderung mit öffentlichen Mitteln zu ungleichen Leistungen der öffentlichen Hand für die Staatsbürger oder/und zu ungleichen Belastungen führen müsse. Außerdem seien Kollisionen mit dem Grundsatz der Gleichmäßigkeit der Besteuerung nahezu unvermeidlich, wie sich auch in der Folge unerwünschte Standortverschiebungen der Produktion und der Bevölkerung einstellen könnten. Das wohl beste Beispiel einer solchen, immer zentraler und damit gleichmäßiger werdenden Verteilung öffentlicher Investitionen sei ein leistungsfähiges Verkehrsnetz. Diese Entwicklung ist „nicht bewußt angestrebt worden. Vielmehr ist sie größtenteils unmerklich vor sich gegangen“[37], da sich sonst sehr viel stärkere politische Widerstände gezeigt hätten. Gerade diese Tatsache der „unmerklichen“ Veränderung spricht nun nach Albers für den Satz, daß à la longue bei einem Gegensatz zwischen politischen und wirtschaftlichen Gesetzen die letzteren sich durchsetzen werden. Das technisch-ökonomische Argument ist so stark, daß politische Erwägungen aller Art gezwungen werden, dahinter zurückzutreten. Nun ist es aber durchaus offen, ob eine Verlagerung finanzpolitischer Aktivitäten zum zentralen Etat in jedem Falle eine gleichmäßigere Versorgung der Gesamtwirtschaft bezogen auf die Fläche bedeutet. Klammern wir für unsere Betrachtung die Problematik der Netto-Effekte aus, d. h. lassen wir den ökonomischen Saldo zwischen regionalem Steueraufkommen und der Region zurechenbaren Investitionsausgaben unberücksichtigt[38], so bleibt der Willensbildungsprozeß der Zentrale als störender Faktor übrig. Es kann der Fall eintreten, daß gerade der Zentralstaat mit Vorliebe die Ausgaben dorthin lenkt, wo sie infolge großer Bevölkerungsdichte besonders nötig sind. Dann bedeutet Zentralisierung nicht gleichzeitig gleichmäßige Verteilung; unter wech-

---

[36] Willi *Albers:* Das Popitzsche Gesetz ..., a.a.O., S. 849.

[37] Willi *Albers:* Das Popitzsche Gesetz ..., a.a.O., S. 849.

[38] Konrad *Littmann:* Finanzpolitik, räumliche Gleichgewichte und Optima, in: Kommunale Finanzen und Finanzausgleich, Schriften des Vereins für Socialpolitik, N.F. Bd. 32, S. 89 ff.

selnden politisch-ökonomischen Annahmen können höchst unterschiedliche regionale Wohlstandseffekte die Folge sein. Dann gilt aber die Gleichung Zentralität = Gleichmäßigkeit allenfalls für bestimmte Investitionsarten (Autobahnen); will man sie allgemein verstanden wissen, so steckt streng genommen wiederum eine Ideologie dahinter, nämlich der Glaube, mit wachsender Zentralisierung wachse die Gleichmäßigkeit. Entscheidend ist damit aber nicht das ökonomische Gesetz, sondern die politische Meinung.

Diese tritt bei der von Albers zum Abschluß genannten sozialpsychologischen Hypothese klar hervor: „Die Menschen sind sich im Laufe der Zeit bestehender Ungleichheiten deutlicher bewußt geworden[39]." Daraus folgt ein mehr oder weniger gleiches Anspruchsniveau gegenüber den öffentlichen Leistungen; eine gleichmäßigere Verteilung der öffentlichen Leistungen, die nur durch eine zentralere Verteilung gewährleistet werden kann, muß die Folge sein. Ein besonders deutliches Beispiel dieser Einebnung des Anspruchsniveaus sind die Bildungsausgaben, daneben aber alle anderen Aufgaben aus dem Bereich der Infrastruktur. —

Überblicken wir die Argumente im Zusammenhang, so ist zunächst der Wandel vom politischen Determinismus (Popitz) zum ökonomischen Determinismus bemerkenswert. Es dürfte daher für die folgende Diskussion lohnend sein, nicht nur wie bisher die den Trend fördernden Kräfte herauszustellen, sondern auch der Tatsache Aufmerksamkeit zu schenken, daß sich manche der hier behandelten Strukturen als außerordentlich stabil erwiesen haben. Daneben ist jedoch noch einmal die Frage der statistischen Prüfbarkeit von Popitz' Hypothese zu stellen, besteht doch sonst die Gefahr, daß irgendeine Entwicklung diskutiert wird, die mit Popitz ursprünglicher Aussage nichts mehr zu tun hat, sondern nur noch zufälligerweise seinen Namen trägt.

V. Möglichkeiten der empirischen Prüfbarkeit

Popitz' Prognose bezieht sich auf den ersten Blick auf einen prüfbaren Tatbestand. Gleichwohl hat er selbst einer operationalen Definition dessen, was sich zum zentralen Etat verlagert, wenig Aufmerksamkeit geschenkt. Er spricht zunächst ganz allgemein von „Aufgabenverteilung", dann aber auch von „Zuständigkeit" oder „Inanspruchnahme", Begriffe, die entweder in unterschiedlicher Weise finanzstatistisch interpretiert werden können oder die sich finanzstatistisch überhaupt nicht ausdrücken lassen. Letzteres ist z. B. dann der Fall, wenn Zuständigkeit Gesetzgebungshoheit bedeutet und damit einen

---

[39] Willi *Albers:* Das Popitzsche Gesetz ..., a.a.O., S. 852.

Tatbestand umschließt, der zunächst noch keine finanzstatistische Äquivalenz besitzt. Versuchen wir eine Interpretation, so hat Popitz der ganzen Anlage des Gedankenganges nach, aber wohl auch seiner staatsphilosophischen Haltung entsprechend die ungeteilte finanzpolitische Verantwortung für ein bestimmtes Aufgabengebiet als diejenige Größe kennzeichnen wollen, die sich zum zentralen Etat verlagert. Dies geht zumindest aus seinen Auffassungen über eine optimale Aufgabenverteilung im Rahmen des Finanzausgleichs hervor. Es gibt jedoch keine Finanzstatistik, die eindeutig ausweist, welche Aufgaben eine Gebietskörperschaft autonom durchführt, d. h, ohne den Einflüssen der finanzpolitischen Willensbildung anderer Ebenen oder überhaupt anderer Gremien ausgesetzt oder gar unterworfen zu sein. Alle Aufgliederungen ergeben nur Näherungslösungen. — Außerdem ist der zeitliche Horizont strittig, in dem sich die Statistik bewegen soll. Auch hier hat Popitz keine Aussage gemacht. Da seine Ausführungen aber für einen ‚praktikablen' Finanzausgleich gedacht waren, d. h. für eine finanzausgleichs-politische Lösung, die seinem Ideal entsprechend in absehbarer Zeit verwirklicht werden sollte, dürfen wir annehmen, daß er mittelfristige Zeiträume angenommen haben muß. Wir sind daher gehalten, gerade wegen der Unbestimmtheit der Popitzschen Aussage sowohl langfristige wie mittelfristige Entwicklungen zu verfolgen.

Der langfristige Prozeß beginnt in Anlehnung an Albers mit 1913, dem letzten Jahr der großen Friedensperiode und zugleich dem letzten normalen Jahr eines Staates, der zumindest finanzpolitisch als ‚nichtinterventionistisch' zu kennzeichnen ist. Der mittelfristige Prozeß kann dann mit größerer Genauigkeit seit dem 2. Weltkrieg beobachtet werden. In der Auswahl der betrachteten Gebietskörperschaften kann Albers hingegen nicht gefolgt werden. Gewiß hat Popitz in seinem großen Finanzausgleichsgutachten in der Gegenüberstellung von zentraler (Reich und Länder) und lokaler Finanzmasse eine sehr plausible Polarität geschaffen; hierin spiegelt sich aber vornehmlich der Wille zur Demonstration der Forderung, daß die Länder im Reich aufgehen sollten. Bei der Formulierung seiner Prognose hat er hingegen deutlich drei Ebenen unterschieden, zwischen denen sich der Prozeß der Aufgabenverteilung abspielen werde. Gerade für die heutige Fragestellung ist die Position der mittleren Ebene besonders aktuell, weshalb auch in der Statistik alle drei Gebietskörperschaften nebeneinander erscheinen sollen.

Verfolgen wir zunächst die mittelfristige Darstellung von 1948 bis 1964, so können drei statistische Ansätze unterschieden werden. Zunächst sind, wiederum in Anlehnung an Albers, die unmittelbaren Ausgaben der drei Ebenen Bund, Länder und Gemeinden dargestellt. Diese Berechnung zeigt, „in welchem (finanziellen) Umfang die Gebietskörperschaften oder Verwaltungsebenen Aufgaben erfüllen. Nicht erkennbar sind allerdings die Fälle, in denen eine Gebietskörperschaft (z. B. in Form der Auftragsverwaltung) unmittelbar für Rechnung einer anderen Gebietskörperschaft tätig wird“[40]. Danach hat (Tabelle 1) der Bund 1948 zwar mit einem geringen Anteil an den unmittelbaren Ausgaben begonnen (daher nicht: größerer Haushalt), diesen aber sehr rasch auf 42 % aller unmittelbaren Ausgaben im Jahre 1950 gesteigert. Dieser Prozentsatz hat sich bis 1964 (39,4 %) mit geringen Schwankungen gehalten. Der Anteil der Länder (ohne Stadtstaaten) ging zunächst von 1948 (59,2 %) auf 25,5 % im Jahre 1950 zurück. Auch hier ergab sich bis 1964 lediglich ein leichtes Absinken auf 22,7 %. Die Summe der unmittelbaren Ausgaben der Gemeinden blieb nahezu konstant (27 % im Jahre 1948 und 27 % im Jahre 1964). Dazwischen liegen allerdings beachtliche Schwankungen (1951: 20,2 %).

In dieser Zahlenreihe, die für den beobachteten Zeitraum von 16 Jahren eine offensichtliche Konstanz der Werte erkennen läßt, stören diejenigen Zahlungen, bei denen die finanzpolitische Verantwortung unstreitig nicht bei der Ebene liegt, in deren Summe der unmittelbaren Ausgaben sie statistisch erscheinen. Man würde daher der Popitzschen Fragestellung besser gerecht, gelänge eine Aufgliederung nach der Entscheidungszuständigkeit. Eine derartige Ausgabekategorie, die wir „freie Ausgaben“ nennen wollen, könnte dadurch näherungsweise entstehen, daß von den jeweiligen Bruttoausgaben der einzelnen Ebene drei Größen abgezogen werden:

1. Allgemeine Finanzzuweisungen und Darlehen an Körperschaften. Diese werden auf der Ebene des Empfängers allgemeine bzw. spezielle Deckungsmittel; es kann daher unterstellt werden, daß erst hier die Entscheidung über die Verwendung stattfindet. Bei Darlehen sind allerdings Zwischenformen denkbar.

2. Zuweisungen an Parafisci. Bei diesen Körperschaften findet sich in der Regel eine autonome Haushaltsplanung. Auch hier fällt daher die Entscheidung über die Verwendung unabhängig von der zahlenden Gebietskörperschaft.

3. Verwaltungszweiggebundene Zuweisungen von Körperschaften. Diese stehen stellvertretend für die aus ihnen finanzierten Ausgaben, deren Art von der gebenden Ebene bestimmt wurde. Verwaltungszweiggebundene Zuweisungen *an* Körperschaften gehören daher zu den freien Ausgaben.

---

[40] Statistisches Bundesamt, Öffentliche Finanzwirtschaft 1963, Reihe 1, Haushaltswirtschaft von Bund, Ländern und Gemeinden, II. Jahresabschlüsse, S. 9.

Diese Berechnung (Tabelle 2), die näherungsweise den tatsächlichen Entscheidungsspielraum darstellen soll, hat jedoch auch empfindliche Mängel. Zunächst gilt sie strenggenommen (mit Ausnahme der Zuweisungen an Parafisci) nur für die mittlere Ebene, da beim Bund Zuweisungen von Typ 1 und Typ 3 kaum vorkommen (Ausnahme: Zuweisungen an finanzschwache Länder). Neben diesem formalen Mangel bleibt jedoch besonders die Darstellung der Gemeindeausgaben unbefriedigend; die Trennung in Auftragsangelegenheiten, Pflicht- und freiwillige Aufgaben geht weder aus einer Statistik der unmittelbaren noch der freien Aufgaben hervor. In der Tat ist der Bereich der Pflichtaufgaben beachtlich; wollte man ihn berücksichtigen, so müßte sich der Bereich der freien Ausgaben auf der Gemeindeebene drastisch reduzieren. Darüber hinaus muß man aber beachten, daß selbst Zweckzuweisungen das Volumen der „freien“ Ausgaben erhöhen können, da es mit ihrer Hilfe möglich ist, einen Teil der sonst unbedingt erforderlichen Ausgaben zu substituieren; somit wird der Ermessensspielraum bei anderen Aufgaben wieder größer. — Ein Beispiel mag diesen Tatbestand erläutern: Wenn eine Gemeinde gezwungen ist, eine bestimmte Summe im Haushaltsplan für dringende und unaufschiebbare Schuleinrichtungen einzusetzen, es ihr aber gleichzeitig gelingt, eine Zusage für eine entsprechende Zweckzuweisung des Landes zu erhalten, so kann die Gemeinde den ursprünglich eingeplanten Betrag für andere, selbstgewählte Zwecke freimachen. Dadurch wird zweifellos die finanzielle Dispositionsfreiheit dieser Gemeinde um den Betrag der Zweckzuweisung erhöht. Erst wenn mit dieser Zuweisung nicht nur eine bestimmte Auflage verbunden ist, sondern auch eine anteilmäßige Eigenleistung gefordert wird, wird der Bereich der „freien“ Ausgaben wieder eingeschränkt. Ein positiver Nettoeffekt kann aber in der Regel trotzdem unterstellt werden. Das Problem ist jedoch nicht auf die Gemeindeebene beschränkt. Allenthalben beobachten wir Einflußnahmen der beschließenden Körperschaften der einen Ebene auf die finanzpolitischen Aktivitäten der anderen; die kommunale Färbung der Landtage, die Wirkungen des Bundesrates auf den Bundeshaushalt sowie die Politik des Bundes, mit Hilfe von Zweckzuwendungen in das Finanzgebaren der Länder einzugreifen, sind hierfür Beispiele. Dann ergibt sich aber nur das Bild „verfilzter“ Zuständigkeiten; bestätigt hat sich zwar die Prognose, die Unklarheiten in den Zuständigkeiten für die einzelnen Aufgabenkomplexe werden zunehmen, eine eindeutige Verlagerung der „ungeteilten finanzpolitischen Verantwortung“ läßt sich jedoch nicht mehr nachweisen. Gehen wir so weit, dann ist Popitz' Prognose statistisch nicht mehr prüfbar; es ergäbe sich die staatsphilosophisch bedeutsame Frage, ob nicht der Typ des in klarer Verantwortung entscheidenden Zentralstaates, den Popitz als Endpunkt der Entwicklung ansah, in unserer durch Gewaltenvermischung aller Art gekennzeichneten Gesellschaftsstruktur unrealistisch geworden ist.

Eine letzte mittelfristige Zeitreihe schließt die Interpretation von Popitz' Hypothese ab; es werden dargestellt die unmittelbaren Ausgaben der drei Ebenen, vermindert um die Ausgaben für Verteidigung und Kriegsfolgelasten einschließlich Wiedergutmachung, d. h. ausschließlich derjenigen Ausgaben, die nach Popitz' Aussage zweifelsfrei beim Zentralstaat liegen oder liegen sollen. Die Statistik zeigt zunächst, wie nicht anders zu erwarten, einen relativen Rückgang des Bundesanteils um ca. 10 %, gleichzeitig eine entsprechende Erhöhung des Gewichts der anderen Gebietskörperschaften, am stärksten bei den Gemeinden. Es ist im Rahmen dieser Abhandlung nicht möglich, die dann verbleibenden Ausgabekategorien einzeln auf ihre Verteilung und ihre Wachstumsraten zu überprüfen. Die erhalten gebliebene Konstanz der Anteile der einzelnen Ebenen läßt jedoch in Verbindung mit Tabelle 1 den Schluß zu, daß die „natürlichen" Aufgaben der Zentrale nicht überproportional gewachsen sind, daß bei der Verlagerung von Aufgaben keine Ebene bevorzugt oder benachteiligt war und/oder daß sich das Zuwachsen neuer Aufgaben gleichmäßig oder kompensatorisch vollzogen hat. In der Tat haben sich bei den verschiedenen Ausgabekategorien Schwerpunktverschiebungen ergeben. So wandert der Schwerpunkt der Ausgaben für den sozialen Wohnungsbau offensichtlich vom Bunde zu Ländern und Gemeinden[41]; dem Bund ist es gelungen, die Länder an seiner sektoralen Subventionierungspolitik zu beteiligen (Landwirtschaft, Bergbau); die Länder haben immer mehr Kulturausgaben aus dem Gemeindebereich an sich gezogen. Ein besonders ambivalentes Bild scheint sich daher bei den Gemeinden zu ergeben, die einerseits Aufgaben abgeben, auf alten Aufgabekategorien am längsten ‚sitzenbleiben', schließlich aber auch wohl die meisten neuen Aufgaben der Infrastrukturinvestitionen in Angriff nehmen (Rekommunalisierung der öffentlichen Aufgaben). Aus allen Statistiken dieser mittelfristigen Betrachtung ergibt sich daher keine Bestätigung der Popitzschen Hypothese[42], vielmehr haben sich die Ausgabestrukturen der drei Ebenen als bemerkenswert konstant erwiesen[43].

---

[41] Willi *Albers:* Strukturwandlungen kommunaler Ausgabenbudgets während der letzten Jahrzehnte im internationalen Vergleich. „Archiv für Kommunalwissenschaften", Jg. 5, 1966, S. 239 ff.

[42] So auch neuestens Willi *Albers:* Strukturwandlungen kommunaler Ausgabenbudgets ..., a.a.O., S. 248.

[43] Es sei nur vermerkt, daß damit sicherlich nicht alle Überprüfungsmöglichkeiten erschöpft sind. So könnte man z. B. auf der Linie der „ungeteilten finanzpolitischen Verantwortung" fortfahrend die Frage der Kompetenzverteilung und ihrer Verschiebungen zu prüfen suchen. Damit könnten zumindest weitere Rahmenbedingungen möglicher Veränderungen erfaßt werden.

Die langfristige Betrachtung, die mit dem Jahre 1913 beginnt, vergleicht nach den jüngsten Veröffentlichungen des Statistischen Bundesamtes die unmittelbaren Ausgaben pro Kopf in ausgewählten Jahren von 1913 bis 1962 sowie die Nettoausgaben pro Kopf. Letztere umfassen die unmittelbaren Ausgaben zuzüglich der Zahlungen an Gebietskörperschaften abzüglich der Zahlungen von Gebietskörperschaften. Sie zeigen, wieviele Ausgaben aus eigenen Mitteln der betreffenden Gebietskörperschaft gedeckt werden mußten. Danach ergibt sich (Tabelle 4) ein Anstieg von ca. 10 % beim Anteil des Reiches bzw. des Bundes (einschließlich LAF) im Zeitverlauf, eine beachtliche Konstanz der Länderanteils und ein Absinken des Gemeindeanteils von ca. 40 % im Jahre 1913 auf ca. 25 % im Jahre 1962. Damit zeigt sich langfristig eine Zunahme des zentralen Haushalts, jedoch per Saldo nicht auf Kosten der Länderaufgaben, wie es Popitz' Formulierung unterstellt, sondern auf Kosten der Gemeindeausgaben, die allerdings ihren Anteil seit 1950 halten bzw. verbessern konnten. —

Man mag nun darüber streiten, ob dieses langfristige Bild das Popitzsche Gesetz bestätigt. Betrachtet man lediglich den Zentralstaat, so hat sein finanzpolitisches Gewicht zugenommen; wertet man also Popitz' Aussage ohne ihre Bedingungen, so ist sie ohne Zweifel bestätigt. Bedenken wir jedoch, daß er die Anziehungskraft des zentralen Etats vornehmlich auf die Länderhaushalte gerichtet sah, so hat sich seine Prognose auch langfristig als falsch erwiesen. Es bleibt dann lediglich die Prognose gewisser Zentralisierungstendenzen, die dann letztlich nicht mehr umfaßt als den Satz, daß der moderne Wohlfahrtsstaat zentralistischer ist als sein Vorgänger mit Nachtwächteraufgaben. — Auch die Betrachtung der Nettoausgaben bestätigt das Bild, da nämlich hier der Anteil des Zentralstaats noch stärker gestiegen, der Anteil der Länder wiederum nahezu konstant geblieben und der Gemeindeanteil noch stärker geschrumpft ist. Auch hier bleibt daher das Unbehagen an der Widersprüchlichkeit der Popitzschen Aussage erhalten.

Bestätigt ist jedoch zweifelsfrei die zweite Hypothese, daß wegen der fehlenden klaren Abgrenzungskriterien die Überschneidungen in der Aufgabenerfüllung zunehmen müßten. Beispiele dafür brachten wir bereits bei der mittelfristigen Betrachtung; in langfristiger Sicht dürfte die Entwicklung der Zuweisungen und Darlehen an bzw. von Gebietskörperschaften hierfür ein gutes Indiz sein, spiegelt sich doch in diesen Zahlen näherungsweise die wachsende finanzielle Verfilzung zwischen den Gebietskörperschaften. Während die unmittelbaren Ausgaben von 17 auf 267 Punkte (1951 = 100) gestiegen sind, liegt bei den Zuweisungen und Darlehen an Gebietskörperschaften bei gleichem Basisjahr ein Wachstum von 6 auf 332 Punkte vor (Tabelle 5).

Damit hat die Statistik ein Bild der tatsächlichen Entwicklung gegeben (wenn wir annehmen, daß sie es überhaupt treffend zu spiegeln vermag), das bedeutend komplizierter ist als die wenigen Sätze in Popitz' Aufsatz vermuten lassen. Es zeigt sich nämlich langfristig ein deutlicher Trend zum zentralen Haushalt, allerdings nicht auf Kosten der Länder, wie Popitz angenommen hatte; mittelfristig ergibt sich eine beachtliche Konstanz der einmal erreichten Aufgabestrukturen.

Folgen wir der Deutung von Willi Albers, so spiegelt sich hierin die langfristig größere Wirksamkeit der ‚echten Strukturänderungen', eben der ökonomischen Gesetze, die dann entweder in unmerklich kleinen Schritten die finanzpolitische Wirklichkeit veränderten oder aber an den politischen „breaking-points" sanktioniert wurden. Mittel- und kurzfristig entspräche diesem Bilde dann eine relativ große Stabilität der politischen Strukturen, die diesen Anpassungsprozeß zu verzögern vermögen. Die Hauptkräfte liegen hier sicherlich bei den Einnahmestrukturen; alle Regeln der Einnahmeverteilung sind im Finanzausgleich relativ starr. Sollten daher Ausgaben nach ‚oben' abgesaugt werden, so wird diejenige Ebene, die Ausgaben verliert, ihre Einnahmen jedoch zunächst behält, rasch eine Ersatzbetätigung im unerschöpflichen Katalog der öffentlichen Aufgaben finden. Auch bei neuen Aufgaben wird das alte Einnahmesystem nicht zuletzt mittels Schuldaufnahme als Aushilfsmittel recht lange beibehalten werden. —

An dieser Betrachtung stören jedoch zwei Aspekte. Zum einen haben gerade die politischen „breaking-points" nicht unbedingt in dem Sinne gewirkt, daß sie den vorher angestauten sachlichen Bedarf sanktionierten. Gewiß war nach 1919 eine stärkere Zentralisierung sachlich geboten, die ausgeprägt zentralistischen Tendenzen der Erzbergerschen Finanzreform und der Landessteuergesetze bedienten sich jedoch wahrscheinlich zu einem guten Teil dieses Sachzwangs nur als ‚Verdeckungsideologie'; wie neuere Forschungen[44] vermuten lassen, steckte hinter der zentralistischen Tendenz der Weimarer Finanzverfassung ein Demokratieideal zentralistisch-totalitärer Observanz, das auf die Schüler Rousseaus zurückgehen dürfte. Für dezentral-pragmatische Lösungen war politisch-ideologisch kein Raum. Die Entwicklung nach 1933 ist von ideologisch anderen, jedoch ähnlich zentralistischen Vorstellungen geprägt. Daß schließlich im Bonner Grundgesetz die zentralstaatlichen Gewichte hätten verstärkt werden müssen, ist nicht zu bestreiten; gleichwohl hat die von den Besatzungsmächten erzwungene dezentrale Lösung eine beachtliche Konstanz bewiesen. In all diesen Fällen ist also der Sachzwang (was immer man darunter verstehen mag) entweder

---

[44] Wolfgang *Hofmann:* Plesbiszitäre Demokratie und kommunale Selbstverwaltung in der Weimarer Republik. „Archiv für Kommunalwissenschaften", Jg. 4, 1965, S. 264 ff.

vorgeschoben oder aber negiert worden. Es fällt daher dem Verfasser schwer, ihm die tragende Rolle des Spiels zuzuerkennen.

Ein zweites kommt hinzu: Stellt man ökonomischen Trend und politische Entscheidungen einander gegenüber, so kennzeichnet man dadurch letztere gewollt oder ungewollt als störende Faktoren, die einen an sich sinnvoll ablaufenden Prozeß in arationaler Weise verfälschen. Es ist hier nicht der Ort, die hier anstehenden allgemeineren Fragen rationellen Handelns zu diskutieren[45], es mutet jedoch seltsam an, wollten wir uns in einer Zeit, in der ökonomisch-rationales Handeln zunehmend in einen Entscheidungsrahmen mit anderen Motivstrukturen eingebettet wird, auf dieses Prinzip allein stützen, zumal die Maßstäbe solchen Handelns gerade im Bereich der öffentlichen Wirtschaft niemals ähnlich exakt fixiert werden können, wie dies im Bereich der Privatwirtschaft zumindest normativ möglich ist. Daher ist es methodisch sicherlich erfolgversprechender, das ein Ergebnis präjudizierende Denken in „Trend" und „Störungsfaktoren" zu verlassen und allgemeiner nach den Faktoren zu fragen, die auf eine gegebene Ausgabenstruktur einwirken und sie verändern oder zu konservieren suchen. Ausgeklammert bleiben dabei Untersuchungen ähnlicher Prozesse für die Einnahmeseite sowie die gerade bei den Einnahmen gehäuft auftretenden normativen Fragen nach der optimalen Verteilung der finanzwirtschaftlichen Aktivitäten auf die einzelnen Ebenen des Staatsaufbaus. Letzteres leitet dann über in die allgemeine Theorie des Finanzausgleichs.

VI. Ansätze einer allgemeineren Fragestellung

Fragen wir gleichzeitig nach Zentralisierungs- und nach Beharrungstendenzen, die in einem einmal gegebenen System der Ausgabeverteilung wirksam sind, so lassen sich nach der vorausgegangenen Diskussion drei Gruppen von Wirkungsbereichen unterscheiden:

(1) Der Sachzwang, d. h. das ökonomische Prinzip, nach dem bestimmte Aufgaben bestimmten Trägern zugewiesen werden, weil diese die Aufgabe ökonomisch besser erfüllen können. Bei der Verlagerung bereits bestehender Aufgaben wirkt dieser Sachzwang sicherlich im Sinne von Albers unmerklich, bei neuen Aufgaben muß er hingegen als überzeugendes Argument benutzt werden können, damit die Entscheidung eindeutig ausfällt.

---

[45] Vgl. z. B. Gérard *Gäfgen:* Theorie der wirtschaftlichen Entscheidung; Untersuchungen zur Logik und ökonomischen Bedeutung des rationalen Handelns, Tübingen 1963, insbes. S. 106 ff.

(2) Mentalitätsprobleme i. w. S. Wenn das Optimum einer Aufgabenerfüllung nicht eindeutig bestimmbar ist, dann wird umso wichtiger, wen der Bürger für den besten Träger hält. Dabei spielen sowohl Informationen als auch Attitüden eine Rolle, wie auch Interaktionen zwischen (1) und (2) möglich und wahrscheinlich sind.

(3) Politisch-soziologische Faktoren. Da mit jeder Ausgabeposition Machtverhältnisse verbunden sind, werden Ausbau oder Erschütterung derselben über die weitere Entwicklung der Ausgabe mitentscheiden. Sachzwang und Mentalität werden hier zusätzlich wirksam, wie auch eine politische Machtposition durch den Hinweis auf objektive Notwendigkeiten und den Appel an Affekte gestützt werden kann.

(1) Dem Sachzwang hat Johannes Popitz nur bei den natürlichen Aufgaben des Zentralstaates der Selbstbehauptung nach innen und außen (und ihren Folgen) ein solches Maß an Überzeugungskraft eingeräumt, daß sich klare Maßstäbe der Aufgabenübertragung von selbst ergeben. Ein ähnliches Maß von Überzeugungskraft läßt sich sicherlich auch für eine große Gruppe kommunaler Aufgaben finden; es ist z. B. schwer vorstellbar, daß eine zentrale Stelle für die örtliche Straßenbeleuchtung zuständig ist, es kann jedoch durchaus sein, daß sie die örtlichen Behörden zu bloßen Verwaltungsstellen degradiert. Daher mag der Spielraum der kommunalen Aufgabenerfüllung kleiner oder größer sein; wir wiesen bei der Diskussion der freien Aufgaben darauf hin. — Die Notwendigkeit zentraler Politik wird sodann von Popitz wie von Albers für den Bereich der Wirtschafts- und Sozialpolitik betont. Es ist sicherlich allgemeines Gedankengut geworden, daß mit der Handels- und Zollpolitik nicht Halt gemacht werden kann; welche Bereiche dieser Politik jedoch zur Zentrale wandern bzw. — diese Formulierung erscheint hier angebracht — wandern müssen, muß im Einzelfalle geprüft werden. So ist es z. B. von der Sache her unmöglich, Geldpolitik dezentral zu betreiben; ein System regionaler Zettelbanken paßt nicht in eine moderne freie Währung. Im Bereich der öffentlichen Investitionen wird man ähnliche Überlegungen auch für den Komplex der großräumlichen Investitionen vertreten müssen, die nur von einem Träger erstellt werden können, der die vielfältigen technisch-organisatorischen Fragen löst. Hier bietet sich also wohlgemerkt der zentrale Träger von der Sache her an, nicht jedoch aus Gründen der regionalen Gleichmäßigkeit, gegen die bei derartigen Großinvestitionen häufig genug verstoßen wird. Ob m. a. W. aus einer Verlagerung wirtschaftspolitischer Aufgaben nach oben eine gleichmäßigere Versorgung, bezogen auf die Fläche, wird, ist eine politische Entscheidung. Dies zeigt sich z. B. deutlich bei der sog. Aufstufung von Landesstraßen zu Bundesstraßen. Hier hat zunächst nur eine Verlagerung der relativ be-

scheidenen Unterhaltungskosten zum Bunde hin stattgefunden; ob sich auch eine entsprechende Investitionsmaßnahme anschließt, hängt vom Investitionsprogramm des Bundes ab, das durch die Höherstufung zunächst nicht berührt ist. Bei einer anderen Gruppe öffentlicher Leistungen erscheint die Zentralisierung ebenfalls ‚technisch' zwingend, nämlich bei solchen, denen ein für das gesamte Staatsgebiet gleicher Versorgungsanspruch zugrunde liegt (Rentenzahlungen etc.). Aber bereits hier läßt sich eine Lösung denken, die nicht die Finanzmassen zentralisiert, sondern lediglich das Netz der Rechtsnormen dichter knüpft. Da freilich vorher eine entsprechende Finanzkraft der beteiligten Gebietskörperschaften vohanden sein muß, steigen mit Sicherheit die Finanzausgleichszahlungen; die Verlagerung der Finanzmassen nach oben kann in diesem Fall durch direkte Kontrollen aller Art zumindest mittelfristig ersetzt werden. Daher ist auch die Notwendigkeit der fiscal policy nicht schon an sich ein Grund für die Zentralisierung der Finanzmassen; eine der wirtschaftlichen Situation entsprechende Änderung der öffentlichen Ausgaben und Einnahmen nach Maß und Zusammensetzung läßt sich sehr wohl auch durch rechtlich erzwungene gemeinsame Aktionen erreichen.

Aus dem Gesagten wird deutlich, daß nur für relativ wenige Ausgabekategorien technisch-ökonomische Maßstäbe eine Anziehungskraft des zentralen Haushalts bewirken. Eine Zuordnung zu den Länderhaushalten aus denselben Gründen gelingt hingegen bei kaum einer Ausgabenkategorie mit ähnlicher Überzeugungskraft. Daher könnte hier die Schlußfolgerung gezogen werden: Ist die Körperschaft der jeweils ‚besten' Aufgabenerfüllung (im Sinne des ökonomischen Prinzips) nachweisbar, so war dies bisher in der Regel der zentrale Haushalt. Sollten derartige Aufgaben an Umfang und Gewicht zunehmen, so dürfte sich die Popitzsche Hypothese weiterhin bestätigen lassen. Sie hat sich in der Vergangenheit in langfristiger Betrachtung vor allem deswegen bestätigt, weil die neuen Aufgaben des modernen Wohlfahrts- und Inverventionsstaates (Sozialversicherung, großräumige Infrastruktur im Verkehrssektor, Subventionen globaler Art) aus vorwiegend sachlichen Gründen Aufgaben des Zentralstaates werden mußten, andere Aufgaben z. B. im Bereich der kleinräumlichen Infrastruktur, mußten demgegenüber zurückstehen. In dieser Sicht erscheint der Trend zum zentralen Haushalt, wie es zwischen 1913 und 1928 feststellbar ist, als ein Sprung auf eine neue Entwicklungsstufe der öffentlichen Haushaltswirtschaft. Es ist aber nicht zulässig, diesen Sprung linear zu extrapolieren, da sich in der Folgezeit andere Ausgabenkategorien des modernen Wohlstandsstaates in den Vordergrund schieben können, bei denen dann das ökonomische Optimum eindeutig nicht mehr bei der Zentrale liegt.

Darüber hinaus scheint es nicht ausgeschlossen, daß im Verlaufe der EWG-Integration derselbe Prozeß wieder von vorne beginnt, da sich nunmehr ein neuer zentraler Etat gebildet hat. Auch hier beginnen bereits die ersten Verlagerungen wiederum im Bereich der Zoll- und Handelspolitik, bei der offensichtlich der Sachzwang am stärksten wirksam ist.

(2) Mentalitätsprobleme sind bisher in vielfältiger Weise angesprochen worden; sie finden sich vornehmlich in zwei Aussagen: einmal sei das Bedürfnis nach interregional gleichen Leistungen größer geworden[46], zum anderen steige das Vertrauen in die zentralen Einrichtungen und ihre Beschlüsse (Reichstag) so sehr an[47], daß schon dadurch die untergeordneten Gebietskörperschaften entwertet werden. Dieser Wandel der Einstellung zur öffentlichen Aufgabenerfüllung als ganzer sowie zu den Leistungen einzelner Gebietskörperschaften bedarf der Vertiefung; eine eingehende Analyse muß zumindest Informationen und Attitüden unterscheiden.

Über die Informationen, die der Staatsbürger hinsichtlich der Tätigkeit der verschiedenen Gebietskörperschaften besitzt, sind wir durch Umfrageergebnisse in groben Umrissen informiert[48]. F. Rexhausen hat die Ergebnisse einer größeren Befragungsaktion ausgewertet[49] und dabei festgestellt, daß die Bevölkerung durchaus „eine Vorstellung davon hat, daß Bund, Land und Gemeinde sich hinsichtlich ihrer Aufgaben unterscheiden"[50]. Informationen über die Unterschiede der Aufgabenstruktur sind also durchaus vorhanden. Interessanterweise haben nun aber die Länder, „was ihre Aufgaben und Ausgaben angeht, in den Augen der Bevölkerung am wenigsten ‚Profil': sie sind zwar vom Bund unterschieden durch die häufige Nennung der Ausgaben für den Straßenbau und für öffentliche Bauten, aber bei den Gemeinden werden diese Ausgaben noch häufiger genannt ... Lediglich die Ausgaben für Kultur und Wissenschaft („Kulturelle Aufgaben") treten bei den Ländern etwas stärker hervor. ... Schon hier also bemerken wir, daß das Bild, das die Bevölkerung von Ländern hat, farbloser und verwaschener ist als das von Bund und Gemeinden"[51]. Und weiter: „Sehen wir von der Antwort ‚Allgemeine Haushaltsaufgaben' ab, so muß aus den

---

46 Johannes *Popitz:* Der Finanzausgleich, a.a.O., S. 347.
Willi *Albers:* Das Popitzsche Gesetz ..., a.a.O., S. 849.

47 Johannes *Popitz:* Der Finanzausgleich, a.a.O., S. 348.

48 Günter *Schmölders:* Das Irrationale in der öffentlichen Finanzwirtschaft. Probleme der Finanzpsychologie. Bd. 100, Hamburg 1960.

49 Felix *Rexhausen:* Die Finanzpublizität der Länder und Gemeinden. Finanzwissenschaftliche Forschungsarbeiten, N.F. Heft 28, Berlin 1963.

50 Ebd., S. 36.

51 Felix *Rexhausen:* Die Finanzpublizität der Länder und Gemeinden, a.a.O., S. 38.

übrigen Angaben der Schluß gezogen werden, daß ‚das Land' als eine große Bau- und Sozialbehörde erscheint — viel weiter reichen die konkreten Vorstellungen über die Aufgaben der Länder jedenfalls nicht[52]." Damit beobachten wir — abgesehen von regionalen Unterschieden, die sich insbesondere bei den Bewohnern der ‚gewachsenen' Länder (Bayern, Niedersachsen) finden lassen, deutliche Informationsdifferenzierungen, die auffällig der Linie von Johannes Popitz entsprechen: Die Aufgaben des Bundes sind nicht zuletzt durch die Massenmedien Rundfunk und Fernsehen nahezu allenthalben bekannt; nahezu das gleiche gilt infolge der unmittelbaren Anschaulichkeit und der laufenden lokalen Presseberichterstattung für den kommunalen Bereich. Daß die mittlere Ebene ausgespart bleibt, ist durch Umfrageforschung erwiesen; ob daraus — wie Rexhausen es tut — Schlüsse für die Öffentlichkeitsarbeit der Gebietskörperschaften gezogen werden sollen, ist hier nicht zu untersuchen. Es bleibt vielmehr der empirische Befund, daß die Aufgaben des Landes unanschaulich und bei der Bevölkerung wenig bekannt sind. Setzt man nunmehr öffentliche Meinung mit politischem Einfluß gleich, so wäre die Machtlosigkeit der Länder offenkundig. Eine so einfache Gleichung stimmt in diesem Bereich jedoch nicht; es ist gerade das Erstaunliche, daß die Bewohner der Bundesrepublik kein besonderes Verhältnis zu ihren Ländern gefunden haben, obwohl der finanzpolitische Spielraum dieser Körperschaften keinesfalls abgenommen hat.

Die Verbindungen zwischen Information und Attitüde werden im allgemeinen so umschrieben, daß die Einstellung gegenüber einer Sache um so positiver sei, je mehr man von ihr wisse. Auch danach müßte die Einstellung zu den Ländern zumindest neutral sein; auch von hierher könnten Zentralisierungsbestrebungen keinen Widerständen in der öffentlichen Meinung begegnen. Wichtig ist hier jedoch die allgemeine Betrachtung der Einstellung zu öffentlichen Leistungen schlechthin. Obwohl hier noch kein breites empirisches Material vorliegt, dürfte die von Popitz und von Albers vertretene These von der „egalitären Anspruchshaltung" allenthalben bestätigt werden. Das von August Dresbach geprägte „Niemand will mehr arm sein" spiegelt sehr plastisch den allenthalben anzutreffenden Sachverhalt. Nun ist allerdings die dahinter versteckte Anspruchshaltung recht differenzierter Art und in ihren Einzelheiten bisher wenig erforscht. Wenn Johannes Popitz anführt, daß zu seiner Zeit die Entscheidung des Reichstags als oberste Instanz angerufen und respektiert wurde, so gilt dies sicherlich heute für den Bundestag nicht in gleichem Maße. Gleichwohl ist auch heute das Bedürfnis nach obersten Entscheidungen

---

[52] Ebd., S. 42 ff.

im Bereich der Judikatur unübersehbar. Die finanzpolitische Entwicklung scheint aber eine andere, gleichsam richtungslose Entwicklung zu nehmen. Zentrierte Popitz die Vorstellung von der gleichmäßigen Versorgung mit öffentlichen Diensten noch auf den Zentralstaat, der darüber zu wachen habe, so ergibt sich heute das Bild einer „ungerichteten", allgemeinen Anspruchshaltung. Es bilden sich Normen für die Kanalisation, die Krankenhausversorgung, das Straßennetz, die Ausstattung mit Schulen heraus, die sich aus Bundesdurchschnitten, aus technischen Gegebenheiten oder aus bereits erreichten Werten der näheren oder weiteren Umgebung ergeben. Eine Anspruchshaltung gegen den zentralen Etat ergibt sich daraus nicht unmittelbar, wohl aber die Forderung, die Ausstattung mit allgemeinen Deckungsmitteln gleichmäßiger zu gestalten. Daraus folgt, daß die Attitüde, gleichmäßigere Staatsleistungen zu verlangen und vorauszusetzen, in erster Linie in eine Forderung an den Finanzausgleich mündet, eine gleichmäßigere Finanzkraft pro Kopf zur Finanzierung dieser Vorhaben bereitzustellen. — Eine Prüfung der Mentalität ergibt daher ein merkwürdiges Ergebnis: einerseits steht die öffentliche Meinung den Aufgaben der Länder durchaus neutral oder gar ablehnend gegenüber, andererseits richtet sie aber den durchaus vorhandenen Wunsch nach einheitlichen Staatsleistungen nicht unmittelbar an die oberste Instanz, sondern relativ ungerichtet an den, den es angeht. Aus diesem Grunde wird sich heute — so darf gefolgert werden — aus der allgemeinen Forderung nach gleichmäßigeren Staatsleistungen nicht automatisch eine zentralistische Tendenz ergeben, sondern allenfalls eine sich steigernde Aufwandskonkurrenz, die dann höchstens über den Finanzausgleich zu Zentralisierungstendenzen führt.

(3) Politisch-soziologische Fragen.

Die realen politischen Machtverhältnisse sind sicherlich neben den langfristig wirkenden ökonomischen und psychologischen Faktoren nur relativ kurzfristig wirksam; gerade sie werden an den „breakingpoints" der Finanzausgleichspolitik geändert. Die Richtung dieser Änderung ist allerdings genauso wenig vorherbestimmt oder -bestimmbar, wie es Änderungen der Mentalität und Änderungen des technisch-ökonomischen Kalküls sind. So haben z. B. die verfassungsmäßigen und die faktischen politischen Kräfte der Weimarer Zeit sicherlich zugunsten des zentralen Etats gewirkt; Popitz ist hier selbst das beste Beispiel. Andererseits wußten nach 1945 gerade die Länder ihre einmal eroberte Machtposition auszubauen und abzusichern. So darf den politisch-soziologischen Faktoren wohl vor allem eine mittelfristige Wirksamkeit zugeschrieben werden; für die Beobachtungsperiode nach 1948 sind sie sicherlich der wesentliche Faktor für die Stabilität in der einmal erreichten Verteilung der Finanzmassen. Es ist freilich schwer, wenn nicht unmöglich, hier allgemeinere Linien herauszuarbeiten, ist doch vieles gerade der gegenwärtigen politisch-soziologischen Struktur allzu vordergründig und kurzlebig. Einige Grundthesen sollen jedoch zeigen, wie die relativ starke finanzpolitische Stellung der Länder politisch-soziologisch erklärt werden könnte. (1) Zunächst ist auf die Schwächung des Reichsgedankens durch die Teilung Deutschlands und das Wirken der Besatzungsmächte bei der Entstehung des Bonner Grundgesetzes hinzuweisen; die Hinwendung der Bundesrepublik zu einer westeuropäischen Integrationspolitik hat sicherlich diesen Trend verstärkt. Hat damit der Bund die alte zentralstaatlich bestimmte Reichstradition gar nicht aufnehmen können oder wollen, so sind die Länder von diesen Prozessen entweder unberührt geblieben oder durch sie noch gestärkt worden. Hierfür sind neben der guten Ausgangsposition in der Finanzverfassung wohl vornehmlich zwei Faktoren ausschlaggebend, die Parteienstruktur und die Länderbürokratie. Die Parteien in der Bundesrepublik sind auf Länderebene gegründet worden, die sie in Einzelfällen bis heute nicht verlassen haben. Dadurch hat sich bis heute ein bedeutsames politisches Gewicht der „Landesfürsten" und ihres Anhangs erhalten, das für die Bundesrepublik besonders beim Aufstellen der Reservelisten in die Waagschale geworfen wird; die föderalistische Struktur auch der zentralen Regierung und des zentralen Parlaments bleibt damit unübersehbar. Dazu wirkt dieser föderalistische Grundzug des Parteienwesens auch in die Parteiprogramme und -ideologien hinein. Hat eine Partei einmal erkannt, daß sie gerade über die Länder Einfluß auf die Zentrale gewinnen kann, so wird sie auch in ihren programmatischen Aussagen dem Föderalismus größeren Raum widmen. So kann heute keine der großen Parteien in der Bundesrepublik mehr als ‚zentralistisch' bezeichnet werden. (3) Die Länderbürokratie ist der andere mittelfristig konservierende Faktor. Es mag dahingestellt bleiben, ob der fehlende Unterbau der Bundesbürokratie, die z. T. bessere Bezahlung oder andere Unwägbarkeiten hier eine Rolle spielen; tatsächlich war jedoch der Zug gerade der besseren Beamten nach Bonn nur eine temporäre Erscheinung. Heute ist die Länderbürokratie eine in sich gefestigte Einrichtung geworden, die Positionen zäh verteidigt und über den Bundesrat („Parlament der Oberregierungsräte") auch in die Gesetzgebung des Zentralstaates hineinreicht. Sie wirkt vor allem durch die besseren Informationsmöglichkeiten, die sie gegenüber dem Bunde besitzt. — Ergebnis ihres Wirkens war nun aber nicht ein größer werdender Länderbereich, sondern die zunehmende Verfilzung der finanzpolitischen Zuständigkeiten; die bereits mehrfach erwähnte zweite Popitzsche Hypothese hat hier ihre Bestätigung gefunden. Sollte sich diese Verfilzung fortsetzen, so müßte freilich eine Prüfbarkeit der

Hypothese von der Anziehungskraft des zentralen Etats überhaupt in Frage gestellt werden; von einer eindeutigen Verlagerung der finanzpolitischen Verantwortung kann dann nicht mehr gesprochen werden.

VII. Weitere Fragestellungen

Der Strukturwandel der finanzpolitischen Zuständigkeit in einem gegliederten Staatsgebilde sollte weiterhin untersucht werden. Hierfür bieten sich verschiedene Ansatzpunkte.

(1) Weil die Aussagekraft der Finanzstatistik für unsere Fragestellung immer begrenzt bleiben wird, sollte versucht werden, das Konzept der Kompetenzaufgliederung zu verfolgen, um auf diese Weise die tatsächlichen finanzpolitischen Machtbereiche der einzelnen Ebenen besser abgrenzen zu können. Dies ist eine Aufgabe, die die globale Finanzstatistik nicht lösen kann. Hier wird man Fallstudien durchführen müssen. (2) Die Frage ökonomisch sinnvoller Finanzmassenverschiebungen, die ja immer auch eine normative Fragestellung einschließt, berührt die Probleme des optimalen Budgets, aber auch Fragen der cost-benefit-Analyse, die dazu beitragen kann, den „richtigen" Träger für eine öffentliche Aufgabe zu ermitteln. Gerade hier liegt dann die Fortsetzung der ursprünglichen Popitzschen Fragestellung nach den einheitlichen und klaren Grundsätzen, nach denen öffentliche Aufgaben zu verteilen sind. Dabei kann es sich freilich herausstellen, daß die bisherige Einteilung nach drei Ebenen nicht mehr ausreicht. (3) In den Bereich der Betrachtung rücken dann z. B. Zweckverbände, die größere regionalpolitische Aufgaben wahrnehmen, oder parafiskalische Gebilde, die den Staat sozialpolitisch entlasten. Ob eine solche Entwicklung „zentraler" ist oder nicht, kann nur mit Blick auf die jeweils betroffene Gebietskörperschaft entschieden werden. Die gleiche Frage gilt auch für die Haushalte der supranationalen Behörden, für die freilich zunächst der engere Bereich der ‚natürlichen' Aufgaben zu formulieren wäre.

Tabelle 1

Entwicklung der unmittelbaren Ausgaben

— in Mio. DM —

Jahr	Bund	Länder	Stadt-staaten	Gemein-den	LAF	Su
1948	475	8 514	1 400	3 901	101	14 391
(in %)	3,3	59,2	9,7	27,1	0,7	100
1949	1 653	13 198	1 610	5 851	1 047	23 359
(in %)	7,1	56,5	6,9	25,0	4,5	100
1950	11 538	7 003	1 105	6 375	1 411	27 432
(in %)	42,1	25,5	4,0	23,2	5,1	100
1951	16 554	8 839	2 558	7 414	1 313	36 678
(in %)	45,1	24,1	7,0	20,2	3,6	100
1952	17 997	9 915	2 910	8 666	1 317	40 805
(in %)	44,1	24,3	7,1	21,2	3,2	100
1953	19 360	10 616	3 275	9 828	2 772	45 851
(in %)	42,2	23,2	7,1	21,4	6,0	100
1954	20 366	11 183	3 580	11 243	3 662	50 034
(in %)	40,7	22,4	7,2	22,5	7,3	100
1955	19 062	12 132	4 015	12 850	3 331	51 390
(in %)	37,1	23,6	7,8	25,0	6,5	100
1956	22 850	14 583	4 724	14 503	3 211	59 871
(in %)	38,1	24,3	7,9	24,2	5,4	100
1957	25 582	16 091	5 146	15 743	3 512	66 074
(in %)	38,7	24,3	7,8	23,8	5,3	100
1959	30 690	18 505	5 786	18 795	4 370	78 146
(in %)	39,3	23,7	7,4	24,1	5,6	100
1960	24 625	16 195	4 882	16 514	3 012	65 228
(in %)	37,8	24,8	7,5	25,3	4,6	100
1961	39 831	23 796	6 918	24 295	3 966	98 806
(in %)	40,3	24,1	7,0	24,6	4,0	100
1962	42 973	25 980	7 727	28 408	4 617	109 705
(in %)	39,2	23,7	7.0	25,9	4,2	100
1963	45 707	27 852	7 961	32 191	3 993	117 704
(in %)	39,0	23,6	6,7	27,3	3,4	100
1964	51 934	29 920	8 706	36 643	4 534	131 737
(in %)	39,4	22,7	6,6	27,9	3,4	100

Quelle: (für 1948—1957): Berechnet aus: Die öffentliche Finanzwirtschaft 1955 und 1956 und vorläufige Ergebnisse 1957. Statistik der Bundesrepublik Deutschland, Band 227, S. 22—25.

(für 1959—1964) Statistisches Bundesamt: Finanzen und Steuern, Reihe 1: Haushaltswirtschaft von Bund, Ländern und Gemeinden II: Jahresabschlüsse, 1959 bis 1962, und Jahresabschlüsse 1963 u. 1964 (nach vorläufigen Angaben des Stat. Bundesamtes).

Tabelle 2

Entwicklung der „freien" Ausgaben

— in Mio. DM sowie in % der unmittelbaren Ausgaben —

Jahr	Bund	Länder	Stadtstaaten	Gemeinden	LAF	Su
1948	483	9 026	1 383	3 167	101	14 160
(in %)	3,4	62,7	9,6	22,0	0,7	98,4
1949	1 572	13 738	1 612	4 905	1 047	22 874
(in %)	6,7	59,0	6,9	21,0	4,5	97,9
1950	10 571	7 453	1 111	5 623	1 444	26 202
(in %)	38,5	27,2	4,1	20,5	5,3	95,5
1951	17 463	7 892	2 400	6 697	1 313	35 765
(in %)	47,6	21,5	6,5	18,3	3,6	97,5
1952	19 090	9 030	2 715	7 804	1 125	39 764
(in %)	46,8	22,1	6,7	19,1	2,8	97,4
1953	20 644	10 139	3 094	8 863	2 037	44 777
(in %)	45,0	22,1	6,7	19,3	4,4	97,7
1954	21 894	10 645	3 393	9 939	2 879	48 750
(in %)	43,8	21,3	6,8	19,9	5,8	97,4
1955	20 679	11 884	3 816	11 275	2 309	49 963
(in %)	40,2	23,1	7,4	21,9	4,5	97,2
1956	25 490	13 874	4 190	12 457	2 063	58 074
(in %)	42,6	23,2	7,0	20,8	3,4	97,0
1957	29 026	14 605	4 514	13 758	2 243	64 146
(in %)	43,9	22,1	6,8	20,8	3,4	97,1
1959	33 943	16 636	4 968	16 471	3 181	75 199
(in %)	43,4	21,3	6,4	21,1	4,1	96,2
1960	27 184	14 098	4 219	14 692	2 043	62 236
(in %)	41,7	21,6	6,5	22,5	3,1	95,4
1961	42 152	20 722	5 948	21 402	2 746	92 970
(in %)	42,7	21,0	6,0	21,7	2,8	94,1
1962	46 748	22 843	6 417	24 486	3 357	103 851
(in %)	42,6	20,8	5,8	22,3	3,1	94,7
1963	49 768	24 836	6 737	27 492	2 718	111 551
(in %)	42,5	21,0	5,7	23,3	2,3	94,8
1964	54 796	27 374	7 601	31 115	3 358	124 244
(in %)	41,6	20,8	5,8	23,7	2,5	94,3

Quelle: Siehe Angaben zu Tabelle 1.

Tabelle 3

Entwicklung der unmittelbaren Ausgaben minus Verteidigung, Kriegsfolgelasten, Wiedergutmachung

(in Mio. DM)

Jahr	Bund	Länder	Stadt-staaten	Gemein-den	LAF	Su
1948	253	5 073	918	3 866	101	10 211
(in %)	2,5	49,7	9,0	37,9	0,9	100
1949	1 166	9 145	1 249	5 796	1 047	18 403
(in %)	6,3	49,7	6,8	31,5	5,7	100
1950	6 729	6 173	1 045	6 334	1 411	21 692
(in %)	31,0	28,4	4,8	29,3	6,5	100
1951	7 933	8 405	2 531	7 371	1 313	27 553
(in %)	28,8	30,5	9,2	26,7	4,8	100
1952	10 019	9 449	2 763	8 627	1 317	32 175
(in %)	31,1	29,4	8,6	26,8	4,1	100
1953	11 692	10 226	3 099	9 785	2 772	37 574
(in %)	31,1	27,4	8,2	26,0	7,3	100
1954	11 906	10 802	3 375	11 204	3 662	40 946
(in %)	29,0	26,4	8,2	27,4	9,0	100
1955	12 466	11 576	3 725	12 825	3 331	43 923
(in %)	28,5	26,3	8,4	29,2	7,6	100
1956	14 481	14 001	4 521	14 486	3 211	50 700
(in %)	28,6	27,6	8,9	28,6	6,3	100
1957	16 583	15 357	4 910	15 722	3 512	56 084
(in %)	29,5	27,4	8,7	28,1	6,3	100
1959	18 766	17 696	5 529	18 795	4 370	65 156
(in %)	28,8	27,1	8,5	28,8	6,7	100
1960	14 687	15 487	4 682	16 514	3 012	54 382
(in %)	27,0	28,5	8,6	30,4	5,5	100
1961	24 308	22 776	6 643	24 295	3 966	81 988
(in %)	29,6	27,9	8,1	29,6	4,8	100
1962	23 418	24 983	7 420	28 408	4 617	88 846
(in %)	26,3	28,2	8,3	32,0	5,2	100
1963	25 905	26 208	7 227	32 191	3 993	95 524
(in %)	27,2	27,4	7,6	33,6	4,2	100
1964	32 710	28 464	8 020	36 643	4 534	110 371
(in %)	29,6	25,9	7,3	33,1	4,1	100

Quelle: Statistisches Bundesamt: Finanzen und Steuern, Reihe 1; II: Jahresabschlüsse 1959—1962, S. 11, und Jahresabschlüsse 1963 und 1964 (nach vorläufigen Angaben des Statistischen Bundesamtes).

Tabelle 4

Unmittelbare Ausgaben (in M/RM/DM je Einwohner)

Jahr	Reich/Bund und LAF	Länder und Stadtstaaten	Gemeinden Gv.	Insgesamt	Index der Gesamtentw. (1951 = 100)
1913	39,80	34,90	50,87	124,31	17
(in %)	32,0	28,1	39,9	100	
1925	81,25	62,32	90,87	232,08	32
(in %)	35,0	26,9	38,1	100	
1928	129,76	92,20	122,22	333,13	45
(in %)	39,0	27,7	33,4	100	
1932	72,40	67,50	90,60	222,21	30
(in %)	32,6	30,4	37,0	100	
1951	354,49	229,76	163,08	733,05	100
(in %)	48,4	31,3	20,3	100	
1955	429,07	310,77	272,79	988,65	134
(in %)	43,4	31,4	25,2	100	
1959	649,69	454,11	388,02	1 457,95	198
(in %)	44,6	31,1	24,3	100	
1962	846,63	605,67	551,02	1 957,47	267
(in %)	43,3	30,9	25,8	100	

Tabelle 5

Zuweisungen und Darlehen an Gebietskörperschaften

(in M/RM/DM je Einwohner)

Jahr	Reich/Bund und LAF	Länder und Stadtstaaten	Gemeinden Gv.	Insgesamt	Index der Gesamtentw. (1951 = 100)
1913	1,35	1,90	5,10	8,23	6
(in %)	16,4	23,1	60,5	100	
1925	4,01	4,65	9,89	18,29	14
(in %)	21,9	25,4	52,7	100	
1928	4,45	6,47	13,60	23,29	18
(in %)	19,1	27,8	53,1	100	
1932	15,53	3,08	15,64	32,82	26
(in %)	47,3	9,4	43,3	100	
1951	63,81	38,77	28,59	128,68	100
(in %)	49,6	30,1	20,3	100	
1955	85,87	73,94	42,34	198,43	154
(in %)	43,3	37,3	19,5	100	
1959	150,34	108,25	56,01	309,71	240
(in %)	48,5	35,0	16,5	100	
1962	158,76	201,01	74,85	428,40	332
(in %)	37,1	46,9	16,0	100	

Tabelle 6

Nettoausgaben

(in M/RM/DM je Einwohner)

Jahr	Reich/Bund und LAF	Länder und Stadtstaaten	Gemeinden Gv.	Insgesamt	Index der Gesamtentw. (1951 = 100)
1913	41,10	34,89	49,49	124,26	17
(in %)	33,1	28,1	38,8	100	
1925	85,26	61,20	87,46	231,66	32
(in %)	36,8	26,4	36,8	100	
1928	134,19	91,62	177,93	333,08	45
(in %)	40,3	27,5	32,2	100	
1932	87,89	62,40	79,74	222,73	30
(in %)	39,5	28,0	32,5	100	
1951	411,68	199,83	130,64	730,72	100
(in %)	56,3	27,3	16,3	100	
1955	483,47	297,66	221,36	983,03	135
(in %)	49,2	30,3	20,5	100	
1959	767,37	407,37	314,74	462,01	201
(in %)	52,5	27,9	19,6	100	
1962	954,77	615,07	415,27	1 950,56	267
(in %)	48,9	31,5	19,5	100	

Quelle für Tabellen 4—6: Statistisches Bundesamt; Finanzen und Steuern, Reihe 1; II: Jahresabschlüsse 1959 bis 1962, S. 11.

Wachstumseffekte der Staatsausgaben*

Von Prof. *Wilhelm Weber (Wien)*

Einleitung und Disposition

Obwohl das so gestellte Thema eine isolierte Betrachtung der Ausgabenseite verlangt, wäre es doch beim heutigen Stand der Finanz- und der Wirtschaftstheorie kaum mehr zweckmäßig, die Effekte staatlicher Ausgabenpolitik auf das Wirtschaftswachstum aus dem Zusammenhang sonstiger wirtschafts- und speziell wachstumspolitischer Maßnahmen und Einflußgrößen auszuklammern. Zumindest müß(t)en alternative Annahmen über die staatliche Aktivität auf anderen einschlägigen Gebieten gemacht werden. Dies gilt besonders für die Einnahmenseite der Finanz, aber auch z. B. für die Geldpolitik, soweit diese vom Staat beeinflußbar ist. Die Wechselwirkungen zwischen staatlicher Ausgabentätigkeit und Beschäftigungsniveau dürfen ebenfalls nicht außer acht gelassen werden[1].

Das Ziel der fiscal theory von den dreißiger bis zu den fünfziger Jahren war es, aufzuzeigen, wie das Volkseinkommens*niveau* bei Vollbeschäftigung stabilisiert werden kann. Dieses Ziel der fiscal theory wurde mit zunehmender „Wachstumsbewußtheit" von Theorie und Politik (auch der ‚praktischen' Wirtschaftspolitik!) in den fünfziger Jahren auf die Stabilisierung der Wachstums*rate* hin, und zwar bei Vollbeschäftigung und bei Ausnützung der volkswirtschaftlichen Produktionskapazität, modifiziert. Hierfür lassen sich methodisch zwei Be-

---

* An der — erweiterten, schriftlichen — Abfassung dieses Beitrages hat mein Assistent Diplom-Volkswirt Dr. H. *Schleicher* wesentlichen Anteil.

Das Manuskript des Mitte 1965 gehaltenen Referats ist Mitte 1966 für den Druck überarbeitet und abgeschlossen worden. — Seither sind an einschlägigem deutschsprachigem Schrifttum u. a. erschienen: H. *Haller*, Einige Gedanken zum Thema: Öffentliche Finanzen im Wirtschaftswachstum, und: H. *Jürgensen*, Bemerkungen zu Wachstums- und Verteilungseffekten privater und öffentlicher Investitionen, beide in: Wirtschaftskreislauf und Wirtschaftswachstum, hrsg. von Erich Schneider, Carl Föhl zum 65. Geburtstag, Tübingen 1966, S. 57 ff. bzw. 75 ff.

[1] Vgl. dazu G. *Bombach:* Quantitative und monetäre Aspekte des Wirtschaftswachstums, in: Schriften des Vereins für Socialpolitik, N.F., Bd. 15, Berlin 1959, S. 154 ff.; H. *Timm:* Staat, Wachstum und Preisniveau. „Zeitschrift für die gesamte Staatswissenschaft", 119 (1963), S. 263 ff.; W. *Wittmann:* Staatliche Aktivität, wirtschaftliche Entwicklung und Preisniveau, Zürich 1965.

trachtungsweisen wählen, deren erste logisch-analytische, deren zweite (vielleicht) methodologische Vorteile bietet: (1) Man betrachtet den Staat als kombinierte Haushaltung-Unternehmung-Einheit; dieser Weg wird im modernen angelsächsischen Schrifttum fast ausschließlich gewählt. (2) Der Staat gilt weder als Haushaltung noch als Unternehmung; er ist eine Institution mit bestimmten Funktionen (funktionale Betrachtungsweise). Beabsichtigte oder unbeabsichtigte Haupt- oder Nebenwirkungen eines Teiles seiner Ausgabentätigkeit ist dann ein „Wachstumseffekt" dadurch, daß die Produktivität privater Investitionen bei staatlicher Aktivität höher ist als ohne sie. Nach dieser zweiten Art der Betrachtung (2) werden wir im folgenden vorzugsweise argumentieren.

Eng verbunden mit der wirtschaftspolitischen Zielsetzung „stetigen Wachstums" bei Vollbeschäftigung und Preisniveaustabilität (für eine geschlossene Wirtschaft) ist jene einer „möglichst hohen Rate" des Wirtschaftswachstums. Hierbei wird zumindest in der Politik noch keineswegs klar unterschieden zwischen maximalem und optimalem Wachstum. Dies mag vor allem an der Schwierigkeit, eine soziale Zeitpräferenzfunktion zu ermitteln, liegen. Ohne sich dieser permanenten Entscheidungsnotwendigkeit zwischen gegenwärtigem und zukünftigem Konsum immer bewußt zu sein, gewinnt auch bei liberalistisch eingestellten Ökonomen und Politikern mehr und mehr die Forderung nach „bewußter" Wachstumspolitik, neben der reinen Stabilisierungspolitik, an Bedeutung. Um ein solches Ziel zu erreichen, sucht man u. a. die Staatseinnahmen und -ausgaben so zu manipulieren, daß eine „möglichst hohe" Wachstumsrate erreicht (und stabilisiert) wird.

Zugrunde gelegt werden diesen wirtschaftspolitischen Aktionen makroökonomische Produktionsfunktionen, welche die Beziehungen zwischen dem Angebot an Produktionsfaktoren: Arbeit, Kapital, technischem Fortschritt einerseits und dem erzielbaren Sozialprodukt andererseits aufzeigen sollen. Auch hier gibt es zwei Methoden der Untersuchung: (1) Mittels eines ökonometrischen Modells werden bisherige Ausgabenreihen extrapoliert. Die Anwendung der dadurch erzielten Ergebnisse ist aber gerade jetzt, da programmatisch eine „aktive" Wachstumspolitik diese Zeitreihe beeinflussen soll, fragwürdig; bisher wurde ja keine ausgesprochen wachstumsorientierte Ausgabenpolitik betrieben. (2) Die Staatsausgaben können in ein Entscheidungsmodell eingebaut werden, das eine zu maximierende Zielfunktion hat. Voraussetzung dafür wäre jedoch wiederum eine ausdiskutierte Wachstumstheorie, die den Wachstumsprozeß einer Volkswirtschaft vollständig erklären kann. (Bekanntlich gibt es sie bis jetzt noch nicht.)

Im folgenden begnügen wir uns mit dem Hinweis auf mögliche Relationen zwischen Staatsausgaben und Wirtschaftswachstum, ohne sie zu quantifizieren. (Dieser Mangel erklärt sich einfach daraus, daß dazu umfangreiche Rechenarbeiten notwendig wären, welche mehr Zeit beanspruchten, als zur Abfassung des vorliegenden, ja hauptsächlich unterrichtenden Beitrages zur Verfügung stand.) Zunächst stellen wir die möglichen Beziehungen an Hand eines einfachen Modells dar und untersuchen anschließend den Einfluß der „drei Wachstumsfaktoren" Arbeit, Kapital und Technischer Fortschritt auf das wirtschaftliche Wachstum *sowie* deren Beeinflussung durch staatliche Aktivität (unter I.); dann besprechen wir (unter II.) einzelne Ausgabenkategorien nach demselben Gesichtspunkt.

I.

A. Staatsausgaben als Stabilisierungskomponente

Die Staatsausgaben wirken auf die befriedigende (R_w) und die faktische (R_f) Wachstumsrate einer (geschlossenen) Volkswirtschaft mit staatlicher Aktivität in ganz bestimmter Weise. Um diese Beziehungen in einem einfachen Modell aufzuzeigen, muß zuerst die befriedigende Wachstumsrate aus ihren beiden Komponenten, dem Wachstum des realen Angebots (Kapazitätseffekt) $\left(\dot{Y}_t^K\right)$ und dem Wachstum der monetären Nachfrage (Einkommenseffekt) $\left(\dot{Y}_t^A\right)$ abgeleitet werden. Wir gehen dabei von folgenden vereinfachenden Annahmen aus[2]:

(1) der Staat erhebe nur eine Art von Steuern,

(2) der Staat tätige Ausgaben für Konsum- und Investitionszwecke sowie für Transferzahlungen,

(3) der private Konsum sei eine Funktion des verfügbaren Einkommens,

(4) die privaten Investitionen seien eine Funktion des Einkommens der Vorperiode,

(5) schließlich seien das Geldangebot elastisch und der Zinssatz konstant.

---

[2] s. zum folgenden R. A. *Musgrave:* The Theory of Public Finance. A Study in Public Economy, New York, Toronto, London 1959, S. 484 ff., jetzt auch deutsche Übersetzung: Finanztheorie, Tübingen 1966; und die kritische Studie von H. *Michel:* Zur Beeinflussung des Wachstumsprozesses einer Volkswirtschaft durch staatliche Maßnahmen, Berlin und Frankfurt/M. 1965, S. 30 ff.

Es gelten: β_1 (β_2) = Kapitalkoeffizient privater (öffentlicher) Investitionen

Y_t = Volkseinkommen

I_t = private (Netto-)Investitionen

G_t = Staatsausgaben

γ = Quote der kapazitätswirksamen Ausgaben an den Staatsausgaben

t = Zeitpunkt bzw. Zeitraum

Unser Modell hat dann die Form:

(I) $$Y_t^A = f_1(Y_{t-1}^A)$$

und $$Y_t^K = f_2(Y_{t-1}^A);$$

oder, wenn die Produktionskapazitäten immer voll ausgenützt werden, d. h. das Einkommen immer gleich dem maximal erzielbaren Einkommen ist:

(II) $$Y_t^K = f_1(Y_{t-1}^K)$$

$$Y_t^A = f_2(Y_{t-1}^K).$$

Sowohl das Volkseinkommen (Nachfrage) als auch das bei gegebener Kapazität erzielbare Einkommen (Angebot) sind also vom Einkommen der vorausgehenden Periode abhängig. Diese Implikationen des verwendeten Systems sind sehr wichtig, wie im folgenden noch gezeigt wird.

Das Wachstum des Angebots ist dann gegeben durch:

(1) $$\dot{Y}_t^K = \frac{I_{t-1}}{\beta_1} + \frac{\gamma G_{t-1}}{\beta_2}.$$

Gleichung (1) ist eine modifizierte Form der *Domar*'schen Beziehung zwischen der Veränderung des Kapitalstocks bzw. den realisierten Investitionen und der Veränderung des Realeinkommens. Die Kapazitätswirkung der Periode t setzt sich aus dem Kapazitätseffekt privater Investitionen und öffentlicher Investitionsausgaben der Vorperiode zusammen.

Aus dieser einfachen Identität läßt sich ersehen, daß bei $\beta_1 = \beta_2 =$ konstant eine Erhöhung von I_{t-1} oder G_{t-1} zu einer (proportionalen) Erhöhung des volkswirtschaftlichen Güterangebots führt (Erweiterungsinvestitionen ohne technischen Fortschritt). Solange I_{t-1} positiv ist, steigt das reale Güterangebot immer. Der Kapazitätseffekt kann auch bei negativem I_{t-1} positiv sein, es muß dann nur G_{t-1} um so höher sein, d. h. der Substitutionseffekt muß größer als Null sein. Es besteht also zwischen I und G zumindest in diesem einfachen Modell eine begrenzte Substituierbarkeit. Wo die genauen Grenzen liegen, läßt sich theoretisch nur an Hand eines zusätzlichen Optimierungsmodells (des „Erstbesten“) bestimmen; realiter gibt es (jedoch) nur fließende Übergänge. Die Veränderung von G_{t-1} bleibt aber im allgemeinen nicht ohne Einfluß auf die Größe von I_{t-1} und vice versa, so daß diese beiden Größen in der Realität als keineswegs unabhängig voneinander betrachtet werden dürfen[3]. (G_{t0} beeinflußt I_{t0+1}!)

Die Einschränkung eines $\beta_1 = \beta_2 =$ konstant ist ebenso nur modelltheoretisch sinnvoll. Die Variation von G und I wird in irgendeiner Weise auch β_2 und β_1 beeinflussen[4]. Handelt es sich um bloße staatliche Erweiterungsinvestitionen, so wird bei Fehlen von Skalenerträgen β_2 wohl konstant bleiben, bei economies of scale jedoch fallen. Häufig sinkt β_1 bei steigendem β_2 (diese Annahme wird im folgenden weiter verfolgt). Meist führt die Vermehrung von G auch zu einer größeren Effizienz der privaten Investitionen, d. h. auch β_1 wird fallen.

Die bisherige trivial-arithmetische Argumentation enthält aber große (methodologische) Schwierigkeiten. Für eine (nur) gedankliche Durchdringung des Problems bietet sie gewiß eine brauchbare Grundlage. Versucht man indessen das *Popper*-Kriterium der Falsifizierbarkeit auf Gleichung (1) anzuwenden, so muß man leider feststellen, daß γ, β_1 und β_2 empirisch (noch) nicht bestimmbar sind; denn unter γG fallen in concreto ja Ausgaben für Straßen- und Kanalbau ebenso wie Personalausgaben für jene Beamten, die beispielsweise über eine wachstumsfördernde Wettbewerbsgesetzgebung zu entscheiden haben. Eine Möglichkeit, diese Schwierigkeiten wenigstens teilweise zu überwinden, scheint auf den ersten Blick *Timms* Methode zu sein[5].

Timm schlägt vor, die Wachstumseffekte öffentlicher Ausgaben in den Kapazitätseffekt privater Ausgaben zu implizieren[6]. Er führt hierzu

[3] Vgl. H. *Hesse:* Der Einfluß des Staates auf die wirtschaftliche Entwicklung. „Zeitschrift für die gesamte Staatswissenschaft“, 117 (1961), S. 635 ff.; A. T. *Peacock:* Public Finance as an Instrument for Economic Development, in: Problems of Economic Development, OECD: Paris 1965, S. 7 ff.

Absolute Grenzen sind dort, wo I bzw. $\gamma G = 0$ werden. Neben den „aggregativen“ Grenzen sind strukturelle Grenzen zu beachten, die alle unter dem Terminus Fehlinvestitionen subsumiert werden können.

[4] Hier wird im Gegensatz zur amtlichen Statistik ein $\beta_2 > 0$ angenommen. Über die materielle Ungeeignetheit dieser statistischen Praxis herrscht Übereinstimmung unter Finanzwissenschaftern und Wachstumstheoretikern.

[5] H. *Timm,* a.a.O., S. 267 ff.

[6] Auf den ersten Blick scheint diese Methode die Probleme lösen zu können. Letzten Endes bedeutet sie aber wohl doch nur eine Verlagerung, nicht aber eine Lösung des Problems.

in das Modell eine neue Größe e ein, wobei $0 \leq e \leq 1$ gilt. (Dabei werden öffentliche Investitionen in das Erwerbskapital zu den privaten Investitionen (I) gerechnet.) Hiermit entledigt man sich zwar der Aufgabe, die Höhe der öffentlichen Ausgaben mit Wachstumseffekt, nicht aber der anderen, jene Größe e, welche die Wachstumswirksamkeit öffentlicher Ausgaben darstellen soll, selbst zu bestimmen. Ist β der statistisch meßbare gesamtwirtschaftliche Kapitalkoeffizient (gewogener Durchschnitt), so sind hierin tatsächlich private Investitionen und öffentliche kapazitätswirksame Ausgaben enthalten: „Je mehr die staatlichen Leistungen die Produktivität der privaten Unternehmungen erhöhen, desto kleiner wird β; bei gegebener Kapitalausrüstung wächst die Produktion, da die Grenzkosten sinken, sei es, weil die Leistungsfähigkeit der Arbeiter der staatlichen Aktivitäten im Erziehungs- und Gesundheitswesen steigt, sei es, weil die Unternehmer in den (unentgeltlichen) Genuß anderer staatlicher Leistungen wie z. B. im Verkehrswesen kommen[7].“ (Derartige Staatsausgaben nennen wir im folgenden „Komplementärausgaben“.) Da die Transferausgaben des Staates, zumindest direkt, diesen Effekt nicht haben, kommt der Einfluß der gesamten Staatsausgaben einschließlich der Transferausgaben auf die Erzeugung so zum Ausdruck, daß sich β_1 um β_1 (1—r)e vermindert. Danach gilt dann unter der Bedingung staatlicher Transferzahlungen an Haushaltungen und unter Berücksichtigung von e:

$$\dot{Y}_t^K = \frac{I_{t-1}}{\beta_1 [1 - (1 - r) e]} . \tag{2}$$

Es bedeuten:

r = Transferquote in bezug auf die Steuern
I = private Investitionen und öffentliche Investitionen in das Erwerbskapital
e = Wachstumswirksamkeit öffentlicher Ausgaben

Die staatliche Aktivität bewirkt demnach, daß das Kapazitätseinkommen mit staatlicher Aktivität größer ist als ohne staatliche Aktivität. Diese Zunahme ist um so größer, je kleiner die nur distributiv wirksame Transferquote r und je größer der wachstumswirksame Koeffizient e ist.

Durch die obige Methode wird also der Globaleffekt aller Staatsausgaben berücksichtigt. Damit ist (wohl) eine Vereinfachung des Modells gegeben; die empirische Bestimmung von e, die erst den Einfluß der staatlichen Aktivität auf das Kapazitätswachstum zeigt, ist (jedoch) weiterhin wegen der Komplexität des Koeffizienten e nicht möglich. Die gesamte staatliche Aktivität, soweit sie das Kapazitäts-

[7] H. *Timm*, a.a.O., S. 267.

wachstum beeinflußt, wird auf diese Größe e komprimiert. Eine Theorie der Staatsausgaben und des wirtschaftlichen Wachstums beginnt aber erst bei der Analyse der staatlichen Ausgabenarten und ihrer Wachstumswirksamkeit. Mithin führt diese Methode letzten Endes zu denselben Meßschwierigkeiten wie jene, die durch Gleichung (1) dargestellt wird. Eine Möglichkeit, die Größe e zu bestimmen, wäre folgende: Nennen wir e den Komplementäreffekt der Staatsausgaben, so wäre seine Bestimmung also nur über die Veränderung des gesamtwirtschaftlichen privaten Kapitalkoeffizienten möglich, wobei die staatlichen Komplementärausgaben den Privatinvestitionen hinzugerechnet werden müssen. (Exaktere Ergebnisse könnten vielleicht in Entwicklungsländern gewonnen werden.) Die Messung würde ergeben: je schneller der private Kapitalkoeffizient bei Kürzung einer Staatsausgabe steigt, desto stärker ist der Komplementäreffekt dieser Ausgabe, d. h. ihr produktionsfördernder Beitrag. Die Methode würde indessen nur unter der unrealistischen Hypothese gelten, daß *allein* Staatsausgaben einen Einfluß auf die Größe des Kapitalkoeffizienten haben.

Die monetäre Nachfrage bei staatlicher Aktivität wird bestimmt durch das Gleichungssystem[8]:

(3)
$$\begin{aligned} Y_t^A &= C_t + I_t + G_t \\ C_t &= (1 - s)\,(Y_t^A - T_t + Tr_t) \\ T_t &= u\,Y_t^A \\ Tr_t &= rT_t \\ G_t &= g\,Y_t^A\ . \end{aligned}$$

Es bedeuten:

Y_t^A = nominelles Volkseinkommen zu Marktpreisen
C_t = private Konsumausgaben
I_t = private (Netto-)Investitionsausgaben
T_t = Steuern
Tr_t = Transferausgaben
G_t = Staatsausgaben für Güter und Dienste
s = private Sparquote
u = Steuerquote
r = Transferquote in bezug auf die Steuern
g = Ausgabenquote

[8] Vgl. H. *Timm*, a.a.O., S. 264 ff. (Timm argumentiert mit einem ausgeglichenen Budget.); H. *Fecher:* Öffentlicher Haushalt als Inflationsmotor?

Durch Umformung von (3) nach $\dot{Y}_t^A$ erhält man das Wachstum des nominellen Volkseinkommens:

$$\dot{Y}_t^A = \frac{\dot{I}_t}{s\,[1 - u\,(1 - r)] + u\,(1 - r) - g} \,. \tag{4}$$

Diese Gleichung ist die bekannte Multiplikatorformel von *Keynes* unter Berücksichtigung staatlicher Aktivität[9]. Die private Sparneigung wird um den Anteil der Ersparnisse an der Besteuerung vermindert, um den Anteil an den Transferzahlungen vermehrt, sowie um einen eventuellen öffentlichen Budgetüberschuß ebenfalls vermehrt. Wo hingegen $\dot{Y}_t^K$ vom Niveau der privaten Investitionen abhängt, ist $\dot{Y}_t^A$ der Veränderung der privaten Investitionen proportional.

Es müssen an dieser Stelle einige implizite Annahmen unseres einfachen Modells explizit gemacht werden. Gleichung (2) impliziert volle Ausnutzung der Kapazitäten[10], nicht aber auch unbedingt Vollbeschäftigung aller Arbeitskräfte. Hierzu wäre ja die Variabilität von β_1 notwendig, die in sogenannten *Harrod*-Modellen aber wegen der Limitationalität der Faktoren nicht gegeben ist. Der Auslastungsgrad tritt so nicht explizit in (2) auf. Andererseits spielt sich jedoch in Ungleichgewichtssituationen, d. h. wenn $\dot{Y}_t^K \neq \dot{Y}_t^A$ ist, ein Prozeß ab, der über Änderungen des Auslastungsgrades der Kapazitäten $\dot{Y}_t^K$ und $\dot{Y}_t^A$ angleicht.

Aus System (I) folgt nämlich, daß eine Veränderung von Y_t^A, z. B. mittels einer Veränderung der Transferzahlungen r, erst in der folgenden Periode (t + 1) Y_{t+1}^K verändert; werden also die Transferausgaben erhöht, so wird sich die Nachfrage $\left(Y_t^A\right)$ erhöhen. Da die Kapazitäten

---

„Der Volkswirt", 1963 II, S. 956 ff. (Fecher führt die Transferausgaben nicht explizit in sein Modell ein.)

[9] Diese Gleichung wurde für ein unausgeglichenes Budget abgeleitet. Bei kurzfristiger Betrachtung ist dies durchaus zu rechtfertigen. Die Formel wurde ja im Hinblick auf eine öffentliche Stabilisierungspolitik abgeleitet. Für eine säkulare Entwicklung ist dagegen ein Budgetdefizit (-überschuß) nur unter ganz bestimmten Bedingungen möglich. Vgl. H. *Timm,* a.a.O., S. 265.

[10] Es ist aber in Harrod-Domar-Modellen durchaus auch ein gleichgewichtiges Wachstum von Produktionskapazität und Einkommen bei Unterbeschäftigung der Kapazitäten möglich, so daß also die Wachstumsraten bei gleichzeitiger Zunahme der Leerkapazitäten gleich sein können. Dieses dynamische Unterbeschäftigungsgleichgewicht wird ausführlich behandelt bei: D. W. *Jorgenson:* On Stability in the Sense of Harrod. „Economica", N. S., 27 (1960), S. 243 ff.; R. R. *Nelson:* A Note on Stability and the Behaviour Assumptions of Harrod-Type-Models. „Economic Journal", 71 (1961), S. 335 ff.; H. *Michel,* a.a.O., S. 41 f. Mit entsprechender Beeinflussung der Parameter kann der Staat aber das dynamische Unterbeschäftigungsgleichgewicht in ein Vollbeschäftigungsgleichgewicht umwandeln.

aber erst in der folgenden Periode (t + 1) vergrößert werden, kann der vermehrten Nachfrage nur durch einen höheren Auslastungsgrad der bestehenden Kapazitäten $\left(Y_t^K\right)$ oder durch Preissteigerungen und /oder Lagerabbau entsprochen werden.

Daraus folgt indessen, daß die Wachstumsrate der Kapazität immer die Tendenz haben wird, sich im Zeitablauf an die Wachstumsrate des Einkommens anzugleichen[11]. Die ältere Vorstellung, daß die Entwicklung des Einkommens bei einer einmal eingetretenen Abweichung vom Gleichgewicht instabil ist, d. h. das Einkommen in dem folgenden Prozeß ad infinitum steigt oder fällt, sofern kein exogener Eingriff erfolgt, ist somit unter den gemachten Modellannahmen falsch. Auch ohne exogenen Eingriff hat die Wachstumsrate der Kapazität vielmehr die Tendenz, sich an die Wachstumsrate des Einkommens anzugleichen. Es hat dann nur einen Sinn zu fragen, wie und wie stark sich die Wachstumsrate des Einkommens bei einem staatlichen Eingriff ändert bzw. ändern soll, und welcher Ausnutzungsgrad sich nach Abschluß des Prozesses einstellen wird.

Eingeschränkt kann der Anpassungsprozeß dann werden, wenn vor Erreichung der Einkommenswachstumsrate das Kapazitätswachstum vom unzureichenden Wachstum der Bevölkerung begrenzt wird. Ist diese Vollbeschäftigungswachstumsrate (nach der neoklassischen Wachstumstheorie: natürliche Fortschrittsrate, die von der Rate der Arbeitsbevölkerung und des technischen Fortschritts bestimmt wird) kleiner als die Einkommenswachstumsrate, so wird es zu säkularer Inflation kommen. (Welche Instrumente der staatlichen Wirtschaftspolitik zur Verfügung stehen, die natürliche Wachstumsrate zu beeinflussen, siehe S. 241 ff.)

Da alle diese Modelle ja nur in bezug auf eine Erklärung der ökonomischen Realität und letztlich im Hinblick auf eine gezielte Beeinflussung der Realität sinnvoll sind, liegt es nahe, das Wachstum von Kapazität und Einkommen durch exogenen Eingriff zu beeinflussen. Hierbei muß nun streng unterschieden werden: 1. zwischen Parametern, welche in die Determination sowohl des Wachstums von $\dot{Y}_t^K$ (Gleichung 2) als auch von $\dot{Y}_t^A$ (Gleichung 4) eingehen, und 2. zwischen solchen Parametern, die nur in eine der Gleichungen eingehen. Das Wachstum des Einkommens kann also nur unabhängig in bezug auf jene Parameter geändert werden, die nicht in das Wachstum der Kapazität eingehen. Dies folgt notwendigerweise aus den Annahmen des Systems (I) bzw. (II).

---

[11] H. *Michel*, a.a.O., S. 46.

Sowohl $\dot{Y}_t^A$ als auch $\dot{Y}_{t+1}^K$ werden durch eine Variation von r verändert. Dies leuchtet unmittelbar ein, da Transferzahlungen einerseits die wachstumswirksamen Staatsausgaben verringern und hiermit das Wachstum der Kapazität, andererseits aber die privaten Ersparnisse erhöhen und damit das Wachstum der Nachfrage verringern. Inwieweit eine Erhöhung der Staatsausgaben g $\dot{Y}_t^A$ und $\dot{Y}_{t+1}^K$ beeinflußt, kann hier nicht eindeutig gesagt werden, weil wir keine explizite Relation zwischen g und e, also zwischen der Struktur der Ausgaben und ihrer Wachstumswirksamkeit, haben. Wird nun das Volumen von g geändert, so ändert sich $\dot{Y}_t^A$ und bei konstanter Ausgabenstruktur auch $\dot{Y}_{t+1}^K$. Ändert sich mit der Veränderung des Volumens von g auch die Struktur, so läßt sich über den e-Effekt und damit die Veränderung von $\dot{Y}_{t+1}^K$ keine Aussage mehr machen.

Eine Schwierigkeit, welche die Methode der partiellen Differentiation im Zusammenhang mit Aussagen über exogene Änderungen staatlicher Parameter und deren Einfluß auf die abhängigen Größen (Wachstum bzw. Wachstumsraten) betrifft, ist klar hervorzuheben[11a]. Die partielle Differentiation impliziert ja die Wirkung infinitesimaler Veränderungen der voneinander unabhängigen Variablen (u, r, g, e) auf die abhängige Variable. Es besteht aber in der Wirklichkeit eine Interdependenz der betreffenden Größen. Höhere Steuereinnahmen führen normalerweise zu Mehrausgaben in Form von Transferzahlungen oder sonstigen Ausgaben. Wenn wir trotzdem im folgenden diese Methode anwenden, so deshalb, weil wir die quantitativen Zusammenhänge zwischen den Parametern noch nicht kennen. Vielleicht gibt es hier überhaupt nur innerhalb bestimmter Grenzen Gesetzmäßigkeiten, da kurzfristig rein politische bargaining-Techniken neben mittel- bis längerfristig gesetzlich fixierten Relationen einen maßgeblichen Einfluß ausüben. (Obendrein hängen in ein und demselben Augenblick die betrachteten Variablen voneinander *nicht* ab, sondern jede einzelne beeinflußt nur die *künftige* Entwicklung der anderen!)

Parameter, deren Einfluß auf die Zunahme des nominellen Volkseinkommens bzw. auf den Kapazitätszuwachs uns hier interessiert, sind g und r. Setzen wir für die Nenner in (2) bzw. (4) N_1 bzw. N_2, so gilt:

$$\frac{\partial N_2}{\partial g} = -1 < \phi\,; \quad \frac{\partial N_1}{\partial r} = \beta_1 e\,; \quad \frac{\partial N_2}{\partial r} = u(s-1) < \phi \text{ für } s < 1\,.$$

[11a] Ähnliche Gedanken hinsichtlich partialer Betrachtungsweise bei der Analyse der Staatsausgaben finden sich in einem zum Zeitpunkt der Abfassung des vorliegenden Beitrages noch unveröffentlichten, jedoch hektografierten Manuskript von K. *Littmann:* Über einige Probleme einer Wirkungslehre öffentlicher Ausgaben, Berlin 1966, S. 20 (jetzt abgedruckt in diesem Band).

Bei konstanten s, u und r ist der Multiplikatoreffekt (4) einer Investitionsänderung um so größer, je größer g ist. Dieses Ergebnis ist zu erwarten, da die Staatsausgaben für Güter und Dienste ja denselben Einkommenseffekt wie private Konsumausgaben haben. Bei gegebenen s, u und e ist — ebenso — der Multiplikatoreffekt um so größer, je größer r ist, denn Transferzahlungen werden ja bei gleichem s zu vermehrtem Konsum führen[12]. — Umgekehrt wächst die Kapazität (2) um so mehr, je kleiner die Transferquote r ist, da sie ja den Umfang der wachstumswirksamen öffentlichen Ausgaben vermindert.

Gleichgewichtiges Wachstum (befriedigender Einkommenszuwachs) $\dot{Y}^{w}_{t+1}$ ist dann gegeben, wenn in jeder Periode t der Zuwachs der volkswirtschaftlichen Kapazität bei voller Kapazitätsausnützung genauso groß ist wie die effektive Nachfrage. Es gilt:

$$\dot{Y}^{K}_{t} = \dot{Y}^{A}_{t} = \dot{Y}^{W}_{t} \,. \tag{5}$$

Das Volkseinkommen muß also, unter der Annahme, daß alle Durchschnittsgrößen konstant bleiben, mit der Rate R_w wachsen. Für R_w gilt:

$$R_w = \frac{s\,[1 - u\,(1 - r)] + u\,(1 - r) - g}{\beta_1\,[1 - e\,(1 - r)]} \,. \tag{6}$$

Wie leicht zu sehen ist, ist dies nur wiederum eine Erweiterung der *Domar*-Gleichung einer gleichmäßig wachsenden geschlossenen Wirtschaft mit staatlicher Aktivität[13].

Die privaten — propensity- — Ersparnisse sind um die marginale (hier = durchschnittliche) Steuerquote vermindert und um die entsprechende Transferquote vermehrt; dazu müssen die Regierungsersparnisse addiert werden, die ja aus der positiven Differenz zwischen Einnahmen u(1—r) und Ausgaben g bestehen. Das statistisch meßbare β wird subtraktiv aufgeteilt in eine private (β_1) und eine öffentliche (e) Komponente (siehe S. 234 f.).

Parameter für eine öffentliche Stabilisierungspolitik sind u, r, g und e. Vernachlässigen wir wiederum u, weil es im Rahmen dieser Ab-

---

[12] Hier wird nur *eine* Art von Transferzahlungen, nämlich jene an private Haushaltungen, impliziert. Für Zinsen und Subventionen an Kapitalisten und Unternehmer gilt die obige Aussage nicht. Sie werden ja im allgemeinen den gesamten Betrag reinvestieren.

[13] Wenn man R_W aus (1) und (4) errechnen würde, so ergäbe sich:
$R_W = \sigma \{s\,[1 - u\,(1-r)] + u\,(1-r) - g\,(1-\gamma)\}$. (6a).
σ bedeutet dann die gesamtwirtschaftliche Kapitalproduktivität. Grundsätzlich erhalten wir hier dieselben Ergebnisse wie aus (6). Vgl. hierzu R. A. *Musgrave*, a.a.O., S. 485.

handlung nicht interessiert, so ergibt die partielle Differentiation nach r, g und e:

	Bedingungen
$$\frac{\partial R_w}{\partial r} = \frac{e\,(g-s) - u\,(1-s)}{\beta_1\,[1 - e\,(1-r)]^2}\,.$$	> 0 für $g > s$ und $e\,(g-s) > u\,(1-s)$ < 0 für $g \leqq s$ < 0 für $g > s$, aber $e\,(g-s) < u\,(1-s)$

R_w fällt also bei einer Erhöhung von r, wenn $g \leq s$ ist; sie steigt bei $g > s$, wenn die Zusatzbedingung $e(g—s) > u(1—s)$ erfüllt ist. Etwas einsichtiger wird die Argumentation, wenn man bedenkt, daß die Erhöhung von r einerseits die monetäre Nachfrage, andererseits auch den Globaleffekt e vermindert. Da der Einfluß aber asymmetrisch in Höhe von sr ist, führt dies im allgemeinen zu einer Verminderung von R_w:

$$\frac{\partial R_w}{\partial g} < 0\,.$$

Die Zunahme der Staatsausgaben reduziert die Gleichgewichtswachstumsrate, weil ceteris paribus die volkswirtschaftliche Sparquote vermindert wird. Diese Annahme wirkt etwas realitätsfremd, da in Wirklichkeit mit der Zunahme von g auch eine Vergrößerung von e verbunden ist. Auch hier offenbart sich wieder der Mangel partieller Betrachtungsweise.

Für die Erhöhung von e gilt:

$$\frac{\partial R_w}{\partial e} > 0\,.$$

Je höher die Wachstumswirksamkeit der öffentlichen Ausgaben ist, desto niedriger wird der gesamtwirtschaftliche Kapitalkoeffizient, d. h. aber, um so höher ist die Gleichgewichtswachstumsrate. Die Zunahme von g kann also e so beeinflussen (erhöhen), daß R_w fällt, gleichbleibt, oder steigt.

Bei ausgeglichenem Budget reduziert sich (6) auf:

(7) $$R_w = \frac{s\,(1-g)}{\beta_1\,[1 - e\,(1-r)]}\,,$$

da $u(1—r) — g = 0$.

Parameter sind g, r und e:

$$\frac{\partial R_w}{\partial g} < 0 ; \quad \frac{\partial R_w}{\partial r} < 0 ; \quad \frac{\partial R_w}{\partial e} > 0 .$$

Die Vermehrung der Staatsausgaben und der Transferzahlungen an Private vermindert ceteris paribus die gleichgewichtige Wachstumsrate. Die Erhöhung von e wirkt dagegen in gegenteiliger Richtung. Dies ist unter den gemachten Annahmen sofort evident, da ja einerseits die vermehrten Staatsausgaben einen Kapazitätseffekt von Null haben und die Transferzahlungen andererseits voll zu Lasten der kapazitätswirksamen Ausgaben gehen. Führt dagegen eine Ausgabensteigerung zu einer Vergrößerung von e, so ist die Entwicklung von R_w nicht eindeutig bestimmt. Im Falle $e(1-r) = g$ ändert sich die gleichgewichtige Wachstumsrate überhaupt nicht, denn die staatliche Aktivität erhöht die monetäre Nachfrage dann um denselben Betrag, um den sie die Erzeugung vermehrt. Ist dagegen $g \gtrless e(1-r)$, so nimmt die Gleichgewichtswachstumsrate ab bzw. zu; der Entzugseffekt (Kapazitätseffekt) ist dann stärker als der Kapazitätseffekt (Entzugseffekt).

Realiter ist e eine Funktion von g, r und u. Bei gegebenem r, gegebener Struktur der Ausgaben für Güter und Dienste und gegebenem Steuersystem wird e mit zunehmendem g wachsen, um bei einem bestimmten kritischen Wert der Größe und Struktur von g wieder zu sinken. „Es gibt also unter den erwähnten Bedingungen so etwas wie einen ertragsgesetzlichen Zusammenhang zwischen dem wachsenden Verhältnis der Staatsausgaben für Güter und Dienste zu den privaten Produktionskosten und der Größe von e[14].“

Bis jetzt wurde gleichgewichtiges Wachstum und staatliche Aktivität analysiert. Die geplante Inlandsinvestition war immer gleich der geplanten volkswirtschaftlichen Ersparnis. Aus diesem Grunde wurde auch keine Investitionsfunktion in das Modell eingeführt. Die Investitionen gleichen sich in jeder Periode automatisch an die volkswirtschaftliche Ersparnis an. Um die tatsächliche Wachstumsrate einer geschlossenen Volkswirtschaft mit staatlicher Aktivität zu bestimmen, muß aber eine Investitionsfunktion explizit in das Modell eingeführt werden. Es wird dabei eine vereinfachte Form gewählt, da eine Investitionsfunkton, die alle relevanten Parameter enthält, viel zu unhandlich würde[15]. Es gelten dann folgende Gleichungen:

---

[14] H. *Timm*, a.a.O., S. 269.

[15] Vgl. beispielsweise die Ergebnisse von J. R. *Meyer* und E. *Kuh:* The Investment Decision. An Empirical Study, Cambridge (Mass.) 1957; ebenso L. R. *Klein* und A. S. *Goldberger:* An Econometric Model of the US. 1929 — 1952, Amsterdam 1955; ferner auch W. J. *Baumol:* Business Behaviour, Value and Growth, New York 1959.

H. *Michel*, a.a.O., verwendet eine ähnliche Investitionsfunktion, wie sie

(8)
$$Y_t^A = C_t + I_t + G_t$$
$$C_t = (1 - s)(Y_{t-1}^A - T_{t-1} + Tr_{t-1})$$
$$T_t = uY_t^A$$
$$Tr_t = rT_t$$
$$G_t = gY_{t-1}^A$$
$$I_t = \beta(Y_{t-1}^A - T_{t-1} + Tr_{t-1}).$$

Die Symbole haben dieselbe Bedeutung wie im Gleichungssystem (3); β = Akzelerator, c = Konsumneigung.

Daraus gewinnt man leicht durch Einsetzen und Umformen die tatsächliche Wachstumsrate R_f. Es gilt:

(9)
$$R_f = (1 - u)(c + \beta) + ru(c + \beta) + g - 1.$$

Die tatsächliche Wachstumsrate setzt sich zusammen aus der um 1 verminderten privaten und öffentlichen Nachfrage nach Gütern und Diensten. Der Regierung stehen drei Parameter zur Verfügung: u, r und g.

$$\frac{\partial R_f}{\partial r} = u(c + \beta) > 0; \qquad \frac{\partial R_f}{\partial g} = 1 > 0.$$

Unter sonst gleichen Umständen erhöht eine Zunahme von r und g die tatsächliche Wachstumsrate R_f, denn beides führt zu einer Vermehrung der monetären Nachfrage nach Gütern und Diensten. Umgekehrt führt eine erhöhte Besteuerung zu einer Nachfrageverminderung.

$$\frac{\partial R_f}{\partial u} = -(c + \beta) + r(c + \beta) < 0 \quad \text{für} \quad r < 1.$$

---

von L. R. Klein und A. S. Goldberger für die US-amerikanische Wirtschaft gefunden wurde. Er berücksichtigt die Abhängigkeit der Investitionsmöglichkeiten von der Höhe der unverteilten Gewinne einerseits und der Investitionsneigung von den Gewinnerwartungen der Unternehmer andererseits. Er bekommt dadurch zusätzliche Parameter, welche seine Ergebnisse mehr differenzieren.

Der Einwand, den Professor Timm gegen die Verwendung der obigen Investitionsfunktion vorgebracht hat — in einer von mir erbetenen schriftlichen Diskussionsstellungnahme — ist formal wohl gerechtfertigt, materiell würde ein ihm Entsprechen jedoch, sofern man die Investitionsfunktion nicht über mehrere Perioden wählt, zu keinen neuen Erkenntnissen führen. Zur Investitionsfunktion s. auch G. *Bombach:* Von der Neoklassik zur modernen Wachstums- und Verteilungstheorie. „Schweizerische Zeitschrift für Volkswirtschaft und Statistik“, 100 (1964), S. 420.

Das β im Gleichungssystem (8) ist nicht dasselbe wie in Gleichung (1). Dort ist es der Kapitalkoeffizient, hier der Investitionsakzelerator.

Diese in unserem Modell eindeutigen Aussagen sind in der ökonomischen Realität, wie unter II. gezeigt werden wird, sehr komplex. Eindeutige Ergebnisse sind dann nicht mehr möglich. So wäre z. B. das herrschende Steuersystem (Steuerordnung) mit allen Überwälzungs- und Inzidenzerscheinungen genau zu berücksichtigen.

Die staatliche Ausgabenpolitik als Stabilisierungspolitik kann sich verschiedenen Ungleichgewichtssituationen konfrontiert sehen[16]. Die tatsächliche Wachstumsrate ist möglicherweise kleiner oder größer als die befriedigende Wachstumsrate. Dies mag sich in einer Änderung des Preisniveaus bei Unterbeschäftigung, in einer nur teilweisen Ausnützung der Kapazitäten oder, bei voller Kapazitätsausnützung, in Überbeschäftigung und steigenden Preisen manifestieren. In beiden Situationen vermag die Regierung mit einer Änderung der Budgetparameter möglicherweise restabilisierend zu wirken, neben und in Verbindung mit einer entsprechenden monetären und Außenhandels-Politik.

Bei $R_f < R_w$ kann die Regierung auf eine Senkung von R_w mittels vermehrter Transferzahlungen und Regierungsausgaben, deren Kapazitätswirksamkeit Null oder sehr gering ist, hinarbeiten. Zugleich wird dadurch aber R_f erhöht, so daß sich beide Raten irgendwo in der Mitte treffen. Diese Politik würde jedoch eine Vergeudung volkswirtschaftlicher Ressourcen bedeuten. Von einem Allokationsaspekt aus wäre es deshalb günstiger, die Regierungsausgaben allein für solche Zwecke auszugeben, die zu einer gleich großen Erhöhung von e führen, oder eine kombinierte Transfer-Ausgaben-Politik so zu gestalten, daß $g + u = e$ wird. Damit würde R_f an R_w herangeführt; es würde auf höherem Niveau stabilisiert[17].

Ist $R_f > R_w$, so gibt es theoretisch wieder zwei Möglichkeiten der Stabilisierung. R_f kann an R_w angeglichen werden, wenn g und/oder

---

[16] Stabilisierungsprobleme können auf vierfache Art auftreten:
1. Volle Ausnützung des sich ständig vermehrenden Angebots an Arbeit und Realkapital.
2. Unterbeschäftigung der Arbeitskräfte bei voller Ausnützung des vorhandenen Realkapitals.
3. Unausgenützte Kapazitäten bei Vollbeschäftigung aller Arbeitskräfte.
4. Unteroptimalität des Investitionsvolumens bei voller Beschäftigung aller Produktionsfaktoren.

Vgl. G. *Bombach:* Von der Neoklassik ..., a.a.O., S. 406 ff.

Im folgenden beschäftigen wir uns nur mit der ersten Problemstellung. Zu Punkt 2 siehe K. *Kurihara:* The Keynesian Theory of Economic Development, London 1959, S. 153 ff.; ebenso E. *Scheele:* Einkommensverteilung und Wirtschaftswachstum, Tübingen 1965, S. 81 ff. und 187 ff. Scheele arbeitet mit mehr Variablen, insbesondere untersucht er verschiedene Steuerarten.

[17] Vgl. hierzu auch H. *Giersch:* Strategien der Wachstumspolitik. „Zeitschrift für die gesamte Staatswissenschaft“, 119 (1963), S. 249 ff.

r gesenkt werden. Damit steigt aber uno actu R_w, so daß sich wiederum ein Mittelwert zwischen $R_f > R_w$ ergibt, der von beiden Wachstumsraten angestrebt wird. Soll dagegen R_w an R_f herangeführt werden, so müßte die Regierung bei konstanter absoluter Transfer-Ausgabengebarung die Ausgabenstruktur so verändern, daß die Kapazitätswirksamkeit dieser Ausgaben um so viel steigt, daß $R_w = R_f$ würde.

Damit ist im Rahmen der postulierten Annahmen auch eine fiscal theory bzw. fiscal policy der Staatsausgaben unter Wachstumsaspekten theoretisch gegeben. Es müssen hier aber entscheidende Einschränkungen gemacht werden. Die Aussagen beruhen auf einem sehr simplen Infinitesimal-Modell, das auf ganz bestimmten Annahmen basiert. Änderungen bei den time lags der relevanten Größen über zwei und mehr Perioden modifizieren die Ergebnisse teilweise so sehr, daß sich die Aussagen in ihr Gegenteil verkehren können[18].

Über die Größe von R_w lassen sich nur Vermutungen anstellen. (Noch) nicht zu bestimmen sind β_1 und e; ihre Bedeutung für das realisierte Wachstum in der Vergangenheit ist bisher nicht erforscht. Soll aber Stabilisierungspolitik betrieben werden, so müßten Prognosen über R_w und R_f und damit über die Entwicklung von β_1, e, u, r, g und s vorliegen. Ist daher die Erklärung der relevanten Parameter empirisch nicht gegeben, so wird eine Prognose über die voraussichtliche Entwicklung der entscheidenden Größen und damit die Stabilisierungspolitik selbst um so problematischer[19].

B. Staatsausgaben und langfristige Wirtschaftsentwicklung

Die Stabilisierungswirkungen öffentlicher Ausgaben bei *Harrod-Domar*-Wachstum sind nur *eine* Seite unseres Problems. Es scheint sogar, daß diese Stabilitätsbetrachtung („Wachstumszyklen") besonders in der heutigen wirtschaftspolitischen Diskussion oft eine zweitrangige Rolle spielt gegenüber dem langfristigen Einfluß der Staatsausgaben auf das wirtschaftliche Wachstum. Die Frage, die es zu beantworten gilt, lautet jetzt: Wie kann die Regierung das volkswirtschaftliche

[18] Vgl. J. G. *Gurley:* Fiscal Policy in a Growing Economy. „Journal of Political Economy", 61 (1953), S. 523 ff., und die daran anschließende Diskussion zwischen ihm, W. E. *Smith* und C. E. *Brown:* „Journal of Political Economy", 62 (1954), S. 440 ff. bzw. 64 (1956), S. 170 ff.

[19] Da das Prognoseproblem hier nicht Gegenstand der Untersuchung ist, brauchen wir nur auf den circulus vitiosus zwischen Prognose und Programm hinzuweisen. Vgl. hierzu G. *Bombach:* Über die Möglichkeit wirtschaftlicher Voraussagen. „Kyklos", 15 (1962), S. 37.

Stabilisierungspolitik braucht nicht auf postkeynesianische Modelle beschränkt zu sein. Auch der neoklassische Wachstumspfad kann stabilisiert bzw. restabilisiert werden. Vgl. R. *Sato:* Fiscal Policy in a Neo-Classical Growth Model. An Analysis of Time Required for Equilibrating Adjustment. „Review of Economic Studies", 30 (1963), S. 16 ff.

Güterangebot durch ein spezifisches Ausgabenbudget auf Dauer maximieren bzw. optimieren? Hier steht also die Vollbeschäftigungswachstumsrate oder natürliche Fortschrittsrate im Mittelpunkt der Betrachtung. Auch da kann eine Antwort nur simultan mit einer Einnahmenanalyse gegeben werden; denn einerseits hebt die Regierung Steuern, Gebühren und Beiträge ein, finanziert bestimmte Ausgaben aber (vielleicht) über den Kapitalmarkt, andererseits verwendet sie die Abgabeneingänge für ganz bestimmte Zwecke. Diese Probleme sind sehr verwickelt und bis heute nicht gelöst, wenn auch Ansätze für eine umfassendere Theorie vorliegen.

So haben sich jüngere Ökonomen seit Anfang der fünfziger Jahre intensiv mit solchen Fragen beschäftigt. Sie fügten den Staat — mit gewissem Erfolg — in erster Linie als eine Unternehmung „mit Besonderheiten", welche ihn von den privaten Unternehmungen unterscheiden, in die allgemeine Wirtschaftstheorie ein. Danach produziert der Staat Kollektivgüter, welche (soziale) Kosten verursachen und (soziale) Erträge liefern. Theoretisch gibt es nun verschiedene Optima der Staatstätigkeit: Wieviel Güter sollen von der öffentlichen Hand und den Privaten überhaupt produziert werden; wie soll deren Produktion auf Staats- und Privatwirtschaft aufgeteilt werden; und schließlich, bei gegebener Aufteilung (durch das Volumen des Budgets!), wie sollen diese Mittel auf verschiedene Staatstätigkeiten verwendet werden?

Eine mögliche Antwort auf die zweite der eben gestellten Fragen wäre folgende: Je nachdem, ob der — reale — Entzugseffekt kleiner (größer) als der erzielte Ausgabeneffekt wäre, würde die Regierung einen positiven (negativen) Beitrag zum Wachstum des Sozialprodukts leisten[20]. Bei gegebenem Entzugseffekt sind es ganz bestimmte Staatstätigkeiten — Tätigkeiten, deren Übertragung an den Staat zumindest teilweise eine historisch willkürliche Entscheidung ist —, welche das wirtschaftliche Wachstum beeinflussen. Hier wäre in jedem Fall zu überprüfen, ob die „bestimmte" Staatstätigkeit nicht effizienter von privaten Unternehmern oder Haushalten zu realisieren sein würde (Optimierung des Erstbesten), und ob unter verschiedenen Ausgabenprojekten auch das produktivste verwirklicht wurde (optimale Investitionsstruktur, Optimum des Zweitbesten[21]). Es müßten also Schätzungen über die opportunity costs gemacht werden.

---

[20] Dieses Problem wird z. B. bei H. *Hesse* (a.a.O., S. 635 ff.) untersucht. Wie verwickelt solche Probleme in der „Wirklichkeit" sind, zeigt der Überblicksartikel von A. R. *Prest* und R. *Turvey:* Cost-Benefit Analysis: A Survey. „Economic Journal", 75 (1965), S. 683 ff.

[21] Vgl. R. *Turvey:* Present Value versus Internal Rate of Return. An Essay in the Theory of Third-Best. „Economic Journal", 73 (1963), S. 93 ff.

Für die Untersuchung des ganzen Fragenkomplexes steht nur ein sehr begrenztes theoretisches Instrumentarium zur Verfügung. Stabilisierungsprobleme lassen sich mit Hilfe der erweiterten *Harrod-Domar*-Modelle anschaulich erklären. Langfristige Wachstumseffekte (Fremdentwicklung) müssen beim heutigen Stand der Wachstumstheorie mit Hilfe makroökonomischer Produktionsfunktionen analysiert werden, durch welche sich das Wachstum des Sozialprodukts aus dem Wachstum der Produktionsfaktoren Arbeit, Kapital und (neutraler) technischer Fortschritt erklären läßt. Damit wird die verkümmerte Produktionsfunktion im *Harrod-Domar*-Modell, die ja nur den Faktor Kapital explizit berücksichtigt (limitationales Verhältnis), erweitert. Sie kann in der erweiterten Form der *Cobb-Douglas*-Funktion geschrieben werden:

(10) $$Y = a \cdot L^m \cdot K^n \cdot e^{bt} .$$

Es bedeuten Y = reales Sozialprodukt

L = Arbeitskräfte

K = Realkapitalbestand

a = Maßstabsgröße

b = technischer Fortschritt als Funktion der Zeit-Zuwachsrate des autonomen technischen Fortschritts

Daraus läßt sich die Wachstumsrate (R) des Sozialprodukts als Summe der mit m bzw. n (Produktionselastizitäten) gewichteten Zuwachsraten der Produktionsfaktoren und der Zuwachsrate des autonomen technischen Fortschritts als Restfaktor darstellen (durch Logarithmierung und anschließende Ableitung nach t):

(11) $$R = m \frac{\dot{L}}{L} + n \frac{\dot{K}}{K} + b .$$

Diese Betrachtungsweise unterscheidet sich wesentlich von der vorhergehenden, wo das volkswirtschaftliche Güterangebot bei staatlicher Aktivität gleich dem Quotienten aus privater und öffentlicher Investition in das Erwerbskapital einerseits und dem gesamtwirtschaftlichen Kapitalkoeffizienten andererseits war. Jede Neuinvestition führte bei konstantem Kapitalkoeffizienten zu einer Zunahme des Sozialprodukts. Die Staatsausgaben hatten einen modifizierenden Einfluß auf den Kapitalkoeffizienten derart, daß ein größerer Wachstumseffekt der Staatsausgaben zu einer Verkleinerung des gesamtwirtschaftlichen Kapitalkoeffizienten und damit zu einer Beschleunigung des gesamtwirtschaftlichen Wachstums führte. Während also im *Domar*-Ansatz güter- *und* geldwirtschaftlich gedacht wird, ist in der neoklassischen

Wachstumstheorie fast ausschließlich die Angebotsseite relevant. Die Nachfrageseite geht hier nur insoweit ein, als im Gleichgewicht die Identität zwischen Sparen und Investieren vorhanden ist. Dabei wird die verkümmerte Produktionsfunktion z. B. im *Harrod*-Ansatz durch eine *Cobb-Douglas*-Funktion und neuerdings sogar durch eine CES-Funktion ersetzt[22]. Beide Ansätze „bieten" sich für eine Theorie der Wachstumswirkungen öffentlicher Ausgaben freilich noch nicht an.

In der Produktionsfunktion (10) sind dagegen das Arbeitspotential, der Realkapitalstock und der technische Fortschritt als Restgröße explizit eingeführt. Je nachdem, ob b = 0 (und der gesamte technische Fortschritt „embodied" ist), oder b > 0 (und damit der technische Fortschritt — teilweise — „disembodied" ist), gibt es eine natürliche Wachstumsrate, die gleich der Summe aus Wachstum des Arbeitspotentials und der durch m dividierten Rate des technischen Fortschritts, d. h. der Arbeitsproduktivität, ist[23].

(12) $$R_n = \frac{\dot{L}}{L} + \frac{1}{m} \cdot b\,.$$

Die Parameter in (11) sind $\frac{\dot{L}}{L}$, $\frac{\dot{K}}{K}$, m und n sowie b. Dabei bedeuten m und n die Produktionselastizitäten. Ihre Größe ist also bei konstanter Technik mehr oder weniger gegeben. Gibt es keine gesamtwirtschaftlichen Skalenerträge, so ist ihre Summe eins oder kleiner als eins. — Welchen Einfluß hat die staatliche Ausgabengebarung dann auf die restlichen drei Größen?

Es wäre denkbar, daß der staatliche Beamtenapparat auf die Dauer relativ reduziert würde und damit die verfügbare Erwerbsquote für die Privatwirtschaft vergrößert werden könnte. (Nach den Untersuchungen *Parkinsons* ein utopischer Gedanke!) Eine Ausgabenreduktion würde in diesem Fall $\dot{L}$ vergrößern. Dies wäre allerdings nur begrenzt möglich, wollte sich der Staat als Institution nicht selbst auflösen. — Vermehrte staatliche Ausgaben für Arbeitslosenunterstützung beschränken möglicherweise das Arbeitsangebot. Je nach der Bedürfnisstruktur der Unterstützungsempfänger kann das „Stempeln" so zum Dauerzustand erhoben werden. Von großer Bedeutung ist jedoch auch diese Komponente wohl nicht.

---

[22] Vgl. P. A. *David* und Th. *van de Klundert:* Biased Efficiency Growth and Capital Labour Substitution in the US. 1899—1960. „American Economic Review", Papers and Proceedings, 55 (1965), S. 357 ff.

[23] Diese Diskussion ist nun schon allenthalben unter dem Terminus neoklassische Wachstumstheorie bekannt. Vgl. G. *Bombach:* Wirtschaftswachstum, in: Handwörterbuch der Sozialwissenschaften, Bd. 12 (1965), S. 367 ff.

Es scheint, daß eine kombinierte Einnahmen-Ausgabengebarung des Staates einen größeren Einfluß auf das Arbeitsangebot hat. Die in der neoklassischen Wachstumstheorie gemachte Annahme einer konstanten Wachstumsrate der Arbeitsbevölkerung wäre daher hier der Realität widersprechend. So ist nicht zu leugnen, daß Kinderbeihilfen und Steuernachlässe für kinderreiche Familien einen gewissen Einfluß auf die Geburtenhäufigkeit haben können. Frankreich bietet da ein anschauliches Beispiel. Sicherlich sind es aber nicht ausschließlich fiskalische Maßnahmen, welche diese Entwicklung einleiteten. Vermehrte Geburten schaffen indessen noch nicht ein erhöhtes Arbeitsangebot. Bis die Neugeborenen in den Arbeitsprozeß eintreten, vergeht eine Reihe von Jahren. Während dieser Zeit sind sie in erster Linie Konsumenten und tragen höchstens über eine Nachfragesteigerung, die z. T. wieder vom Staat finanziert wird, zum wirtschaftlichen Wachstum bei.

Die Berücksichtigung der time lags ist besonders wichtig bei der qualitativen Änderung des Arbeitsangebots durch die Staatsausgabentätigkeit. Ausgaben für Erziehung und Bildung spielen heute eine wichtige Rolle in der Diskussion des wirtschaftlichen Wachstums. In (11) würde ein höheres Bildungsniveau der Arbeitskräfte bedeuten, daß sich $\dot{L}$, nämlich das Angebot (smehr) bestimmter Normqualität, erhöht. Genauere quantitative Aussagen über das ausgeübte Gewicht von Bildung und Erziehung auf das wirtschaftliche Wachstum zu machen, stößt auf erhebliche Schwierigkeiten. Nicht nur die verschiedenen Arten der Erziehung (Volks-, Mittel-, Berufs- und Hochschulen), sondern auch die time lags, die zwischen der Ausbildungsdauer und ihrer Wachstumswirksamkeit liegen, sind zu berücksichtigen[24]. Daneben müssen die opportunity costs für diese Investitionen in das „menschliche Kapital" abgeschätzt werden[25], nämlich jener Verlust aus zukünftigen Konsumgütern, der mit der Realisierung von Investitionen in das Bildungskapital uno actu eintritt. Schließlich sind die gesamte soziopolitische Situation und die Nachfragesituation nach bestimmten Erziehungsarten zu berücksichtigen[26].

Auch das Kapitalangebot ließe sich in einer geschlossenen Volkswirtschaft mit staatlicher Aktivität dadurch vermehren, daß sich die öffentliche Nachfrage am Kapitalmarkt in Grenzen hält oder aber aus Steuermitteln Subventionen in Form von verbilligten Krediten an private Unternehmer gewährt werden. Der gesamtwirtschaftliche Wachstumseffekt ist hierbei ebenfalls nur schwer zu bestimmen, weil

---

[24] H. *Correa*, J. *Tinbergen:* Quantitative Adaption of Education to Accelerated Growth. „Kyklos", 15 (1962), S. 776.

[25] T. W. *Schultz:* Capital Formation by Education. „Journal of Political Economy", 68 (1960), S. 571 ff.

[26] T. *Balogh:* Education and Economic Growth. Comments on Prof. Tinbergens Planning „Model". „Kyklos", 17 (1964), S. 261 ff.

Kostenvergleiche zwischen privater und öffentlicher Verwendung aufgestellt werden müssen. Steuerliche Maßnahmen sind da aber im allgemeinen wirksamer als Ausgabenmanipulationen. So besteht kein Zweifel, daß ein großer Teil der sprunghaften deutschen Nachkriegsentwicklung der Wirtschaft den vorteilhaften Abschreibungsmöglichkeiten zu verdanken ist.

Die Frage der Abschreibungsmöglichkeiten deutet schon auf die Kapitalstruktur hin. Ein „moderner" Kapitalapparat ist im allgemeinen wachstumswirksamer als ein veralteter, weil Re- und Neuinvestitionen ja meist mit der Realisierung von technischem Fortschritt verbunden sind. Nun ist denkbar, daß eine bestimmte Wirtschaftspolitik, deren Existenz ja letzten Endes auf Staatsausgaben, nämlich Personalausgaben in Form von Gehaltszahlungen, zurückgeht, zu einer Modernisierung der Kapitalstruktur führt. Eine moderne Kapitalstruktur bedeutet aber auch eine effiziente Kapitalstruktur („embodied" technical progress). So machte die Integrationspolitik in den sechs EWG-Staaten für viele Unternehmungen eine verstärkte Investitionstätigkeit notwendig, um wettbewerbsfähig zu bleiben. Solche Beziehungen zwischen Personalausgaben und Wirtschaftswachstum, die zweifelsohne bestehen, quantitativ darzustellen, stößt auf große Schwierigkeiten.

Bei der empirischen (langfristigen) Bestimmung von m und n mittels der Lohn- und Profitquote muß angenommen werden, daß die Profitquote nur darum den statistisch feststellbaren Wert haben kann, weil staatliche Ausgaben für die Infrastruktur, besonders in das Transportsystem, vorgenommen wurden. Die Lohnquote m bzw. die Profitquote n werden um so größer sein, je mehr diese erhöhten Staatsausgaben für die Infrastruktur den Lohn- oder den Profitempfängern zugute kommen.

Es bleibt noch die Frage zu untersuchen, ob die Staatsausgabentätigkeit den Restfaktor b beeinflußt. Sicherlich wirkt ein Großteil der Staatsausgaben auf eine Vermehrung bzw. Verbesserung der Qualität von Arbeit und Kapital hin. Ob es eine Komponente gibt, die unabhängig davon dauernd auf die Beschleunigung der säkularen Wachstumsrate hinwirkt, scheint sehr fraglich zu sein.

Wenden wir diese Überlegungen auf Gleichung (12), die natürliche Wachstumsrate im „golden age", an — bisher wurde ja allgemein an Hand der Gleichung (11) argumentiert —, so ist die Annahme einer exogen gegebenen Wachstumsrate der Arbeitsbevölkerung und der Arbeitsproduktivität in der neoklassischen Wachstumstheorie bei staatlicher Aktivität recht unwahrscheinlich. Bezieht man derart den Staat explizit in das Modell mit ein, so ließe sich die Entwicklung der Arbeitsbevölkerung und der Arbeitsproduktivität endogen erklären. Mittels familienpolitischer Maßnahmen und vor allem der Bildungspolitik könnte er dauernd einen Einfluß auf das Angebot an Arbeitskräften und die Arbeitsproduktivität ausüben, so daß beide dann mit staatlicher Aktivität höher als ohne sie wären. Damit hätte der Staat aber einen Einfluß auf die Höhe der natürlichen Wachstumsrate im golden age.

C. Kritische Würdigung und Erweiterung

Diese Erklärungsversuche des staatlichen Einflusses auf die Höhe der Wachstumsrate dürfen nicht darüber hinwegtäuschen, daß unabhängig von der Staatstätigkeit die Dominanz des „residualen Faktors" weiterbestehen bleibt, falls nicht der gesamte technische Fortschritt von vornherein als capital embodied betrachtet wird; also nur die Existenz des autonomen technischen Fortschritts b in Gleichung (11) bewirkt nach einer entsprechenden Anzahl von Jahren das Einmünden der Wirtschaft in das golden age (natürliche Wachstumsrate). Die empirischen Tatsachen und die theoretischen Überlegungen zeigen deutlich, daß auch die neoklassische Theorie des wirtschaftlichen Wachstums mit ihrer einseitigen Betonung des Angebots ungeeignet ist als Basis für eine mittelfristige Wachstumspolitik; denn dafür müßte ja ein Wirkungszusammenhang zwischen den einzelnen Wachstumskomponenten, damit auch der Nachfrageentwicklung und der erzielten Wachstumsrate, bestehen. Besonders zwei Punkte sind da zu erwähnen: (1) Bei Mittelfristigkeit ist keine unbegrenzte Substituierbarkeit zwischen Kapital und Arbeit gegeben, vielmehr besteht höchstens ein gewisser Substitutionskorridor; zum anderen ist nicht überzeugend (2), daß allein das Angebot an Faktoren das wirtschaftliche Wachstum bestimmen soll. Auch die impliziten Annahmen, daß technischer Fortschritt und Sparprozeß sowie die Beschäftigtenquote exogene Größen sein sollen, ist fraglich. Zum Teil wurde diese Kritik ja durch die Annahme staatlicher Aktivität beseitigt. Technischer Fortschritt und Beschäftigtenquote wurden oben funktional mit der Staatsausgabentätigkeit verbunden. Allerdings ist die Relation, wie dort erwähnt, keine sehr enge.

Die Einseitigkeit des neoklassischen Ansatzes besteht, wie gesagt, darin, daß der Einsatz der Faktoren im Wirtschaftsprozeß nicht allein von der Entwicklung des Angebots dieser Faktoren abhängt, sondern auch von der durch die wirtschaftliche Entwicklung bedingten Nachfrage nach Produktionsfaktoren mitbestimmt wird. Eine leistungsfähige Theorie der Wachstumseffekte der Staatsausgaben wäre so in eine mittelfristige Theorie des wirtschaftlichen Wachstums einzubauen. Da es aber eine mittelfristige Theorie des wirtschaftlichen Wachstums nur in ersten Ansätzen gibt, bleibt diese Aufgabe weiteren Untersuchungen vorbehalten[27].

II.

Eine erfolgreiche Untersuchung der Staatsausgaben in ihrem Einfluß auf das wirtschaftliche Wachstum hätte drei grundsätzliche Fragen zu beantworten:

(1) Wieweit soll die Staatstätigkeit ausgedehnt werden (wobei nur ökonomische Kriterien in die Argumentation eingehen)? Diese Problemstellung impliziert natürlich eine ihr vorausgehende Entscheidung über maximales *oder* optimales Wachstum. In westlichen Industriestaaten mit Konsumentensouveränität wird eher dem optimalen Wachstum der Vorrang zukommen, da hier letzten Endes der realisierbare Konsum *das* Ziel des Wirtschaftens darstellt. Nun ist die Bestimmung einer optimalen Wachstumsrate in der Praxis heutzutage freilich eher ein „Über-den-Daumen-Peilen" als eine einigermaßen zielgerichtete wirtschaftspolitische Entscheidung — sofern man sich des Problems überhaupt bewußt wird. Dies liegt hauptsächlich an der Schwierigkeit, die Höhe der sozialen Zeitdiskontrate, die eine optimale Allokation zwischen Gegenwarts- und Zukunftsgütern stiftet, zu finden. Diese Frage ist auch in der Theorie noch nicht geklärt[28].

(2) Die zweite Frage, die gestellt werden muß, lautet: Welchen Beitrag leisten private und welchen leisten öffentliche Güter bei der Realisierung einer gegebenen (optimalen) Wachstumsrate? In anderen Worten: Mit welcher optimalen Kombination privater und öffentlicher Güter kann eine gegebene Wachstumsrate (die dann wiederum auf Gegenwarts-[29] und Zukunftskonsum sowohl im privaten wie im öffentlichen Bereich — optimal — aufgeteilt wird) erreicht werden? Die Lösung dieser beiden Fragen würde eine „reine" Theorie der Staatsausgaben beschreiben, in der es ausschließlich öffentliche und private Güter gibt. Nun leistet eine solche Theorie des Erstbesten zur Lösung praktischer Probleme aber nur begrenzte Dienste. Im allgemeinen steht

---

[27] Vgl. die Ansätze bei H. *Riese:* Mittelfristiges wirtschaftliches Wachstum und neoklassische Wachstumstheorie. „Kyklos", 17 (1965), S. 80 ff.

[28] Vgl. S. A. *Marglin:* The Social Rate of Discount and the Optimal Rate of Investment. „Quarterly Journal of Economics", 58 (1963), S. 95 ff.

[29] Zur Lösung des Problems einer optimalen Allokation öffentlicher und privater Güter in einem klassischen Gleichgewichtssystem s. P. A. *Samuelson:* The Pure Theory of Public Expenditure. „Review of Economics and Statistics", 36 (1954), S. 387 ff., und derselbe: Diagrammatic Exposition of a Theory of Public Expenditure. „Review of Economics and Statistics", 37 (1955), S. 350 ff.

das Volumen der Ausgaben (mit Einschränkungen) fest, so daß Variationen des Volumens nur als Folge der gesamten Einnahmenentwicklung möglich sind.

Aus diesem Grunde scheint es für die folgende Diskussion ein fruchtbarer Ansatz zu sein, die Frage (3) in den Vordergrund zu stellen: Wie beeinflußt die Veränderung der Ausgabenstruktur, bei gegebenem Volumen, die (gegebene) Wachstumsrate? Nur diese letzte Fragestellung wird — wegen der Bezugnahme (wenigstens teilweise) auf reale Gegebenheiten — im vorliegenden zweiten Abschnitt näher diskutiert, wobei, sofern dies unbedingt notwendig erscheint, Fragestellung (2) miteinbezogen ist.

Es liegen also praktische (institutionelle) Erwägungen zugrunde, wenn im folgenden von einem gegebenen Ausgabenvolumen, dessen Struktur in Grenzen geändert werden kann, ausgegangen wird. Dabei empfiehlt es sich, von den theoretisch gefundenen Ergebnissen des ersten Abschnitts auszugehen. Dort wurde die Stabilisierungsfunktion der Staatsausgaben unter Wachstumsaspekten modellmäßig behandelt und anschließend an Hand einer makroökonomischen Produktionsfunktion der mögliche Beitrag der Staatsausgaben zum wirtschaftlichen Wachstum diskutiert. Explizit dargestellt im Rahmen eines erweiterten *Harrod-Domar*-Modells wurden die Transferausgaben r, alle übrigen Staatsausgaben g und der Wachstumseffekt e dieser Ausgaben. An Hand der makroökonomischen Produktionsfunktion wurde — eher allgemein — verbal der Einfluß verschiedener Staatsausgaben auf die Wachstumsdeterminanten: Arbeit, Kapital, technischer Fortschritt untersucht.

Wegen solcher Argumentation im ersten Abschnitt empfiehlt es sich, auch weiterhin die Einteilung in Nontransfer- und Transferausgaben beizubehalten und weiter zu differenzieren, soweit Unterschiede im Hinblick auf ihre Wachstumswirksamkeit (Stabilisierung und Beeinflussung des Trends) notwendig sind[30]. Diese Klassifikation beansprucht nicht das Prädikat der Vollständigkeit. Im einzelnen werden von den Ausgaben für Infrastruktur sowie für Erziehung, Ausbildung und Forschung, gesondert, die Verteidigungsausgaben und allgemeine Verwaltungsausgaben diskutiert. Ein kurzer Abschnitt befaßt sich mit Investi-

[30] In einer früheren Fassung des Manuskripts fehlte diese Einteilung; in einer von mir erbetenen schriftlichen Diskussionsstellungnahme hierzu wies Professor Zeitel darauf hin, daß eine solche Einteilung der Ausgaben im Hinblick auf die Wachstumseffekte sinnvoll wäre. Nach nochmaligem Durchdenken ergab sich die nunmehrige Klassifikation, vor allem auch im Zusammenhang mit Abschnitt I., fast zwingend, so daß wir hier jetzt mit Zeitel wohl übereinstimmen. (Herrn Professor Zeitel habe ich für seinen eingehenden kritischen Kommentar überhaupt besonderen Dank zu sagen.)

tionen in das staatliche Erwerbskapital. Die Transferausgaben sind gegliedert in Transferzahlungen an Konsumenten, in Subventionen an Unternehmer, und in den Staatsschuldendienst. Ein abschließender Abschnitt befaßt sich mit den Ausgaben für Entwicklungshilfe.

Da es sich um allgemeine Erörterungen handelt, liegt dem folgenden auch keine konkrete Ausgabenstruktur zugrunde, wie sie beispielsweise für Österreich, die Bundesrepublik Deutschland etc. zutreffend ist[31]. Die nun einsetzende, sozusagen *rein* verbale Behandlung der Problematik läßt noch einmal die Schwierigkeiten deutlich erkennen, die jedem Versuch einer Quantifizierung der Effekte entgegenstehen: sowohl der Einfluß der Ausgaben auf die Wachstumsdeterminanten wie deren Wirkung auf das wirtschaftliche Wachstum selbst sind heute noch in vielen Bereichen unmeßbar. Die bis jetzt in Einzelfragen erreichten Ergebnisse bei der Quantifizierung der Wirkungen von Wachstumsfaktoren (*Bombach*) bzw. der Ausgabeneffekte (*Schultz, Denison;* s. o.) bieten daher keine endgültige Lösung. Dieser Stand der Wachstumstheorie ist dafür verantwortlich, daß die Aussagen über Wachstumseffekte größtenteils hypothetischen Charakter tragen oder zumindest eine übermäßige Strapazierung der ceteris-paribus-Klausel bedeuten.

Folgende Voraussetzungen und Einschränkungen liegen dem zweiten Abschnitt zugrunde:

1. Die Aussagen gelten nur für hochentwickelte Industrieländer. Voraussetzung ist, daß innerhalb dieser Länder der institutionelle Rahmen relativ ähnlich ist, so daß Wachstumseinflüsse von dieser Seite weitgehend außer acht gelassen werden können.

2. Auf der Einnahmenseite berücksichtigen wir hauptsächlich das Steueraufkommen.

3. Bei einer angenommenen Erhöhung der einzelnen Ausgabenkategorien kämen jeweils folgende Alternativen für die Finanzierung in Frage:

---

31 Professor Timm hat in seiner kritischen Stellungnahme zu diesem Aufsatz den Vorschlag gemacht, von der Struktur eines gegebenen Ausgabenvolumens auszugehen. Wie oben schon erwähnt, sind der Variierung des Ausgabenvolumens Grenzen gesetzt, nicht aber — wenigstens nicht im gleichen Maß — einer Veränderung der Ausgabenstruktur. Folgte man Timm, so müßte einem Mehr an einer Stelle immer ein Weniger an einer anderen Stelle gegenüberstehen. Eine solche strenge Untersuchung müßte simultan viele mögliche Kombinationen von Ausgaben berücksichtigen und wäre nur angebracht bei der Analyse eines konkreten Budgets eines bestimmten Staates. Da wir diese Absicht hier nicht haben, sollen jeweils partiale Betrachtungen der Wachstumswirkungen einer bestimmten Ausgabengruppe genügen. Im konkreten Fall müßten diese Wirkungen dann freilich simultan betrachtet werden. (s. auch das „Schlußwort" des Beitrages!)

a) Erhöhung der direkten Steuern
b) Erhöhung der indirekten Steuern
c) Inlands- bzw. Auslandsverschuldung (bei Privaten)
d) Geldschöpfung (Verschuldung bei der Notenbank)
e) Kürzung anderer Ausgaben.

Praktisch werden diese Alternativen aus Raumgründen nur beispielhaft besprochen. Insbesondere kann nicht ausdrücklich auf die Frage eingegangen werden, welcher Finanzierungsweg wachstumsoptimal ist.

4. Weiters gilt, daß sämtliche Ausgaben mit Ausnahme jener für Entwicklungshilfe im Inland getätigt werden.
5. Soweit nichts anderes ausdrücklich gesagt ist, wird Vollbeschäftigung angenommen.
6. Die Ergebnisse können weitgehend auch auf die Ausgabentätigkeit der Hilfsfisken, insbesondere der Sozialversicherung, angewendet werden.
7. Ausgaben an andere Gebietskörperschaften werden nicht untersucht, sondern es wird ein Zentralbudget unterstellt, und die Wachstumsprobleme des Finanzausgleichs werden außer acht gelassen.
8. Angenommene Ausgabenerhöhungen beruhen immer auf (wirtschafts-)politischen Entscheidungen, nicht auf einer Änderung des Preis-(Kosten-)Niveaus; dieses wird als stabil angenommen.

A. Ausgaben für Infrastruktur

1. Allgemeines: Wir verstehen darunter Ausgaben — mit Strukturverbesserungscharakter — für Verkehrsanlagen, Energieversorgung, Wasserwirtschaft und -bau, Erziehung, Ausbildung und Forschung, Gesundheit, Verteidigung, Justiz, Polizei und Verwaltung. Der Begriff scheint der militärischen Terminologie, speziell der NATO, zu entstammen und bedeutet dort soviel wie „Unterbau der Organisation". Da diese Ausgaben den privaten Unternehmern Kostenvorteile gewähren, handelt es sich in unserem Sinn um Komplementärinvestitionen, und zwar bei den einigermaßen meßbaren (Investitionscharakter) um solche wichtigster Art.

Für ihre Wachstumseffizienz lassen sich zwei Möglichkeiten einer Quantifizierung angeben. (Beide wurden im ersten Abschnitt schon erwähnt.) (1) Der Kapazitätseffekt dieser Ausgaben realisiert sich in der Produktivität privater Investitionen; beispielsweise mag ein ausgebautes Kanalsystem die Produktionskosten und damit die Verkaufspreise der Industrie so senken, daß der Ausstoß erheblich gesteigert werden kann. (2) Die Wachstumseffekte dieser Ausgaben werden analog der Wirtschaftlichkeitsrechnung einer gewinnorientierten Unternehmung errechnet bzw. geschätzt. Gerade die letzte Methode nimmt heute unter den Termini „system analysis", „project evaluation" und „cost-benefit-analysis" einen breiten Raum in der Literatur über öffentliche Ausgaben ein; dabei werden Wachstumsfragen im Zusammenhang mit diesen Ausgaben erst in zweiter Linie untersucht.

Gegenüber der privatwirtschaftlichen Kosten- und Ertragsrechnung ergeben sich bei gesamtwirtschaftlichen Kosten-Gewinnschätzungen bedeutende Schwierigkeiten, welche oft daraus resultieren, daß da der Marktmechanismus nur teilweise oder sogar überhaupt nicht funktioniert. Folgende fünf Merkmale sind jedenfalls für einen Großteil dieser öffentlichen Investitionen in das Sozialkapital typisch: Ungültigkeit des sogenannten Ausschlußprinzips (excludability), Bereitschaft der Gemeinschaft zur Selbstauferlegung eines allgemeinen Finanzierungszwanges, unbefriedigende Resultate der Konsumentensouveränität, individueller Mangel an Voraussicht und große Häufigkeit externer Effekte[32].

Die Ungültigkeit des Ausschlußprinzips ist für die öffentlichen Investitionen in das Sozialkapital vielleicht am folgenschwersten. Es kann zweierlei Bedeutung haben; beide führen zu Bewertungs- und damit Planungsschwierigkeiten im öffentlichen Bereich. Erstens bedeutet es, daß nur derjenige, der den Kaufpreis bezahlt, ein bestimmtes Gut erwerben und gebrauchen kann; zweitens, eng damit verbunden, daß *nur* der Käufer dieses Gut benützen kann, jeder andere von der Benützung ausgeschlossen ist. Gerade im Bereich sogenannter öffentlicher Güter wie Verkehrsanlagen, Parkanlagen, Verwaltung, Justiz und Verteidigung, gelten im allgemeinen beide Versionen des Ausschlußprinzips nicht.

Mit der Selbstauferlegung eines allgemeinen Finanzierungszwanges der Gemeinschaft soll auf eine im Bereich öffentlicher Investitionen häufig anzutreffende Tatsache hingewiesen werden. Auf Grund von externen Effekten psychischer Art kann sich ergeben, daß die anteilsmäßige Finanzierung und Durchführung eines Infrastrukturprojekts für ein Individuum keinen Nutzenvorteil bringt, wohl aber die gemeinsame Realisierung dieses Vorhabens. Eine weitere Ursache dafür sind die bei öffentlichen Investitionen in das Sozialkapital häufig zu beobachtende Kostendegression sowie ein hoher Anteil an Gemeinkosten.

---

[32] Vgl. J. *Stohler:* Zur rationalen Planung der Infrastruktur. „Konjunkturpolitik (Zeitschrift für angewandte Konjunkturforschung)", 11 (1965), S. 279 ff.; zuletzt R. *Jochimsen:* Theorie der Infrastruktur, Tübingen 1966.

Beide schließen zumindest in kurzer Frist kostendeckende Preise, sofern solche überhaupt möglich sind, aus.

Als dritte ökonomische Eigenart wurde das Versagen der Konsumentensouveränität erwähnt. Eine Hauptursache dafür liegt wohl in der Unterschätzung der individuellen Präferenzen für manche öffentliche Güter. Besonders im Gesundheitswesen entschließt sich daher die Gemeinschaft gelegentlich zur Korrektur der individuellen Präferenzen und zur Vornahme von Investitionen, welche auf Grund der herrschenden ‚Geschmacksstruktur‘ nicht gerechtfertigt wären.

Die vierte Eigenart, individueller Mangel an Voraussicht, kann aus dem technischen Merkmal der langen Lebensdauer der Anlagen abgeleitet werden. Weder autoritäre Entscheidungen, noch eine völlige Vernachlässigung der Zukunft kommen hier als Lösung in Frage.

Externe Effekte können bei öffentlichen und privaten Investitionen auftreten. Während sie jedoch in die privatwirtschaftliche Investitionsrechnung nicht eingehen, müssen sie bei öffentlichen Investitionen irgendwie berücksichtigt werden. Diese externen Effekte bestehen meist in technologischen (Produktionsfaktoren) und Geschmacksvorteilen bzw. -verlusten. Versuche einer Quantifizierung von externen Effekten haben nach US-amerikanischen Berechnungen ergeben, daß die meßbaren Nebenwirkungen öffentlicher Investitionsprogramme 1,1 bis 1,7 mal höher sind als der direkte Einkommensgewinn aus dem Projekt selbst[33]. Die exakte Bedeutung der Nebenwirkungen ist damit allerdings noch nicht erfaßt.

Die (begrenzte) zeitliche Variabilität mancher Investitionen in das Sozialkapital (z. B. Straßenbau) macht sie zu einem Instrument der Konjunkturpolitik und begünstigt auch ihre Verwendung für Zwecke der Wachstumspolitik. Zwei Fragen sind im Hinblick auf deren Wachstumswirksamkeit zu unterscheiden: (1) Welchen Einfluß haben die Ausgaben für Infrastruktur auf die Wachstumsrate, wenn man die verschiedenen Infrastrukturanlagen als zusätzliche Produktionsfaktoren (Komplementärcharakter!) einführt? (2) Welche sind die infrastrukturellen Bedingungen einer erwarteten oder angestrebten Wachstumsrate[34]?

Zur ersten Frage soll nur bemerkt werden, daß eine Erhöhung der Ausgaben für Infrastruktur besonders bei Unterbeschäftigung langfristig Wachstumseffekte zeitigt, da die Variabilität (s. o.) zu diesem Zeitpunkt größer ist (Bildung von Schwergewichten) und so Stabilisie-

[33] Vgl. E. D. *Domar*, in: Federal Expenditure Policy for Economic Growth and Stability, Washington 1958, S. 633.

[34] H. *Gerfin*: Gesamtwirtschaftliches Wachstum und regionale Entwicklung. „Kyklos“, 17 (1964), S. 568.

rungs- *und* Wachstumseffekte erzielt werden können. Bis zur Vollausnützung der Kapazitäten wird in erster Linie die faktische Wachstumsrate des Einkommens erhöht, infolge der Zunahme der Produktivität des Realkapitalstocks jedoch auf Dauer auch die Produktionskapazität und damit die befriedigende Wachstumsrate.

Die zweite Frage ist heute noch nicht zu beantworten; sie ist kontrovers. Man müßte ein operationales, eingangs erwähntes Entscheidungsmodell mit Zielfunktion (oder einem Freiheitsgrad) haben, um diese Frage lösen zu können. Dabei spielt das Problem der Optimierung zwischen öffentlichen und privaten Investitionen eine entscheidende Rolle. Zusammenfassend darf aber gesagt werden, daß das Angebot an Infrastrukturinvestitionen ein sehr maßgeblicher Faktor für die Höhe einer bestimmten Wachstumsrate des Einkommens ist. In der Vergangenheit hat sich gezeigt, daß ein Überangebot (z. B. Eisenbahnbau) relativ schnell von der privaten Wirtschaft absorbiert wird, d. h. die private Entwicklung wächst schnell in die Überkapazitäten der Infrastruktur hinein[35]. Andererseits hemmt ein Mangel an Infrastrukturinvestitionen die wirtschaftliche Entwicklung und führt so zu Verlusten an potentiellem Wohlstand.

Da die Infrastruktur kurzfristig weitgehend als Datum anzusehen ist, wirkt sich der Komplementäreffekt von Infrastrukturausgaben höchstens mittelfristig aus, so daß eine Kürzung dieser Ausgaben kurzfristig kaum eine Wachstumshemmung zur Folge hat. Bei Ausgaben für regionale Infrastruktur (Entwicklungsprogramme) gelten grundsätzlich die gleichen Ergebnisse wie oben. Regionalpolitik kann gerade ein Instrument gezielter Wachstumspolitik sein, um nämlich — indirekt —lokale und regionale Reserven an Produktionsfaktoren einer optimalen Allokation zuzuführen. (Es bedarf sichtlich überhaupt einer regionalisierten Analyse des Wachstumsproblems.)

2. Ausgaben für Erziehung, Ausbildung und Forschung: Erziehung und Ausbildung geben vorhandenes Wissen weiter, Forschungstätigkeit produziert neues Wissen[36]. Die Ausgaben für beide Bereiche gehören zu den „Ausgaben mit offensichtlichem Wachstumseffekt“[37], wenn auch die Beziehung nicht so eindeutig ist, wie es auf den ersten Blick erscheint. Einerseits bestimmt das Wohlstandsniveau (Lebensstandard)

---

[35] Als Beispiel hierfür wird oft der Ausbau des Eisenbahnnetzes im 19. Jh. angeführt, in das die expandierenden Volkswirtschaften bald hineingewachsen sind.

[36] F. *Machlup:* The Production and Distribution of Knowledge in the United States, Princeton 1962, S. 363.

[37] J. S. *Duesenberry,* in: Federal Expenditure Policy for Economic Growth and Stability, a.a.O., S. 285 ff. Gegen die behauptete Offensichtlichkeit muß jedoch eine gewisse Reserve angemeldet werden.

einer Volkswirtschaft die materiellen Möglichkeiten, Bildungs- und Forschungsbedürfnisse zu befriedigen. Je höher das Pro-Kopf-Einkommen ist, desto eher kann es sich eine Gemeinschaft leisten, mehr für (zeitraubende!) Erziehung und Ausbildung aufzuwenden, wobei nicht nur die unmittelbaren Kosten des Schulbesuchs, die großteils von der Allgemeinheit getragen werden, sondern auch der Verdienstentgang während der Schulzeit ins Gewicht fallen. Andererseits ist eine entsprechende Ausbildung der Berufstätigen eine Voraussetzung oder zumindest ein wichtiger Faktor des Wirtschaftswachstums. Aus dem historischen Zusammentreffen von Wirtschaftswachstum und zunehmender Ausbildung darf indessen nicht ohne weiteres auf einen bestimmten Kausalzusammenhang zwischen beiden Größen geschlossen werden.

Um die Bedeutung der Erziehung und Ausbildung für das Wirtschaftswachstum zu verdeutlichen, kann man von der Hypothese ausgehen, daß der Bedarf an Arbeitskräften von der Höhe des Brutto-Volkseinkommens abhängt. Ändert sich das Brutto-Volkseinkommen, so verändert sich die Bedarfsstruktur nach entsprechend ausgebildeten Arbeitskräften ebenfalls. Somit erscheint die Ausbildung eine notwendige, wenn auch nicht hinreichende Bedingung für das wirtschaftliche Wachstum zu sein. Allerdings impliziert diese Hypothese eine Limitationalität der Produktionsfaktoren, die kurzfristig in Grenzen wohl gegeben sein mag.

In Wirklichkeit dürfte die Relation zwischen Ausbildung und Wirtschaftswachstum eine weniger enge sein. Die Produktionsfaktoren lassen sich ja nicht nur in einer durch die jeweilige Technologie bestimmten Weise kombinieren. Wenn schon die Substitutionalität der Produktionsfaktoren bei der Herstellung eines Gutes in der Tat sehr begrenzt sein mag, so ist diese Begrenzung bei der Erzeugung verschiedener Güter, in verschiedenen Branchen und für unterschiedliche Wirtschaftszweige auf keinen Fall gegeben. (Es wird da besonders der Gegensatz zwischen postkeynesianischem und neoklassischem Wachstum deutlich.) Die andere Seite dieses Problems ist die, daß die Qualitätsanforderungen an die Arbeitskräfte keineswegs streng determiniert sind. Vielmehr bestehen hier beachtliche Bandbreiten. Daraus ergibt sich also, daß die Struktur des Arbeitskräftebedarfs nur in einer ziemlich großen Bandbreite technischen Entwicklungstrends folgt.

Erziehung und Ausbildung wirken zunächst einmal auf den Faktor Beschäftigung[38] (Arbeitsproduktivität), bilden indessen zugleich auch

---

[38] H. *Berg:* Ökonomische Grundlagen der Bildungsplanung, Forschungsbeiträge der Adolf Weber Stiftung, Band 1, Berlin 1965, S. 63 f. Hier finden sich auch eine gute Übersicht über die Entwicklung der modernen Bildungs-

die Grundlage für Forschungstätigkeit jeder Art, also für den „technischen Fortschritt" ebenfalls. In frühen Wachstumsanalysen war technischer Fortschritt synonym mit dem unerklärbaren, d. h. nicht auf die Faktoren Arbeit und Kapital reduzierbaren Restfaktor. Im Laufe der Entwicklung neuer Methoden der empirischen und theoretischen Analyse des Wachstumsprozesses wurde dieser Residualfaktor differenziert. Eine — wesentliche — Komponente sind dabei eben Erziehung, Ausbildung und Forschung, welche unter der Subdisziplin „Bildungsökonomik" zusammenfassend behandelt werden[39]. Bessere Ausbildung kann oft zugleich auch längere Ausbildung bedeuten, senkt daher kurzfristig das Arbeitsangebot.

Alle Hypothesen über die Wachstumswirksamkeit von Ausgaben für Erziehung und Ausbildung müsssen an Hand empirischer Daten getestet werden, um so ihre Bewährung zu prüfen. Wie bei den anderen Ausgaben sind auch hier die Wachstumseffekte nur unter großem Vorbehalt genauer zu bestimmen. Trotz Meßschwierigkeiten gibt es aber Untersuchungen über quantitative Zusammenhänge. Nach US-amerikanischen Berechnungen etwa beträgt die Erhöhung des Lebenseinkommens eines College-Absolventen rund 180.000 Dollar gegenüber einem High School-Absolventen, d. s. rund 40.000 Dollar pro Jahr der Mehrausbildung oder mindestens 45.000 Dollar zusätzliche Steuerleistungen im Leben (?!). Unter Wachstumsaspekten lohnten sich die Ausgaben schon, wenn sie durch die höhere Steuerleistung, die wachstumswirksamen Effekte des erhöhten Einkommens (Konsum- und Sparneigung) und durch den eventuellen Beitrag zum technischen Fortschritt zusammengenommen gedeckt wären. — Solche Ergebnisse — ohne Berücksichtigung von opportunity costs — werden häufig als Beweis dafür angeführt, daß Erziehungsinvestitionen an sich ‚lohnend' sind.

Diesem Schluß sind aber verschiedene Einwendungen entgegenzusetzen. Schon die Kosten der Erziehung lassen sich nicht eindeutig bestimmen, da vor allem strittig ist, wieweit der Verdienstentgang während der Studienzeit als Investitionsaufwand zu betrachten sei. Auch die Messung des Ertrages von Erziehungsinvestitionen an den

---

ökonomik und ausführliche Literaturhinweise. Einen ersten Überblick bietet auch H. *Seidel:* Die Bildung als Faktor des Wirtschaftswachstums, in: Die Bedeutung der Bildung in der industriellen Gesellschaft der Gegenwart. „Gesellschaft und Politik", Wien, N.F., 2/1 (1966), S. 16 ff. Für eine internationale Synopsis s. zuletzt E.A.G. *Robinson* und J. E. *Vaizey* (ed.): The Economics of Education, London 1966.

[39] Vgl. hierzu vor allem die Publikationen der OECD: Policy Conference on Economic Growth and Investments in Education, Paris 1962, Economic Aspects of Higher Education, Paris 1964, The Residual Factor and Economic Growth, Paris 1964; jetzt auch in deutscher Übersetzung: Wirtschaftswachstum und Bildungsaufwand, Wien 1966.

in der Wirtschaft beobachteten Einkommensdifferenzen zwischen Berufstätigen mit unterschiedlicher Ausbildung ist umstritten. Schwerer wiegen jedoch Bedenken, ob die Einkommensdifferenzen echte Produktivitätsunterschiede widerspiegeln, oder ob sie nicht einfach durch Tradition oder durch das allgemeine Gefühl für ‚faire' Entlohnung bestimmt werden. Besonders auch der Umstand, daß ein beträchtlicher Teil der hochqualifizierten Kräfte von der öffentlichen Verwaltung beschäftigt wird, deren Produktivität nicht oder kaum meßbar ist, läßt am Wert solcher Berechnungen zweifeln.

Ähnliche Einwände wie gegen die Rentabilitätsberechnungen von Erziehungsinvestitionen bestehen gegen die Versuche, den Beitrag der Ausbildung zum Wirtschaftswachstum quantitativ zu erfassen. Für die Vereinigten Staaten von Amerika hat *Denison*[40] eine interessante Berechnung angestellt. Er ermittelte die durchschnittliche Schulzeit der amerikanischen Arbeitskräfte zu verschiedenen Zeitpunkten und bewertete die Ausbildungsdifferenzen mit den empirisch festgestellten Einkommensdifferenzen zwischen Arbeitskräften mit unterschiedlicher Schulzeit. Er kam zu dem bemerkenswerten Ergebnis, daß im Zeitraum 1929—1956 allein die bessere Ausbildung der Arbeitskräfte das reale Volkseinkommen in den USA um durchschnittlich 0,67 % pro Jahr steigerte. Die Erziehungsinvestitionen erklären so 23 % der Wachstumsrate des Volkseinkommens (2,9 % pro Jahr) und über 40 % der Wachstumsrate der Arbeitsproduktivität (1,6 % pro Jahr). Allerdings ist zu berücksichtigen, daß gerade während dieser Zeitspanne der Schulbesuch in den Vereinigten Staaten von Amerika stark angestiegen ist, wogegen die Investitionen in produktives Sachkapital durch die Weltwirtschaftskrise und ihre Folgen stark beeinträchtigt wurden. Ähnliche Berechnungen für europäische Länder in der jüngsten Vergangenheit ergaben weit niedrigere Beiträge des Erziehungswesens zum Wirtschaftswachstum[41].

Bei Ausgaben für Forschung ist noch strenger als bei denen für Erziehung und Ausbildung zwischen der Produktion von „productive knowledge" und „unproductive knowledge" zu unterscheiden[42]. Wachstumspolitisch interessant sind nur Ausgaben für Vermittlung und Entdeckung von „productive knowledge" (ohne daß es bisher befriedigend

---

[40] E. F. *Denison:* The Source of Economic Growth in the United States and the Alternatives before US., Committee for Economic Development, Suppl. Paper No. 13, New York 1962.

[41] Vgl. E. *Malinvaud:* The Residual Factor and Economic Growth (OECD), a.a.O., S. 62. Er schätzte unter den gleichen Annahmen wie Denison die aus Erziehungsinvestitionen entstehende Wachstumsrate des realen Volkseinkommens für Frankreich im Zeitraum 1950—1960 auf 0,2 % pro Jahr.

[42] Angedeutet bei F. *Machlup,* a.a.O., S. 362.

gelungen wäre, diesen Begriff abzugrenzen, bzw. zwischen „Ausbildung“ und „Bildung“ exakt zu unterscheiden!).

Ausgaben für productive knowledge beeinflussen in erster Linie den technischen Fortschritt; auf die entsprechenden Wirkungen ist — als bekannt — hier zu verweisen. Einige Randzusammenhänge wären trotzdem kurz aufzuzeigen. Forschungsausgaben sind heute noch gekennzeichnet durch eine weitgehende ‚Abstinenz‘ von ökonomischen Kriterien bei ihrer Planung; Rentabilitätserwägungen werden dort regelmäßig nicht angestellt (anders z. B. bei ganz bestimmten Projekten, wie CERN in Genf, wo ein hoher Grad von Planung vorherrscht). Dies liegt meist aber in der „Natur der Sache“, da man bei der Ausführung eines Forschungsvorhabens zu Beginn kaum weiß, welches Resultat sich am Ende ergibt. Solches gilt vor allem für die Grundlagenforschung. Auf lange Sicht scheint sich jedoch jede großzügige Forschungstätigkeit irgendwie bezahlt zu machen. Einmal gewonnene Erkenntnisse sind ja dann im Laufe der Zeit allen Interessenten zugänglich. Forschungsergebnisse haben so wiederholt sehr viel größere soziale als privat(wirtschaftlich)e Gewinne. Dies ist wohl auch ein entscheidender Grund dafür, daß derartige Grundlageninvestitionen häufig von staatlichen Instituten vorgenommen werden oder aber auf Rechnung des Staates privaten Forschungseinrichtungen übertragen sind.

Konkrete Berechnungen für die USA[43] ergeben, daß nur ca. 13 % der graduierten Studenten tatsächlich Leistungen erbringen, welche die Produktivität von Arbeit und Kapital positiv beeinflussen. Bei entsprechender Auswahl auf verschiedenen Gebieten begabter Studenten könnte der so bedingte technische Fortschritt um 50 % gesteigert werden, wenn man die Zahl der Studenten um nur 7 % erhöhte. *Giersch* spricht hier von der Ausschöpfung des Begabungspotentials[44]. Die staatliche Finanzpolitik als zu sehr vereinfachende Wachstumspolitik unterliegt demgegenüber oft der Illusion, daß der technische Fortschritt proportional mit den Ausgaben für Forschungszwecke steigt. Da zwischen Forschungsausgaben und technischem Fortschritt also keine strenge Korrelation besteht, lehnen wir es auch ab, Forschungsausgaben immer mit Investitionen gleichzusetzen[45].

3. *Ausgaben für die nationale Sicherheit:* Diese sind weiter zu untergliedern in Personalausgaben (Aktive, Reserve, Ruhestand), Sachausgaben für Fremdversorgung und Sachausgaben für Eigenversorgung (Forschung). Neben den globalen ökonomischen Effekten der Militär-

---

[43] G. S. *Becker:* Underinvestment in College Education? „American Economic Review“, Papers and Proceedings, 50 (1960), S. 352.

[44] H. *Giersch:* Strategien der Wachstumspolitik, a.a.O., S. 261.

[45] Vgl. W. *Wittmann,* a.a.O., S. 31 und die dort angeführte Literatur.

ausgaben stehen die unterschiedlichen Wirkungen einzelner Untergruppen, wie beispielsweise der mögliche erzieherische Wert militärischer Ausbildung, der sich nach Ableistung der Militärdienstzeit in einer höheren Arbeitsproduktivität der ehemaligen Soldaten auswirken kann. Allerdings wären bei einem solchen Effekt die Alternativkosten zu berücksichtigen, die daraus erwachsen, daß eine große Gruppe arbeitsfähiger junger Männer dem Arbeitsprozeß, solange sie ihre Militärdienstzeit absolvieren, entzogen ist.

Militärausgaben in toto können als langfristig geltende Komplementärinvestitionen angesehen werden, d. h. langfristig ermöglichen sie erst die Expansion der heimischen (privaten) Wirtschaft ohne äußere Bedrohung. Freilich setzt diese Schau ein internationales „homo homini lupus" voraus, das aber auch in Friedenszeiten durchaus als Hintergrund politischer Aktion gegeben sein kann (z. B. China-Indien, Indien-Pakistan). Eine Kürzung des Militärbudgets hätte daher kurzfristig in einer voll- bzw. überbeschäftigten Wirtschaft eher dämpfende, also stabilisierende Wirkung. Volkswirtschaftliche Produktionsmöglichkeiten, welche bisher für Kriegsgüter verwendet wurden, würden dann für die Herstellung von Kapital- und Konsumgütern frei. Auf weitere Sicht könnte die stabilisierende in eine destabilisierende Wirkung übergehen, nämlich dann, wenn die nationale Sicherheit bedroht würde.

Die *Personalausgaben* für aktive Heeresangehörige sind im Hinblick auf das wirtschaftliche Wachstum hauptsächlich nach drei Gesichtspunkten zu beurteilen: (1) Wieviel von den Ausgaben wird konsumiert bzw. gespart? (2) Ist die Sparneigung bei den Empfängern von Militärausgaben größer oder kleiner als bei den privaten Haushalten bzw. Unternehmen, von wo ja via Besteuerung auch die Militärausgaben finanziert werden? Schließlich spielt (3) das Volumen der Personalausgaben relativ zu anderen Staatsausgaben für eine größere oder kleinere Bedeutung dieser Ausgaben bezüglich des wirtschaftlichen Wachstums eine Rolle.

Soweit Personalausgaben für konsumtive Zwecke verwendet werden, erhöhen sie tendenziell die tatsächliche Wachstumsrate; sofern sie gespart werden, dagegen die befriedigende Wachstumsrate. Der Gesamteffekt hängt jedoch vom Saldo der Wirkungen ab; denn die Entzugseffekte, die aus der Bereitstellung der Mittel für Militärausgaben resultieren, wirken gerade konträr. Ob die faktische Wachstumsrate wirklich steigt, wird also davon abhängen, ob die Konsumneigung der Heeresangehörigen größer ist als diejenige der Steuerträger. Wegen weitgehender Geltung des Nonappropriationsprinzips in der Besteuerung läßt sich hier keine stringente Aussage machen.

Ebenso hängt die Wirkung auf die befriedigende Wachstumsrate von dem Nettoeffekt der Sparneigungen bei Militärangehörigen und Besteuerten ab. Stammen die Ausgaben vorwiegend aus der Besteuerung hoher Einkommen, so dürfte die Nettosparneigung eher abnehmen und damit die befriedigende Wachstumsrate. Um also zu einem Gesamturteil zu kommen, müßte man alle diese Wirkungen in ihrer quantitativen Bedeutung für aktive Militärangehörige, für die Reserve und für Militärangehörige im Ruhestand kennen.

Sachausgaben für Fremdversorgung (insbesondere militärische Aufträge an die Privatwirtschaft) zeitigen eine Einkommens- und eine Kapazitätswirkung, d. h. sie wirken auf die Güternachfrage und das Güterangebot. Diese Nettoeffekte sind hier ganz besonders komplex und können nur angedeutet werden. Etwas vordergründig wäre eine Beurteilung, die dahin geht, daß die einseitige Ausrichtung auf die Produktion staatlicher Verbrauchsgüter die wohlstandssteigernde Wirkung des so vermehrten Güterangebots nicht übermäßig positiv beeinflußt. Im allgemeinen können solche Investitionen ja oft unter nur geringen Veränderungen zur Produktion von Konsum- und vor allem Investitionsgütern für die Privatwirtschaft benutzt werden. Dies ist besonders offensichtlich z. B. für Gebäude, welche aufgrund solcher öffentlicher militärischer Aufträge an die Privatwirtschaft errichtet werden mußten. Häufig zitiert werden vor allem die technischen Neuerungen, besonders in der Elektronik, Flug-Raketentechnik und auf dem Atomenergiesektor, die ohne die öffentliche Vergabe von militärischen Aufträgen von der Privatwirtschaft allein kaum hätten realisiert werden können. Wenn hier auch nur teilweise wohlstandssteigernde Wirkungen entstehen (billigere und schnellere Transportmöglichkeiten, Rationalisierung in der Verwaltung durch elektronische Datenverarbeitung etc.), so wirken diese technischen Neuerungen doch zugleich auf die Produktion von Konsum- und Investitionsgütern für den privaten Bereich und erhöhen dort die Kapital- und Arbeitsproduktivität und damit die befriedigende Wachstumsrate. Oft haben militärische Sachausgaben ein stabileres Investitionsvolumen zur Folge als Ausgaben der Privatwirtschaft und sind daher unter dem Gesichtspunkt des stetigen Wachstums nicht zu unterschätzen. — Die von *Masoin* vertretene Meinung, Militärausgaben hätten alle für ein gutes Instrument der Konjunkturpolitik erforderlichen Eigenschaften, gilt doch in erster Linie für diese Untergruppe[46].

Unter *Sachausgaben für Eigenversorgung* verstehen wir besonders die Ausgaben für die technische Entwicklung militärischer Projekte

---

[46] M. *Masoin:* Die öffentlichen Ausgaben, in: Handbuch der Finanzwissenschaft, 2. Aufl., Bd. 2, Tübingen 1956, S. 32.

in staatseigenen Forschungsinstitutionen, d. h. die gezielte Förderung des technischen Fortschritts auf den verschiedensten Gebieten, die aus irgendwelchen Gründen der Privatinitiative nicht zugänglich sind. Solche Gründe können rechtlicher oder ökonomischer Art sein. Ein wirtschaftliches Hemmnis liegt heute in der Kapitalintensität derartiger Forschungsvorhaben. Hier fällt dem Staat dann die Rolle des Pioniers zu, der Grundlageninvestitionen vornimmt; er trägt allein das Risiko von Fehlinvestitionen. Durch die Zentralisierung und den planmäßigen Einsatz von Forschungskräften dürfte das Verhältnis zwischen Kapitalaufwand und tatsächlich erreichten technischen Neuerungen da möglicherweise sogar günstiger sein als bei den Ausgaben für zivile Forschung. Die Regel braucht dies jedoch nicht zu sein. Grundausbildungskosten in Form hochqualifizierter Fachkräfte können weitgehend fortfallen, und zwar dann, wenn sie vom zivilen Sektor getragen werden. (Häufig ist allerdings das Gegenteil der Fall, wenn solche Forschungskräfte nach erfolgter Spezialausbildung an öffentlichen Forschungsprojekten in die Privatwirtschaft zurückgehen.)

Der Effekt militärischer Forschung als Wachstumsbeitrag ist grundsätzlich nur dort positiv zu bewerten, d. h. seine Nettowirkung auf den technischen Fortschritt und mithin in erster Linie eine Erhöhung der befriedigenden Wachstumsrate, wo dafür neu ausgebildete Forschungskräfte herangezogen werden und so keine Konkurrenz zu privaten Forschungseinrichtungen entsteht. Muß die zivile Forschung diese Kräfte zur Verfügung stellen, so bleibt unentschieden, ob der Wert der für die Privatwirtschaft verwendbaren künftigen Erfindungen derselben Leute den eingetretenen Verlust an autonomen zivilen Forschungen wettmacht. Denkbar wäre ein volkswirtschaftlicher Nettogewinn bei besonders kapitalintensiven Forschungsprojekten (oder auch bei ganz neuartiger Grundlagenforschung), die vom zivilen Sektor gar nicht oder kaum durchgeführt werden können.

Die bisherigen Bemerkungen befassen sich in erster Linie mit den positiven Wirkungen von Militärausgaben und sollten nur dazu dienen, deren oft zitierte negative Wirkungen etwas zu modifizieren[47]. Die ökonomischen Effekte eines gegebenen Militärbudgets sind so heterogen, daß sich keine einfachen Aussagen über die daraus resultierenden Wachstumswirkungen machen lassen. Vor allem müßte auch unterschieden werden zwischen Verteidigungssystemen konventioneller und

---

[47] Vgl. hierzu auch W. *Wittmann:* Militärausgaben und wirtschaftliche Entwicklung. „Zeitschrift für die gesamte Staatswissenschaft", 122 (1966), S. 109 ff.

Zur generellen Problematik einer Abrüstung s. zuletzt W. *Leontief*, A. *Morgan*, K. *Polenske*, D. *Simpson*, E. *Turner:* The Economic Impact — Industrial and Regional — of an Arms Cut. „Review of Economics and Statistics", 47 (1965), S. 217 ff.

nuklearer Art. Das zweite wird im allgemeinen einen größeren Einfluß auf den technischen Fortschritt haben als das erste.

Im Falle der Unterbeschäftigung, also konjunktureller Instabilität im *Harrod*'schen Sinn, dürfte jede Erhöhung der Militärausgaben eine positive Wachstumswirkung erwarten lassen. Die Zunahme der Nachfrage würde die faktische Wachstumsrate des Einkommens tendenziell erhöhen und so auch zu einem tendenziell höheren Wirkungsgrad der bestehenden Kapazitäten führen und möglicherweise, bei genügend großem Nachfragestoß, auch die Wachstumsrate der volkswirtschaftlichen Kapazität tendenziell vergrößern. Von der Kapazitätsausnützung bzw. -erweiterung sind in erster Linie sogenannte Rüstungsindustrien betroffen und via Multiplikator- und Akzeleratoreffekte — immer ein genügend großer Nachfragestoß vorausgesetzt — auch die Zuliefer- und schließlich Konsumgüterunternehmungen. — Im Kriegsfall wird die Interdependenz zwischen direkt kriegsbedingten und sonstigen Ausgabenarten so eng, daß von dieser Seite her eine isolierte Untersuchung von „Militärausgaben" nicht mehr möglich ist. Bei Unterbeschäftigung sind aber auch hier in summa positive Wirkungen möglich: Ende der Depression 1939 in den USA!

Eine Kürzung der Militärausgaben zugunsten der Steuerzahler wird bei Vollbeschäftigung zunächst die Nachfrage und damit ceteris paribus die tatsächliche Wachstumsrate des Einkommens senken. Damit kann möglicherweise (sofern die Steuersenkungen nicht substitutiv nachfragewirksam ‚verwendet' werden) eine schleichend-inflatorische Entwicklung gestoppt werden, wenn diese aus dem Auseinanderfallen von befriedigender und tatsächlicher Wachstumsrate des Einkommens herrührte. Der oben erwähnte Komplementärcharakter der Militärausgaben, der diese Entwicklung in einem unerwünschten Ausmaß herbeiführen könnte, kommt doch, wenn überhaupt, so erst in längerer Frist zur Wirkung. Die Kürzung zugunsten anderer Ausgabenarten zeitigt bei Unterbeschäftigung lediglich dann positive Wachstumswirkungen, wenn (Real-)Ausgaben mit größerem Kapazitätseffekt erhöht werden. Denn es muß ja zuerst die Vollbeschäftigung der vorhandenen Kapazitäten und sodann ein zusätzlicher kapazitätserweiternder Effekt erzielt werden.

4. *Ausgaben für allgemeine Verwaltung:* Darunter werden hier nur die Personalausgaben verstanden. Ihre Wachstumseffizienz ist quantitativ nicht oder sehr schwer zu bestimmen, obwohl sie bei einem Teil dieser Ausgaben sicherlich auch in irgendeiner Form vorhanden ist. Da liegt ja eben eine weitere Komponente des „Restfaktors" vor, dessen Relevanz, wie im ersten Abschnitt betont wurde, unbestritten ist, dessen tatsächliches Ausmaß sich indessen schwer abschätzen läßt.

Weil es sich auch hier weitgehend um Komplementärausgaben — im genannten Sinn — handelt, welche direkt (im allgemeinen) lediglich einen Einkommenseffekt haben, ist ihre Optimierung gegenüber anderen Ausgaben besonders aktuell (vgl. *Parkinsons* Gesetz Nr. 1). Der unmittelbar fehlende Kapazitätseffekt bedeutet ein Ansteigen der Nachfrage über das (möglicherweise) vorhandene Angebot hinaus und ist somit vor allem für die Stabilität der befriedigenden Wachstumsrate erheblich; die Wahrscheinlichkeit, daß induzierte Investitionen erfolgen werden, ist deshalb relativ groß.

Darüber hinaus sind die indirekten Wirkungen der Personalausgaben — auch wachstumspolitisch — von nicht zu unterschätzender, aber keinesfalls quantifizierbarer Bedeutung: sowohl für die sachliche Fundierung rationaler wirtschaftspolitischer Entscheidungen[48] wie für rasche und qualifizierte Informationen aller Art (Marktstatistik, verbesserte Transparenz auf dem Arbeitsmarkt u. dgl.). Die Ausgaben für den legislativen Apparat selbst entziehen sich hingegen wohl dem ökonomischen Kalkül. (In einzelnen Sachbereichen mag immerhin Rechenbarkeit oder doch Schätzbarkei gegeben sein.)

B. Ausgaben für Investitionen in das staatliche Erwerbskapital

Grundsätzlich wird hierzu die Meinung vertreten, daß diese nicht unter „Staatsausgaben" fallen, sondern den privaten Investitionen in ihrer Wachstumswirkung gleichzustellen sind, sofern man die Investitionsstruktur außer acht läßt. Dennoch ergeben sich zwei interessante und tagespolitisch durchaus erhebliche Fragen: (1) Kann durch Messung der Wachstumswirkungen ein Optimalpunkt staatlicher Wirtschaftstätigkeit auf solchen Gebieten, die möglicherweise auch von privaten Unternehmen betreut werden könnten, gefunden werden? (2) Verhält sich der Staat seinen Unternehmen gegenüber wettbewerbsneutral im Verhältnis zu privaten Unternehmen?

Was die erste Frage betrifft, so ist hier zu unterscheiden zwischen Branchen, welche von Privaten wegen Unrentabilität verlassen wurden, und solchen, in denen der Staat mit Privaten konkurriert. Sind die unrentablen Betriebe volkswirtschaftlich vorteilhaft, so handelt es sich um invariable Komplementärinvestitionen; im zweiten Fall dürfte die staatliche Wirtschaftstätigkeit die private Investitionsneigung, in konkurrierenden *Industrie*zweigen, zumindest eher hemmen, sofern sich der Staat überhaupt engagiert bzw. nicht vollkommen wettbewerbs-

---

[48] W. J. *Shultz*, C. L. *Harriss:* American Public Finance, Englewood Cliffs (N. J.) 1959, S. 75; F. *Terhalle:* Ausgaben, öffentliche, in: Handwörterbuch der Sozialwissenschaften, Bd. 1 (1956), S. 446.

neutral verhält. Zur zweiten Frage ist zu bemerken: Jede Begünstigung öffentlicher Unternehmen durch öffentliche Mittel wirkt nicht nur auf die Investitionsentscheidungen der konkurrierenden Unternehmen, sondern ist auch grundsätzlich in den Wachstumswirkungen den Subventionen gleichzustellen. Langfristige Unterstützung unrentabler Betriebe verhindert demnach vor allem Veränderungen der Produktionsstruktur und kann so maßgeblich wachstumshemmend wirken.

C. Transferausgaben

1. *Ausgaben für soziale Sicherheit:* Sozialtransfers als Transferzahlungen zugunsten von Konsumenten bedeuten grundsätzlich — und bei einem Steuerverhältnis, das eher die direkten Steuern (progressiv) bevorzugt, wohl gewiß — eine Umverteilung von höheren zu niedrigeren Einkommen, sofern man annimmt, daß keine Weiterwälzung der Steuern stattfindet. Man darf hierbei jedoch nicht vernachlässigen, daß Steuern, aus denen ja auch die staatlichen Sozialversicherungsbeiträge gezahlt werden, von allen Einkommensbeziehern (hohe und niedere Einkommen) bezahlt werden, so daß zur vertikalen sicherlich auch eine horizontale Redistribution tritt. Findet dagegen eine teilweise Weiterwälzung der Unternehmersteuern (Gewinn- und Einkommensteuer) möglicherweise über die Preise statt, so könnte der Umverteilungseffekt von hohen zu niedrigen Einkommen teilweise zu einer horizontalen Umverteilung innerhalb niedriger und mittlerer Einkommen geändert werden. Endgültige Aussagen hierüber lassen sich nur einigermaßen zutreffend an Hand einer Analyse konkreter Situationen machen.

Tritt eine Umverteilung von hohen zu niedrigen Einkommen ein, so gilt sie freilich nur für den Staatszuschuß zur Sozialversicherung; für die Ausgaben der Sozialversicherung selbst kommt letztlich als Umverteilungsmaßstab das Verhältnis von Arbeitnehmer- zu Arbeitgeberbeiträgen in Betracht. (Auch da wäre nach der Überwälzung und schließlichen Inzidenz zu fragen.) Möglich wäre, daß mit der Redistribution uno actu eine abnehmende Sparneigung einhergeht, zumindest auf kurze Sicht, solange sich das Konsumschema der empfangenden Schicht nicht geändert hat. Vom konjunkturellen Standpunkt aus mag dies für Perioden einer Rezession erwünscht sein, nicht hingegen in einer Hochkonjunktur. Im Rahmen einer (fast) vollbeschäftigten Wirtschaft könnte es zur Erhöhung der faktischen Wachstumsrate führen. Wegen der geringen Sparneigung und der Vollbeschäftigung der Kapazitäten würde dann jedoch die Kapazität und damit das Angebot nicht in dem wünschenswerten Maße wachsen können, so daß es bald zu ernsten inflatorischen Wachstumsstörungen kommen kann.

Die tatsächlichen Wachstumseffekte hängen (so) zum Teil von der Sparneigung der empfangenden Schicht ab, wobei aber keineswegs immer damit zu rechnen ist, daß der größte Teil der Zuwendungen oder gar alles konsumiert wird. Dies hat das Beispiel der Rentenerhöhung in der Bundesrepublik Deutschland gezeigt. Über die Entwicklung der befriedigenden Wachstumsrate aufgrund der gesparten Einkommensteile, also via Kapitalbildung, läßt sich keine generelle Aussage machen. Führen vermehrte Transferzahlungen an Private dagegen zu einer Veränderung der individuellen (bei den Besteuerten) und damit der gesamtwirtschaftlichen Konsumfunktion, so ist es durchaus möglich, daß sie in einer gewissen Größenordnung trotzdem via Akzelerator die Investitionstätigkeit erhöhen, da solche Transferzahlungen eine Verlagerung der Nachfrage in Bereiche kapitalintensiver Großbetriebe bewirken können. Eine gesamtwirtschaftliche Senkung des Kapitalkoeffizienten ist (sogar) nicht ausgeschlossen. Nicht vernachlässigt dürfen auch die Nettowirkungen werden, die daraus entstehen, daß die Sozialversicherungsträger, wie beispielsweise in der Bundesrepublik Deutschland, aus den Beiträgen des Staates, der Unternehmer und der Versicherten große Vermögen akkumulieren, welche in irgendeiner Form dem Kapitalmarkt und derart den Investoren zur Verfügung gestellt werden. Insofern können institutionalisierte Transferzahlungen des Staates von größter Bedeutung für die Finanzierung des Wirtschaftswachstums sein.

Die Ausgaben des Gesundheitswesens wirken außerdem auf das Arbeitsangebot in verschiedener Richtung. Die Arbeitsleistung verbessert sich, das Angebot kann durch die Senkung der Sterblichkeitsziffern steigen. Aus den Leistungen der so gewonnenen zusätzlichen Arbeitskräfte sind auf der anderen Seite jene Kosten zu bestreiten, welche die derart ebenfalls bewirkte zunehmende Überalterung der Bevölkerung verursacht. Nicht vergessen darf werden, daß vermehrte Leistungen der Krankenkassen das Arbeitsangebot auch senken können, wenn infolge höherer Auszahlungen das ‚Kranksein' überhand nimmt.

2. *Subventionen:* Globalaussagen sind hier nicht möglich[49], vielmehr ist die Wirkung je nach Art der Zuwendung und nach Subventionsempfänger verschieden. Die Aussage, daß staatliche Subventionen dann positiv zu beurteilen seien, wenn eine Investition zwar volkswirtschaftlich produktiv, nicht aber privatwirtschaftlich rentabel ist[50], berührt — von allem anderen abgesehen — nur die soziale Rechtfertigung. Wachstumspolitisch kann eine Subvention lediglich dann positiv beurteilt werden, wenn sie der Steigerung künftiger Produktionskräfte auf Kosten gegenwärtiger dient.

---

[49] W. *Wittmann:* Staat, Wachstum und Preisniveau, a.a.O., S. 37.
[50] M. *Masoin,* a.a.O., S. 26.

Direkte Subventionen an die *Landwirtschaft* vermehren zunächst deren Liquidität, sofern die Subvention nicht zu einer entsprechenden Preissenkung führt. Meist ist das Verhalten der Subventionsempfänger hier durch Auflagen determiniert. Führt die vermehrte Liquidität zu Neuinvestitionen, so kann sich daraus eine Kapazitätserhöhung ergeben, die bei entsprechender Nachfrage realeinkommenssteigernd wirkt. Doch ist wiederum zu beachten, daß, sofern eine Überkapitalisierung (wie dies für die Landwirtschaft teilweise schon der Fall ist) vorliegt, volkswirtschaftliche Verluste eintreten. Bei Preissenkungen dagegen hängt der Nettoeffekt der Realeinkommensentwicklung von der Art der Finanzierung der Subventionen ab.

Indirekte Subventionen an die Landwirtschaft oder die gewerbliche Wirtschaft sind zum Teil als — interessenpolitisch beeinflußbare — Ausgaben für Infrastruktur anzusehen (z. B. Verbesserung der Agrarstruktur), zum Teil mindern sie unmittelbar die Kosten (Steuerermäßigungen) oder steigern sie den Gewinn (öffentliche Aufträge), bieten also in beiden Fällen einen Investitionsanreiz. — Preisstützungen zugunsten der Konsumenten haben wiederum ähnliche Wirkungen wie soziale Transfers. — Abgesehen von diesen Globalwirkungen wären noch die Effekte auf das Preisnivau und auf die einzelnen Preise zu untersuchen. Subventionen, welche die Stabilisierung individueller Preise zum Ziel haben, wirken insofern wachstumshemmend, als die Anpassungsfähigkeit der Preise und damit auch der Produktion Voraussetzung für ein reibungsloses Wachstum ist[51].

Subventionen an die *Wohnungswirtschaft*, welche aus direkten Steuern finanziert werden, erhöhen eher die gesamtwirtschaftliche Sparneigung. Obwohl der Kapitalkoeffizient in der Wohnungswirtschaft bei weitem höher liegt als in der Industrie, ist von dieser Seite kein Absinken der Wachstumsrate zu erwarten. (Die Wachstumsrate sagt allerdings nur etwas über die Produktivität, nichts über den Wohlstand aus.) Dem steht der zusätzliche positive Effekt auf das Arbeitsangebot und die Arbeitswilligkeit gegenüber: Subventionen an die Wohnungswirtschaft können bis zu einem bestimmten Grad in ihrer Wirkungsweise auf Arbeitsangebot und Produktivität mit Ausgaben für das Gesundheitswesen gleichgesetzt werden.

Da staatliche Subventionen in den meisten Fällen den privaten Wohnbau erst ermöglichen, bilden sie auf der anderen Seite wieder einen Hauptanreiz für private Spartätigkeit zugunsten solcher Zwecke. Das quantitative Ausmaß dieser Beträge läßt auf dem Weg über den Akzelerator, sofern in der Bauwirtschaft die vorhandenen Kapazitäten

---

[51] G. *Bombach:* Quantitative und monetäre Aspekte des Wirtschaftswachstums, a.a.O., S. 200.

ausgelastet sind, insgesamt positive Wachstumseffekte erwarten, trotz der zugleich möglichen Einschränkungen der Investitionen in der Konsumgüterindustrie. (Das Akzelerationsprinzip wirkt in positiver Richtung stärker als in negativer, da es hier nur bis zum völligen Unterlassen von Ersatzinvestitionen kommen kann, während den Erweiterungsinvestitionen bzw. Umverlagerungen bei Vollbeschäftigung keine Grenze gesetzt ist.)

Für Subventionen an andere Industriezweige gilt ebenfalls grundsätzlich der oben erwähnte Einwand gegen „subventionierte" individuelle Preis- und Produktionsstabilisierungen in vollem Ausmaß. Positive Effekte sind höchstens zu erwarten, wenn es sich um kurzfristige Anpassungssubventionen handelt (Gemeinsamer Markt).

3. *Leistungen des Staatsschuldendienstes:* Generell sind Zahlungen des Staatsschuldendienstes als Transferleistungen spezifischer Art einzuordnen. Die Staatsverschuldung ist im Hinblick auf das wirtschaftliche Wachstum in erster Linie ein Optimumproblem. Dabei konkurrieren private und öffentliche Investoren um die verfügbaren volkswirtschaftlichen Produktionsmöglichkeiten. Es stellt sich immer wieder die Frage — die natürlich strukturell analysiert werden muß —, inwieweit private oder öffentliche Aktivität wachstumseffizienter ist. Die Lösung dieser Frage wird wohl darüber entscheiden, ob die Staatsverschuldung gleichbleiben, zunehmen oder abnehmen soll. Die verwickelte Problematik, die bis heute noch nicht geklärt ist, wird etwas mehr sichtbar, wenn man zwischen den verschiedenen Möglichkeiten der Verschuldung und Tilgung unterscheidet.

Unter Wachstumsaspekten werden zweckmäßigerweise folgende Möglichkeiten unterschieden: Der Staat verschuldet sich bei der Notenbank, den Geschäftsbanken, sonstigen Unternehmern (z. B. auch Kapitalsammelstellen), Haushalten und ausländischen Gläubigern[52]. Die Tilgungsmittel können auf dreierlei Weise aufgebracht werden: durch Steuern, Geldschöpfung oder neue Verschuldung.

Die Tilgung aus Steuermitteln im Falle der Verschuldung bei Geschäftsbanken ermöglicht diesen eine potentielle Ausweitung des Kreditvolumens um ein Vielfaches der Tilgungsbeträge, wirkt daher grundsätzlich positiv auf die Investitionsmöglichkeiten, wenn beschränktes Kreditangebot das wirtschaftliche Wachstum hemmt. Mit diesem (teilweise) wachstumssteigernden Effekt bei Vollbeschäftigung ist der Erhebungseffekt zu saldieren. Stammen die Tilgungsmittel aus den Erträgen von Gewinnsteuern, so mag der Nettoeffekt 0 oder sogar negativ sein, nämlich dann, wenn die Unternehmer die Selbstfinanzie-

[52] Vgl. N. *Andel:* Probleme der Staatsschuldentilgung, Berlin 1964, S. 24 ff.

rung bei ihren Investitionsvorhaben voraussetzen und nur in geringem Maße Fremdkapital aufzunehmen bereit sind. Steuern vom Einkommen, sofern niedrige Einkommen relativ überwiegen, mögen demgegenüber Konsum und/oder Sparen vermindern. Verkleinern sie den Konsum und damit die Nachfrage, so schaffen sie damit freie Kapazitäten für die Produktion von Investitionsgütern; eine Abnahme des Sparens hat die entgegengesetzte Wirkung.

Ganz ähnliche Überlegungen sind auch bei Tilgungszahlungen an Private anzustellen, sofern sie die erhaltenen Beträge wieder den Banken zur Verfügung stellen. Diese Möglichkeit ist erwiesenermaßen ziemlich groß. Die Leistungen des Staatsschuldendienstes werden zum größeren Teil gespart[53].

Da die Verschuldung bei Privaten regelmäßig nur die höheren Einkommen berührt, bedeutet Tilgung aus Steuermitteln — bei einem zugunsten der direkten Steuern gestalteten Steuerverhältnis — eine Redistribution, die der bei Sozialtransfers entgegengesetzt verlaufen kann. Der Redistributionseffekt wird durch eine schärfere Progression bei den Empfängern der Tilgungszahlungen allerdings etwas gemildert; außerdem unterliegen Zinszahlungen zum Teil einer Sondersteuer (Kapitalertragsteuer), die bei Sozialtransfers wegfällt.

Der Unterschied bei der Zeichnung bzw. Tilgung einer öffentlichen Anleihe durch bzw. an Unternehmen oder Haushalte besteht wohl hauptsächlich darin, daß bei Haushalten die Tilgungsleistungen eine Umverteilung vom Konsum zum Sparen zur Folge haben[54]. Die Verringerung der Verbrauchsnachfrage zugunsten der Sparkapitalbildung wirkt bei Vollbeschäftigung in der Regel wachstumssteigernd.

Bei der Tilgung durch Geldschöpfung ist die Art der Aufbringung wichtig. Zu unterscheiden ist, ob dabei die gesamte Geldschöpfung gleichbleibt oder nicht. Im ersten Fall ergibt sich „wahrscheinlich ein einkommensnivellierender und damit tendenziell konsumsteigernder Effekt“[55], da eine auf Preisniveaustabilität bedachte Notenbank bei einer Schuldenmonetisierung die monetäre Expansion auf anderen Gebieten relativ drosseln muß; ganz deutlich wird dies, wenn dadurch etwa die Mindestreserven erhöht werden oder deren Senkung unterlassen bzw. verlangsamt wird. Was der Staat durch die monetäre Tilgung gewinnt, verlieren die Geschäftsbanken, deren Anteile überwiegend von den Beziehern hoher und höchster Einkommen gehalten werden, in Form von verringerten bzw. weniger gestiegenen Gewinnen.

---

[53] F. *Terhalle*, a.a.O., S. 446.

[54] Vgl. dazu H. *Hirsch:* Die Finanzpolitik im Aufschwung, besonders im Hinblick auf das Problem der Schuldentilgung. „Finanzarchiv“, N.F., 23 (1963/64), S. 402 f.

[55] N. *Andel*, a.a.O., S. 54.

Stammen die Tilgungsmittel aus einer zusätzlichen Geldschöpfung, so ist bei Vollbeschäftigung, wenn es sich um relativ große Beträge handelt, ein tendenziell inflatorischer Druck zu erwarten. — Bei Tilgungsleistungen, welche durch neue Verschuldung finanziert werden, sind insgesamt wachstumswirksame Verschiebungen durchaus möglich.

Zahlungen bei Verschuldung im Ausland sind nicht mehr als Transferzahlungen, sondern als „echte" Ausgaben einzustufen[56], weil sie das Volkseinkommen angreifen, ohne das Sozialprodukt zu berühren. Sie wirken daher primär deflatorisch und damit stabilisierend. Über Rückwirkungen aus dem Ausland sind jedoch zusätzliche wachstumssteigernde Nachfrageeffekte möglich (Bumerang-Effekt). (Als die konjunkturpolitisch wirksamste Form der Schuldentilgung ist der Rückkauf der von der Zentralbank gehaltenen Titel aus Steuermitteln im Aufschwung anerkannt[57].)

D. Ausgaben für Entwicklungshilfe

Ihre Rechtfertigung erfolgt heute noch teilweise unter Hinweis auf ihren Komplementärcharakter: Entwicklungshilfe liege im langfristigen strategischen Interesse des zahlenden Staates, bedeute daher eventuell auf lange Sicht eine Kürzung des Militärbudgets. Ob und in welchem Ausmaß diese Wirkung tatsächlich eintritt, ist indessen völlig ungewiß. *Buchanan*[58] hält sogar den Einfluß der Entwicklungshilfe auf den Lebensstandard der Entwicklungsländer für derart gering, daß das politische Ziel („Abhaltung des Kommunismus") auf diesem Weg nicht zu erreichen sei. Immerhin wäre eine Einstellung der ja auch und immer mehr aus anderen Motiven geleisteten Entwicklungshilfe aus staatspolitischer Raison heute wohl nicht mehr möglich[59].

Ökonomisch gesehen haben gegenwertlose Zahlungen an das Ausland — als tributärer Ausgabenbedarf[60] — im Inland ceteris paribus direkt weder Einkommens- noch Kapazitätseffekt; sie sind lediglich mit einem „politischen Multiplikator" zu versehen[61] (sieht man, wie gesagt, von den Finanzierungswirkungen ab), dessen praktische Bedeutung bestritten ist. Konkretere Einflüsse können festgestellt werden, wenn man die Verwendung der Entwicklungshilfe berücksichtigt. Investitionsaus-

56 M. *Masoin*, a.a.O., S. 54.
57 N. *Andel*, a.a.O., S. 138.
58 J. M. *Buchanan:* The Public Finances. An Introductory Textbook, Homewood (Jll.) 1960, S. 233.
59 K. *Schmidt:* Wachsende Staatsausgaben? Erfahrungen und Alternativen. „Ordo", 15/16 (1965), S. 190 f.
60 F. *Terhalle*, a.a.O., S. 446.
61 E. D. *Domar*, in: Federal Expenditure Policy for Economic Growth and Stability, a.a.O., S. 605.

gaben im Entwicklungsland bewirken vielfach eine Initialzündung für ausländische private Investitionen ganz bestimmter Art, für welche das betreffende Land aufgrund seiner Ausstattung besonders geeignet erscheint, und damit wohl eine Handelsintensivierung überhaupt. Die Wohlstandssteigerung im unterstützten Land erhöht dessen Importquote, da Eigenproduktion nicht gleich auf allen möglichen Gebieten einsetzt und so vielfach fehlt.

Vertragliche Bindungen (Importverträge) mit dem unterstützenden Land sind von diesem demgegenüber vorzuziehen, um nämlich den „ausländischen Rückstoß" („foreign repercussion factor" nach *Machlup*) möglichst hoch zu halten. Nach der Theorie des Außenhandelsmultiplikators wirkt ja, sofern keine Handelshemmnisse bestehen, die Einkommenssteigerung in einem Land, das Außenhandelsbeziehungen zu anderen Ländern unterhält, aufgrund der Importneigung auch auf andere Handelspartner zurück. Gebundene Kredite schaffen diese Multiplikatorwirkungen automatisch. (Vom Welfare-Standpunkt brauchen solche Bindungen allerdings nicht unbedingt vorteilhaft zu sein, nämlich dann, wenn die vertragliche Bindung nicht den Handelsströmen, die aufgrund der niedrigen Produktionskosten in einem der beteiligten Länder wünschenswert sind, entspricht.) Damit sind die ökonomischen Effekte der Kapitalhilfe ohne Auflagen eng mit den Zahlungsbilanzen der beteiligten Länder verbunden. Kapitalhilfe ohne Auflagen wirkt in Zeiten hoher Beschäftigung eher stabilisierend auf die inländische wirtschaftliche Entwicklung und die Zahlungsbilanz. Bei zu niedriger faktischer Wachstumsrate werden Kapitalbindungen, welche den Rückstoßfaktor institutionell gewährleisten, vorteilhafter sein. Ein positiver Wachstumseffekt wird sich freilich auch hier nur im long run — bei entsprechendem Umfang der eingesetzten Mittel und wenn die Voraussetzungen für eine wachstumsgerechte Verwendung dieser Mittel gegeben sind — einstellen (z. B. ERP-Programm).

Günstiger sind die Wirkungen, wenn es sich um Unterstützungsleistungen handelt, welche im Gläubigerland verwendet werden müssen und so die eigene Wirtschaft ankurbeln. Die Lieferung heimischer Agrarüberschüsse im Rahmen des US-amerikanischen SAC-Programms oder die Subventionierung des stagnierenden Schiffbaues durch staatliche Aufträge wären Beispiele hierfür.

In der langfristigen Wirkung scheint allerdings die Bildungshilfe der Kapitalhilfe überlegen[62], sofern es an ausgebildeten Fachkräften verschiedenster Art fehlt und Fachkräfte limitationale Produktionsfaktoren sind. Die Bedenken gegen eine solche Umstellung der Entwicklungshilfe von der Kapital- zur Bildungshilfe stützen sich auf die

---

[62] K. *Schmidt,* a.a.O., S. 191.

Annahme eines geringeren „politischen Multiplikators“ der Ausbildungshilfe. Pessimisten argumentieren hier, daß Kapitalhilfe, welche in sichtbare Monumentalprojekte angelegt wird, im Gedächtnis der unterstützten Länder unvergeßlicher ist als jede Bildungshilfe, deren Erfolg äußerlich nicht immer (so) eklatant sichtbar wäre. Sieht man den politischen Multiplikator als Funktion des langfristigen wirtschaftlichen Effekts der Entwicklungshilfe an, sind solche Bedenken jedoch unbegründet.

Schlußwort

Welche Absicht — so ist nunmehr zu fragen — lag diesem Beitrag zugrunde? An Hand eines erweiterten *Harrod-Domar*-Modells versuchten wir im ersten Abschnitt, die stabilisierende Wirkung der Staatsausgaben in einer wachsenden Wirtschaft darzustellen. Es wurde ein *Harrod-Domar*-Modell gewählt, weil fast in der gesamten Literatur über diese Problematik solche Modelle verwendet werden. Es wäre natürlich auch möglich gewesen, Stabilisierungspolitik in einem neoklassischen Modell darzustellen. Dies hätte aber bedeutet, daß sehr langfristige Betrachtungen anzustellen gewesen wären. Eine realistische Stabilisierungspolitik richtet sich jedoch im allgemeinen auf kürzer- bis mittelfristige Zeiträume.

Da *Harrod-Domar*-Modelle wegen ihrer verkümmerten Produktionsfunktion nicht sehr geeignet erscheinen, die verschiedenen Wachstumskomponenten in ihrer Wachstumswirksamkeit zu demonstrieren, berücksichtigten wir eine modifizierte *Douglas-Cobb*-Produktionsfunktion, um wesentliche Gedanken der rein angebotsorientierten neoklassischen Wachstumstheorie aufzuzeigen. Gerade hier läßt sich ja darstellen, daß der Staat die maximal erreichbare Wachstumsrate einer Volkswirtschaft durch seine Ausgabentätigkeit beeinflussen kann.

Im zweiten Abschnitt wurden dann in verbaler Argumentation mögliche Wachstumswirkungen einiger wichtiger Ausgabengruppen diskutiert. Dieser Teil ist recht wenig befriedigend, da eigentlich nur eine Aneinanderreihung von möglichen Wirkungen geboten werden konnte. Hier wird besonders deutlich, daß nun eine umfassende empirische Untersuchung der Beziehungen: Staatsausgaben und Wirtschaftswachstum für ein konkretes Budget folgen müßte. Wir möchten glauben, daß eine schrittweise Regression (stepwise regression)[63] aller in Frage kommender Variablen (Arten von Staatsausgaben) zu einem einiger-

---

[63] Vgl. M. A. *Efroymson:* Multiple regression analysis, in: Mathematical Methods for Digital Computers, A. Ralston, H. S. Wilf (ed.), New York, London, Sydney 1960, S. 191 ff.

maßen fundierten Resultat führen würde. So könnte man (1) eine generelle Einsicht in die Wachstumswirkungen öffentlicher (nicht nur der Staats-) Ausgaben bekommen und (2) die Wirkungen von Ausgabenveränderungen auf Veränderungen der Wachstumsraten feststellen. Sofern empirische Daten vorhanden sind, ließe sich dann die gesamtwirtschaftliche Wachstumsrate in einzelwirtschaftliche Wachstumsraten aufspalten und ließen sich so branchenpolitische und regionalpolitische Effekte der Staatsausgaben aufzeigen.

Über einige Probleme einer Wirkungslehre öffentlicher Ausgaben*

Von *Karl-Konrad Littmann*

I.

Im Vergleich zur Steuerwirkungslehre ist die Theorie der Wirkungen öffentlicher Ausgaben noch recht wenig entwickelt. Diese, in ihrem Kern wohl kaum bestrittene Auffassung, veranlaßt zu zwei Überlegungen. Erstens: Wodurch ist der gegenwärtige Stand der Ausgabenwirkungslehre gekennzeichnet und welche Grundannahmen zeichnen ihre Hypothesen aus? Zweitens: Welche Voraussetzungen müssen geschaffen werden, um eine leistungsfähigere Theorie der Ausgabenwirkungen zu konzipieren?

Was die Hauptrichtungen der Lehre von den Wirkungen öffentlicher Ausgaben betrifft, so dürfte eine, zumindest vor einem Jahrzehnt noch überwiegend vertretene Lehrmeinung durch Masoin[1] recht treffend repräsentiert werden. Ungeachtet gewisser Modifikationen beruht dieser Ansatz auf einer einfachen Systematik, nämlich auf der Trennung in die drei Kategorien (a) produktive, (b) „echte" öffentliche (Real-) Ausgaben und (c) Verteilungsausgaben. Augenscheinlich, zumindest bei den ersten beiden Gruppen ganz deutlich, erfolgt die Klassifikation nach vermeintlichen Wirkungen, indem produktive und unproduktive (d. h. „echte") öffentliche Ausgaben voneinander getrennt und den Verteilungsausgaben, die sich neutral verhalten sollen, gegenübergestellt werden. Es dürfte zweckmäßig sein, sich zunächst mit diesem Versuch einer aprioristischen Zuordnung der öffentlichen Ausgaben zu bestimmten Wirkungsklassen auseinanderzusetzen, um gewisse notwendige Anforderungen einer aussagefähigeren Theorie herausarbeiten zu können.

Bereits die stillschweigend unterstellte Voraussetzung des Ausgangspunktes, die öffentlichen Ausgaben nach ihren Wirkungen aufspalten zu können, erscheint zweifelhaft. Ehe nicht das Gegenteil bewiesen

* Wesentliche Anregungen vermittelte mir bei der Abfassung des Artikels mein langjähriger Mitarbeiter Gerold Krause-Junk, dem ich zu großem Dank verpflichtet bin.

1 M. *Masoin:* Die öffentlichen Ausgaben, in: Handbuch der Finanzwissenschaft, 2. Aufl., Bd. 2, Tübingen 1958, S. 2 ff.

ist, muß doch allgemein von der Annahme ausgegangen werden, daß *ein* wirtschaftliches Phänomen bei verschiedenen Bedingungen regelmäßig unterschiedliche Effekte erzeugt. Dieser Satz beansprucht aber (sofern er eben nicht in diesem speziellen Fall eindeutig zu widerlegen sein sollte) auch Gültigkeit in bezug auf die öffentlichen Ausgaben.

Eine weitere Überlegung tritt hinzu. Die einfache Aufspaltung der öffentlichen Realausgaben in zwei Wirkungsklassen vermag — wenn überhaupt — höchstens eine erste Approximation zur Analyse des vielschichtigen Phänomens der staatlichen Ausgaben abzugeben. Dies ist leicht einsichtig, da jede staatliche *Realausgabe* uno actu mehrere Kreislaufströme beeinflußt. Die öffentlichen Verausgabungen stellen sich nämlich erstens als *monetäre* Ströme in Form von Faktorentlohnungen und Entgelten für den Kauf von Gütern und Diensten sowie zweitens als *reale* Ströme dar, den staatlichen Inputs an Gütern und Diensten einerseits und den staatlichen Outputs, also den öffentlichen Leistungsabgaben, andererseits. Sofern die öffentliche Verausgabung nicht gerade sämtliche Kreislaufströme in der Tendenz gleichgerichtet verändert — eine logisch kaum vorstellbare Bedingung —, wird aber das einfache Zuordnungssystem Masoins, das nur auf einem Kriterium beruht, die multiplen Wirkungszusammenhänge nicht vollständig erfassen.

Schließlich liegt der Verdacht recht nahe, daß die Einteilung in produktive und unproduktive öffentliche Ausgaben nur einen ideologischen Kompromiß in der ‚archaischen' Kontroverse ausdrückt, ob der Staat als produzierende oder als konsumierende wirtschaftliche Aktivität zu verstehen wäre. Gerade diese (verschleierte) ideologische Komponente verträgt sich aber schlecht mit den Anforderungen, die an eine wissenschaftliche Wirkungsanalyse zu richten sind.

Aus den kritischen Anmerkungen zu dem ersten Typ einer Ausgabenwirkungslehre sind zwei positive Folgerungen abzuleiten, die allgemeine Erwägungen für eine leistungsfähige ökonomische Theorie der Staatsausgabeneffekte enthalten. Erstens ist prinzipiell in Zweifel zu ziehen, ob die Wirkungen öffentlicher Ausgaben praeter propter bekannt oder zumindest in Umrissen abzuschätzen seien. Das bedeutet: alles, was über die Wirkungen öffentlicher Ausgaben ausgesagt werden soll, muß zunächst als „Problem" formuliert werden, und zwar möglichst in der Art, daß es mit Hilfe der wirtschaftstheoretischen Instrumente beantwortet werden kann.

Zweitens: Werden die Wirkungen der öffentlichen Ausgaben als noch ungelöste Fragen verstanden, folgt hieraus, daß sowohl das klassisch-liberale als auch das kameralistisch-romantische Urteil über den Staat mittelbar oder unmittelbar als Ausgangspunkt der Untersuchung unbrauchbar wird. Der Staat und seine Verbände sind also weder als konsumtive noch als produzierende Wirtschaftseinheiten, und entsprechend die öffentlichen Ausgaben weder als Staatsverbrauch noch als staatliche Produktion aufzufassen. Das Feld der Probleme ist vielmehr erst dann in seiner vollen Breite zu untersuchen, wenn die öffentlichen Ausgaben als *wirtschaftspolitische Instrumente* verstanden werden, mit denen die staatlichen Planträger[2] bestimmte Wirkungen erreichen wollen, die allerdings auch — wie jedes politische Mittel — unbeabsichtigte Nebeneffekte auslösen können. In diesem Sinne stellte konsequenterweise die staatliche Aktivität nicht mehr in erster Linie eine Organisation zur Deckung sogenannter „kollektiver Bedürfnisse" dar (und die privaten Aktivitäten entsprechend auch keine Institutionen zur spezifischen Deckung sogenannter individueller Bedürfnisse), vielmehr wird dem Staat vornehmlich die Funktion übertragen, eine im Vergleich zum Ergebnis des marktwirtschaftlichen Prozesses abweichende Struktur der Produktion und/oder der Verteilung der Güter durchzusetzen[3, 4]. Diese Deutung dürfte nicht weit von der Realität

---

2 Wer im Einzelfall als staatlicher Planträger anzusprechen ist, ob die Exekutive, die Legislative oder irgendeine dritte Gruppe de facto die Entscheidungen beeinflussen oder festlegen kann, ist in diesem Zusammenhang nicht entscheidend.

3 Nur in einem realen (geschichtlichen oder aktuellen) Sinne kann überhaupt von einem kollektiven Bedarf gesprochen werden. Es handelt sich dann immer um die Erfüllung derjenigen Aufgaben, die zu einem (realhistorischen) Zeitpunkt eindeutig dem Staat zugeordnet sind. Grundsätzlich gibt es jedoch keine Tätigkeiten, die dem öffentlichen Sektor von der Sache her zustehen. Vgl. hierzu auch Konrad Littmann: Zunehmende Staatstätigkeit und wirtschaftliche Entwicklung, Köln und Opladen, 1957, S. 35.

4 Die hier vertretene These veranlaßte in dem Ausschuß eine lebhafte Diskussion. Die Kontroverse bestand einerseits in der Frage, ob ein Staat, der zumindest einen Kern kollektiver Bedürfnisse (z. B. Schutz nach außen) befriedigen müsse, als ein a priori jeder Gesellschaft zu gelten habe oder nicht. Gleichgültig, wie extensiv auch der Staat in diesem Zusammenhang definiert werden mag, überzeugt mich das Argument nicht, da eine anarchistische Gesellschaft doch immerhin denkmöglich ist. Zum anderen wurde auf historische Situationen Bezug genommen, z. B. auf die gegenwärtige Lage in der Bundesrepublik, in der der Staat bestimmte Kollektivbedürfnisse augenscheinlich befriedigen müsse. Dieser Einwand ist in einer Hinsicht zutreffend: Der Staat kann den rekurrenten Anschluß an die Vergangenheit nicht abrupt durchbrechen — und insoweit hat, historisch betrachtet, wohl auch nahezu immer ein öffentlicher Bedarf in den verschiedensten Gesellschaften bestanden. Das ist in der Tat auch nicht bestritten worden. Wer will, mag von einem historisch gegebenen öffentlichen Bedarf ausgehen und entsprechend die öffentlichen Ausgaben als Instrumente der Bedarfsdeckung auffassen. Das allgemeine, das theoretische Problem ist indes nicht durch einen bestimmten historischen Zustand beantwortet, sondern es harrt weiter der Lösung. Um eine theoretische Fundierung der Angelegenheit zu erhalten, muß entweder eine generelle, aber exakte Trennung zwischen kollektiven und individuellen Gütern durchführbar sein, oder die öffentlichen Ausgaben selbst sind als wirtschaftspolitische Instrumente aufzufassen, d. h. die Entscheidung darüber, welche Güter als kollektiv und welche als individuell

entfernt liegen, und sie vermeidet — was nach sieben Jahrzehnten ertragloser Diskussion im Fachgebiet fast noch wichtiger erscheint — das Phantom der Kollektivbedürfnisse.

II.

Den beiden eben genannten Grundanforderungen genügend, liegt in spezieller Ausprägung zumindest eine Gruppe von Analysen vor, Ausgabenwirkungen mit Hilfe des allgemeinen wirtschaftstheoretischen Instrumentariums zu bestimmen. In zahlreichen Untersuchungen sind nämlich unter dem Titel „Der staatliche Ausgabenmultiplikator" die Effekte autonomer Änderungen staatlicher Ausgaben auf das Einkommensniveau einerseits und auf gewisse Einkommenstrukturen, vor allem der Verwendungsstruktur in bezug auf die Makroaggregate Konsum und Sparen andererseits beschrieben worden[5].

Auf eine Ableitung der Multiplikatorhypothese in ihrer Grundform darf an dieser Stelle ebenso wie auf eine Diskussion der vielfältigen Varianten verzichtet werden, die im jüngeren Schrifttum anzutreffen sind[6]. Wiederum sollen allein einige grundsätzliche Erwägungen zur Methode und zum Aussagebereich dieser, nunmehr wohl breit akzeptierten Lehre angestellt werden. Drei für den weiteren Gedankengang besonders bedeutungsvolle Punkte sind dabei hervorzuheben:

(1) Notwendig sind in allen Analysen des Realausgabenmultiplikators die — fast ausnahmslos stillschweigend eingeführten — Annahmen enthalten, daß (a) die öffentlichen Leistungsabgaben (staatliche Outputs) zu Kostenpreisen bewertet sind, und daß (b) diese Bewertungsnorm ökonomisch korrekt oder doch wenigstens sinnvoll wäre. Zwar entspricht die Bewertung der staatlichen Outputs nach Kosten den in

gelten, obliegt u. a. ebenfalls den staatlichen Willensträgern. Da der Versuch einer exakten, allgemeinen Trennung zwischen kollektiven und individuellen Gütern als gescheitert betrachtet werden darf, kann die Konsequenz, die in diesem Beitrag gezogen wurde, nur deshalb überraschen, weil sie nicht den herrschenden Lehrmeinungen folgt.

[5] Vgl. z. B. H. *Haller:* Finanzpolitik, Grundlagen und Hauptprobleme, 3. Aufl., Tübingen/Zürich 1965, S. 61 ff. — P. A. *Samuelson:* The Simple Mathematics of Income Determination, in: Income, Employment, and Public Policy, Essays in Honor of A. H. Hansen, New York 1948, S. 133 ff. — G. L. S. *Shackle:* Twenty Years on: A Survey of the Theory of the Multiplier, in: Economic Journal Bd. 61 (1951), S. 241 ff.

[6] Vgl. z. B. W. G. *Bowen:* The Balanced Budget Multiplier: A Suggestion for a More General Formulation, in: Review of Economics and Statistics, Vol. 39 (1957), S. 227 ff. — R. C. O. *Matthews:* Liquidity Preference and the Multiplier, in: Economica, Vol. 41 (1961), S. 37 ff. — H. *Timm:* Multiplikator, Geldmenge und Zins, in: Jahrbücher für Nationalökonomie und Statistik, Bd. 169 (1958), S. 97 ff. — W. *Vogt:* Einige Unklarheiten in der Diskussion über die Multiplikatorwirkungen eines ausgeglichenen Budgets. „Weltwirtschaftliches Archiv", Bd. 85 (1960), S. 55 ff.

allen praktizierten Methoden der Statistiker, etwa im Rahmen der volkswirtschaftlichen Gesamtrechnungen, aber gleichwohl ist das Verfahren theoretisch höchst fragwürdig. Gesetzt den Fall, Keynes[7] drastische Illustrationen zur Beschäftigungstherapie fänden Eingang in die Theorie, d. h. staatliche Ausgaben für den Pyramidenbau oder — noch deutlicher — öffentliche Ausgaben für das Graben und anschließende Zuschütten von Löchern bildeten das autonome Glied in der Multiplikatorformel. Durch das vom Staat induzierte und finanzierte Ausheben und durch das spätere Einebnen von Löchern entstehen dann für den Fiskus zwar Kosten, nämlich in Form der Ausgaben für die Notstandsarbeiter. Indes, durch diese Aktivität wird realiter das Sozialprodukt nicht größer. Die staatliche Leistungsabgabe, d. h. das vom öffentlichen Sektor erstellte Gut, wäre sachlogisch (und folglich *nicht nach Kosten)* bewertet, in diesem Fall mit Null anzusetzen. Wie bereits Higgins[8] erkannte, müßte unter dieser — zugegeben: extremen — Bedingung der reale Ausgabenmultiplikator auf den kleineren Ausdruck des Transfermultiplikators schrumpfen. Selbst wenn eingeräumt wird, die amüsant-skurillen Beispiele Keynes bilden eher Ausnahme- als Normalfälle, bleibt jedoch festzustellen, daß mit dem Ausmaß der Unsicherheit, die öffentlichen Leistungsabgaben „richtig" zu bewerten, auch zwangsläufig eine Gruppe von Fehlerintervallen der Multiplikatoranalyse abgesteckt ist.

(2) Eine wesentliche Eigenart der Multiplikatoranalyse besteht in ihrer einseitigen Ausrichtung auf die Bestimmung von Einkommenseffekten. Das bedeutet keinesfalls, daß ausschließlich der Einfluß von autonomen Ausgabenänderungen auf das Einkommensniveau festgelegt würde. Vielmehr ist stets mindestens *eine* induzierte Veränderung in der Struktur — meist in der C/S-Relation — simultan miterfaßt[9]. Aber alle induzierten Änderungen, gleichgültig ob sie das Einkommensniveau oder eine Struktur betreffen, werden unter der prinzipiellen Einschränkung ausgewiesen, daß die zusätzliche öffentliche Ausgabe keinen Einfluß auf die vorgegebenen Strukturkoeffizienten (Verhaltensparameter) besitzt. M. a. W. Substitutionseffekte öffentlicher Ausgaben sind nicht mit der Multiplikatoranalyse zu bestimmen, noch mehr, sie können prinzipiell überhaupt nicht im Rahmen dieses Ansatzes berücksichtigt werden.

---

[7] Vgl. J. M. *Keynes:* Allgemeine Theorie der Beschäftigung, des Zinses und des Geldes, München und Leipzig, 1936, S. 111 u. S. 184.

[8] B. *Higgins:* Keynesian Economics and Public Investment Policy, Chap. XXXV in: S. E. Harris (Hrsg.) The New Economics, (Reprint), New York 1965, S. 468 ff.

[9] Die in der C/S-Relation vorgegebene Struktur determiniert das Einkommensniveau an dem Punkt, wo der Gleichgewichtswert der Struktur der von den Wirtschaftssubjekten geplanten, also der aktuellen Struktur entspricht.

Dieser Mangel erscheint von grundlegender Natur, da vermutlich die meisten öffentlichen Ausgaben von den staatlichen Planträgern auch oder sogar gerade in der Absicht getätigt werden, Substitutionseffekte hervorzurufen. Etwa dürfte der Gesetzgeber mit der Gewährung von Bausparprämien beabsichtigt haben, das Gut „Eigenheim" im Vergleich zu dem Bündel aller anderen Güter, die in den Begehrkreis der privaten Wirtschaftssubjekte fallen, durch Preissenkungen zu präferieren. Wahrscheinlich sind auch die Erwartungen des Gesetzgebers in mehr oder minder großem Umfange erfüllt, also Substitutionsprozesse wirksam geworden. Dieses Beispiel ließe sich durch beliebig viele andere ersetzen oder variieren, nicht zuletzt durch den Fall, daß öffentliche Ausgaben u. U. unbeabsichtigte Substitutionseffekte auslösen.

Wird aber die Annahme akzeptiert, öffentliche Ausgaben könnten grundsätzlich Substitutionswirkungen auslösen, so erhält die Multiplikatorhypothese einen durchaus fragmentarischen Charakter: sie ist (bestenfalls) als eine Teilerklärung zu kennzeichnen, aber nicht mit der Ausgabenwirkungslehre schlechthin zu identifizieren.

(3) Mit der Interpretation der öffentlichen Ausgaben als autonome Variable in der Multiplikatoranalyse ist zunächst nur eine willkürliche causa movens modelltheoretisch unterstellt. Soll jedoch das Modell Licht auf gewisse Erscheinungen der Wirklichkeit werfen, so stellt sich unmittelbar die Frage, ob die staatlichen Planträger überhaupt die öffentlichen Ausgaben selbst definitiv variieren und bestimmen können. M. a. W. verfügen die Planträger über das Ausgabevolumen als autonomen Handlungsparameter? Die Antwort kann kaum strittig sein. Die Erfahrung zeigt recht evident, daß die staatlichen Planträger ebenso unfähig sind, Veränderungen des Ausgabevolumens wie Veränderungen des Steueraufkommens als Handlungsparameter zu benutzen[10].

---

[10] Zur Vermeidung naheliegender Mißverständnisse: In der Haushaltsplanung können u. U. die öffentlichen Ausgaben fest limitiert und Haushaltsüberschreitungen während des Vollzuges durch entsprechende Normen und Kontrollen verhindert werden. Das hat jedoch mit dem hier angesprochenen Fragenkreis wenig zu tun, da nur ein Spezialfall betrachtet wird: In Bezug auf viele öffentliche Ausgaben wäre nämlich die Ausgabensumme als Aktionsparameter des Staates zu verwenden; dann bildeten jedoch die Mengen an Faktorleistungen, Gütern und Diensten, die der Staat in der Periode aufnimmt in Verbindung mit den Preisreaktionen der Privaten Überraschungsparameter. Eine derartige Verhaltensweise des Staates wäre jedoch nicht nur unrational, sondern auch auf die Dauer nicht durchführbar. Die primäre Überlegung der staatlichen Planträger besteht deshalb durchaus in der Fixierung gewisser Mengen an Gütern und Faktornutzungen für die Periode, die dann — in der zweiten Phase gleichsam — unter Berücksichtigung der herrschenden oder der erwarteten Preise ihren Ausdruck als Ausgaben in den Budgetansätzen finden. Daß de facto das Budget als ganzes zu

Im neueren Schrifttum hat insbesondere Bent Hansen[11] den Fragenkreis aufgenommen und in seinen Untersuchungen die Handlungsparameter der staatlichen Willensträger herausgearbeitet. Das Ergebnis dieser Umformulierung der Finanztheorie fand freilich nur einen begrenzten Niederschlag, nämlich in der Steuertheorie. So verwenden verfeinerte Modelle des Steuermultiplikators auch nicht mehr das Steueraufkommen als autonome Variable, sondern andere Größen — wie z. B. die Steuertarife —, die ausschließlich und endgültig von den öffentlichen Planträgern festgelegt werden können. Eine analoge Erweiterung und Verfeinerung des Ausgabenmultiplikators ist allerdings nicht durchgeführt worden — überraschenderweise nicht —, da formal die Probleme auf der Ausgabenseite denen der öffentlichen Einnahmen insoweit höchst ähnlich sind.

Als Ergebnis der Betrachtung ist somit zusammenzufassen, daß von einer Theorie der Wirkungen öffentlicher Ausgaben mehr und differenziertere Auskünfte verlangt werden müssen als die Multiplikatorhypothese zu liefern vermag. Inwieweit und gegebenenfalls mit welchen Methoden die drei umschriebenen Problemkreise — Bewertung öffentlicher Ausgaben, Berücksichtigung von Substitutionswirkungen und Auflösung der Analyse nach den Handlungsparametern — bei dem heutigen Stand der finanzwissenschaftlichen Forschung beantwortet werden können, soll in den folgenden Erwägungen geprüft werden.

III.

Die Bewertung der realen Ströme, die durch die Verausgabung öffentlicher Mittel induziert werden, zählt nicht nur zu den schwierigsten, sondern auch zu den wichtigsten Aufgaben der Finanzwissenschaft. Im Grunde genommen hängt von der Bewertung dieser Ströme in Beziehung zu der Bewertung der privaten Kreislaufströme das Urteil über die Staatswirtschaft selbst ab.

Das Bewerten hat zunächst keine andere Funktion als die, alle unterschiedlichen güterwirtschaftlichen Vorgänge einer Periode, also die in verschiedenen realen Dimensionen auftretenden Ströme, gleichnamig zu machen. Um die Aufgabe zu erfüllen, ist es formal erforderlich, für alle güterwirtschaftlichen Vorgänge einen einheitlichen Maßstab, ein unterschiedslos gültiges Bewertungskriterium einzuführen.

---

90 % oder mehr realisiert wird, widerlegt die Annahme selbstverständlich nicht, sondern besagt nur, daß die Erwartungen der Planträger im Regelfall weitgehend erfüllt werden.

[11] B. *Hansen:* The Economic Theory of Fiscal Policy, London, 1958, S. 30 ff. sowie ders.: Statsbudgetens verkningar (Die Wirkungen des Staatsbudgets). „Ekonomisk Tidskrift“, Bd. 61 (1959), S. 128 ff.

Genau diese Bedingung bereitet jedoch in einer dualistischen Wirtschaftsordnung, die teils marktwirtschaftlich organisiert ist, teils dem staatswirtschaftlichen Prinzip folgt, unüberwindbare Schwierigkeiten.

Das Problem ergibt sich allerdings nicht dadurch, daß nur die Bewertung der zwischen privaten Konten fließenden Ströme auf das Individuum als Träger der Werte zurückführbar ist, hingegen die Bewertung der staatlichen Leistungen einer nicht näher definierten gesellschaftlichen oder kollektiven Rangordnung entspringe. Eine Gruppe oder gar die Gesellschaft als ganzes vermag nicht zu empfinden, sie kann deshalb auch nicht letzter Wertträger sein. Daraus folgt: Die Bewertung der öffentlichen Leistungsabgaben müßte ebenfalls auf die einzelnen Individuen und ihre Präferenzskalen zurückgeführt werden.

Durch diese Erkenntnis wird freilich der Fragenkomplex nicht erleichtert, da sich nunmehr die Aufgabe stellt, die individuellen Präferenzskalen zu aggregieren. Wie die Diskussion um die Möglichkeit interpersoneller Nutzenvergleiche zeigt, ist das Problem unlösbar[12]. Allein bestimmte Willensäußerungen der Wirtschaftssubjekte, die axiomatisch als Nutzenoffenbarungen gesetzt werden, können quantitativ erfaßt und u. U. auch aggregiert werden. Als ein solcher approximativer Ausdruck offenbarter Präferenzen mögen die Marktpreise der „privaten Güter" gelten. Die Marktpreise geben nämlich tendentiell Auskunft über die Präferenzstrukturen und zwar gewichtet nach den Anteilen der Wirtschaftssubjekte an den einzelnen marktwirtschaftlichen Transaktionen. Alle Kritik[13], die gegen dieses Bewertungs- und Gewichtungsschema in der Sache zu Recht vorgetragen wird, — und die nebenbei stets Zweifel an der Ordnungskraft freier Preise involviert — verliert an Bedeutung, solange kein besseres, praktikables Bewertungskriterium entwickelt worden ist.

Was die staatlichen Leistungen betrifft, so ist eine Bewertung mit einem Gewichtungsschema, das den Anteilen der Wirtschaftssubjekte

---

[12] *Arrow* hat als erster nachgewiesen, daß die Ableitung einer sozialen Wohlfahrtsfunktion an äußerst restriktive Bedingungen gebunden ist, d. h. realiter unmöglich ist. Vgl. K. J. *Arrow:* Social Choice and Individual Values, Cowles Commission Monograph No. 12, 1951, 2nd Ed. 1963.

[13] Vgl. zur Darstellung der Bewertungskriterien und der Kritik daran: G. *Bombach:* Staatshaushalt und volkswirtschaftliche Gesamtrechnung. „Finanzarchiv" Bd. 17 (1956/57) S. 344 ff. — G. *Colm:* Volkswirtschaftliche Theorie der Staatsausgaben, Tübingen 1927, S. 74 ff. — J. R. *Hicks:* The Valuation of the Social Income. „Economica", Vol. 7 (1940) S. 105 ff. — ders. The Valuation of the Social Income, A Comment on Prof. Kuznets' Reflections. „Economica", Vol. 15 (1948) S. 1963 ff. — S. *Kuznets:* Government Product on National Income, in: Income and Wealth, Ser. I. Cambr. 1951, ders.: On the Valuation of the Social Income — Reflections on Prof. Hicks' Article. „Economica", Vol. 15 (1948) S. 1 ff. und S. 116 ff. — I. *Ohlsson:* On National Accounting National Institute of Economic Research, sec. impr., Stockholm 1961, S. 17 ff. und S. 73 ff.

an den marktwirtschaftlichen Transaktionen folgt, inkonsequent und somit irrelevant. Die Marktpreise dürfen mithin weder direkt noch indirekt als Bewertungskriterium staatlicher Leistungen Verwendung finden. Vielmehr wäre ein anderes Gewichtungsschema heranzuziehen, das sich zweckmäßigerweise nach den Anteilen der Individuen an der politischen Willensbildung orientieren müßte. Ließe sich ein derartiges Schema berechnen, so ergäbe sich ein System „politischer Preise", das sich nicht mit dem System der Marktpreise deckt. Schumpeters Gegenüberstellung von politischem Prinzip und Dollarprinzip drückt mit anderen Termini den gleichen Sachverhalt aus[14]. Eine solche politische Wertskala ist allerdings numerisch nicht erstellbar. Auch Hilfskonstruktionen, wie vor allem die Anwendung des opportunity-cost-principle's für die Bewertung des staatlichen Inputs und des opportunity-return-principle's für die Bewertung der öffentlichen Leistungsabgaben, scheitern an unüberwindbaren praktischen Schwierigkeiten. Dieser Umstand gewährleistet dann aber die totale Dominanz der Bewertung zu Marktpreisen, die in Annäherung auch bei den Strömen anzutreffen ist, die den staatlichen Sektor berühren. Überspitzt formuliert: Das allgemein angewandte Kostenprinzip der Bewertung öffentlicher Outputs bedeutet nur eine Übertragung der — im Zweifelsfall vielleicht manipulierten — Marktpreise des staatlichen Inputs als Wertmaßstab auf die öffentlichen Leistungsabgaben.

Zur Zeit ist kein Weg zu erkennen, der aus dem Bewertungsdilemma herausführt. Für die Finanzwissenschaft, namentlich aber für jede Theorie der öffentlichen Ausgaben stellt diese Erkenntnis eine fast unüberwindbare Klippe dar, da zwangsläufig jede Aussage über Wirkungen öffentlicher Ausgaben durch die der Sache inhärenten Bewertungsmängel unbeschränkt relativierbar wird. Kein Zweifel, den öffentlichen Leistungsabgaben sind — solange das Kostenprinzip nicht durch einen besseren Maßstab ersetzt werden kann — Wertdimensionen zugeordnet, in denen sie weder diskutiert, noch geplant oder beschlossen worden sind

IV.

Ebensowenig wie die Steuerwirkungslehre sich in der Behandlung von Multiplikatoreffekten aufgrund von Steueränderungen erschöpft, ist die Ausgabenwirkungslehre mit der Multiplikatoranalyse vollständig umschrieben.

---

[14] Vgl. J. A. *Schumpeter:* Kapitalismus, Sozialismus und Demokratie, Bern (1950).

Soweit sich die Analyse auf staatliche Transfers, also auf Unterstützungszahlungen und öffentliche Subventionen bezieht, bereitet formal eine Erweiterung des Räsonnements keine Schwierigkeiten, da methodisch die Transfers als negative Steuern verstanden werden können. Insoweit ist aber auch in Analogie die gesamte Steuerwirkungslehre zur Bestimmung der Effekte staatlicher Transfers direkt anwendbar[15]. Grundsätzlich anders liegen jedoch die Verhältnisse bei den realen öffentlichen Ausgaben. Wie aus der im Anhang angefügten Matrix[16] ersichtlich, bewirkt jede reale Verausgabung beim Sektor Staat:

(1) Inputeffekte, die unmittelbar einen Entzug von Gütern und/oder Faktoren der privaten Aktivitäten ausdrücken, und

(2) Outputeffekte, die mittelbar aus der staatlichen Leistungsaufnahme folgend in der Abgabe von Leistungen an private Aktivitäten bestehen.

Zu (1) Die Inputeffekte sind sowohl in ihrer realen Entzugswirkung als auch in ihrer Preiswirkung mittels der vorliegenden wirtschaftstheoretischen Instrumente zu erfassen.

Von den zahlreichen Möglichkeiten alternativer modelltheoretischer Ansätze hat die Input-Output-Analyse zur Bestimmung sektoraler Entzugseffekte besondere Vorzüge aufzuweisen. Aufgrund der produktionstechnischen Determination des Systems kann entweder

(a) der Entzugseffekt eindeutig bestimmt werden, falls einem staatlichen Output keine alternative Inputstruktur zuzuordnen ist. Oder es können

---

15 Materiell mögen freilich die Resultate einer Steuerbefreiung bestimmter Wirtschaftszweige einerseits und einer alternativ zu ihr exakt korrespondierenden Gewährung von öffentlichen Subventionen andererseits differieren, weil u. U. beide Maßnahmen unterschiedlich stark von den Begünstigten empfunden werden. Diese unterschiedliche Fühlbarkeit finanzpolitischer Maßnahmen wird vor allem von Günter Schmölders (Finanzpolitik, 2. neubearbeitete Auflage, Berlin, Heidelberg, New York, 1965) hervorgehoben. Sie ist modelltheoretisch durch abweichende Parameteränderungen auszudrücken.

16 Das im Appendix wiedergegebene „reale" Input-Output-Schema weicht in einer wesentlichen Konsequenz von den Definitionen Leontiefs ab. Während in dem Leontief-Schema in der Zeile Staat die um empfangene Transfers verminderten sektoralen Steuerleistungen verzeichnet sind, weist die rein „reale" Tabelle in der Zeile Staat die periodische Leistungsabgabe des Staates an den privaten Sektor aus. Leontiefs Definitionen des staatlichen Outputs, die sachlogisch dem güterwirtschaftlichen Modell überhaupt nicht entspricht, kann allein mit Praktikabilitätsgründen motiviert werden, da die periodischen realen Leistungsabgaben des Staates an die Sektoren bei allen empirischen Untersuchungen kaum numerisch erfaßbar sind.

(b) unterschiedliche Entzugseffekte analysiert und verglichen werden, falls zur Erstellung einer Art staatlicher Leistungsabgaben produktionstechnische Alternativen gegeben sind[17].

Was die Preiswirkungen der öffentlichen Inputs betrifft, so sind sie durch Anwendung der mikroökonomischen Theorie ebensogut zu erfassen wie die Preiseffekte einer Steuerauflage. In den mikroökonomischen Partialmodellen gelangen bei der Ableitung der Preiswirkungen simultan auch die Entzugseffekte staatlicher Inputs zur Darstellung. Dieser Vorzug gegenüber der Input-Output-Analyse, die die Preiseffekte nicht ausweist, sich also nur zur Bestimmung der realen Entzugseffekte eignet, wird jedoch durch den hohen Abstraktionsgrad und dem somit geringen Aussagegehalt der mikroökonomischen Ansätze zunichte gemacht.

Zu (2) Die eigentliche Crux der Ausgabenwirkungslehre liegt allerdings auch gar nicht in der Analyse der Input-Effekte, sondern in der Untersuchung der Output-Effekte, der „Produktwirkungen“[18]. Nur gedanklich lassen sich Input- und Output-Effekte scharf trennen, faktisch treten sie regelmäßig als Einheit auf. Der staatliche Input (mit den aus ihr resultierenden Effekten) bringt uno actu einen bestimmten staatlichen Output hervor (der andere Wirkungen verursacht). Dabei heben sich die Input- und Output-Effekte aber — abgesehen von extremen Sonderfällen — nicht gegenseitig auf, und zwar schon deswegen nicht, weil diejenigen privaten Aktivitäten, die Leistungen an den staatlichen Sektor abgeben, und jene, die Leistungen vom Staat empfangen, in jeder denkmöglichen Beziehung zueinander stehen können.

Da die staatlichen Outputs regelmäßig ohne eine spezifische Gegenleistung von den privaten Aktivitäten aufgenommen werden, ist ihre formale Inzidenz direkt nicht festzustellen. Nur mittelbar sind — sofern das Bewertungsproblem unberücksichtigt bleibt — die Empfänger der staatlichen Leistungsabgaben mit Annäherungslösungen zu ermitteln. Werden die staatlichen Outputs von privaten Industrien als Vorleistungen aufgenommen, so wirken sie sich mindernd auf die privaten Kosten der Produktion aus. Der Effekt der staatlichen Lei-

---

[17] Die Ergebnisse der Wirkungsanalyse sind direkt wirtschafts- und finanzpolitisch anwendbar, soweit eine in sich widerspruchslose Zielfunktion vorliegt und außerdem im Fall (a) mehrere Output-Alternativen zur Auswahl stehen, die aus der Sicht der staatlichen Willensträger die gleiche Priorität besitzen. Jeweils lautet dann die wirtschaftspolitische Aufgabe: Zu suchen ist unter den verfügbaren Alternativen die zur Zielfunktion optimale Inputstruktur. Vgl. hierzu u. a. W. D. *Evans* und M. *Hoffenberg:* The Inderindustry Relations Study for 1947. „Review of Economics and Statistics“, Vol. 34 (1952), S. 97 ff.

[18] Benjamin *Higgins:* Keynesian Economics and Public Investment Policy, a.a.O., S. 468 ff.

stungsabgaben ist allerdings nur dann eindeutig zu lokalisieren, wenn von unterschiedslosen privaten Aktivitäten eine Gruppe staatliche Vorleistungen empfängt, die keine privaten Kosten verursachen, hingegen eine zweite Gruppe die gleichen Vorleistungen von privaten Industrien bezieht. Die staatlichen Output-Effekte finden dann in Differenzen der privaten Kostenstrukturen ihren Ausdruck.

Auf diesem Ansatz basieren verschiedene Hypothesen, u. a. einige Versuche über regionale Auswirkungen der Fiskalpolitik[19], Aussagen über retardierende Effekte mangelhafter „Infrastrukturen“[20] oder Teilstücke der Lehre von den „social costs“[21].

Mag die Methode als formales Erklärungsprinzip auch akzeptiert werden, so ist sie doch kaum zur Lösung konkreter Aufgaben geeignet, da das Verfahren umso zweifelhafter ist, je stärker die Voraussetzung der Unterschiedslosigkeit zwischen den zu vergleichenden privaten Aktivitäten verletzt wird[22].

Noch unbefriedigender ist freilich der Stand der Analyse der Outputwirkungen, sofern die öffentlichen Leistungsabgaben von der Endnachfrage, also von den privaten Haushalten, direkt aufgenommen werden. In diesem Zusammenhang müßten wenigstens zwei Fragen eine eindeutige Auskunft erhalten:

(a) Wie hoch ist der (reale) Einkommenszuwachs, den die einzelnen privaten Haushalte nach ihrer subjektiven Auffassung durch öffentliche Leistungsabgaben empfangen? Von der Intensität der Wahrnehmung dieser Einkommenserhöhung hängt entscheidend die Wirkung des öffentlichen Outputs ab[23]. Der noch ungeklärte Komplex der Geld-

---

19 Vgl. u. a. K. *Littmann:* Finanzpolitik, räumliche Gleichgewichte und Optima, in: H. Timm und H. Jecht (Hrsg.): Kommunale Finanzen und Finanzausgleich, Schriften des Vereins für Socialpolitik, N.F., Bd. 32, Berlin 1964, S. 61 ff.

20 Vgl. dazu z. B. J. *Niehans:* Strukturwandlungen als Wachtstumsprobleme, S. 18 ff., und H. *Jürgensen:* Strukturtypen, Strukturwandlungen und Strukturprobleme in der Verkehrswirtschaft, beide Beiträge in: Strukturwandlungen einer wachsenden Wirtschaft, Schriften des Vereins für Socialpolitik, N.F. Bd. 30/I, 1964, S. 284 ff.

21 Vgl. dazu K. W. *Kapp:* Social Costs and Social Benefits — A Contribution to Normative Economics, S. 183 ff. — B. *Fritsch:* Private und volkswirtschaftliche Kosten, S. 211 ff. und H. *Jürgensen:* Private und soziale Kosten, S. 245 ff. alle in: Probleme der normativen Ökonomik und wirtschaftspolitischen Beratung, Schriften des Vereins für Socialpolitik, N.F. Bd. 29, Berlin 1963.

22 Diese Einschränkung trifft allerdings nicht nur auf die Ausgabenwirkungslehre zu. Analoge Probleme finden sich auf nahezu allen anderen Gebieten der Ökonomie, sobald ernsthaft der Versuch unternommen wird, konkrete Aufgaben zu beantworten.

23 In einem staatlichen Altersheim mag z. B. ein Rentner staatliche Outputs — zu Kosten bewertet — in Höhe von DM 500,— monatlich empfangen.

illusion vereitelt aber jeden exakten Kalkül über die relevanten Beziehungen.

(b) Welchen Einfluß haben die staatlichen Leistungsaufgaben auf die privaten Konsumentscheidungen? In diesem Zusammenhang sind folgende Erwägungen anzustellen: Teilweise bestehen substitutive Beziehungen zwischen den vom Staat und den von Privaten angebotenen Gütern — z. B. Bildung in öffentlichen und privaten Schulen —. Soweit die Gütergruppen von den Haushalten auch nur als annähernd unterschiedlos angesehen werden, ersetzt dann regelmäßig die öffentliche Leistung die private Produktion. Bei komplementären Beziehungen zwischen den staatlichen Leistungsabgaben und den privaten Konsumentscheidungen treten jedoch schwierig zu beurteilende Wirkungsketten auf. Komplementäre Beziehungen existieren z. B. zwischen der Möglichkeit, öffentliche Straßen zu nutzen und der Anschaffung eines Kraftfahrzeuges. Folglich hängen vom Ausbau des öffentlichen Straßennetzes die Entscheidungen, Kraftfahrzeuge zu erwerben, mit ab. Prima facie dürften wohl nahezu alle staatlichen Leistungsabgaben solche substitutiven Effekte auslösen, jedoch ist bei dem augenblicklichen Stand der Wissenschaft kaum eine Antwort über Richtung und Intensität der Wirkungen zu liefern.

Die kurzen Anmerkungen dienten dazu, einige wesentliche Punkte zu markieren, die eine Theorie der Wirkungen öffentlicher Ausgaben zu beachten hat. Obschon ganze Felder des Problemkreises bisher wenig oder überhaupt nicht erforscht sind, erscheinen prinzipiell erhebliche Fortschritte der Erkenntnis möglich, insbesondere, wenn die theoretischen Modelle mit empirischen Befunden ergänzt und angereichert werden. Eine Theorie der Wirkungen öffentlicher Ausgaben, die weit umfassender als die Multiplikatorhypothese konzipiert wäre, dürfte jedenfalls der Sache nach mit dem vorliegenden Instrumentarium formulierbar sein.

Allerdings muß bei den skizzierten Ansätzen in Rechnung gestellt werden, daß sie immer nur Ausschnitte aus dem Gesamtzusammenhang beleuchten, d. h. allein partielle Einsichten vermitteln und somit kein abschließendes Urteil über die Totalwirkungen öffentlicher Ausgaben gestatten. Dieser Mangel erklärt sich zunächst aus der — methodisch durchaus legitimen — Aufspaltung des faktisch einheitlichen Phänomens „reale öffentliche Ausgaben“ in mehrere Ströme, die anschließend unabhängig voneinander in Partialmodellen auf ihre Wirkungen untersucht werden. Die auf diesem Wege gewonnenen Teilergebnisse sind

Vermutlich wird von dem Begünstigten der Sachverhalt selbst empfunden, aber fraglich ist, ob er die empfangene öffentliche Realleistung als Äquivalent zu einer Unterstützungszahlung in gleicher Höhe wertet.

jedoch — aufgrund der ceteris paribus-Klausel — im allgemeinen nicht wieder zusammenzufassen[24]. Das ist ein erheblicher Mangel, denn der Aussagegehalt isolierter Teilurteile kann nicht hoch veranschlagt werden. Die Bedenken gelten unmittelbar zwar nur gegenüber den Analysen in mikroökonomischen Modellen, aber sie werden durch die Anwendungsmöglichkeiten der Input-Output-Analyse nicht geheilt, da diese a priori keine Wege eröffnet, die Gesamtwirkungen der staatlichen Ausgaben auszudrücken. Die Input-Output-Analyse ist — innerhalb des vorliegenden Problemkreises — nicht mehr und nicht weniger als ein hervorragendes Instrument, um die realen Entzugswirkungen öffentlicher Inputs darzustellen.

Allein die monetären Transfers in Form von Unterstützungszahlungen und Subventionen erhalten durch die Rezeption der analytischen Verfahren, die in der Steuerwirkungslehre angewandt werden, einen sachadäquaten Untersuchungsrahmen. Dessen ungeachtet ist ebenfalls bei den Transfers eine weite Entwicklung der Theorie nicht nur möglich sondern auch erforderlich. Bereits die allgemein in Untersuchungen öffentlicher Ausgaben implizit anzutreffende Unterstellung, die staatlichen Planträger könnten grundsätzlich das Volumen der Ausgaben fixieren, also die öffentlichen Ausgaben selbst als Handlungsparameter verwenden, ist zweifelhaft, noch mehr, sie verdeckt geradezu den Einblick in wichtige Wirkungszusammenhänge. Darüber hinaus bleibt zu prüfen, ob und inwieweit durch eine Verbindung von Prozeß- und Strukturanalysen in Makromodellen der Ausgabenwirkungslehre schlechthin neue Erkenntnisse eröffnet werden können.

V.

Die so formulierte Aufgabe hat noch keine definitiven Lösungen gefunden. Jedoch deutet Krause-Junk in seiner Arbeit über „Staatsausgaben, Einkommensniveau und Wirtschaftsstruktur“[25] Wege an, die vielleicht geeignet sind, die Ausgabenwirkungslehre von einigen ihrer methodischen Mängel zu bereinigen und zugleich die Effekte öffent-

---

[24] In Ausnahmefällen kann, wenn auch methodisch nicht korrekt, eine annähernde Abschätzung der Totaleffekte erfolgen. Dies gilt, wenn die wirtschaftlichen Aktivitäten, die Leistungen an den Staat abgeben, zugleich auch die Empfänger der öffentlichen Outputs darstellen oder wenn zwischen beiden Gruppen eindeutige Beziehungen festzulegen sind. Einiges Interesse besitzt dieser Spezialfall namentlich bei regionalpolitischen Fragestellungen, soweit die Nutzenstiftung der staatlichen Leistungsabgaben lokal radizierbar ist.

[25] Gerold *Krause-Junk:* Staatsausgaben, Einkommensniveau und Wirtschaftsstruktur, Diss. Berlin 1966. Die Ergebnisse dieser Studie werden in dem V. Kap. summarisch referiert, ohne daß auf die einzelnen Aussagen gesondert Bezug genommen wird.

licher Ausgaben allgemeiner und umfassender zu erklären. Um diesen Ansatz verfolgen zu können, ist es notwendig, einige Vorüberlegungen anzustellen und Definitionen einzuführen.

(1) Öffentliche Ausgaben sollen alle definitiven Zahlungen heißen, die vom Staat an private Aktivitäten geleistet werden. Reale Inputs und reale Outputs des Staates werden als Folge öffentlicher Ausgaben verstanden, die unter bestimmten Umständen eintreten.

(2) Die staatlichen Planträger haben in der Mehrzahl der Fälle keine vollkommene Kontrolle über das wirtschaftspolitische Instrument „öffentliche Ausgaben", d. h. sie können insoweit nicht autonom über den Umfang der öffentlichen Ausgaben entscheiden. Regelmäßig bestimmen die Planträger nur die Bedingungen der öffentlichen Ausgaben, bei deren Eintritt die Zahlung erfolgt. Der Umfang der öffentlichen Ausgaben hängt dann von diesen gesetzten Bedingungen einerseits und den Reaktionen der privaten Aktivitäten auf die Bedingungen andererseits ab. M. a. W.: das Ausgabevolumen wird hier von den Handlungsparametern sowohl des Staates als auch der Privaten bestimmt. Alle Ausgaben, die nicht autonom von den staatlichen Planträgern festgelegt werden können, sollen bedingte öffentliche Ausgaben heißen.

(3) Nur in Ausnahmefällen ist es denkbar, daß die privaten Aktivitäten durch keine Änderung ihres Verhaltens die Summe der öffentlichen Ausgaben beeinflussen können, vorausgesetzt, die Begünstigten nehmen prinzipiell die staatlichen Zahlungen an. Unter dieser Prämisse wird das Ausgabenvolumen selbst zum Handlungsparameter der staatlichen Planträger. Alle öffentlichen Ausgaben, die der Definition gehorchen, sollen unbedingte öffentliche Ausgaben genannt werden[26, 27].

(4) Im Verlauf der Wirkungsanalyse wird zwischen Primär- und Sekundäreffekten öffentlicher Ausgaben unterschieden, obschon beide Wirkungen nur gedanklich voneinander zu trennen sind. Primäreffekte heißen die Prozesse, die von einem Ausgangsgleichgewicht fortführend durch das Setzen der Ausgabebedingungen und durch die Zahlungen induziert werden. Als Sekundärwirkungen gelten die Reaktionen des

[26] In dieser Auslegung stellen unbedingte öffentliche Ausgaben das Pendant zu „neutralen Steuern" im Sinne von Musgrave dar. Vgl. R. A. Musgrave a.a.O., S. 142 ff.

[27] Ob es in der Empirie überhaupt unbedingte öffentliche Ausgaben im strengen Sinne gibt, scheint zweifelhaft. Allerdings sind z. B. Kriegsopferrenten oder allgemeine Unterstützungszahlungen, die von einem bestimmten Alter an gezahlt werden, legal durch Änderungen der Verhaltensweisen privater Aktivitäten kaum zu beeinflussen, sie entsprechen in Annäherung den unbedingten öffentlichen Ausgaben. Hingegen können Zahlungen, die staatliche Inputs bewirken, niemals der Klasse unbedingter öffentlicher Ausgaben zugerechnet werden.

Gesamtsystems auf die Primäreffekte, die dann zu einem neuen Gleichgewicht führen.

Die Definitionen sind so gewählt, daß ein hoher Grad an Formalisierung erreicht wird, um die Anwendung wirtschaftstheoretischer Instrumente zu erleichtern. Im Vergleich zu anderen Ansätzen fällt dabei zunächst die konsequente Rückführung der öffentlichen Ausgaben auf die Handlungsparameter der staatlichen Planträger auf. Welche analytische Bedeutung kommt dieser Reduktion zu?

Offensichtlich unterscheiden sich unbedingte und bedingte öffentliche Ausgaben in ihrer Primärwirkung. Unbedingte öffentliche Ausgaben lösen allein Einkommenseffekte aus, da nicht begünstigte private Wirtschaftssubjekte durch keine Veränderung ihrer Verhaltensweisen Zahlungen vom Staat erhalten können. Unbedingte öffentliche Ausgaben sind jedoch als Ausnahme — wenn nicht sogar als theoretischer Grenzfall — zu betrachten. Bedingte öffentliche Ausgaben, die ganz überwiegend in der Realität auftreten, haben aber Einkommens- und Substitutionseffekte zur Folge. Die Substitutionseffekte resultieren aus den Ausgabebedingungen, die den öffentlichen Planträgern allein als Handlungsparameter zur Verfügung stehen, die privaten Aktivitäten können diese Bedingungen ganz oder teilweise akzeptieren, sie können sie auch verwerfen; stets hängt von den Reaktionen der privaten Wirtschaftssubjekte das definitive Ausgabevolumen mit ab.

Mit dem Setzen der Ausgabebedingungen betreiben die öffentlichen Planträger erst Politik im eigentlichen Sinne. Haben z. B. die Planträger die Absicht, durch Subventionen bestimmte Industrieansiedlungen in unterentwickelten Regionen zu fördern, so müssen sie u. a. festlegen, welche Gebiete erschlossen, welche Industrien Subventionen erhalten, nach welchen Kriterien die Höhe der einzelnen Zahlungen bemessen und für welche Zeit die Bedingungen gelten sollen. Mit einem solchen Angebot des Staates ist ganz bewußt zugunsten einer Alternative jeder andere denkbare Standort einer Industrie benachteiligt worden. Aber genau das ist auch die Absicht der politischen Planträger: sie wollen bestimmte Wahlakte begünstigen und müssen damit notwendig alle anderen relevanten Möglichkeiten diskriminieren. Reagieren die privaten Wirtschaftssubjekte auf die vom Staat gesetzten Bedingungen, um öffentliche Ausgaben zu erhalten, so stellen sich Substitutionseffekte ein. Akzeptieren die privaten Wirtschaftssubjekte die Bedingungen jedoch nicht, etwa weil die angebotene Subvention nach ihrer Auffassung nicht ausreicht, um Standortnachteile eines Entwicklungsgebietes zu kompensieren, so kommt es zu keiner öffentlichen Ausgabe und das wirtschaftspolitische Ziel wird verfehlt.

Mit der Bestimmung der Primäreffekte ist jedoch nur ein Teil der Ausgabewirkungen erfaßt. Der Primäreffekt der öffentlichen Ausgaben hat zur Folge, daß ein im Ausgangspunkt angenommener Gleichgewichtszustand zerstört wird. Da nunmehr die Erwartungen der Wirtschaftssubjekte in ihren Plänen nicht mehr erfüllt werden, reagieren sie auf den Primäreffekt, bis ein Zustand eintritt, dessen neue aktuelle Struktur wiederum ein Gleichgewicht ausdrückt. Dieser Ablauf wird als Sekundäreffekt verstanden. Er kann nur in eindeutigen, mikro- oder makroökonomischen Gleichgewichtssystemen beschrieben werden.

Für die Untersuchung der öffentlichen Ausgaben kommt den makroökonomischen Gleichgewichtssystemen besondere Bedeutung zu, da sie eine empirisch gehaltvolle Totalanalyse gestatten[28]. Makroökonomische Gleichgewichtssysteme sind dadurch ausgezeichnet, daß das Gesamteinkommen regelmäßig nach zwei Elementen gegliedert wird, wobei ein Element die Struktur determiniert. Außerdem ist stets eine Gleichgewichtsstruktur vorgegeben. Entspricht die aktuelle Struktur der Gleichgewichtsstruktur, so ist damit zugleich auch das Gleichgewichtseinkommen bestimmt[29].

Die analytischen Möglichkeiten einer Bestimmung von Sekundäreffekten öffentlicher Ausgaben in makroökonomischen Modellen sollen im weiteren an einigen Zusammenhängen demonstriert werden. Aus Gründen der Vereinfachung sei unterstellt, daß die öffentlichen Ausgaben keine realen Inputs im staatlichen Sektor zur Folge haben.

Die Primärwirkung unbedingter öffentlicher Ausgaben, die sich nur im Einkommenseffekt ausdrückt, führt regelmäßig zu Systemreaktionen. Diese Sekundärwirkungen werden in der Multiplikatortheorie mit den induzierten Einkommensänderungen umschrieben, die nach einer Variation der Transferzahlungen (Primäreffekt) durch sukzessive Konsumerhöhungen der Transferempfänger bewirkt werden. Da unbedingte öffentliche Ausgaben ex definitione keine Substitionen veranlassen, wird von ihnen die Strukturdeterminante C (Y^v) nicht beeinflußt.

---

28 Zur Begründung vgl. oben Seite 289 f.

29 Das Multiplikatormodell repräsentiert das bekannteste makro-ökonomische Gleichgewichtssystem. Bei ihm wird die Verwendungsstruktur (C/S) zur Bestimmung des Gleichgewichtes benutzt. Der Konsum bildet das die Struktur determinierende Element, nämlich durch die Verhaltensgleichung

$$C = C\ (Y^v)$$

und die Ersparnis das freie Element. Das Gleichgewichtseinkommen (Y^*) ist erreicht, wenn die aktuelle Ersparnis (S) mit der Gleichgewichtsersparnis (S^*) übereinstimmt, im einfachsten Fall also

$$Y^* = \frac{S/Y}{S^*} \text{ wenn } S^* = I^{\text{auton.}} = \text{constant.}$$

Bei bedingten öffentlichen Ausgaben liegen jedoch die Verhältnisse anders; sollen nach Absicht der Planträger bedingte öffentliche Ausgaben variiert werden, so schließt die Primärwirkung stets Substitutionen ein. Mithin müssen aber auch Strukturdeterminanten simultan mit der Verausgabung beeinflußt worden sein. Das wirtschaftspolitische Instrument „öffentliche Ausgaben“ wirkt hier eben *nicht* „neutral“[30], vielmehr führen die von den öffentlichen Planträgern gesetzten Ausgabebedingungen zu Änderungen in den Verhaltensweisen der Privaten.

Diese Folgen, die mit den bedingten öffentlichen Ausgaben verbunden sind, müßten in den theoretischen Modellen berücksichtigt werden, da sie geradezu ein Wesenselement der staatlichen Verausgabung darstellen. Gesetzt, die öffentlichen Planträger wünschen, jede Form der Ersparnis durch Prämien gleichmäßig zu begünstigen (und mithin den Verbrauch allgemein zu diskriminieren), so wird sich der Primäreffekt der öffentlichen Ausgaben nicht nur in der Zahlung der Prämie sondern auch in einer Veränderung der Konsumfunktion $C(Y^v)$ niederschlagen. Im Multiplikatormodell wird der Sekundäreffekt dieser bedingten öffentlichen Ausgaben unter den angenommenen Bedingungen aber das System zu einem anderen Gleichgewichtseinkommen bringen als im vorhergehenden Fall gleich hoher unbedingter öffentlicher Ausgaben.

So einsichtig die Ableitung auch ist, so provoziert sie doch den Einwand, daß sich die Substitutionswirkungen der ersten Runde nicht in Veränderungen der C/S-Relationen zeigen müssen. Würden die öffentlichen Planträger die Ausgabebedingungen nicht auf alle Formen der Ersparnisse beziehen, sondern etwa nur das Bausparen begünstigen, so ist eine Änderung der C/S-Relation keinesfalls erwiesen, vielmehr könnte die Substitution auch durch Änderungen innerhalb der Ersparnisstruktur geschehen. Das Argument selbst ist richtig, aber es trifft nicht den theoretischen Ansatz schlechthin, sondern nur eine spezielle Ausprägung der makroökonomischen Gleichgewichtssysteme. Es gibt nämlich mehr Gleichgewichtsstrukturen als die der Verwendung des Einkommens — theoretisch sind sogar unendlich viele Gleichgewichtsstrukturen vorstellbar. Die Verwendungsstruktur des Einkommens ist allerdings dank John Maynard Keynes in den Mittelpunkt des wirtschaftspolitischen Interesses gerückt, und zugleich ist das auf ihr beruhende Multiplikatormodell zu einem fast klassischen Demonstrations- und Lehrstück geworden. Ob indes die Einkommensverwendung die dominierende Struktur bildet ist m. W. niemals untersucht, geschweige denn bewiesen worden.

[30] „Neutral“ verstanden in dem eindeutigen Sinn von Musgrave, vgl. R. A. *Musgrave*, a.a.O., S. 142 ff.

Als heuristisches Prinzip wäre auch die Wahl jeder anderen Struktur — z. B. der makroökonomischen Verteilungsstruktur — als Determinante des Gleichgewichtseinkommens annehmbar. In bezug auf die Verteilungsstruktur würde dann das Argument lauten: sinkt der Anteil der Lohnsumme am Volkseinkommen und erfüllen sich die Erwartungen der Arbeitnehmer nicht mehr, dann werden Lohnforderungen als Reaktion auf das Ungleichgewicht wirksam. Entsprechende Verhaltensweisen zeigen die Unternehmer, wenn ihre Erwartungen verletzt werden. Eine partielle Lösung bei Einführung unbedingter öffentlicher Ausgaben zugunsten der Arbeitnehmer — wobei die Transfers den Löhnen zugeordnet werden — ist in diesem System leicht anzugeben. Der Primäreffekt besorgt die Abweichung der aktuellen Verteilungsstruktur vom Gleichgewicht.

$$(L/Q) > (L/Q)^*$$

Der Sekundäreffekt führt dann wieder über Einkommenssteigerungen zugunsten der Gewinne zu einem neuen stabilen Zustand[31].

$$\Delta Q = \frac{1}{(L/Q)^*} \cdot \Delta Tr$$

$$\Delta Y = \frac{\Delta Tr}{(L/Y)^*}$$

Problematisch erscheint jedoch bei dieser Art Lösungen die beliebige Freiheit der Wahl in den Gleichgewichtsdeterminanten einerseits, die Annahme völliger Unabhängigkeit zwischen Verwendungs- und Verteilungsstruktur andererseits. Wird aber unterstellt, daß die Strukturen voneinander abhängig sind, so ist auch das erste Bedenken hinfällig geworden. Allerdings zeigt sich nunmehr ein anderer Nachteil: durch die Kombination von zwei oder mehr Strukturdeterminanten werden die Gleichgewichtssysteme nicht mehr eindeutig lösbar.

Mit der Verbindung von Verwendungs- und Verteilungsstrukturen läßt sich ein Modell entwickeln, das in seinen Grundzügen von Kaldor[32] vorgezeichnet ist. Es soll gelten:

$$(S/C)^* = f\,(L/Q) \quad \text{und}$$

$$(L/Q)^* = \frac{1}{f}(S/C)\,.$$

---

[31] Carl Föhl hat den analogen Prozeß in seinem Steuerparadoxon skizziert. Vgl. Carl *Föhl:* Das Steuerparadoxon. „Finanzarchiv", N.F. Bd. 17 (1956/7) S. 1 ff.

[32] N. *Kaldor:* Alternative Theories of Distribution. „The Review of Economic Studies", Vol. 23 (1955/56), S. 83 ff. und ders.: A Model of Economic Growth. „Economic Journal", Vol. 67 (1957), S. 591 ff.

Außerdem sei angenommen, daß die Konsumquote der Arbeitnehmer stets höher als die der Unternehmer liege.

Unter diesen Bedingungen sind, wie im Diagramm ausgewiesen, die Verwendungs- und Verteilungsstruktur negativ zueinander korreliert.

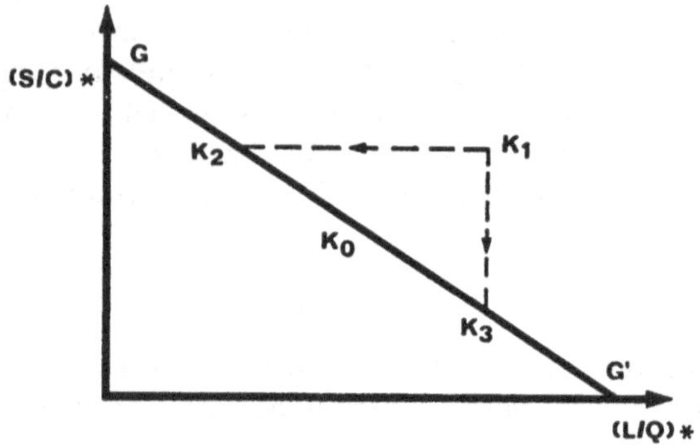

Fig. 1

In der Zeichnung repräsentiert GG′ die Gleichgewichtsgrade beider Strukturen und K_0 das Ausgangsgleichgewicht. Wenn unbedingte öffentliche Ausgaben zugunsten der Arbeitnehmer vergeben werden, so verlagert sich K_0 — und zwar im Zweifelsfalle nicht auf der GG′-Funktion — im Raume. K_1 bezeichne den aktuellen Ungleichgewichtszustand, der durch die Zahlung der Ausgabe bewirkt ist. In K_1 hat der Primäreffekt seinen Endpunkt erreicht. Wohin der Sekundäreffekt der Anpassung an ein neues Gleichgewicht läuft, kann indes nicht mit Sicherheit gesagt werden: Zwischen K_2 und K_3 ist auf jedem Punkt der GG′-Funktion ein stabiler Zustand wieder zu erreichen. Allerdings liegt die Vermutung nahe, daß das am höchsten zeitelastische Element für die Ablaufsrichtung dominierend sein dürfte, d. h. daß bei der vorliegenden Strukturkombination der Gewinn als das elastische Element die Richtung des Ablaufs weitgehend bestimmen wird.

Bei bedingten Ausgaben, die zugleich einen Substitutionseffekt hervorrufen, wird zusätzlich die primäre Ausgabewirkung in einer Verschiebung und/oder Drehung der GG′-Funktion bestehen. Die Lösung wird dadurch sowohl komplizierter als auch unbestimmter, da der Einkommenseffekt, der Substitutionseffekt und die (alternativen) Sekundärwirkungen zu analysieren sind.

An dieser Stelle zeigen sich nunmehr aber auch deutlich die Grenzen der Analyse. Technisch ist zwar die Erweiterung des Systems mit zusätzlichen Strukturdeterminanten, die mit der Verteilungs- und Verwendungsstruktur kombiniert werden, durchaus möglich. Aber der Aussagebereich wird mit jeder neu aufgenommenen Struktur offener, d. h. das System verliert an Bestimmbarkeit. Damit hebt sich jedoch der Vorteil der makroökonomischen Modelle für die Analyse der Wirkung öffentlicher Ausgaben wieder auf.

Anhang

Output / Input aus	Industrie (1)	Industrie (2)	Staat (g) „real“	Haushalte (n)	$\sum$ (Output)
Industrie (1)	x_{11}	x_{12}	x_{1g} (staatl. Käufe)	x_{1n}	X_1
Industrie (2)	x_{21}	x_{22}	x_{2g} (staatl. Käufe)	x_{2n}	X_2
Staat (g) (Leontief)	x_{g1} (Steuern — Transfer Sektor 1	x_{g2} (Steuern — Transfer Sektor 2)	-	x_{gn} (Steuern — Transfer Sektor n)	X_g $T_i + T_d - (Z_{St} + Tr) = A_{St}$
Staat (g) („reales“ Konzept)	x_{g1} (Vorleistung d. Staates an Sektor 1)	x_{g2} (Vorleistung d. Staates an Sektor 2)	-	x'_{gn} (Staatsleistung zum privaten Verbrauch)	X_g ($= L_{St} =$ staatl. Output)
Haushalte (n)	x_{n1}	x_{n2}	x_{ng} (Faktoreinsatz beim Staat)	x_{nn}	X_n

I. In den Input-Output-Tabellen nach Leontief gilt:

$$T_1 - Tr_1 + T_2 + Tr_2 + \ldots + T_n - Tr_n = X_g = T_i + T_d - (Z_{St} + Tr) =$$
$$= x_{1g} + x_{2g} + \ldots + x_{ng}$$

II. Im „realen“ Konzept gilt:

$$x_{1g} + x_{2g} + \ldots + x_{ng} = x_{g1}$$
$$+ x_{g2} + \ldots + x_{gn} = X_g$$

III. In beiden Fällen soll sein:

$$I_{St} = 0 = S_{St}$$

Determinanten der Personalausgaben und adäquate Besoldungspolitik*

Von Prof. Dr. *Clemens-August Andreae* (Innsbruck)

Der nachfolgende Aufsatz ist eine wesentlich gekürzte Fassung des Vortrages vor dem Ausschuß für Finanzwissenschaft der Gesellschaft für Wirtschafts- und Sozialwissenschaften, anläßlich seiner 9. Arbeitstagung vom 2. bis 4. VI. 1966 in Mainz. Er beschränkt sich im wesentlichen auf die Entwicklung zweier Modelle und überläßt weiterer Ausführungen, im besonderen zu den Fragen 2 und 3, einer geplanten Publikation zu diesem Problem.

Es geht bei diesem Thema vor allem um drei Fragenkreise:

Frage 1: Wie sind nach finanz- und volkswirtschaftlichen Gesichtspunkten die Personalaufgaben zu bemessen? Welche Richtlinien kann die Theorie dafür geben?

Frage 2: Je nach Wirtschafts- und Gesellschaftsordnung gibt es sehr unterschiedlich mögliche Besoldungssysteme. Läßt sich hierfür eine Typologie aufstellen?

Frage 3: Welche Faktoren bestimmen die relative Höhe der Personalausgaben?

Zu Frage 1: *Wie sind nach finanz- und volkswirtschaftlichen Gesichtspunkten die Personalausgaben zu bemessen? Welche Richtlinien kann die Theorie dafür geben?*

Im voraus sei bemerkt, daß hier versucht wird, methodisch mit Hilfe der *„normativen Betrachtungsweise"* (R. A. Musgrave, H. Haller) an die Aufgabe heranzugehen mit dem Ziel, ein „rationales Besoldungssystem" in Analogie zum *„rationalen Steuersystem"* (H. Haller) zu erarbeiten, d, h. die Personalausgaben optimal zu determinieren. Dabei wird von den institutionellen Besonderheiten in der Bundesrepublik Deutschland ausgegangen.

In einem ersten Punkt sollen die finanzwirtschaftlichen Gesichtspunkte für die Bemessung der Personalausgaben untersucht werden. Es geht hier um die Suche nach einer rationell ausgestalteten Finanzwirtschaft, sowohl bei der Beschaffung der Dienstleistungen für den Staat

* Unter Mitwirkung von Dipl.-Ing. Dr. Dieter Ahrendt und Dipl.-Vwt. Rottraud Mauser.

am Arbeitsmarkt (Beamte, Angestellte und Arbeiter) — *äußere Rationalität* —, als auch bei der Verwirklichung einer optimalen Kombination von Arbeitsleistungen und Sachmittel zur Erstellung der öffentlichen Leistungen — *innere Rationalität* —.

In einem zweiten Punkt sollen die volkswirtschaftlichen Gesichtspunkte der Personalausgaben kurz erwähnt werden, besonders inwieweit sie für die drei Zielsetzungen der Finanzpolitik (R. A. Musgrave) Allokation, Distribution und Stabilität effizient sind.

I. Finanzwirtschaftliche Gesichtspunkte für die Bemessung der Personalausgaben

A. Äußere Rationalität bei der Beschaffung von Dienstleistungen der für den Staat tätigen Beamten, Angestellten und Arbeiter

Unter den Begriff der „Personalausgaben" fallen nur Ausgaben für Dienstleistungen im engeren Sinn, d. h. für Arbeitsleistungen öffentlicher Bediensteter (Unselbständiger) und nicht für öffentliche Käufe von Diensten (Selbständiger). Die Elementarfaktoren (im Sinne E. Gutenbergs) Arbeitsleistungen öffentlicher Bediensteter (bedingen Personalausgaben), Betriebsmittel und Werkstoffe (bedingen Sachausgaben) sind auf das Endziel der Erstellung öffentlicher Leistungen durch den Staat gerichtet.

Das Ausmaß und die Qualität der gewünschten öffentlichen Leistungen ist für unsere Untersuchung als Datum zu betrachten. Über die relative Dringlichkeit des Staatsbedarfes wird politisch entschieden. Für die Bestimmung der Personalausgaben ist daher in erster Linie die Besoldungshöhe maßgebend[1].

Die Besoldungshöhe unterlag über viele Jahrhunderte der Entwicklung des öffentlichen Dienstes hinweg der ausschließlichen Willkür der souveränen Landesherren. Erst im 20. Jahrhundert traten zum Alimentationsprinzip der Beamtenbesoldung Elemente eines arbeitsrechtlichen Leistungsentgelts hinzu. Während der öffentlich-rechtliche Dienstherr in vergangenen Zeiten über einen eigenen, monopsonistischen Personalmarkt verfügen konnte[2], der sich durch ein reichliches Angebot an Bewerbern um eine Tätigkeit im öffentlichen Dienst auszeichnete, muß er heute und in der Zukunft noch verstärkt einen verknappten Personalmarkt mit jenen Unternehmen der privaten Wirtschaft teilen, die

---

[1] Auf den zweiten, für die Personalausgaben bestimmenden Faktor, die Kombination von Personal- und Sachaufwand wird unter B. (innere Rationalität) näher eingegangen.

[2] C. H. *Ule*, als Herausgeber, Die Entwicklung des öffentlichen Dienstes, a.a.O.

ebenfalls mit einer großen Nachfrage nach Arbeitskräften für die Verwaltungstätigkeit[3] in ihren Betrieben auf diesen Markt treten.

Obgleich sich die Verwaltungstätigkeiten zwischen beiden Sektoren funktionell dadurch unterscheiden, daß nur der Beamte im öffentlichen Sektor die Ausübung hoheitsrechtlicher Befugnisse wahrzunehmen hat[4], gleichen sich die Anforderungsmerkmale des Inhaltes der Diensttätigkeit in beiden Sektoren weitgehend[5].

Die Uniformierung der Anforderungsmerkmale für Verwaltungstätigkeiten im öffentlichen Dienst und in den Betrieben der privaten Wirtschaft, als auch die zunehmende Angleichung in der Altersvorsorge, der Krankenversicherung und dem Kündigungsschutz zwischen beiden Sektoren führten dazu, daß beide Sektoren im wesentlichen auf demselben Personalmarkt einkaufen müssen.

Eine nüchterne Distanzierung von ehemaligen, immateriellen Präferenzen für eine Tätigkeit im Staatsdienst, wie sie etwa der Amtstitel, das mit ihm verbundene Sozialprestige, das befriedigende Bewußtsein, als Diener am Staate tätig sein zu dürfen, oder das Wissen um eine gesicherte berufliche Position darstellen, ging einher mit einer wesentlich materiellen Orientierung aller Bewerber um eine Dienstleistungstätigkeit am Preis, also an der Höhe des Entgeltes für eine solche Tätigkeit.

Die stille Besoldungserhöhung[6] des öffentlichen Sektors durch umfangreiche Beamtenbeförderungswellen trotz gleichbleibenden Amts-

---

[3] Vgl. Fourastié'sches Gesetz: „In einer unterentwickelten Volkswirtschaft nimmt der landwirtschaftliche Sektor den größten Raum ein. Bei steigender Industrialisierung der industrielle, bei weiterer Zunahme der Industrialisierung der Dienstleistungssektor". in J. *Fourastié*, Theorie ..., a.a.O., S. 261.

[4] Vgl. Art. 33 Abs. 4 GG.

[5] a) Vgl. etwa die Anforderungsmerkmale der Tätigkeitsgruppen in den Fachreferaten einiger Ministerien wie des Finanz-, Wirtschafts-, oder Sozialministeriums mit denen ähnlicher Abteilungen in einem großen Konzern des privaten Sektors.

b) Vgl. A. O. *Jäger*, Methoden der Dienstpostenbewertung, a.a.O., S. 85 f.

c) G. *Lange*, Analytische Dienstpostenbewertung, a.a.O., S. 42 f.

d) G. *Lange*, Die Bewertung der Dienstposten in der öffentlichen Verwaltung, a.a.O.

e) K. *Gscheidle*, Personalwirtschaft im öffentlichen Dienst, a.a.O.

f) W. *Maaß*, Eine Methode zur Berechnung des Personalbedarfes und zur Bewertung der Dienstposten in der öffentlichen Verwaltung, a.a.O., S. 609 f.

g) H. F. *Zacher*, Der öffentliche Dienst a.a.O.

h) Deutsche Postgilde, Analytische Bewertung von Beamtentätigkeiten a.a.O.

i) Protokoll eines Gespräches von Dipl.-Ing. Dr. D. Ahrendt im Bundesinnenministerium, im Bundesrechnungshof und bei der Kommunalen Gemeinschaftsstelle für Verwaltungsvereinfachung (KGSt), a.a.O.

j) Protokoll eines Gespräches von Dipl. Vwt. R. Mauser im Bundesinnen- und im Finanzministerium des Landes Nordrhein-Westfalen, a.a.O.

k) H. *Pornschlegel*, Methoden der Leistungsbewertung, a.a.O., S. 9 f.

[6] a) C. *Millack*, Zwischenbilanz zum Thema Dienstpostenbewertung a.a.O.,

inhaltes bei den meisten Beförderten setzte eine Titelinflation in Gang, die den Amtstitel als Maßstab gesellschaftlicher Stellung merklich entwertete. Ferner existieren gegenwärtig im privaten Sektor wirtschaftlich fundierte große Unternehmen mit einem ebenso sicheren Bestand, wie er dem Staatsapparat anhaften mag, weshalb die Arbeitsplätze im privaten Sektor ebenso gesichert erscheinen, wie die der Beamten im öffentlichen Sektor[7]. Der starke Kündigungsschutz des Beamten verliert mithin an Bedeutung[8].

Die soziale Sicherheit der Dienstposteninhaber, charakterisiert durch Altersvorsorge, Schutz im Krankheitsfall und bei Invalidität, finanzielle Sicherung der Familienmitglieder und berufliche Ausbildungsförderung, ist kein Pivileg der Beamten mehr, sondern setzt sich im gleichen Ausmaß, orientiert am Beamtenrecht, im privaten Sektor durch.

Die Höhe des effektiven, montären Entgelts für die Nutzung der Arbeitskraft beeinflußt damit immer deutlicher als dominierender Präferenzfaktor die Entscheidung eines Bewerbers bei seiner Wahl, eine Verwaltungstätigkeit im öffentlichen oder privaten Sektor anzustreben[9].

Die Untersuchung geht daher von der Voraussetzung aus, daß die Besoldungshöhe nicht mehr durch eine monopsonistische Machtstellung des öffentlich-rechtlichen Dienstherren determiniert wird, sondern ein Ergebnis des Marktmechanismus auf dem freien, der Konkurrenz unterworfenen Personalmarkt ist.

Dieser Arbeitsmarkt ist kein reiner Markt mehr, sondern „ein komplexes Steuerungssystem"[10] mit Märkten, Wahlen und Gruppenverhandlungen, in dem Arbeitnehmer und Gewerkschaften (Beamtenbünde), Arbeitgeber und Arbeitgeberverbände zusammengefaßt sind. Darüber hinaus besteht für den Staat noch die Besonderheit, daß er als Arbeitgeber über die allgemeinen Wahlen von den Arbeitnehmern ab-

---

S. 321 f.

b) Deutscher Bundestag, Drucksache IV/2500 und IV/2906.

c) O. *Besold*, Besoldungs- und Berufspolitisches, a.a.O., S. 5 f.

d) W. *Nellesen*, Die Entwicklung der Spannungsverhältnisse in der Beamtenbesoldung in den Jahren 1954 bis 1961 a.a.O.

e) Gespräche vom Dipl.-Ing. Dr. D. Ahrendt in der OPD Kiel vermittelten einen Einblick in das Ausmaß der Beförderungswelle im Frühjahr 1966 im Bereich der Bundespost, die diese Besoldungshandhabung des öffentlichen Sektors verdeutlichten.

7 Protokoll eines Gespräches von Dipl. Vwt. R. Mauser im Finanzministerium von Nordrhein-Westfalen, a.a.O.

8 Protokoll eines Gespräches von Dipl. Vwt. R. Mauser im Bundesinnen- und im Finanzministerium des Landes Nordrhein-Westfalen, a.a.O.

9 a) Protokoll eines Gespräches von Dipl.-Ing. Dr. D. Ahrendt im Bundesinnenministerium, a.a.O.

b) Protokoll eines Gespräches von Dipl. Vwt. R. Mauser im Bundesinnenministerium, a.a.O.

10 Ph. *Herder-Dorneich*, Theorie der sozialen Steuerung, Köln 1965, S. 60 ff.

hängt, und daß die Beamten als Arbeitnehmer kein Streikrecht besitzen und die Wehrpflichtigen kein Recht zur Wahl des freien Arbeitsplatzes.

Unter der empirisch begründbaren Voraussetzung, wonach die Entwicklung auf dem Arbeitsmarkt schlechthin für die öffentliche Besoldung maßgebend ist, kann und soll im folgenden die Besoldungshöhe mit den Mitteln der Preistheorie bestimmt werden.

Der einzelne Personalmarkt und die unterschiedlichen Zielsetzungen und marktstrategischen Mittel beider Sektoren und die vielfältigen Möglichkeiten zur Handhabung dieser Mittel weisen bei näherer Betrachtung ein derart interdependentes und unüberschaubares marktpolitisches Kräftefeld auf, daß ein tieferes Eindringen in die Gesetzmäßigkeiten dieses komplexen Marktes, das zur Lösung der Besoldungshöhe führen soll, nicht fruchtbar scheint, wenn in einer rein verbalen Analyse alle, auch wesentlichen, verwickelten Beziehungen berücksichtigt werden sollen.

Vielmehr erscheint es angebracht zu sein, die gebräuchlichste Methode der modernen Nationalökonomie auch auf die hier gestellte Aufgabe anzuwenden, nämlich die Darstellung und Lösung durch eine Synthese aus empirischer Beobachtung und geeigneter Abstraktion in einem wirtschaftstheoretischen Modell vorzunehmen.

Darum wird zunächst auf Grund empirischer Beobachtungen die Marktform des Personalmarktes beschrieben und dann werden zwei Modelle zu diesem nun definierten Markt entwickelt, die als Ergebnis die Höhe der Beamtenbesoldung determinieren. In einem ersten Modell wird die Dyopsonkonkurrenz zwischen beiden Sektoren auf dem Personalmarkt, in einem zweiten Modell wird das bilaterale Monopol zwischen dem öffentlichen Sektor und den Beamten beschrieben. Zur Darstellung des ersten Modells wird ein analytisch geometrisches Verfahren gewählt und zur Entwicklung des zweiten Modells liefert die v. Neumann'sche Theorie der Spiele die theoretische Grundlage.

1. Marktanalyse

Im folgenden wird es unsere Aufgabe sein, die Marktform des Personalmarktes zu bestimmen, auf dem der private und der öffentliche Sektor nach Bewerbern um eine Verwaltungstätigkeit im weitesten Sinn nachfragen.

Wie auf jedem konkret vorkommenden Markt, wird auch auf dem zu untersuchenden Personalmarkt keine einheitliche Marktstruktur im Sinne der reinen Marktformen erwartet werden können, aber das dortige dominierende Marktgeschehen wird auf eine oder wenige reine Marktformen reduzierbar sein.

Wir gehen von der faktisch bestehenden Marktform aus, wobei es unwesentlich ist, welches Verhalten sich die einzelnen Marktpartner anlegen oder welche Anzahl der Marktkonkurrenten vorhanden sind, wenn wir, quasi als unbeteiligte Beobachter, die Marktvariablen und Marktergebnisse betrachten, wie sie sich oberhalb der Fühlbarkeitsschwelle durch die wirksame Konkurrenz bei allen Marktbeteiligten einstellen.

Diese Marktsituation konstituiert sich aus der aktiven und der potentiellen Konkurrenz[11] auf dem zu untersuchenden Personalmarkt, hier dem für Verwaltungsdienstposten. Die aktive Konkurrenz, also die de-facto-Konkurrenz unter den relevanten Marktpartnern und die potentielle Konkurrenz, die den Grad der Offenheit des Marktes neuen Marktpartnern gegenüber ausdrückt, definieren zusammen die Marktform.

Alle oben[12] erwähnten Entwicklungen begründen, daß wir vereinfachend von folgender faktischer Marktform ausgehen können. Es wird dabei ein weitgehend einheitliches Marktverhalten der relevanten Unternehmen des privaten Sektors am Personalmarkt angenommen, so daß der private Sektor als der eine Marktkonkurrent auftritt. Die Konkurrenzverhältnisse am Personalmarkt innerhalb des privaten Sektors werden also nicht weiter berücksichtigt.

Ebenso wird davon ausgegangen, daß der öffentliche Sektor, der als Überbegriff für die drei Gebietskörperschaften des Bundes, der Länder und der Gemeinden gesetzt wird, eine einheitliche Personal- und Besoldungspolitik betreibt. Zusammenfassend soll das Ergebnis der Marktanalyse in der Fig. 1 dargestellt werden.

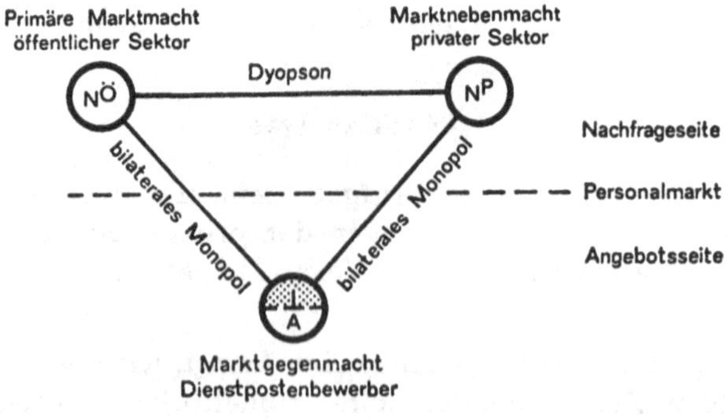

Figur 1

[11] W. *Krelle*, Preistheorie, a.a.O., I. Kapitel.

[12] Vgl. Seite 1 und 2.

Auf der Nachfrageseite des Personalmarktes für Verwaltungsdienstposten bilden der öffentliche und der private Sektor als Konkurrenten die faktische Marktform eines Dyopsons.

Für alle in beiden Sektoren bereits eingestellten Dienstpostennehmer herrscht, idealisiert gedacht, zwischen den Beamten als Teilsumme der Angebotsseite und dem öffentlichen Sektor als dem einen der beiden Dyopsonkonkurrenten auf der Nachfrageseite die Marktform eines bilateralen Monopols und zwischen den Arbeitnehmern und Arbeitgebern im privaten Sektor ein zweites bilaterales Monopol.

Unser Interesse soll im folgenden nur dem Dyopson zwischen öffentlichem und privatem Sektor auf der Marktseite der Nachfrager nach Dienstposten in einem Modell und dem bilateralen Monopol zwischen den beiden Marktseiten öffentlicher Sektor und Beamten gelten.

Die Aufgabe soll nun darin bestehen, sowohl für das spezielle Dyopson als auch für das spezielle bilaterale Monopol mit den Mitteln der modernen Preistheorie eine Theorie dieser beiden, ganz konkreten Marktformen zu entwickeln. Dazu wird eine Methode angewandt, die heute in der wirtschaftstheoretischen Forschung allgemein anerkannt und üblich ist[13], eine Kombination von empirischer Beobachtung und analytischem Denken in einem geeignet abstrahierten Modell.

2. Preistheoretische Analyse des Dyopsons zwischen Staat und der Gesamtheit der privaten Arbeitgeber auf dem Arbeitsmarkt für Verwaltungsdienstposten

Unter der Lösung des speziellen Dyopsonmodells sollen verstanden werden: In einem geeignet dimensionierten, mathematischen Raum des Modells gibt es einen Lösungspunkt oder ein Lösungsgebiet dergestalt, daß dort und nur dort ein Gleichgewicht herrscht zwischen den beteiligten Dyopsonisten, also zwischen öffentlichem und privatem Sektor auf dem Personalmarkt für Verwaltungsdienstposten.

Das Gleichgewicht wird in dem Sinn definiert, daß keiner der beiden beteiligten Marktkonkurrenten ein Interesse an Veränderungen seiner marktstrategischen Variablen — im wesentlichen ist darunter das Entgelt zu verstehen — haben kann, weil immer derjenige, der in einem Gleichgewichtspunkt mit einer Veränderung seiner Variablen beginnt, sich nach der Reaktion des Konkurrenten in dem Erfolg seiner eigenen Zielsetzung[14] schlechter steht als in der Ausgangsposition vor

---

[13] Vgl. E. *Preiser*, Nationalökonomie heute, a.a.O., S. 22 f. u. S. 33, vgl. E. *Schneider*, Wirtschaftstheorie II, a.a.O., S. 263.

[14] Zielsetzungen sind z. B.: Gewinnmaximierung oder Kostendeckung bei fixierter, nachgefragter Faktormenge.

der Veränderung. Die Reaktion des Konkurrenten wird vernünftigerweise so angenommen, daß sie ihm durch entsprechende Änderung seiner Marktvariablen seine ursprüngliche Ausgangsposition wiederbringt.

Für die Bestimmung des Gleichgewichtspunktes ist es unwichtig, welcher der beiden Dyopsonisten mit der Veränderung beginnt, denn immer wird sich der mit der Veränderung Beginnende nach der Reaktion seines Konkurrenten schlechter stehen als vorher, während der Konkurrent so reagiert, daß er keine Einbuße seiner Zielsetzung erleidet.

Ist die Lösung kein separater Gleichgewichtspunkt, sondern ein Gleichgewichtsgebiet, so ist jeder Gleichgewichtspunkt in dem Lösungsgebiet grundsätzlich gleichberechtigt, seine Lage ergibt sich aus der jeweiligen wirtschaftlichen Vorgeschichte.

Die Lösung muß nun konkretisiert werden: Das zu entwickelnde Dyopsonmodell wird aussagen, welche Höhe die Preise für Dienstposten je Qualifikationsgruppe unter Berücksichtigung der besonderen Betriebsfunktionen und Zielsetzungen beider Sektoren im Lösungsgleichgewichtsgebiet einnehmen werden. Dieses Modell soll mithin den Versuch anstellen, über die Voraussetzung der faktisch bestehenden Konkurrenz auf dem Personalmarkt und gemäß der dort herrschenden Marktgesetze die Höhe der Beamtenbesoldung als Objekt der Preistheorie zu determinieren[15].

Unter dem Begriff privater Sektor (p. S.) subsumieren wir alle Unternehmen der privaten Wirtschaft, die auf Grund ihres Produktionsprozesses nach Verwaltungs- bzw. Dienstleistungs-Dienstposten nachfragen, die den Anforderungsmerkmalen jener Dienstposten des öffentlich-rechtlichen Dienstherrn äquivalent sind. Darum werden hier immer nur Dienstposten solcher Qualifikationsgruppen verglichen, die im öffentlichen und im privaten Sektor vorhanden sind und damit vergleichbar werden.

Unter dem Begriff öffentlicher Sektor (ö. S.) subsumieren wir alle öffentlich-rechtlichen Dienstherrn[16] — im wesentlichen bestimmte Staatsorgane des Bundes, der Länder und Gemeinden —, die nach Beamtendienstposten[17] nachfragen.

---

[15] Damit wird dem ö. S. die Höhe seiner zu zahlenden Beamtenbesoldungspreise als stabiles Lösungsergebnis ermittelt unter der Bedingung, daß er sich marktkonform verhält, was er kaum umgehen kann, wenn er die freie Berufswahl auch für den Beamtenberuf weiterhin garantieren will und dennoch die erforderliche Anzahl von Dienstpostennehmern durch den Personalmarkt decken wird, zur Erfüllung seiner Verwaltungspflichten.

[16] Vgl. § 7 BBesG zum Begriff öff. rechtl. Dienstherr.

[17] Vgl. die §§ 2 und 5 BGB zum Begriff des Beamten.

Die preistheoretische Modelldarstellung des Dyopsons bezieht außerdem jeweils immer nur zwei entsprechende Qualifikationsgruppen beider Sektoren in seine Betrachtung ein. Den Maßstab oder Entsprechung prägen im wesentlichen die Tätigkeitsmerkmale auf Grund des Anforderungsbildes[18]. Dabei soll es unwesentlich sein, ob solche vergleichenden Anforderungsbilder für äquivalente Tätigkeiten im ö. S. und p. S. schon aufgestellt worden sind. Von Bedeutung ist nur, daß sie aufgestellt werden können; daß es grundsätzlich wegen der Ähnlichkeit der Tätigkeit in beiden Sektoren vergleichbare Qualifikationsgruppen gibt. Qualitativ sehen die Modelle für alle unterschiedlichen Qualifikationsgruppen gleich aus, jedoch unterscheiden sich ihre quantitativen Aussagen erheblich.

Um einheitliche und inhaltlich abgegrenzte Bezeichnungen für die Dimensionierung der Koordinatenachsen der späteren Diagramme benutzen zu können, wollen wir kurz ihren Begriffsinhalt definieren und die jeweilige Kurzbezeichnung anführen. Wir halten uns dabei an die herrschende Terminologie in der Preistheorie:

Ein *ö* oder *p* als Exponent einer Größe kennzeichnet sie als solche des öffentlichen bzw. privaten Sektors. Der Indexbuchstabe einer Größe zeigt einen bestimmten Wert dieser Größe an. Die Indexziffer unterscheidet verschiedene Arten oder Typen der sonst gleichen Gattung einer Größe.

$N^ö$ = Summe aller öffentlich-rechtlichen Dienstherrn der Hoheitsverwaltung, die nach Beamtendienstpostennehmern nachfragen.

N^p = Summe aller Arbeitgeber der privaten Wirtschaft, die nach Verwaltungsdienstpostennehmern nachfragen.

A = Der Arbeitnehmer als Nichtunternehmer, der die Nutzung seiner Arbeitskraft für einen Dienstposten bestimmter Qualifikation anbietet.

Dp = Der Dienstposten[19] ist jene Arbeitsmenge, die langfristig und täglich wiederkehrend zu ihrer Erledigung gerade eine Perso-

---

[18] a) A. O. *Jaeger*, Methoden der Dienstpostenbewertung, a.a.O., S. 85 f.
b) „Stellenplan-Stellenbewertung", Schrift der KGSt, a.a.O.
c) G. *Lange*, Analytische Dienstpostenbewertung, a.a.O., S. 42 f.
d) O. *Schmidt*, Versuch einer Dienspostenbewertung in Hessen, a.a.O., S. 353 f.
e) *Rieger*, Probleme der Dienstpostenbewertung, a.a.O., S. 133 f.
f) *Christmann*, *Skiba*, Die Entwicklung der Gehälter der Beamten des Reiches und des Bundes von 1928 bis 1963, a.a.O., mit vielen Vergütungsvergleichen im privaten Sektor.

[19] *Rasch*, Amt, Dienstposten, Planstelle, a.a.O., S. 211 f.

nalkraft — ganz bestimmter Qualifikation — erfordert. Diese Definition eignet sich sowohl für die Beamtentätigkeit als auch für die Tätigkeit der Angestellten im p. S. (Geschäftsführung, Kalkulation, Werbung, Buchhaltung, Personalplanung, Einkauf, Verkauf, Vertrieb, Marktforschung usw.)

Der Ausdruck Dienstposten soll in Hinkunft aus Erwägungen zur Wortkürzung heraus auch an Stelle des Wortes Dienstpostennehmer gebraucht werden.

q = Der Preis als Entgelt in Geldeinheiten für die Nutzung der Arbeitskraft je Dienstposteninhaber je Qualifikationsgruppe und je Zeiteinheit, üblich als Lohn, Vergütung oder Gehalt bezeichnet. Die Zeiteinheit ist in der Regel ein Kalendermonat.

m = Die Faktormenge oder Anzahl der Dienstposten je Qualifikationsgruppe. Von den vielen Faktoren, die zu den Produktionsprozessen im ö. S. und p. S. benötigt werden, wird der Faktor Dienstposten hervorgehoben und seine Menge m ohne Index versehen. Alle anderen Faktormengen werden mit einem Index versehen, der die Art des Faktors kennzeichnet.

x = Die Produktionsmenge des Endproduktes in den jeweils üblichen Mengeneinheiten. Die Produktionsmenge ist das Quantum, das beide Sektoren in ihren speziellen Einheiten durch Kombination bestimmter Faktormengen auf Grund eines Produktionsprozesses produzieren.

$x^{ö}$ = Menge an abgegebener staatlicher Leistung.

x^{p} = Menge z. B. eines bestimmten Konsumartikels der privaten Wirtschaft.

p = Preis in Geldeinheiten je Mengeneinheit eines bestimmten Produktionsproduktes.

$p^{ö}$ = Z. B. der Betrag der durchschnittlichen Steuerabgabe aller Steuerpflichtigen.

p^{p} = Z. B. der Kaufpreis eines Warenkorbes von Konsumartikeln.

K = Die Kosten in Geldeinheiten. Die Kosten sind die Gesamtaufwendungen in Geld, um eine bestimmte Produktmenge zu produzieren, also die Summe der Preise aller beteiligten Produktionsfaktoren, multipliziert mit ihren jeweils dazu notwendigen Faktormengen.

E = Der Erlös oder Umsatz in Geldeinheiten. Der Erlös ergibt sich als mathematisches Produkt aus Preis je Mengeneinheit eines

Produktionsproduktes und umgesetzter Menge dieses Produktionsproduktes.

Q = Der Gewinn in Geldeinheiten. Der Gewinn ist die mathematische Differenz aus Erlös und Kosten. Seine Größe kann positive und negative Werte annehmen. Einen negativen Gewinn bezeichnen wir auch als Verlust. Die Definition des Gewinns im ö. S. bedarf noch einer besonderen Erläuterung, die unten folgt.

Diese genannten Größen stellen das Rüstzeug dar für die Entwicklung des Dyopsonmodells. Die Verknüpfung der Größen zu Funktionen und die Definition spezieller anderer Größen erfolgt unten, sobald die Einführung notwendig wird. Schon an dieser Stelle sollen die Abkürzungen für die Maßeinheiten der benutzten Größen eingeführt werden, wie sie für die Achsenbezeichnungen der Diagramme verwendet werden.

GE = Geldeinheiten,

FME = Faktormengeneinheiten,

EME = Endproduktmengeneinheiten,

GE/ME = Geldeinheiten je Mengeneinheit, das ergibt die Dimension eines Preises. Eine genormte Mengen-, Geld- oder Preiseinheit wird mit einem Querstrich über dem Buchstaben bezeichnet, etwa $\bar{m}$, $\bar{E}$ oder $\bar{p}$.

Für dieses Modell wird vorausgesetzt, daß die Preise aller Produktionsfaktoren mit Ausnahme der effektiven Faktorpreise für Dienstposten bekannt sind und sich während der Betrachtungsperiode nicht verändern. Ferner wird der Verlauf der Produktionsfunktionen als bekannt und vorerst unveränderlich angesetzt. Auch die Zielsetzungen beider Sektoren, die unten definiert werden, seien bekannt und von Dauer.

Mithin sind als bekannte Marktdaten folgende Größen, die später begründet und abgeleitet werden, anzusehen:

1. Die Preisabsatzfunktion des p. S. und seine Erlösfunktion, die ja nur eine andere mathematische Formulierung der Preis-Absatzfunktion ist.
2. Alle Faktorpreise, außer denen der Dienstposten beider Sektoren.
3. Die Erlösfunktion des ö. S., sie ist für ein Haushaltsjahr im Voranschlag festgelegt.
4. Die Produktionsfunktionen beider Sektoren, sie sollen sich aus der jeweiligen Minimalkostenkombination determinieren, soweit das möglich ist, was noch sehr eingehend behandelt wird.

5. Unter Berücksichtigung der Produktionsfunktionen und der bekannten Faktorpreise sind die Kostenfunktionen beider Sektoren — ohne Berücksichtigung der Kosten für die Dienstpostenpreise der ausgewählten Qualifikationsgruppe — ebenfalls bekannt.

Auf Grund der Zielsetzung jedes Sektors und der Dyopsonkonkurrenz auf dem Dienstpostenpersonalmarkt werden mit Hilfe des Modells die noch unbestimmten Größen ermittelt, das sind:

1. Die Dienstpostenpreise je Qualifikationsgruppe.
2. Die Faktormengen an Dienstposten je Qualifikationsgruppe, soweit sie nicht schon Zielsetzung sind.
3. Die Gewinngrößen eines jeden Sektors, wobei jene noch definiert werden müssen, insbesondere der Gewinn des ö. S.

Es müssen die Zielsetzungen beider Sektoren beschrieben und abgegrenzt werden, sie sind die treibenden Kräfte, die das Verhalten beider Sektoren im Dyopson prägen werden.

1. Marktsituation des privaten Sektors

a) Zielsetzung: Wir unterstellen dem p. S. einzig die Zielsetzung der Gewinnmaximierung. Das hat zur Folge, daß bei einer gegebenen Preis-Absatzfunktion und einer gegebenen Kostenfunktion — die nur die Faktorkosten q für Dienstposten ausschließt, denn sie sind ja noch unbestimmt — die Höhe des Absatzes, der Bedarf an Dienstposten und die Faktorpreise q für Dienstposten sich einzig aus den Gewinnbestrebungen des p. S. ergeben.

b) Alle Produktionsfaktorpreise q außer dem Preis q der ausgewählten Qualifikationsgruppe sind bekannt und im Betrachtungszeitraum konstant.

c) Alle relevanten Marktgrößen werden über die bekannte Produktionsfunktion in solche Größen transformiert, die als unabhängige Variable die Faktormenge m an Dienstposten der ausgewählten Qualifikationsgruppe nun besitzen.

Fig. 2 zeigt die Isogewinnkurvenschar des p. S..: Auf Grund der konjekturalen Preis-Absatzfunktion für das Endproduktpaket des p. S. kann uno actu die konjekturale Erlösfunktion $E = E(m)$ des p. S. ermittelt werden. Von dieser Erlösfunktion wird die Kostenfunktion $K = K(m)$ subtrahiert, die alle Kosten ausschließlich der der Dienstpostenfaktormengen der ausgewählten Qualifikationsgruppe beinhaltet. Von dieser Differenzfunktion $E(m) - K(m)$ werden nun verschiedene konstante Gewinnhöhen $Q = \text{Const}$ subtrahiert. Es ergibt sich die Darstellung der Isogewinnkurvenschar im Diagramm der Geldeinheiten.

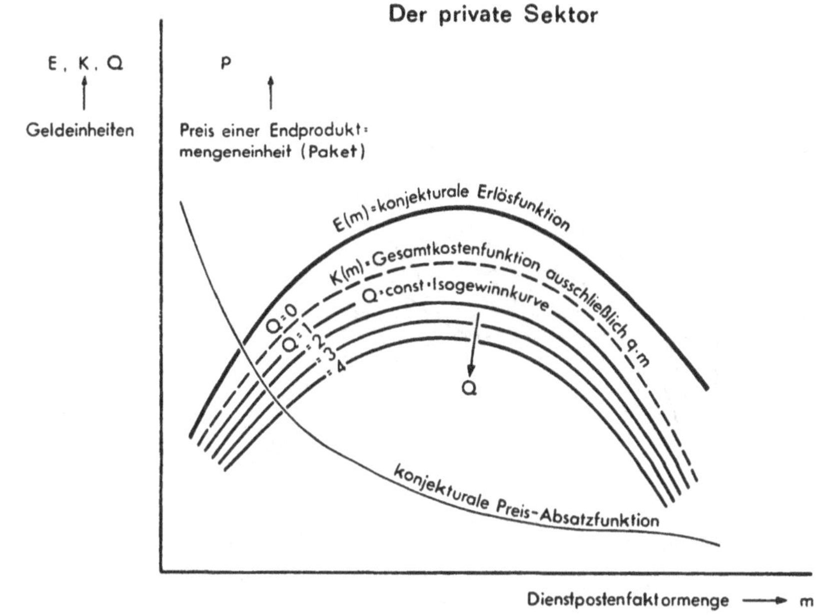

Figur 2

Fig. 3 zeigt die Isogewinnkurvenschar im Preisdiagramm, dazu werden die Ordinatenwerte aller Isogewinnkurven der Fig. 2 durch die jeweils dazugehörige Faktormenge m dividiert.

Es entstehen die spezifischen Isogewinnkurven der Fig. 3, die mit ihrer mathematischen Gleichung:

$$(1) \qquad q^p = \frac{E(m) - K(m) - Q}{m} \quad \text{mit } Q = \text{const als Parameter}$$

die erste Bestimmungsgleichung für die Höhe des Entgeltes q der ausgewählten Qualifikationsgruppe liefern.

Die Gleichung (1) ermittelte sich mithin aus den Absatzerwartungen des p. S. für sein Endproduktpaket und seinen Produktionskosten ausschließlich denen des ausgewählten Dienstpostenfaktors.

Eine zweite Bestimmungsgleichung liefert die Situation auf dem Dienstpostenpersonalmarkt. Die dortige Dyopsonkonkurrenz zwischen p. S. und ö. S. auf dem verknappten Personalmarkt macht das Angebot an Dienstpostennehmern zwischen beiden Sektoren fühlbar beweglich. Jedoch herrscht wegen der heterogenen Konkurrenz nur unvollständige Beweglichkeit des Angebotes.

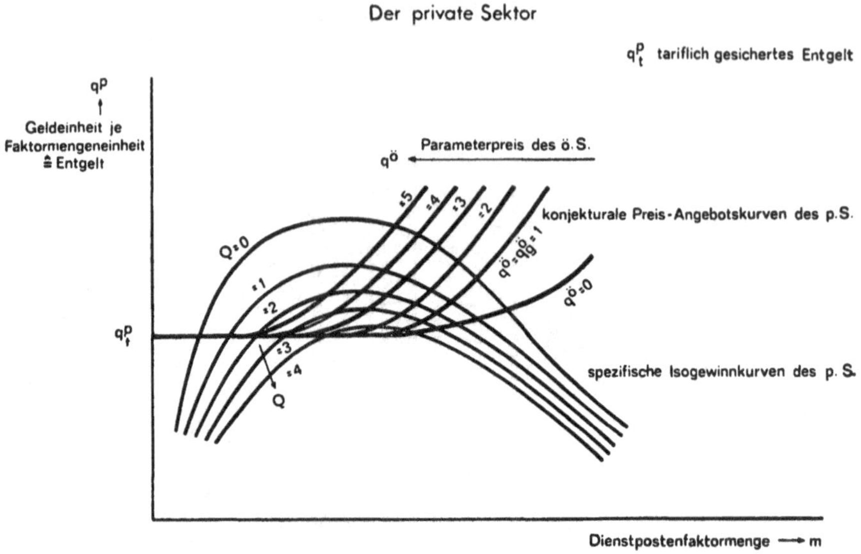

Figur 3

Fig. 3 zeigt die Angebotsstruktur; jede konjekturale Preis-Angebotskurve des p. S. entspricht einem anderen Parameterpreis $q^ö$ = const des Dyopsonkonkurrenten gemäß der Gleichung

(2) $$m = f(q^p, q^ö) \quad \text{mit } q^ö = \text{const als Parameter}$$

Erst die spezifischen Isogewinnkurven der Gleichung (1) und die Angebotskurven der Gleichung (2) ermöglichen die Ermittlung der realisierbaren Gewinnhöhen des p. S. in Abhängigkeit seines Dienstpostenfaktorpreises q^p und des Parameterpreises $q^ö$ des Dyopsonkonkurrenten am Personalmarkt. Der Preis q^p_t in Fig. 3 stellt den Preis des tariflichen Entgeltes dar.

2. *Marktsituation des öffentlichen Sektors*

a) Zielsetzung: Wir unterstellen dem ö. S. die Zielsetzung der Leistungsmaximierung im Sinne der Verwirklichung des Parteiprogrammes; das entspricht der Zielsetzung einer Wählerstimmenmaximierung im Hinblick auf eine dauerhafte, politische Machtmaximierung[20]. Das Parteiprogramm gliedert die Verwendung des Steueraufwandes.

[20] Der Unterschied in den Zielsetzungen von ö. S. und p. S. wird bewußt nur in der für das Dyopson notwendigen Weise charakterisiert und eingeschränkt.

1. in die Kosten des Schuldendienstes, in die Bereitstellung einer bestimmten Faktormenge Dienstposten (Personalkosten) aller benötigten Qualifikationsgruppen mit den dazugehörigen Sachmitteln (Sachmittelkosten), um den erforderlichen Umfang an Verwaltungsleistungen zu erfüllen und

2. in die Maximierung der Transferleistungen, weil jeder Gewinn an zusätzlichen Transfermitteln sich als Gewinn von Wählerstimmen niederschlägt und zur Wählerstimmenmaximierung führt im Hinblick auf eine dauerhafte politische Machtmaximierung. Die Sachmittelmenge ist in ihrer Höhe wegen der unterstellten bekannten Produktionsfunktion direkt mit der Anzahl der Dienstposten verknüpft und diese Anzahl wird durch die Größe der im Parteiprogramm veranschlagten und erforderlichen Verwaltungsleistung determiniert[21]. Somit ist bei gegebener Faktormenge Dienstposten die Sachmittelmenge fixiert.

Das gesamte jährliche Steueraufkommen T kann zweckmäßigerweise folgendermaßen aufgeteilt werden:

(3) $$T = T_Z + T + T_{tr} + \sum_{v=1}^{v=n-1} q_{mv} \cdot M_{mv} + \sum_{v=1}^{v=n-1} q_{s_v} \cdot m_{s_v} + E$$

mit

(4) $$E = Q_{Tr} + K_p + K_s$$

Es bedeuten:

T_Z	= Kosten für den Schuldendienst
T_{tr}	= gesetzlich und vertraglich gebundene Transferausgaben im weitesten Sinn
$\sum_{v=1}^{n-1} q_{mv} \cdot m_{mv}$	= Kosten aller Personalfaktoren mit Ausnahme der Personalkosten der ausgewählten Qualifikationsgruppe
$\sum_{v=1}^{n-1} q_{s_v} \cdot m_{s_v}$	= Kosten aller unmittelbar dazugehörigen Sachmittelfaktoren mit Ausnahme der der ausgewählten Qualifikationsgruppe
E	= Rest des Etats, den sich die Personal- und Sachmittelkosten der ausgewählten Qualifikationsgruppe und das Transferresiduum Q_{Tr} teilen müssen.
$K_p = q \cdot m$	= Personalkosten der ausgewählten Qualifikationsgruppe
$K_S = q_s \cdot m_s$	= Kosten der dazugehörigen Sachmittelfaktoren für die ausgewählte Qualifikationsgruppe

---

21 Näheres dazu folgt bei der Untersuchung der Produktionsfunktion.

Q_{Tr} = Residualer Rest des Budgets als meist schon lange vor der Budgetaufstellung im Gesetzentwurf verplante Kosten Q_{Tr} für zusätzliche Transferleistungen im weitesten Sinn.

Unter den getroffenen Vorausannahmen, daß die Sachmittelfaktorpreise bekannt und zunächst konstant sind und daß die Faktormengen wegen der bekannten Produktionsfunktion des ö. S. ebenfalls bekannt sind, weiter, daß für die Modellentwicklung der ausgewählten Qualifikationsgruppe die Personal- und Sachmittelkosten bis auf jene Gruppe bekannte Größen sind, bleibt der Regierung bei ihrem Bestreben, die zusätzlichen Transfermittel Q_{Tr} zu maximieren, nur der Weg, die Personalkosten durch möglichst niedrige Dienstpostenfaktorpreise q entsprechend zu minimieren.

b) Mit Hilfe der bekannten Produktionsfunktion des ö. S. werden die zur ausgewählten Qualifikationsgruppe zugehörigen Sachmittelkosten $K_s = q_s \cdot m_s$ in die Funktion $K_s(m)$ transformiert, die Sachmittelkosten sind damit als Funktion der Personalmenge der ausgewählten Qualifikationsgruppe dargestellt worden.

Fig. 4 zeigt anschaulich in graphischer Darstellung die Zusammenhänge. Vom oben definierten Haushaltsrest $E = \text{const}$ des Budgets des

Der öffentliche Sektor

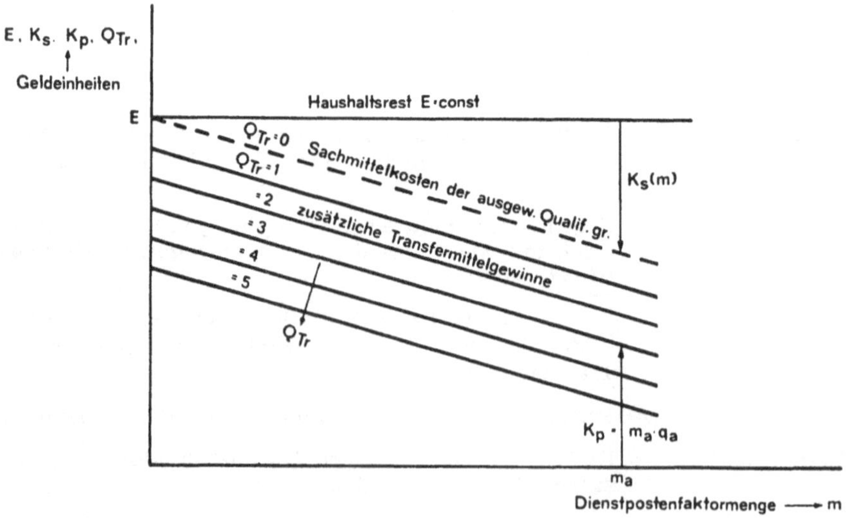

Figur 4

ö. S. wird zunächst die Kurve $K_s(m)$ der Sachmittelkosten der ausgewählten Qualifikationsgruppe subtrahiert. Von dieser Differenzfunktion $E - K_s(m)$ werden nun konstante Gewinnhöhen $Q_{Tr} = \text{const}$ subtrahiert. Damit werden die Isogewinnkurven des ö. S. im Diagramm der Geldeinheiten gewonnen. Die Höhe der Personalkosten $K_p(m)$ und die dazugehörigen Sachmittelkosten $K_s(m)$ determinieren die erzielbare Transfermittelhöhe Q_{Tr}.

Fig. 5 zeigt die Isogewinnkurven als nun spezifische Isogewinnkurven im Preisdiagramm. Dazu werden die Ordinate der Isogewinnkurven des ö. S. in der Fig. 4 durch ihren jeweils dazugehörigen Abszissenwert m dividiert. Die spezifischen Isogewinnkurven des ö. S. lauten nun gemäß der Gleichung:

(5) $$q^{ö} = \frac{E - K_S(m) - Q_{Tr}}{m} \quad \text{mit } Q_{Tr} = \text{const als Parameter}$$

Diese Bestimmungsgleichung (5) berücksichtigt noch nicht die Dyopsonkonkurrenz auf dem Dienstpostenpersonalmarkt. Erst unter Formulierung der dortigen Beweglichkeit des Angebots in der zweiten Bestimmungsgleichung (6)

(6) $$m = f(q^{ö}, q^{p}) \quad \text{mit } q^{p} = \text{const als Parameter}$$

wird die Ermittlung der realisierbaren Transfermittelgewinnhöhen Q_{Tr} des ö. S. in Abhängigkeit seines Dienstpostenfaktorpreises $q^{ö}$ und des Konkurrenzparameterpreises q^{p} durch die beiden Gleichungen (5) und (6) ermöglicht.

Fig. 5 zeigt die konjekturale Angebotsstruktur des ö. S. gemäß der Gleichung (6). Der Preis q in Fig. 5 stellt den Preis des gerade geltenden Besoldungsgesetzes dar. In die Fig. 5 wurden ferner noch die Isofaktormengenkurven des ö. S. für verschiedene, konstante Mengen $m = \text{const}$ des Dienstpostenfaktors der ausgewählten Qualifikationsgruppe eingezeichnet.

Um eine Lösung des Dyopsonmodells, d. h. eine exakte Bestimmung des stabilen oder Gleichgewichtsdienstpostenfaktorpreises q^{p} bzw. $q^{ö}$ beider Sektoren unter Berücksichtigung beider Gewinnmaximierungsbestrebungen und der herrschenden Dyopsonkonkurrenz am Personalmarkt vornehmen zu können, müssen die spezifischen Isogewinnkurven beider Sektoren und die Isofaktormengenkurven des ö. S. in eine gemeinsame Figur eingezeichnet werden.

Das geschieht im sog. Dyopsonquadranten: in einem rechtwinkligen Koordinatensystem werden auf der einen Achse die Dienstpostenfaktorpreise $q^{ö}$ des ö. S., auf der anderen Achse die Preise q^{p} des p. S. aufgetragen.

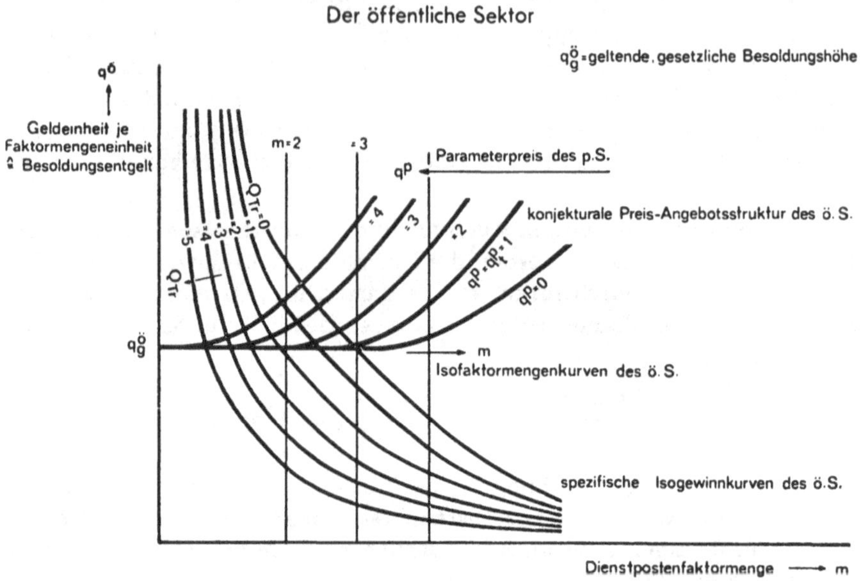

Figur 5

Da jedem Punkt der spezifischen Isogewinnkurven beider Sektoren und der Isofaktormengenkurven des ö. S. in den Fig. 3 und 5 *ein*deutig ein Preispaar $q^{ö}/q^{p}$ zugeordnet ist, können alle drei Präferenzkurvenscharen einfach und *ein*deutig in die Fig. 6 des Dyopsonquadranten übertragen werden.

Durch die zusätzliche Konstruktion einiger Grenzlinien als Hilfskurven kann der theoretisch realisierbare Preisbereich beider Sektoren mit $q^{p} \geqq q^{p}_{t}$ und $q^{ö} \geqq q^{ö}_{g}$ in eine Anzahl von fünf Bereichen aufgeteilt werden, die jeweils gleiche Eigenschaften bezüglich stabiler oder labiler Dienstpostenfaktorpreise q^{p} bzw. $q^{ö}$ aufweisen.

Definiert man auf Grund realistischer und empirischer Beobachtung des regelmäßigen Marktverhaltens eines Dyopsonisten das Kennzeichen einer stabilen Gleichgewichtslösung in folgender Weise,

a) Wird der eine Sektor durch eine Preisänderung des anderen Sektors begünstigt mit Wirkung, daß er eine bessere Präferenzposition einnimmt als vorher, so unternimmt er nichts: er zeigt keine Reaktion.

b) Wird ein Sektor durch eine Preisänderung des anderen Sektors in seiner Präferenzposition gegenüber seiner Ausgangslage schlechter gestellt, versucht er, jene alte Präferenzsituation wieder zu erreichen; er reagiert also mit einer eigenen Preisvariation.

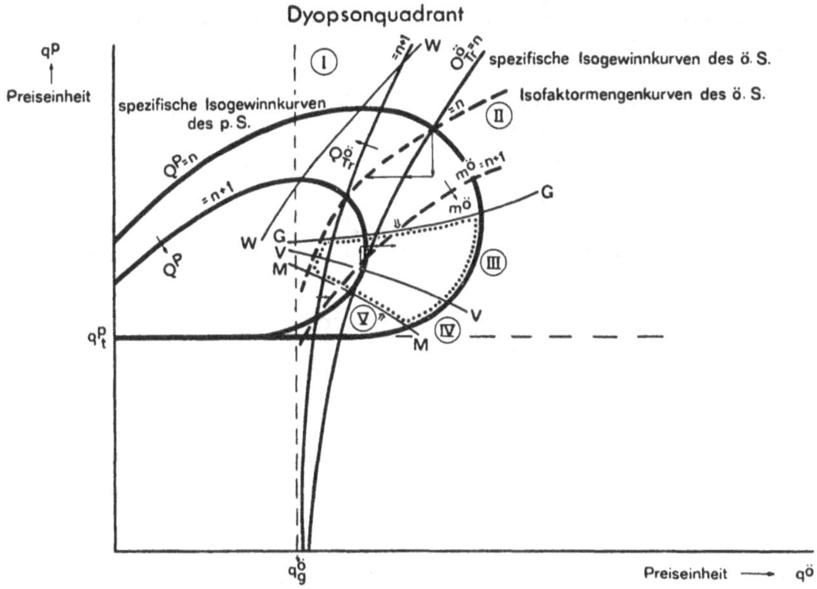

Figur 6

dann wird dort ein stabiles Gleichgewichtsgebiet vorliegen, wo sich nach primärer Preisänderung des einen Sektors zu einer höheren Präferenzposition hin nach und auf Grund der Reaktion des Konkurrenten die Präferenzposition des mit der Preisänderung beginnenden Sektors gegenüber seiner Ausgangspräferenzposition verschlechtert. In einem solchen Bereich wird es jeder Sektor unterlassen, eine eigenmächtige Preisänderung vorzunehmen, da sich seine bisherige Präferenzsituation wegen der Reaktion des Konkurrenten nur verschlechtern würde.

Bei voller Berücksichtigung der Zielsetzung des p. S., seinen Gewinn Q zu maximieren, und der des ö. S., den Transfergewinn Q_{Tr} zu maximieren und die erforderliche Personalmenge m_a der ausgewählten Qualifikationsgruppe vom Personalmarkt zu erhalten, läßt sich in der Fig. 6 ein derart definiertes stabiles Gleichgewichtslösungsgebiet finden. Außerhalb des Lösungsgebietes wirken von beiden benachbarten preislabilen Bereichen Kräfte, die die Dienstpostenfaktorpreise beider Sektoren in das stabile Lösungsgebiet hineinbewegen. In der Fig. 6 ist das Lösungsgebiet kenntlich gemacht, ebenfalls deuten zwei Pfeile jene Bewegungskräfte an.

Welcher der unendlich vielen Punkte eines Gleichgewichtspreispaares q^p und $q^ö$ innerhalb des Lösungsgebietes tatsächlich verwirklicht wird, kann nur durch die zufällige historische Entwicklung der Faktorpreisgestaltung in beiden Sektoren beantwortet werden.

Grenzlinie WW: spez. Isogewinnkurven des p. S. mit waggerechter Tangente in Fig. 6.

Grenzlinie GG: spez. Isogewinnkurven des ö. S. mit senkrechter Tangente in Fig. 6.

Grenzlinie VV: geometr. Ort der Berührungspunkte von spez. Isogewinnkurven des p. S. mit spez. Isogewinnkurven des ö. S.

Grenzlinie MM: geometr. Ort der Berührungspunkte von spez. Isogewinnkurven des p. S. mit Isofaktormengenkurven des ö. S.

3. Spieltheoretische Lösung des bilateralen Monopols zwischen Staat und Beamten

Nun soll die Marktform nicht nur auf der Nachfrageseite, auf der wir für den Personalmarkt die Marktform des Dyopsonst bestimmt hatten, sondern in einer anderen Sicht betrachtet werden[22].

Es soll jene Marktform beschrieben werden, die zwischen der Nachfrage- und Angebotsseite des Marktes herrscht. Wie oben ausgeführt wurde, läßt sie sich auf zwei bilaterale Monopole beschränken.

Das eine von ihnen besteht zwischen den sogenannten Sozialpartnern in der Auseinandersetzung um den Vergütungspreis (Tarifverhandlungen), der das Ergebnis von Verhandlungen ist; das andere herrscht zwischen dem Staat als Arbeitgeber von Beamtendienstposten und den ihre Beamtentätigkeit anbietenden Personalfaktoren, den Beamten, die durch Organe ihrer Beamtenorganisationen vertreten werden.

Im folgenden soll ein Modell dieses speziellen bilateralen Monopols entwickelt werden. Das Hauptaugenmerk wird auf einen Lösungsansatz zur Determination des Kontraktpreises ausgerichtet werden.

Das Modell wird also nicht wie beim Dyopsonmodell fast zwangsläufig zu einem definierten Gleichgewichtsergebnis führen, sondern Modell und Lösungsansatz werden hier zu zwei getrennten Vorhaben[23], wobei betont werden muß, daß grundsätzlich viele mögliche Lösungsansätze denkbar sind.

---

[22] Vgl. Fig. 1 S. 3 dieser Arbeit.

[23] Manche Autoren verbinden allerdings beide Vorhaben unter der gemeinsamen Theorie des bilateralen Monopols; das erscheint mir nicht sinnvoll, da über die Theorie des Verhandlungsbereiches, allgemein Klarheit herrscht seit der Theorie der Pareto'schen Kontraktkurve, es dagegen aber vielfältigste Theorien des Verhandelns gibt, die sich mit dem Kontraktpunkt auf der Kontraktkurve beschäftigen.

Das Wesen des bilateralen Monopols[24] ist dadurch charakterisiert, daß ein Käufer und ein Verkäufer irgend eines Gutes sich gegenüberstehen und sich über Kaufpreis und Kaufbedingungen im weitesten Sinn zu einigen haben[25]. Die typischen Merkmale des bilateralen Monopols sind die Interessenkonflikte mit in wesentlichen Fragen (hier der Besoldungspreis) entgegengerichteten Interessen beider Parteien und das Zustandekommen einer Einigung; beides kann beim Vorgang der Beamtenbesoldungsfestsetzung übereinstimmend festgestellt werden.

Es läßt sich kurz folgendermaßen begründen: Die ehemaligen Beamtendienstpostenbewerber und jetzigen Beamten haben sich auf Grund der damaligen Bedingungen und des Kontraktpreises des Staates, gegeben durch das damals geltende Beamtenbesoldungsgesetz und im Vergleich mit den entsprechenden Bedingungen und Preisen der Arbeitgeber des privaten Sektors für eine Beamtentätigkeit entschieden.

In einer dynamischen Volkswirtschaft, zumal in einer mit steigendem Knappheitsgrad an Dienstpostenbewerbern am Arbeitsmarkt und steigenden Produktivitäts- und wirtschaftlichen Wachstumsraten verändern sich jedoch laufend diese Bedingungen.

Dies berücksichtigend haben die Sozialpartner in ihre Tarifgesetze beiderseitige Kündigungsklauseln eingefügt, um die Möglichkeit zur Festlegung neuer Einigungen gemäß der veränderten Bedingungen und des damit aufgebrochenen Interessenkonfliktes beider Parteien in regelmäßigen Abständen zu sanktionieren.

Zwischen dem Staat und den Beamten wird der Besoldungspreis in einem Gesetz festgelegt, das naturgemäß keine beiderseitige Kündigungsklausel enthält. Dennoch erwachsen wegen der Veränderung der rele-

---

[24] Die Literatur, die als Grundlage für die selbständige Entwicklung dieses speziellen bilateralen Monopols zwischen dem Staat und den Beamtenorganisationen diente, bringt die folgende Zusammenstellung:

a) *Schneider*, Wirtschaftstheorie II, a.a.O., S. 355 f.
b) *Edgeworth*, Mathematical Psychics, a.a.O.
c) *Edgeworth*, On the Determinateners of Economic Equilibrium, a.a.O., S. 313 f.
d) *Pigou*, Equilibrium under Bilateral Monopoly, a.a.O., S. 205 f.
e) *Hicks*, ... The Theory of Monopoly, a.a.O., S. 361 f.
f) *Krelle*, Preistheorie, a.a.O., S. 405 f.
g) *Krelle, Künzi*, Lineare Programmierung, a.a.O.
h) *v. Neumann, Morgenstern*, Theory of Games und Economic Behavior, a.a.O.
i) *Nash*, Two person cooperative games, a.a.O., S. 128 f.
j) *Nash*, The bargaining Problem, a.a.O.
k) *Külp*, Lohnbildung im Wechselspiel zwischen politischen und wirtschaftlichen Kräften, a.a.O.
l) *Marshall*, Principles of Economics, a.a.O.

[25] Der Fall eines bilateralen Monopols liegt jedoch ganz allgemein stets vor, wenn zwei Parteien durch Verhandlung in einem Vertrag zu einer Einigung gelangen möchten.

vanten Wirtschaftsdaten zwischen dem Staat und den Beamten stets neue Interessenkonflikte um die Höhe des Besoldungspreises. Der Staat versucht, am herkömmlichen Preis festzuhalten, die Beamten bemühen sich besonders im Hinblick auf die vergleichbaren Einigungsergebnisse im privaten Sektor um eine Anpassung ihres Besoldungsentgeltes an die allgemeine, vergleichbare Einkommensentwicklung in der Gesamtwirtschaft. Die Beamten betrachten sich nicht als von der Volkswirtschaft isolierte Staatsdiener, sondern wollen sich in die Volkswirtschaft und ihre Entwicklung integriert wissen[26]. Die Beamten wünschen im gleichen Maße wie die Arbeitnehmer des privaten Sektors am allgemeinen wirtschaftlichen Wachstum zu partizipieren. Sie fordern, daß sich der Produktivitätszuwachs je Erwerbstätigen oder die Steigerung des Sozialproduktes im gleichen Rahmen auf die Höhe ihres Besoldungsentgeltes auszuwirken habe, wie das im privaten Sektor geschehe. Sie machen geltend, daß sie von Steigerungen der Konsum- und Dienstleistungspreise ebenso betroffen werden wie die Arbeitnehmer des privaten Sektors und daß sie ein gleiches Recht auf eine Beteiligung an der allgemeinen Wohlstandsentwicklung und auf die damit verbundenen Wohlstandsbedürfnisse haben, was nur durch eine Anpassung ihrer Besoldungsentgelte an die allgemeine Einkommensentwicklung befriedigt werden kann. Sie berufen sich dabei auf einen richtungweisenden Beschluß des Bundesverfassungsgerichtes[27].

Die Situation des Besoldungskonfliktes kann anschaulich geometrisch durch geeignete Herleitung der Präferenzfunktionen beider Parteien dargestellt und der Konfliktsbereich bzw. die Kontraktkurve aufgezeigt werden.

1. Die Präferenzkurven des öffentlichen Arbeitgebers

Geht man von dem realen Geschehen aus, daß bei Besoldungserhöhungsforderungen der Beamten stets eine gleichgroße, relative Besoldungserhöhung des Grundgehaltes für alle Besoldungsgruppen ange-

---

[26] a) Protokoll je eines Gespräches von Dipl. Vwt. R. Mauser im Bundesinnenministerium, beim Deutschen Beamtenbund und beim Deutschen Gewerkschaftsbund, a.a.O.

b) Protokoll eines Gespräches von Dipl.-Ing. Dr. D. Ahrendt im Bundesinnenministerium und im Bundesrechnungshof, a.a.O.

c) Vgl. Beschluß des Bundesverfassungsgerichtshofes von 11. 6. 1958, 1 BvR 1/52.

[27] Vgl. Beschl. des BVerfG v. 11. 6. 1958, 1 BvR 1/52; 1 BvR 46/52. Dort wird darauf hingewiesen, es sei hergebrachter Grundsatz im Sinne des Art. 33 Abs. 5 GG, daß Beamten „nach Maßgabe der Bedeutung des Berufsbeamtentums für die Allgemeinheit entsprechend der Entwicklung der allgemeinen wirtschaftlichen und finanziellen Verhältnisse und des allgemeinen Lebensstandards zu gewähren“ sei.

strebt wurde, so genügt es, die Kontraktkurve nur für eine beliebig ausgewählte Besoldungsgruppe abzuleiten.

Dazu kann das Budget zweckmäßigerweise analog zur Darstellung des Dyopsonmodells mit einer geringen Modifikation folgendermaßen aufgeteilt werden:

(7) $$T = T_z + T_{tr} + E \quad \text{und}$$

(8) $$E_v = E \cdot C_{va} \quad \text{mit} \quad \sum_{v=1}^{n} E_v = E$$

Die symbolischen Bezeichnungen haben folgende Bedeutungen:

T	= Der zur Verfügung stehende Haushaltsetat
T_z	= Die Kosten für den Schuldendienst des ö. S.: Zinsen und Tilgung von Anleihen.
T_{tr}	= Die Kosten der gesetzlich und vertraglich gebundenen Mittel für Transferleistungen im weitesten Sinn[28].
E	= Der Rest an Haushaltsmitteln, der sich aufschlüsselt in die gesamten Personalkosten $K_{p\Sigma}$, die dazugehörigen unmittelbaren Sachmittelkosten $K_{s\Sigma}$ und in einen Restbetrag $Q^x_{Tr\Sigma}$, der noch nicht gesetzlich oder vertraglich gebunden ist, wohl aber durch zahlreiche Gesetzentwürfe, vornehmlich auf Regierungsinitiative hin, meist voll verplant worden ist.
$K_{pv} = m_v \cdot q_v$	= Die Personalkosten einer Besoldungsgruppe.
$K_{sv} = m_{sv} \cdot q_{sv}$	= Die Sachmittelkosten derselben Besoldungsgruppe.

Der Restbetrag $Q^x_{Tr\Sigma}$ ist in seiner Höhe ganz davon abhängig, wie weit die Kostenposten $K_{s\Sigma}$ und $K_{p\Sigma}$ minimiert werden können. Bei festen Sachmittelpreisen q_{sv} und bekannten Mengen m_{sv} und m_v bestimmen nur die Personalfaktorpreise q_v die erzielbare Höhe des Restbetrages $Q^x_{Tr\Sigma}$
C_{va} = eine für jede Besoldungsgruppe charakteristische Konstante.

Jeder Teilbetrag E_v setzt sich zusammen aus den Personal- und Sachmittelkosten $K_{pv} + k_{sv}$ dieser v-ten Besoldungsgruppe und einem residualen Transfermittelgewinn $Q_{Trv} = Q^x_{Tr}$

(9) $$E_v = Kp_v + K_{sv} + Q^x_{Tr}$$

Die Summe der partiellen Transfergewinne Q_{Trv} je Besoldungsgruppe ergibt die gesamten zusätzlichen Transfergewinne $Q_{Tr\Sigma}$ des Budgets.

---

[28] Hierein gehören etwa auch die Wiedergutmachungsleistungen an Israel.

Fig. 7 zeigt die Marktsituation des Staates für die beliebig ausgewählte Besoldungsgruppe während eines Besoldungskonfliktes. Von dem Teilbetrag E = const. wird die Sachmittelkostenfunktion der ausgewählten Besoldungsgruppe subtrahiert und davon weiter konstante Transfergewinnhöhen = const. Der jeweilige Rest verbleibt für die Personalkosten $K_p = q \cdot m$ dieser Besoldungsgruppe. Entlang einer Linie konstanten Transfermittelgewinnes Q_{Tr} = const erbringt jede dazugehörige Kombination von Besoldungspreis q und Personalmenge m diesen konstanten Transfergewinn, es ergeben sich mithin in der Fig. 7 die Isogewinnkurven im Diagramm der Geldeinheiten. Der Punkt P_a in Fig. 7 kennzeichnet die Situation während des Besoldungskonfliktes beim noch geltenden, alten Besoldungsgesetz.

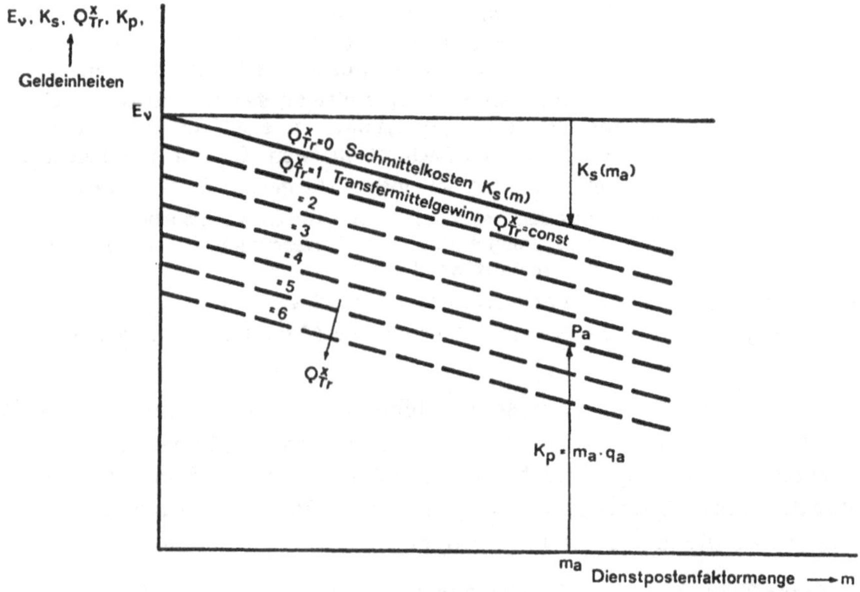

Figur 7

In der Fig. 8 sind die Isogewinnkurven des Staates wieder als nunmehr spezifische Isogewinnkurven im Preisdiagramm dargestellt worden. Der Punkt P_a läßt als seine Koordinaten den noch herrschenden Besoldungspreis q_a und die erforderliche Personalmenge m_a der ausgewählten Besoldungsgruppe erkennen und ablesen.

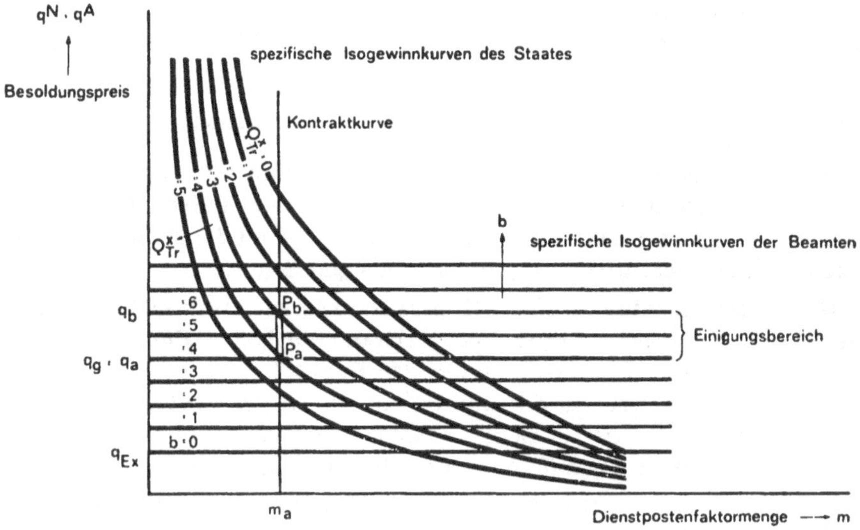

Figur 8

Die Gleichung der spezifischen Isogewinnkurven des Staates in Fig. 8 lautet:

$$(10) \qquad q = q^N = \frac{E_v - K_s(m) - Q^x_{Tr}}{m} \text{ mit } Q^x_{Tr} = \text{const als Parameter}$$

2. Die Präferenzkurven der Beamten

Jeder Beamte einer bestimmten Besoldungsgruppe benötigt je Zeiteinheit einen gewissen Entgeltbetrag, um seine Mindestlebenshaltungskosten für ein Leben am kulturellen Existenzminimum decken zu können, es seien die Kosten q_{Ex}. Jeder zusätzliche Betrag b zu den Minimalkosten q_{Ex} eines Beamten kann als Gewinn zur Verwirklichung eines höheren Lebensstandards betrachtet werden, der einzelne Beamte empfindet ihn als Ophelimitätszuwachs zum kulturellen Existenzminimum. Jeder andere konstante Betrag b stellt mithin eine neue Isogewinnkurve der Beamten der ausgewählten Besoldungsgruppe dar.

Der gültige Besoldungspreis q schließlich kann als „Umsatzerlös" des Beamten verstanden werden, den er erzielt, wenn er seine Beamtentätigkeit dem Staat zum gebotenen Preis q zur Verfügung stellt. In die Fig. 8 werden die spezifischen Isogewinnkurven (spez., weil auf den Beamten bezogen) als Präferenzkurven der Beamten der ausgewählten Besoldungsgruppe ebenfalls eingezeichnet. Die Gleichung (11) formuliert die spez. Isogewinnkurven der Beamten:

$$q = q_{Ex} + b \quad \text{mit } b = \text{const als Parameter} \tag{11}$$

Unter der Voraussetzung, daß der Staat weiterhin auch nach Beendigung des Besoldungskonfliktes vorerst die benötigte Personalmenge m_a der ausgewählten Besoldungsgruppe nachfragt, kann die Kontraktkurve nur durch die Gerade $m = m_a$ in der Fig. 8 gegeben sein.

Der Einigungsbereich auf der Kontraktkurve wird begrenzt durch die beiden sog. „Ausbeutungspunkte". Als ungünstigster Punkt auf der Kontraktkurve ist für die Beamten der Punkt P_a anzusehen, der nur eine Einigung im Besoldungskonflikt beim bisherigen Besoldungspreis q_a zulassen würde. Dieser Ausbeutungspunkt der Beamten ist der günstigste Punkt des Staates (ö. Ä. = öffentlicher Arbeitgeber).

Der günstigste Einigungspunkt für die Beamten wird jener Punkt P_b auf der Kontraktkurve, bei dem der neue Besoldungspreis q_b die Forderungen der Beamten voll erfüllt und ihnen einen Ophelimitätsgrad verspricht, der dem gleichkommt, den die Dienstposteninhaber vergleichbarer Tätigkeiten im p. S. bereits errungen haben. Dieser Punkt P_b stellt den Ausbeutungspunkt des Staates als ö.-A. dar.

Fig. 8 zeigt den Einigungsbereich.

Es wird nun versucht, mit Hilfe der Spieltheorie den exakten Einigungspunkt im Einigungs- bzw. Verhandlungsbereich zu ermitteln. Die Spieltheorie fungiert hier also als Lösungsmittel der hier vertretenen Verhandlungstheorie. Die Verhandlungen um die Höhe des Besoldungspreises in einem Besoldungskonflikt zwischen dem Staat und den Beamten (vertreten durch Organe der Beamtenorganisationen und Gewerkschaften, die zusammenfassend als B. O. abgekürzt werden), können als ein Zwei-Parteien-Nullsummenspiel aufgefaßt werden. Die Merkmale eines solchen Spieles und die dann mögliche Ermittlung des Spielergebnisses mit Hilfe der Spieltheorie gelten ebenfalls für die Besoldungsverhandlungen.

Jeder Gewinn der einen Partei ist uno actu der gleichgroße Verlust der anderen Partei. Die Summe aus Gewinn und Verlust ist stets Null. Jede Partei hat eine beliebig hohe Zahl von Strategien, je aus vielen Zügen bestehend, zur Verfügung. Je eine Strategie der einen Partei und der des Gegners determinieren das Spiel- bzw. Verhandlungsergebnis. Jede Partei kennt zwar alle eigenen Strategien und die des Gegners, weiß aber im voraus nicht, welche Strategie der Gegner wählen wird. Jede Partei wird nur solche Strategien vorbringen wollen, die ihr bei rationalem Verhalten beider Parteien den höchsten sicheren Verhandlungsvorteil einbringen wird. Es dürfen nur solche Strategien gewählt werden, die gemäß der „Spielregeln" erlaubt sind. Die wichtigste Voraussetzung zum Lösungsansatz durch die Spieltheorie stellt die Forderung, daß das Spiel bzw. die Verhandlung nicht ein einziges Mal, sondern häufig „gespielt" werden und daß bei jedem neuen Spiel bzw. jeder neuen Verhandlung nur Strategien aus immer dem gleichen Katalog ausgewählt werden.

Auch diese Forderung kann durch die Wirklichkeit der Besoldungskonflikte erfüllt werden, denn kürzestens jährlich während der Wochen der Haushaltsberatungen für die Aufstellung des nächsten Budgets treten Besoldungskonflikte auf, dann kämpfen die B. O. um einen Anteil aus dem neuen Etat für die Erhöhung der Beamtenbesoldung.

Als Lösungsergebnis dieser Verhandlungstheorie wird ermittelt, wie die eine Partei den sicheren Höchstgewinn erlangen und gleichzeitig die andere Partei den sicheren Niedrigstverlust erreichen kann.

Zunächst besteht die Aufgabe darin, eine Gewinnformel zu entwikkeln, die es gestattet, beim Aufeinandertreffen je einer Strategie beider Parteien das Verhandlungsergebnis in möglichst einem eindeutigen Zahlenwert wiederzugeben.

Dazu gilt es, aus der Vielzahl der Strategien der beiden Parteien (ö. A. und B. O.) wenige repräsentative zu erfassen, um ein anschauliches Verfolgen der grundsätzlichen Struktur dieser Theorie des Verhandelns zu ermöglichen; außerdem ändert sich das Lösungsergebnis kaum merklich, wenn die Aktionen zu wenigen überschaubaren Strategien zusammengefaßt werden.

Die B. O. fordern bei jedem Besoldungskonflikt 10 Einheiten (10 *E*), das entspricht einer Aufteilung des Einigungsbereiches auf der Kontraktkurve der Fig. 8 in 10 gleiche Bereiche. Um diese Forderung der B. O. in Geldeinheiten je Beamten zu erfahren, müssen die 10 Einheiten einfach mit der jeweils relevanten Maßstabsgröße multipliziert werden (etwa: $^1/_{10}$ · Produktivitätszuwachs).

1. Die B. O. verhalten sich gemäßigt und ruhig, sie beschränken ihr Handeln auf Gespräche mit der Regierung und nichtöffentliche Stellungnahmen. Sie üben nur geringen bis gar keinen Druck auf die Stimmung der Wähler gegen das Besoldungsverhalten der Regierung aus. Der Code dieser Strategie soll lauten: l. v. p. 10 *E* (l. v. p. = low vote pressure).

2. Zur Unterstützung ihrer Besoldungsforderungen mobilisieren die B. O. die öffentliche Meinung, die politische Opposition und die Beamtenschaft mit Hilfe aller Kommunikationsmittel wie etwa Presse, Rundfunk und Fernsehen. Sie üben damit starken Druck auf die Wählerstimmung gegen die Regierung aus. Es sei die Strategie : v. p. 10 *E* (v. p. = vote pressure).

Beide Strategien der B. O. können dadurch differenziert werden, daß die Zeit des Besoldungskonfliktes mit gewissen Zeitabschnitten der Legislaturperiode verglichen wird, denn alle Strategien der B. O. üben nach einer Wahl, also am Beginn einer neuen Legislaturperiode eine wesentlich geringere Wirkung auf den Ö. A. aus als kurz vor einer Wahl, also am Ende einer Legislaturperiode.

Die Zeit t_1 charakterisiert einen Zeitpunkt des Besoldungskonfliktes kurz nach der Wahl eines neuen Bundestages, die Zeit t_2 jenen kurz vor der Wahl. Somit lauten alle vier ausgewählten Strategien der B. O. in Codeform:

1. Strategie $A\,1$: v. p. zur Zeit t_1 und 10 E
2. Strategie $A\,2$: v. p. zur Zeit t_2 und 10 E
3. Strategie $A\,3$: l. v. p. zur Zeit t_1 und 10 E
4. Strategie $A\,4$: l. v. p. zur Zeit t_2 und 10 E

Für den mathematischen Formalismus dieser Theorie des Verhandelns ist es ganz unerheblich, ob die beiden Parteien eine gleich oder verschieden hohe Anzahl von Strategien zur Verfügung haben, wenn jedoch für den ö. A. ebenfalls vier Strategien aufgestellt werden, kann auch sein Strategienvorrat repräsentativ erfaßt werden.

1. Angebot des ö. A. von Null Einheiten (0 E). Der ö. A. nimmt Stellungnahmen der B. O. entgegen und zeigt eine gewisse Verhandlungsbereitschaft mit Rücksicht auf eine notwendige Zufriedenheit in der Beamtenschaft.

2. Angebot des ö. A. von 3 E und bedingte Verhandlungsbereitschaft.

3. Angebot des ö. A. von 8 E, aber mit Aufstockung der Besoldungserhöhung in zwei Stufen, so daß ein effektives Angebot von etwa 5 E pro Jahr offeriert wird. Gewisse Verhandlungsbereitschaft.

4. Angebot des ö. A. von 8 E. Minimum an Verhandlungsbereitschaft.

Alle vier Strategien des ö. A. lauten in Codeform, wobei barg = bargaining ≙ Verhandlungsbereitschaft bedeutet:

1. Strategie $N\,1$: 0 E barg
2. Strategie $N\,2$: 3 E barg
3. Strategie $N\,3$: 8/5 E barg
4. Strategie $N\,4$: 8 E barg

Der Grad der Verhandlungsbereitschaft (barg) des ö. A. wird nun mit Hilfe von 3 Konzessionskurven ermittelt, die alle Strategien beider Parteien mit dem Konzessionsgrad des ö. A. verknüpfen. Die drei Konzessionskurven liefern dann die geeigneten Hilfsgrößen, um mit ihnen durch sinnvolle Auswertung in einer eigens dafür präparierten Gewinnformel das Verhandlungsergebnis beim Aufeinandertreffen von je einer beliebigen Strategie beider Parteien ausrechnen zu können.

Fig. 9 zeigt den Konzessionsgrad des ö. A. als Funktion des Konflikttermins innerhalb einer Legislaturperiode.

Fig. 10 zeigt den Konzessionsgrad des ö. A. als Funktion des vote pressure durch die B. O.

Fig. 11 zeigt den Konzessionsgrad des ö. A. als Funktion der Höhe des eigenen Angebotes.

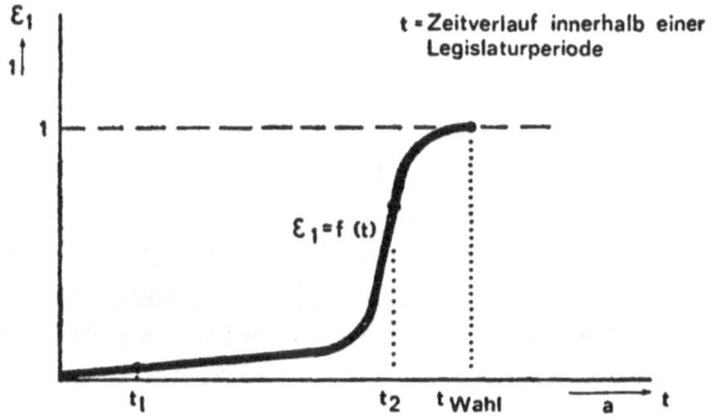

Figur 9

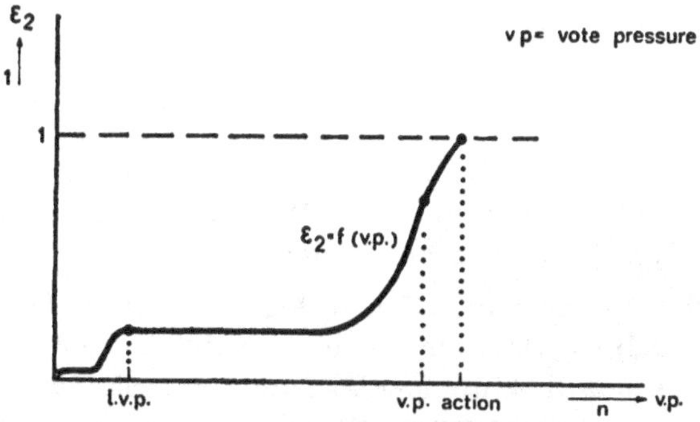

Figur 10

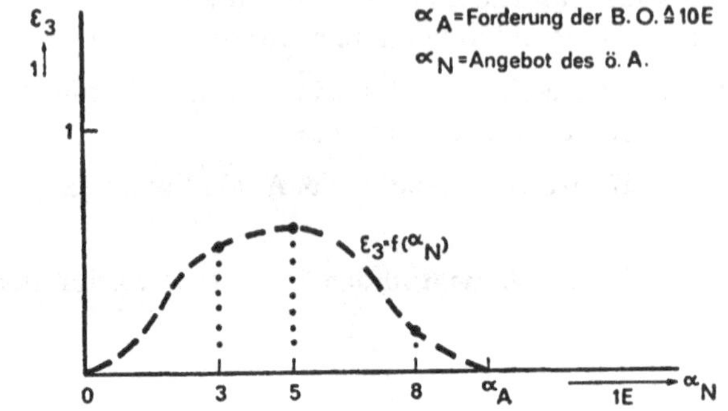

Figur 11

In der hier entwickelten Gewinnformel werden alle drei Konzessionsgrade ε_v mit gleichem Gewicht bewertet, was nicht notwendig ist, jedoch der Wirklichkeit am nächsten kommt. Alle drei Konzessionsgrade werden arithmetisch gemittelt. Dann lautet die Gewinnformel, die den in einer Ziffer ausgedrückten Verhandlungsgewinn Q_{iK} der Partei der B. O. ermittelt und für jede Kombination einer Strategie des ö. A. mit einer der B. O. anwendbar ist:

$$(12)\quad Q_{iK} = \left[\alpha_N + (\alpha_A - \alpha_N) \cdot \frac{\sum_{v=1}^{v=3} \varepsilon_v}{3}\right] \cdot \frac{db}{10\,E} \text{ mit } \begin{array}{l} d_A = \text{Forderung der B. O.} \equiv 10\,E \\ \alpha_N = \text{Angebot des ö. A.} \end{array}$$

mit $db \triangleq$ Ophilimitätszuwachs in Geldpreiseinheiten.

Eine Tabelle zeigt die abgelesenen Konzessionsgrade aus Fig. 9 bis 11.

$\varepsilon_1\,(t_1)$	$= 0$	$\varepsilon_1\,(t_2)$	$= 0{,}75$
$\varepsilon_2\,(v.\,p.)$	$= 0{,}75$	$\varepsilon_2\,(l.\,v.\,p.)$	$= 0{,}25$
$\varepsilon_3\,(\alpha_N = 0\,E)$	$= 0$	$\varepsilon_3\,(\alpha_N = 3\,E)$	$= 0{,}5$
$\varepsilon_3\,(\alpha_N = 5\,E)$	$= 0{,}6$	$\varepsilon_3\,(\alpha_N = 8\,E)$	$= 0{,}2$

Jetzt können mit Hilfe der Gewinnformel (12) die Gewinnergebnisse errechnet und entweder in die sog. „Pay-off"-Matrix oder in das Gewinnfeld der Fig. 12 eingetragen werden.

Partei A (B. O.) kann nur Zeilenstrategien, Partei N (ö. A.) nur Spaltenstrategien wählen. Darf die Partei A zuerst die Wahl der Strategie treffen, wird sie sich die Minima aller Zeilenergebnisse merken, sie werden in Fig. 12 rechts herausgeschrieben, und nun jene Zeilenstrategie wählen, die ihr als Ergebnis das Maximum der Zeilenminima einbringt.

Dieser sichere Höchstgewinn für Partei A ist in der Fig. 12 $\max_A - \min_N Q_{21} = 5$.

Darf die Partei N zuerst die Wahl der Strategie treffen, wird sie sich die Maxima aller Spaltengewinnergebnisse merken, sie werden in Fig. 12 unten herausgeschrieben, und nun jene Spaltenstrategie wählen, die das Minimum der Spaltenmaxima anzeigt. In der Fig. 12 ist es $\min_N \cdot \max_A$.

Gewinnfeld der Partei der B. O.

→ Spalte 1 bis 4

↓ Zeile 1 bis 4

A \ N				N 1 barg 0 E	N 2 barg 3 E	N 3 barg 8/5 E	N 4 barg 8 E	
A 1	v. p.	t_1	10 E	2,5	6	7,3	8,7	2,5
A 2	v. p.	t_2	10 E	5	7,7	8,5	9,1	5
A 3	l. v. p.	t_1	10 E	0,8	4,8	6, 4	8,3	0,8
A 4	l. v. p.	t_2	10 E	3,3	6,5	7,7	8,8	3,3
				5	7,7	8,5	9,1	

$\min_N \max_A Q_{21} = 5$

$\max_A \min_N Q_{21} = 5$

Figur 12

Bei diesem speziellen bilateralen Monopol zwischen den B. O. und dem ö. A. fällt die Strategiekombination, die das sichere Gewinnmaximum für Partei A ergibt, mit jener zusammen, die das sichere Verlustminimum für Partei N erbringt. Es handelt sich gemäß spieltheoretischer Terminologie um ein sog. strikt determiniertes Spiel.

Wird nun noch berücksichtigt, daß — im Gegensatz zur Handhabung der B. O. — die Partei des ö. A. nicht zu jedem Besoldungskonflikt beliebig eine ihrer vier Strategien wählen kann, sondern unter Mitverantwortung der Oppositionsparteien im Parlament durch den gerade herrschenden Knappheitsgrad der Haushaltsmittel gebunden ist, so kann das Verhandlungsmodell weiter wirklichkeitsnah modifiziert werden.

Die folgende Tabelle bringt eine glaubwürdige Verteilung der Wahrscheinlichkeiten, mit denen die einzelnen Strategien des ö. A. zur Verfügung stehen können:

$W_1 (N\,1) = 0{,}3$ $\quad W_2 (N\,2) = 0{,}4$

$W_3 (N\,3) = 0{,}25$ $\quad W_4 (N\,4) = 0{,}05$

$$W_1 + W_2 + W_3 + W_4 = 1$$

Fig. 13 zeigt nun das neue Gewinnfeld. Hierbei wird einfach jedes Verhandlungsergebnis jeder Strategiekombination aus dem Gewinnfeld der Fig. 12 mit seinem Erwartungswert W_K multipliziert. Dann wird die Summe der mit den Häufigkeiten W_K bewerteten Ergebnisse jeder Zeile i gebildet und rechts herausgeschrieben.

Die Partei A wählt nun jene Zeilenstrategie, die über lange Sicht den sicheren Höchstgewinn erbringt, er ist aus Fig. 13 mit $\xi_2 = 7{,}14\,E$ abzulesen.

Gewinnfeld der Partei der B. O.

A \ N	N 1 W_1	N 2 W_2	N 3 W_3	N 4 W_4	
A 1	0,75 $W_1 \cdot Q_{11}$	2,4	1,8	0,44 $W_4 \cdot Q_{14}$	$\xi_1 = 5{,}39$
A 2	1,5	3,1	2,1	0,45	$\xi_2 = 7{,}15$
A 3	0,24	1,9	1,6	0,42	$\xi_3 = 4{,}16$
A 4	1 $W_1 \cdot Q_{41}$	2,6	1,9	0,44 $W_4 \cdot Q_{44}$	$\xi_4 = 5{,}94$

$$\xi_i = \sum_{k=1}^{k=4} W_k \cdot Q_{ik}$$

Figur 13

Entschließt sich die Partei der B. O. zu zwei Besoldungskonflikten je Legislaturperiode und wählt sie darum ihre optimale Strategie $A\,1$ zur Zeit t_1 und $A\,2$ zur Zeit t_2, so beträgt ihr maximal sicherer Verhandlungsgewinn auf lange Sicht

$$Q_{\text{max}},\text{sicher} = \frac{5{,}39 + 7{,}15}{2} E \approx 6{,}3\,E\ (63\,\%)$$

B. Innere Rationalität bei der Kombination von Arbeitsleistungen und Sachmitteln

Bei feststehendem Niveau der Quantität und Qualität der öffentlichen Leistungen, über das politisch entschieden wird[29], ist der zweite für die Personalausgaben bestimmende Faktor[30], die Kombination von Personal- und Sachaufwand. Der Grundsatz der inneren Rationalität wird verfolgt, wenn bei feststehenden Preisen der Produktionselemente die Minimalkostenkombination von Personal- und Sachaufwand angestrebt wird.

Für die relative Höhe der Personalausgaben[31] sind also die Preisrelationen von Sach- und Personalmengen maßgebend. Sie lassen sich mit Hilfe der Produktionsfunktion bestimmen.

Ableitung der Produktionsfunktion im öffentlichen Sektor:

Die Produktionsfunktion des öffentlichen Sektors wird je Qualifikationsgruppe (Besoldungsgruppe) reduziert auf zwei Produktionsfaktorgruppen.

Die eine Faktorgruppe stellt der Personalfaktor dar, die andere bildet das unmittelbar zur Kombination mit dem Personalfaktor erforderliche und dazugehörige Paket der Sachmittelfaktoren. Personal- und Sachmittelfaktorgruppe sind beschränkt substitutionale Faktorgruppen mit fortschreitender technischer Entwicklung, können zunehmend aussichtsreicher Personal- durch Sachmittelfaktoren substitutioniert werden. Das Optimum der Substitution wird durch die Preise der substitutionalen Faktoren bestimmt.

Entgegen der herrschenden Methode — die Produktionsfunktion bei Minimalkostenkombination bei konstanten und bekannten Preisen beider Faktorgruppen zu ermitteln — wollen wir in möglichst naher Anpassung an die Wirklichkeit die Minimalkostenkombination bei vari-

---

29 Vgl. oben S. 1.
30 Vgl. Anmerkung 1.
31 Damit wird die Antwort auf die Frage 3 vorweggenommen.

ablen Preisen beider Faktorgruppen bestimmen. Denn, sobald sich die Nachfragemenge innerhalb einer Faktorgruppe eines Sektors ändert, ergeben sich solche — absolut betrachtet — hohen Mengenänderungen, daß der Faktorpreis sich mit der Nachfragemenge mit verändern wird. Wir gehen also davon aus, daß im Betrachtungszeitraum für beide Sektoren und für beide Faktorgruppen die konjekturalen Preis-Nachfragefunktionen im interessierten Bereich bekannt sind.

Graphisch kann die Minimalkostenkombination dann folgendermaßen ermittelt werden, wie es Fig. 14 zeigt:

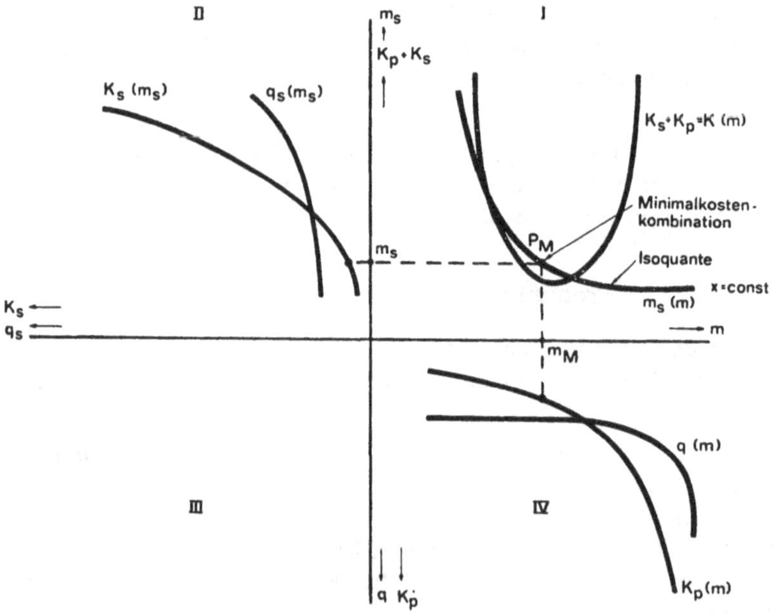

Figur 14

In einem rechtwinkligen Koordinatensystem werden von allen 4 Quadranten drei, nämlich I, II und IV in Fig. 14 benötigt. Im Quadranten II wird die konjekturale Preis-Nachfragefunktion der Sachmittelpreise

(13) $$q_s = f(m_s)$$

im rechtwinkligen Achsensystem $q_s \perp ms$ aufgetragen. Aus dieser Funktion ergibt sich eindeutig die aus ihr abgeleitete Funktion der Sachmittelfaktorkosten

(14) $$K_s = q_s(m_s) \cdot m_s$$

Sie wird ebenfalls im II. Quadranten abgetragen.

Im Quadranten IV ermitteln wir in gleicher Weise aus der konjekturalen Preis-Nachfragefunktion der Personalfaktorpreise

(15) $q = f(m)$ die Personalfaktorkostenkurve:

(16) $$K_p = q(m) \cdot m$$

Beide Funktionen sind im IV. Quadranten aufgetragen.

Im I. Quadranten zeichnen wir im entsprechend beschrifteten rechtwinkligen Achsenkreuz die Isoquante $x = \text{const}$ der gewünschten oder erforderlichen Endproduktmenge $x = \text{const}$ ein.

Für jede konstante Endproduktmenge an öffentlicher Verwaltungsleistung einer ausgewählten Qualifikationsgruppe gibt es mehrere verschiedene Mengenkombinationen beider beteiligten, beschränkt substitutionalen Faktorgruppen. Der geometrische Ort aller möglichen Mengenkombinationen beider Faktorgruppen bei gleichgroßer Endproduktmenge $x = \text{const}$ ist jene sog. Isoquante oder Indifferenzkurve $x = \text{const}$.

Im I. Quadranten ermitteln wir in entsprechend neu dimensioniertem rechtwinkligen Koordinatensystem aus den Quadranten II und IV die Summenfunktion der Kosten K beider zugehöriger Faktorkosten K_p und K_s als Funktion der Personalfaktormenge m.

(17) $$K(m) = K_s(m) + K_p(m)$$

Das Minimum dieser Funktionskurve der Gleichung (17) im I. Quadranten gibt exakt die Minimalkostenkombination an. Über die Koordinaten m_{sM} und m_M des Minimalkostenpunktes P_M auf der Isoquante erhalten wir die gesuchten Faktormengen beider Faktorgruppen.

Mathematisch läßt sich die Lösung der Minimalkostenkombination folgendermaßen lösen, wobei die einzelnen Vorgänge aus der Fig. 14 entnommen und in Rechnungsgänge übertragen werden:

Die Gesamtkostenfunktion soll auf ihr Minimum untersucht werden

(17a) $$K = K_s + K_p = q_s(m_s)\, m_s + q(m) \cdot m \quad \text{davon Minimum}$$

Die erste partielle und zu Null gesetzte Ableitung der Gesamtkostenfunktion erbringt gemäß der Kurve im I. Quadranten der Fig. 14 das Minimum:

$$\frac{\partial K}{\partial m} = O = \frac{\partial K_s}{\partial m} + \frac{\partial K_p}{\partial m} = \frac{\partial K_s}{\partial m} \cdot \frac{\partial m_s}{\partial m} + \frac{\partial K_p}{\partial m}$$

Das ergibt ausgerechnet gemäß Gleichung (17a)

(17b) $$O = \left[m_s \cdot \frac{d\, q_s}{d\, m_s} + q_s \right] \cdot \frac{d\, m_s}{d\, m} + m \frac{d\, q}{d\, m} + q$$

Definieren wir nun nach herrschender Lehre die Preiselastizität der Nachfrage mit

(18) $$\eta = \frac{d\, m}{m} \cdot \frac{q}{d\, q}$$

so wird durch Umformung der Gleichung (17b) die Gleichung (17c):

(17c) $$O = \left(1 + \frac{1}{\eta_s}\right) \cdot q_s \frac{d\, m_s}{d\, m} + q \left(1 + \frac{1}{\eta}\right)$$

Durch weitere einfache Umformung erhalten wir:

(17d) $$\frac{d\, m_s}{d\, m} = - \frac{q \left(1 - \frac{1}{\eta}\right)}{q_s \left(1 = \frac{1}{\eta_s}\right)}$$

Geben wir der herauspräparierten Minimalkostenbedingung das Gesicht der Amoroso-Robinson-Relation, so erhalten wir folgenden Ausdruck:

(19) $$|dm_s| \cdot q_s \left(1 + \frac{1}{\eta_s}\right) = |dm| \cdot q \left(1 - \frac{1}{\eta}\right)$$

Minimalkostenkombination liegt dann vor, wenn bei infinitesimaler Mengenvermehrung der Kostenzuwachs der einen Faktorgruppe gleichgroß ist der Kostenersparnis durch infinitesimale Mengenverminderung bei der anderen Faktorgruppe, wobei beide Faktorgruppenpreise mit ihren dazugehörigen Preiselastizitäten bewertet werden.

Die Bedingung für die Minimalkostenkombination läßt sich noch in anderer Weise ermitteln und mit Hilfe der partiellen Grenzproduktivitäten beider Faktorgruppen ausdrücken.

Die differentielle Formulierung der Isoquante lautet[32]:

(20) $$dx = \frac{\partial x}{\partial m} d\, m + \frac{\partial x}{\partial m_s} d\, m_s \equiv O$$

---

[32] Das totale Grenzprodukt entlang der Indifferenzkurven ist stets gleich 0.

Daraus ergibt sich durch einfache Umformung

$$\text{(20a)} \qquad \frac{d\,m_s}{d\,m} = -\left(\frac{\partial x}{\partial m} : \frac{\partial x}{\partial m_s}\right) \quad \text{oder}$$

$$\text{(20b)} \qquad \frac{|d\,m_s|}{|d\,m\,|} = \frac{\partial x}{\partial m} : \frac{\partial x}{\partial m_s}$$

Durch Einsetzen der Gleichung (20b) in Gleichung (19) erhalten wir die neue Bedingung für Minimalkostenkombination:

$$\text{(21)} \qquad \frac{\partial x}{\partial m} : \frac{\partial x}{\partial m_s} = q \cdot \left(1 + \frac{1}{\eta}\right) : q_s \left(1 + \frac{1}{\eta_s}\right)$$

Minimalkostenkombination auf einer Isoquante liegt mithin dann vor, wenn gemäß Gleichung (21) sich die partiellen Grenzproduktivitäten der beteiligten und beschränkt substitutionalen Faktorgruppen zueinander verhalten wie die mit ihren jeweiligen Preiselastizitäten bewerteten Preise dieser Faktorgruppen.

Betrachten wir nun den in der herrschenden Lehre stets nur angeführten Fall der Minimalkostenkombination bei bekannten und konstanten Faktorpreisen, so erhalten wir diese Lösungen aus den Gleichungen (19) und (21) sehr schnell und automatisch als einfachen Sonderfall:

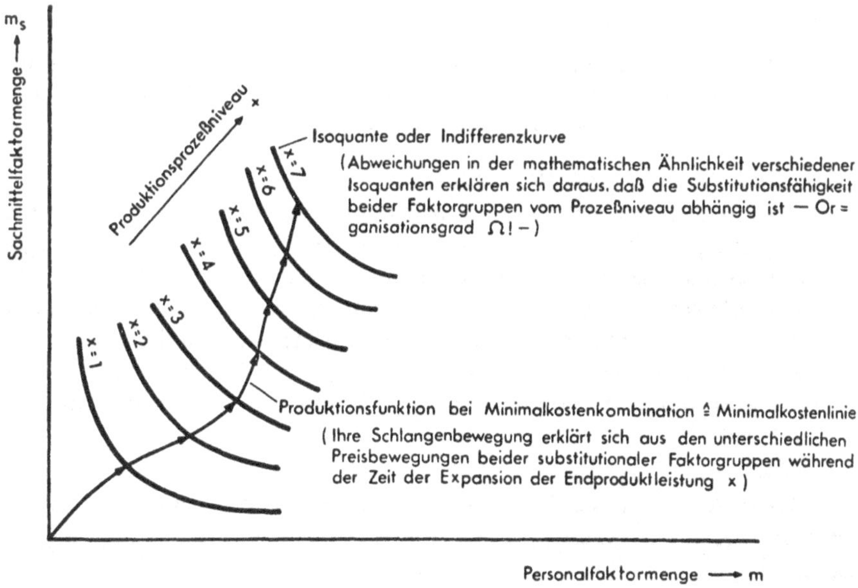

Figur 15

Bei $q = \text{const}$ ($\eta = \infty$) und $q_s = \text{const}$ ($\eta_s = \infty$) ergeben sich die bekannten Gleichungen:

$$|dm_s| \cdot q_s = |dm| \cdot q \quad \text{und} \tag{19a}$$

$$\frac{\partial x}{\partial m} : \frac{\partial x}{\partial m_s} = q : q_s \tag{21a}$$

Fig. 15 zeigt die gesamte Minimalkostenlinie, wie sie sich bei Expansion des Prozeßniveaus x, also bei Ausweitung der Endproduktmenge x ergibt.

II. Volkswirtschaftliche Gesichtspunkte für die Bemessung der Personalausgaben[33]

In diesem Abschnitt soll die volkswirtschaftliche Bedeutung der Personalausgaben in Bezug auf Produktion, Verteilung, Konjunktur und Wachstum in Anlehnung an das Schema der Anforderungen an ein rationales Steuersystem bei Haller beleuchtet werden.

A. Produktionspolitische Effizienz:

Da nur die öffentliche Leistung als Ganzes den Charakter einer Komplementärinvestition trägt, kann man die Bedeutung der Personalausgaben nicht isoliert von den Sachausgaben untersuchen, sondern nur in ihrer Gesamtheit. Über das Niveau der öffentlichen Leistung haben wir uns hier nicht zu befassen, weil es nach unserer Annahme bereits optimal ist.

Unsere oben aufgestellte Forderung nach Zahlung des Marktlohnes entspricht dem Prinzip der Neutralität bei der Beschaffung der Arbeitsleistung, d. h. es „stört" den Arbeitsmarkt nicht.

B. Verteilungspolitische Effizienz:

In diesem Zusammenhang ist besonders die Sozialkomponente der Besoldung[34] von Bedeutung. Bei Beamten wird der Umverteilungseffekt durch Bezahlung von Ortszuschlag, Familienbeihilfe usw. vom Staat direkt, während bei den übrigen Arbeitgebern indirekt über Systeme der sozialen Sicherheit (Parafiskalische Institutionen) erzielt. Dabei besteht aber, wie oben dargelegt, die Tendenz zur Angleichung der Sozialkomponente der Löhne an die der Beamtenbesoldung[35].

---

[33] Dieser Abschnitt wurde auf die wesentlichen Punkte des Vortrags beschränkt.

[34] H. J. *Müller*, Art. Dienst, öffentlicher III Handwörterbuch der Sozialwissenschaften.

[35] Leitbildeffekt (Signalwirkung) der Beamtenbesoldung bei *Schmölders*, Finanzpolitik, a.a.O., S. 203.

Der sog. „späte Lohn" bei Beamten, d. h. Verschiebung der hohen Einkünfte auf das Alter, bewirkt eine Einkommensumverteilung in Bezug auf die Lebensphase konträr zum Leistungsprinzip. Vorzuziehen wäre eine bedarfsgerechte zeitliche Umschichtung des eigenen Lebenseinkommens auf die einzelnen Lebensphasen[36].

C. Konjunkturpolitische Effizienz:

Als Mittel der kompensatorischen Konjunkturpolitik sind die Personalausgaben aus rechtlichen[37] und ökonomischen Gründen[38] im allgemeinen ungeeignet[39].

Es besteht jedoch ein Zusammenhang im Hinblick auf Zeitpunkt und Ausmaß der Erhöhung zwischen den Tarifauseinandersetzungen der privaten Wirtschaft und den öffentlichen Besoldungsänderungen. Öffentlichen Besoldungserhöhungen insbesondere wohnt ein gewisser Leitcharakter für die private Wirtschaft inne, wie auch die Erhöhungen der Entlohnung im privaten Bereich in den Forderungen der Beamtenbünde und Gewerkschaften als Maßstab angeführt werden.

D. Wachstumspolitische Effizienz:

Die wachstumspolitische Effizienz der Personalausgaben ist nur im Zusammenhang mit den Sachausgaben analysierbar[40]. Allenfalls wäre eine Verlagerung des Personalausgabeschwergewichtes auf die Personen möglich, die zukünftiges Wachstum bringen können, wie Lehrer und Forscher, deren Marktposition nicht ausreichende Besoldungserhöhungen erzwingt, um diese Berufe attraktiv zu machen.

Zu Frage 2: *„Je nach Wirtschafts- und Gesellschaftsordnung gibt es sehr unterschiedliche mögliche Besoldungssysteme. Läßt sich hierfür eine Typologie aufstellen?"*

Die bisherige Analyse bezog sich auf die Suche nach einem rationalen Besoldungssystem für eine (soziale) Marktwirtschaft westlichen Gepräges. Nunmehr soll das Blickfeld auf die historischen Besoldungssysteme erweitert werden. Dabei sollen typische historische Besoldungssyteme, nicht eine Geschichte der öffentlichen Besoldung geboten werden und historische Tendenzen, die zu dem heutigen Erscheinungsbild der Besoldung hinführen, aufgezeigt werden.

---

36 W. *Schreiber*, Kindergeld im sozioökonomischen Prozeß, Köln 1965.
37 Gesetze und Verträge.
38 Marktlohn siehe oben.
39 *Haller*, Finanzpolitik, a.a.O., S. 169.
40 Vgl. oben produktionspolitische Effizienz.

I. Typologie der Besoldungssysteme

Die Besoldung ist die Gegengabe für die Überlassung von Arbeitsleistungen an den Staat. Persönliche Arbeitsleistungen kann der Staat aber auf verschiedene Weise beschaffen.

A. Durch Zwang:

Einer unfreiwilligen Leistung steht keine Gegenleistung gegenüber (z. B. Zwangsarbeiter, Kriegsgefangene, Sklaven).
Obwohl keine Gegenleistung gegeben wird, verursacht die Ausübung von Zwang Kosten.

B. Durch Geschenk:

Einer freiwilligen Leistung steht außer einer eventuell immateriellen (Ehre, Interesse an der Arbeit) keine materielle Gegenleistung gegenüber. (Z. B. Leiturgische Bedarfsdeckung.)
Verzicht auf Besteuerung zulassen. Die häufigste Form ist das Ehrenamt.

C. Tausch:

Einer freiwilligen Leistung steht eine materielle Gegenleistung und keine immaterielle gegenüber (Öffentliche Arbeiter, Angestellte.).
Die Gegenleistung (Kosten dieses Systems) besteht im Marktlohn, der in Natural- oder Geldform gegeben werden kann.

D. Zwangsgeschenk:

Eine unfreiwillige Leistung wird durch eine unzureichende immaterielle Gegenleistung abgegolten, wobei die materielle Gegenleistung überhaupt fehlt (Wehrpflicht).

E. Zwangstausch:

Eine unfreiwillige Leistung wird durch materielle Gegenleistung abgegolten, wobei die immaterielle Gegenleistung fehlt (Arbeitspflicht in UdSSR, Arbeitsdienst in NS-Zeit.).

F. Geschenktausch:

Eine freiwillige Leistung wird durch materielle und immalterielle Gegenleistung, die zusammen zureichend sind, abgegolten (Beamtenbesoldung, Abgeordneten. Diäten).

In der Regel bedient sich die wirkliche Beschaffung von Arbeitsleistungen stets einer Kombination der Elemente — Zwang, Geschenk und Tausch —. Dort wo das materielle Entgelt (Lohn) nicht ausreicht (im marktwirtschaftlichen Sinn), wird es notwendig, Geschenke zu erbitten bzw. Zwang walten zu lassen. Reine Formen von Zwangs- und Geschenkwirtschaft sind selten, weil in Ermangelung von Besitzeinkommen der potentiellen Arbeitnehmer des Staates dieser den Betroffenen zumindest Unterhalt gewähren (Alimentationstheorie) muß.

Heute spielen in der Marktwirtschaft die tauschweise Beschaffung und in der Zwangswirtschaft die zwangsweise die Hauptrolle, während die „schenkende Wirtschaft“[41] der Vergangenheit angehört.

II. Tendenzen

Für die modernen Besoldungssysteme sind folgende typische Entwicklungstendenzen zu verzeichnen:

A. Anpassung an die wirtschaftliche Entwicklung:

1. Valorisierung: Unter Valorisierung versteht man die Anpassung der Besoldung an Erhöhungen des Preisniveaus.
2. Dynamisierung: Darunter versteht man die Anpassung der Besoldung an Erhöhungen des Pro-Kopf-Einkommens.
3. Monetisierung: Das ist die Erhöhung des Geldanteils an der Besoldung und Abbau des Naturalanteils; zu dieser Tendenz ist eine gewisse Gegenbewegung aus steuerlichen Gründen festzustellen. Z. B. Übergabe einer Dienstwohnung.

B. Anpassung an die gesellschaftliche Entwicklung:

1. Nivellierung: Unter Nivellierung versteht man die Herabsetzung der „Spannungsverhältnisse“ innerhalb der öffentlichen Besoldung, welche noch verstärkt wird durch die Einkommensteuerprogression.
2. Feudalisierung: Darunter versteht man die von Parteien und Verbänden ausgehende Ämterpatronage, sog. Parteibuchbeamte. Einen Extremfall dazu weist Brasilien auf, wo Gehaltslisten für Freunde der Politiker, die keinerlei Staatstätigkeit ausführen, geführt werden.
3. Verunselbständigung: Das ist die Abnahme der Selbständigkeit bei der Übernahme von Staatsfunktionen. Z. B. Verschwinden der Steuerpacht.

Die Tendenz der Besoldung geht hin zum Marktlohn und Einbau in das System der sozialen Sicherheit schlechthin bei gewisser Remanenz überkommener Formen.

---

[41] Vgl. B. *Laum*, Schenkende Wirtschaft, Frankfurt/M. 1960.

Frage 3: *„Welche Faktoren bestimmen die relative Höhe der Personalausgaben?"*

Falls Quantität und Qualität der öffentlichen Leistungen festliegen sind hierfür die Preisrelationen für Sach- und Personalmengen maßgebend, was wir oben bei der Ableitung der Produktionsfunktion dargestellt haben.

Quellenverzeichnis

I. Allgemeines

1. *Anderson,* O., Probleme der statistischen Methodenlehre in den Sozialwissenschaften, Würzburg 1957.
2. *Fourastié,* J., Theorie des zukünftigen Zeitalters, als deutsche Übersetzung, Köln 1960.
3. *Gutenberg,* E., Grundlagen der Betriebswirtschaftslehre, Die Produktion, 4. Aufl., Berlin 1958.
4. *Krelle,* W., Preistheorie, Tübingen 1961.
5. *Preiser,* E., Nationalökonomie heute, München 1965.
6. *Schmölders,* G., Allgemeine Steuerlehre, Berlin 1958.
7. *Schmölders,* G., Finanzpolitik, Berlin, Göttingen 1959.
8. *v. Stackelberg,* H., Grundlagen der theoretischen Volkswirtschaftslehre, Tübingen, 1951, Nachdruck.
9. *Vialon,* F. K., Haushaltsrecht, Berlin, Frankfurt, 1953.

II. Dissertationen eingereicht an der Leopold-Franzens-Universität Innsbruck bei Univ.-Prof. Dr. C. A. Andreae

1. *Ahrendt,* Dieter, Zur Problematik der Beamtenbesoldung, im Manuskript Innsbruck 1966.
2. *Grünewald,* Karl Ernst, Finanz- und wirtschaftswissenschaftliche Gesichtspunkte bei der Bemessung öffentlicher Personalausgaben, im Manuskript Innsbruck 1966.
3. *Klein,* Petra, Historische Entwicklung der Beamtenbesoldung in Alt-Bayern 1180 bis 1850, im Manuskript Innsbruck 1966.
4. *Sauerwald,* Charlotte, Welche Faktoren bestimmen die relative Höhe der Personalausgaben in öffentlichen Haushalten? (Diplomarbeit), im Manuskript Innsbruck 1966.

III. Zu den Besoldungs- und Rechtsregelungen der Beamten

1. *Albrecht,* Dienstpostenbewertung und Stellenschlüssel aus der Sicht der Besoldungspolitik, Zeitschrift für Beamtenrecht, 1961, S. 374 f.
2. *Berns,* Dienstpostenbewertung und Stellenzulage, Zeitschrift für Beamtenrecht, 1960, S. 315 f.

3. *Clemens, Wunderlich, Lautermann,* Bundesbesoldungsgesetze mit Ortsklassenverzeichnis, mit Erläuterung der Harmonisierungsnovelle, Köln 1964.

4. *Christmann, Skiba,* Die Entwicklung der Gehälter der Beamten des Reiches und des Bundes von 1928 bis 1963 DGB-Schrift, Köln 1964.

5. *Eick,* J., Dienstleistungen, in H. d. Sw. 52. Liefer. S. 550 f.

6. *Gscheidle,* K., Personalwirtschaft im öffentlichen Dienst, Köln 1961.

7. *Gscheidle,* K., Methoden der Personalbemessung und Dienstpostenbewertung im Bereich der Deutschen Bundespost, in Dienstpostenbewertung und Stellenpläne für Beamte, DGB-Schrift, Köln, 1960.

8. *Gscheidle,* K., Stellenkegel und Dienstpostenbewertung, Der Deutsche Beamte, 1959, S. 73 f.

9. *Jaeger,* A. O., Methoden der Dienstpostenbewertung, in Dienstpostenbewertung und Stellenpläne für Beamte, DGB-Schrift, Köln, 1960.

10. *Kümmel,* Ist der Beamtenberuf noch erstrebenswert? Recht im Amt, 1959, S. 369 f.

11. *Korte,* H., Dienst, öffentlicher. I. Allgemeines, in H. d. Sw. 2. Bd., 1959, S. 592 f.

12. *Lange,* G., Das Besoldungsgefüge im Licht der Dienstpostenbewertung, Zeitschr. für Beamtenrecht, 1962, S. 65 f.

13. — Analytische Dienstpostenbewertung, Verw. Arch. 1964, S. 42 f.

14. — Die Dienstpostenbewertung als Grundlage des Stellenplans, Zeitschr. für Beamtenrecht 1961, S. 35.

15. — Die Bewertung der Dienstposten in der öffentlichen Verwaltung, Teil I Grundlagen, Köln, Starnberg 1960.

16. *Littmann,* K., Die staatliche Tätigkeit in der BRD während der Jahre 1961 und 1962, Finanzarchiv, N. F. 23, 1963, S. 64 f.

17. *Luhmann,* N., Kann die Verwaltung wirtschaftlich handeln? Verw. Arch. 51/1960, S. 97 f.

18. *Maaß,* W., Eine neue Methode zur Berechnung des Personalbedarfs und zur Bewertung der Dienstposten in der öffentlichen Verwaltung, Rationale Büro 1961, S. 609 f.

19. *Millack,* C., Zwischenbilanz zum Thema Dienstpostenbewertung, Das Recht im Amt, 21/1961, S. 321 f.

20. *Müller,* J. H., Dienst, öffentlicher, III, in H. d. Sw. 2. Bd. 1959, S. 606 f.

21. *Nellessen,* W. Die Entwicklung der Spannungsverhältnisse in der Beamtenbesoldung in den Jahren 1954 bis 1961, Untersuchung im Auftrage des Deutschen Beamtenbundes.

22. *Pornschlegel,* H., Methoden der Leistungsbewertung, in Dienstpostenbewertung und Stellenpläne für Beamte, DGB-Schrift, Köln, 1960.

23. *Randel,* Stellenkegel als Maßstab für die Bemessung und Zuteilung von Dienstposten, Zeitschr. für Beamtenrecht, 1959, S. 273 f.

24. *Rasch,* Amt, Dienstposten, Planstelle, Zeitschr. für Beamtenrecht, 1959, S. 211 f.

25. *Rieger,* Probleme der Dienstpostenbewertung, Zeitschr. für Beamtenrecht, 1962, S. 133 f.

26. *Roth,* W., Erfahrungen mit dem Stellenschlüssel in Bayern, in Dienstpostenbewertung und Stellenpläne für Beamte, DGB-Schrift, Köln 1960.

27. *Schmidt,* O., Versuch einer Dienstpostenbewertung in Hessen, Zeitschr. für Beamtenrecht, 1964, S. 353 f.

28. — Zur Problematik der Stellenzulage in Besoldungsrecht, Zeitschr. für Beamtenrecht, 1959, S. 43.

29. — Die Stellenzulage als Leistungs- und Funktionszulage im Besoldungsrecht, Das Recht im Amt, 12. Jahrg. 3/1965.

30. *Schirrmacher,* Anz., Überlegungen zu § 21 Abs. 2 BBesG und HBesG, Zeitschr. für Beamtenrecht, 1958, S. 261 f.

31. *Schuler,* M., Leitfaden für Organisations- und Wirtschaftlichkeitsprüfungen, KGSt-Schrift, Köln 1965.

32. *Thielemann,* B., Methoden der Personalbemessung und Dienstpostenbewertung bei der Deutschen Bundesbahn, in Dienstpostenbewertung und Stellpläne für Beamte, DGB-Schrift, Köln 1960.

33. *Thieme,* Der Beamte im sozialen Rechtsstaat, Zeitschr. für Beamtenrecht, 1960, S. 169 f.

34. *Ule,* C. H., als Herausgeber, Die Entwicklung des öffentlichen Dienstes, Köln, Berlin, München 1961.

35. — Öffentlicher Dienst, in Bettermann-Nipperdey, Die Grundrechte, Bd. 4, 2. Halbb., 1962, S. 537 f.

36. *Zacher,* H. F., Der öffentliche Dienst, Bericht der 3. Arbeitstagung in Würzburg (14.—16. 10. 1963) des Vereins für Sozialpolitik, Kiel.

37. Tagungsvorträge, Die Wirtschaftlichkeit in der öffentlichen Verwaltung, Verlag Duncker & Humblot 1953.

38. Deutscher Beamtenbund, Die Besoldungstragödie 1962, Dokumentation des DBB, Düsseldorf, 1962.

39. Möglichkeiten zur Wiederherstellung der Besoldungseinheit für die Beamten des Bundes und der Länder, Studie des Finanzministeriums des Landes N. W.

40. Jahresgutachten 1964 des Sachverständigenrates zur Begutachtung der Gesamtwirtschaftlichen Entwicklung, Deutscher Bundestag, Drucksache IV/2890.

41. Finanzbericht 1965, herausgegeben vom BMF, Bonn.

42. Bundeshaushaltsgesetz 1965.

43. Stellenplan-Stellenbewertung, KGSt, Köln 1964.

44. Tabellen zur Wirtschafts- und Sozialpolitik, herausgegeben vom Deutschen Beamtenbund.

45. Gutachten über die Organisation und Wirtschaftlichkeit des Deutschen Wetterdienstes, Präsident des BRH als BWV, 1963.

46. Zum Thema Harmonisierung der Stellenpläne und über die Einrichtung einer Besoldungskommission vgl. Deutscher Bundestag, Drucksache: IV/1373; IV/2500; IV/2619; IV/2689; IV/2820; IV/2881; IV/2906; IV/3035.

47. Entwurf 4. Gesetz zur Änderung beamtenrechtlicher und besoldungsrechtlicher Vorschriften, (Bündelung, Schlüsselung, Regierungsbegründung) Drucksache IV/3520.

48. Entwurf 4. Besoldungserhöhungsgesetz, Reg. Begründung Drucksache IV/2317.

49. Entwurf 3. Besoldungserhöhungsgesetz, Reg. Begründung Drucksache IV/712 und IV/625.

50. Entwurf 2. Besoldungserhöhungsgesetz, Reg. Begründung 3. Wahlperiode Drucksache 2218.
51. Entwurf 1. Besoldungserhöhungsgesetz, Reg. Begründung, 3. Wahlperiode Drucksache 1734.
52. Protokolle von Dipl. Ing. Dr. Dieter Ahrendt über:
Zwei Gespräche im Besoldungs- und Organisationsreferat des BMI am 26. 4. 1965 in Bonn.
Ein Gespräch in der Abteilung für Personalplanung im BMF am 26. 4. 1965 in Bonn.
Ein Gespräch in der Kommunalen Gemeinschaftsstelle für Verwaltungsvereinfachung (KGSt) am 27. 4. 1965 in Köln.
Zwei Gespräche im Referat des Bundes beauftragten für Wirtschaftlichkeit in der Verwaltung (BWV) und im Bundesrechnungshof (BRH) am 28. 4. 1965 in Frankfurt.
Ein Gespräch im Sozialministerium der Landesregierung von Schleswig-Holstein am 4. 1. 1966.
53. Protokolle von Dipl. Vwt. Rottraud Mauser / Institut für Finanzwissenschaft-Innsbruck über:
Ein Gespräch beim Deutschen Beamtenbund (DBB) am 1. 10. 1965 in Bad Godesberg.
Ein Gespräch beim Deutschen Gewerkschaftsbund (DGB) am 7. 10. 1965 in Düsseldorf.
Ein Gespräch im Finanzministerium des Landes Nordrhein-Westfalen am 8. 10. 1965 in Düsseldorf.
Ein Gespräch im Besoldungsreferat des BMI am 4. 10. 1965 in Bonn.
54. Beschluß des Bayrischen Landtages vom 4. 6. 1958, 3. Legislaturperiode, Beilage 3551.
55. Begründung zum 2. Gesetz zur Änderung des Landesbesoldungsgesetzes, Gesetzbl. für Baden-Württemberg 1961, S. 244, Beilage 980 vom 10. 5. 1961.

IV. Zum Dyopsonmodell

1. *Bowley*, A. L., Mathematical groundwork of economics, Oxford, 1924.
2. *Cournot*, A. A., Untersuchungen über die mathematischen Grundlagen der Theorie des Reichtums, als deutsche Ausgabe, Jena 1924, Kap. VIII.
3. *Cobb*, Douglas, A Theory of production, The American Economic Revue 18, 1928, S. 139 f.
4. *Douglas*, P. H., The Theory of wages, New York, 1934.
5. *Förster*, Henn, Dynamische Produktionstheorie und lineare Programmierung, Meisenheim/Glan, 1957.
6. *Frisch*, R., On the notion of equilibrium an disequilibrium, Review of Economic Studies III, 1936, S. 100 f., es handelt sich um die kürzere spätere Darstellung zu seiner ersten in norwegischer Sprache.
7. *Georgescu-Roegen*, The aggregate linear production function and its implications to v. Neumann's economic model, in Koopmans, Activity analysis of production and allocation, New York, London 1951.
8. *Knight*, Risk, Uncertainly and Profit, Boston 1921.
9. *Krelle*, W., Theorie der Produktion und Einkommensverteilung, Schriften des Vereins für Sozialpolitik Band 12, Berlin 1956.
10. *Laur*, Wirtschaftslehre des Landbaus, 2. Aufl. Berlin, 1930.
11. *Leontief*, W., Studies in the Structure of the American Economy, New York, 1953.

12. — The Structure of the American Economy, 2 ed. New York, 1951.
13. *Machlup,* F., The Economics of Sellers' Competition, Baltimore 1952.
14. *Moore,* H. A., Moving Equilibrium of Demand and Supply, Quarterly Journal of Economic, 39, 1925, S. 357 f.
15. — Theory of Economic Oscillation, Quarterly Journal of Economic 50, 1936, S. 1 f.
16. *Neisser,* H. P., Oligopoly as a Non-Zero-Sum-Game, Review of Economic Studies, Bd. 25, 1957/58, S. 1 f.
17. *v. Neumann, Morgenstern,* Theory of Games and Economic Behavior, (Dyopol-2-Personen-Nicht-Nullsummenspiel) 2 ed. Princeton, 1947.
18. *Richter,* R., Das Konkurrenzproblem im Oligopol Volkswirtschaftliche Schriften, Heft 12, Berlin 1954.
19. *Rothschild,* K. W., Price Theory and Oligopoly neu abgedruckt in Readings in Price Theory, London 1953, S. 440 f.
20. *Samuelson,* P. a., Foundations of Economic Analysis, Cambridge, 1948.
21. *Schneider,* E., Statik und Dynamik, H. d. Sw., 15. Lieferung, 1957, S. 23 f.
22. — Eine dynamische Theory des Angebotsdyopols, Archiv mathematische Wirtschafts- und Sozialforschung, 8, 1942, S. 72 f.
23. *v. Stackelberg,* H., Marktform und Gleichgewicht, Wien, Berlin 1934.
24. *Waffenschmidt,* W. G., Produktion, Meisenheim 1955.
25. *Walras,* L., Mathematische Theorie der Preisbestimmung der wirtschaftlichen Güter, Stuttgart 1881, als Übersetzung.

V. Zum Modell des bilateralen Monopols

1. *Dunlop,* J. T., Wage Determination under Trads Unions New York, 1950.
2. *Edgeworth,* F. Y., Mathematical Psychics, London 1925.
3. — On the Determinanteners of Economic Equilibrium, Papers Relation to Political Economy, London, 1925, Vo. II., S. 313 f.
4. *Hicks,* J. R., Theory of wages, London, 2 ed. 1963.
5. — Annual Survey of Economic Theory. The Theory of Monopoly, Readings in Price Theory 2 ed., London 1956, S. 361 f.
6. *Külp,* B., Lohnbildung im Wechselspiel zwischen politischen und wirtschaftlichen Kräften, Berlin, 1965.
7. *Krelle, Künzi,* Lineare Programmierung, Zürich 1958.
8. *Marshall,* A., Principles of Economics, 8 ed. London 1927.
9. *Morgenstern,* O., Die Theorie der Spiele und des wirtschaftlichen Verhaltens, Jahrbuch für Sozialwissenschaft, Bd. 1, 1950.
10. *Nash,* J. F., Two person cooperative games, Econometrica 1953, S. 128 f.
11. — The bargaining problem, Econometrica 1950, S. 155 f.
12. *Pen,* J., A general Theory of Bargaining, The American Economic Revue, 42, 1952, S. 24 f.
13. *Pigou,* A. C., Equilibrium under Bilateral Monopoly, The Economic Journal, 1908, S. 205 f.
14. *Ross,* A. M., Trade Union Wage Polica, Berkeley, Los Angeles, 4 ed. 1956.
15. *Shackle,* G. J. S., The Nature of the Bargaining Process, in The Theory of Wage Determination, London 1957, S. 292 f.
16. *Zeuthen,* F., Problems of Monopoly and Economic Warfare, London, 1930.

MIX
Papier | Fördert gute Waldnutzung
FSC® C083411

Kolibri 360 GmbH
Ferdinand-Jühlke-Straße 7
99095 Erfurt, Deutschland
produktsicherheit@kolibri360.de

Druck:
CPI Druckdienstleistungen GmbH
im Auftrag der
Kolibri 360 GmbH
Ferdinand-Jühlke-Str. 7
99095 Erfurt